U0488002

后浪 电影学院157　［俄］列夫·马诺维奇 著
车 琳 译

新媒体的语言

THE **LANGUAGE** OF **NEW MEDIA**

LEV MANOVICH

贵州出版集团
贵州人民出版社

献　给

诺曼·克莱恩

彼得·卢宁费尔德

薇薇安·索布恰克

中文版自序

我很高兴能为《新媒体的语言》的中文版作序。在序言中，我想向读者展示我的学术历程，这样，读者就能知道我为何开始研究"新媒体"、为何写了这本书，以及在这本书出版之后我的观念是如何进一步发展的。

在十七岁那年，我读了一本书，这本书塑造了接下来的几十年中我在智识之路上的方向。这本书是尤里·洛特曼（Yuri Lotman）的《艺术文本的结构》(*Struktura khudozhestvennogo teksta*, 1971)。[①] 虽然洛特曼专注于文学文本的符号学分析，但对我而言，他启发了我：我们可以用类似的方法来研究视觉艺术和媒体。艺术形象中的元素和结构是什么，它们如何决定这种形象的意义、审美影响和价值？此后不久，我读了鲁道夫·阿恩海姆（Rudolf Arnehim，又译鲁道夫·爱因汉姆）的《艺术与视知觉》(*Art and Visual Perception*, 1954)[②] 和谢尔盖·爱森斯坦（Sergei Eisenstein）对电影《亚历山大·涅夫斯基》(*Alexander Nevsky*, 1938)的开场段落中视听蒙太奇的分析。这些理论家的著述让我越发迷恋这样一种观念，即我们可以非常详细地分析艺术作品中的多个视觉维度，甚至可以预测观众的审美反应。

二十多岁的时候，我逐渐意识到这一观念的极端困境，也最终意识到其理论上的不可能性。与使用自然语言的文学文本相比，在大多数情况下，图像都不是由被预定义元素的词汇表构建的（交通信号灯系统是极少数的例外情况之一）。艺术图像也没有通用的语法。因此，想要发展出一

[①] English translation: Yuri Lotamn, *The Structure of the Artistic Text*. Translated from the Russian by Gail Lenhoff and Ronald Vroon. (Michigan Slavic Contributions 7.) Ann Arbor: University of Michigan, 1977.

[②] Rudolf Arnheim, *Art and Visual Perception*. University of California Press, 1974. Expanded and revised edition of the 1954 original book.

套可以涵盖所有可能的图像元素和组合方式的视觉符号学，是不可能完成的任务。相反，我们必须区别对待每个图像（或一系列相似的图像），来理解它的"元素"构成。例如，如果我们在杰克逊·波洛克（Jackson Pollock）的表现主义绘画中略微改变某些线条的形状或颜色，观众将不会注意到这些变化，因为他的画中有成百上千不同形状和颜色的线条。但约瑟夫·阿尔贝斯（Joseph Albers）的作品《正方形的礼赞》（*Homage to the Square*，1949）系列①仅由几种不同颜色的正方形组成，即使我们非常轻微地改变某一形状的大小、亮度、饱和度或色调，都会改变整个作品。那些在波洛克画作中并不明显的、无关紧要的改变，在阿尔贝斯的作品中会显得极为醒目、牵一发而动全身。

但是，我没有放弃使用符号学来理解视觉媒体，而是开始把注意力转移到了对我来说更简单而且更紧迫的项目上。我不再试图去理解"旧媒体"（例如绘画）单个艺术作品中的象征元素、它们之间的相互作用、对观众的影响，我开始思考"新媒体"的全新艺术维度。"新媒体"这个术语在1990年左右出现，指基于计算机的文化作品（我于1984年开始从事计算机图形和动画的专业工作）。我们可以像讨论"旧媒体"一样，讨论新媒体的视觉维度，如色彩、构图、节奏。实际上，20世纪20年代，苏联的高等艺术暨技术学院和德国的包豪斯学院逐渐形成了一套设计语言，并将其发展成为教学系统，这套语言非常适合描述新媒体的视觉特征。但新媒体也有了新的维度，如交互性、交互界面、数据库组织、空间导航，同时出现了一系列新的创作范式，如编写代码、使用筛选器（filters）、数字合成和3D建模。我在20世纪90年代的研究和出版物中都侧重于分析这些维度和范式，这些工作成果最终汇集成了《新媒体的语言》一书（完成于1999年，英文版于2001年出版）。②

在20世纪90年代，对"新媒体"的质询是我的主要研究焦点，我也逐渐开始思考"媒体"本身的概念在数字时代会发生什么变化。数字媒体创作工具、编辑工具和工作流程正在逐步取代以前使用的各式各样的文

---

① 这个系列中的代表作品，见 http://www.metmuseum.org/toah/works-of-art/59.160/。
② Lev Manovich, *The Language of New Media*. The MIT Press, 2001.

化工具。虽然艺术家们还在坚持传统的技法和工具，但在文化产业领域，油画、素描、照片编辑、三维物体和三维环境的创建、图形设计、媒体设计和声音编辑等工作，现在都是通过软件工具，如奥多比（Adobe）公司的 Photoshop、After Effects，苹果（Apple）公司的 Final Cut，欧特克（Autodesk）公司的 Maya，微软（Microsoft）公司的 Office 和 Avid 公司的 Pro Tools 等实现的。这些工具如何塑造了当代媒体和设计的美学？当曾经在不同媒体中使用的专业工具，被模拟并被引用到软件中时，"媒介"的观念会发生什么变化？探讨不同的媒介是否还有意义？20世纪60、70年代的人创造了一系列构成当代媒体软件基础的概念和实用技术，他们的想法和动机是什么？

这些问题引出了"文化软件的符号学"（semiotics of cultural software）概念，我在我的第二本书《软件掌管一切》（*Software Takes Command*，该书于2007年出版了第一个开源版，于2013年出版了修订版[①]）中进行了探讨。由此，我的符号学历程从尝试理解视觉艺术的"工作机制"（20世纪80年代）发展到研究新媒体的新美学维度（20世纪90年代），进而探索如何将用于创作、分发和交互的各类软件应用程序和平台进化理论化（21世纪的头十年）。但是，我最初的想法并不是这些，而是描述组成视觉作品的元素和维度，并理解它们是如何被我们的感官和大脑处理，从而生产意义和情感的。2005年，我意识到可以换一种路径来实现这个想法。以前，我只专注于思考单个视觉作品，而现在，我可以使用计算机同时分析数百万个视觉作品。这些作品囊括了从数字化的历史文物到用户生成的内容（例如用户在 Flickr、Instagram、VK 和其他社交媒体平台上分享的图片）。在20年代80年代中期，这种大规模的分析是不可想象的，而仅仅20年之后，它就成为现实。这一方面是因为计算机速度的提升，另一方面也因为"视觉文化"现在以数字形式大规模生成。

现在的数据分析不再依赖人工手动进行，而是由计算机使用计算机视觉（Computer Vision）和人工智能（Artificial Intelligence）领域的技术完

---

① Lev Manovich, *Software Takes Command*, Bloomsbury Academic 2013.

成的。用计算机进行分析的一大优势是，计算机可以使用我们自然语言中不存在的任意精度，来量化各种各样的视觉元素，从图像的颜色到自拍中的微笑程度。（例如，在我们实验室的2013年《自拍社会》项目中，我们按照1～100的程度使用软件来量化微笑。[1]）这为我们提供了一种新的语言，使用自然语言无法实现的方式来描述文化图像，并使我们更接近于视觉符号学的理想。

计算机的另一个优点是可以定性地描述图像的特征，或者描述图像中没有表现出明显视觉"元素"的部分，例如波洛克作品中的色彩线条或阿尔贝斯作品中的正方形。这些特征包括渐变和纹理、照片的清晰度和模糊程度，或视频中的运动速度。

我的研究方法经历了转变，从研究单个视觉作品转到了分析大量作品集合上，而这一转变呼应了我们体验视觉文化方式的转变。对单件作品的研究和"细读"在20世纪是合乎逻辑的，作为文化消费者，我们也往往聚焦于单件作品。我们去电影院看一场电影，去博物馆看某件特定的艺术品，或者在家里一遍又一遍地听某一首歌。我们可用的媒体数量有限，我们会把大量时间花在单个作品上。记得少年时代，家中的藏书里有几本关于艺术品的书，我把它们翻了好几百遍。这些书中有一些特别触动我的现代艺术图像，永远地镌刻在我的记忆中。

现在的情形呢？Google、Yandex、YouTube、Instagram或Pinterest中的视觉搜索及推荐把无穷无尽的图像和视频推送到我们面前，而大型博物馆的网站提供了大量艺术品和历史文物的数字影像。视觉"讯息"或"符号"（使用符号学术语）现在再也不是孤立的，而是一个在我们看来无限大的系列中的一部分。（你知道每天人们分享的图像有20亿张吗？如果这个数字是40亿，你会注意到吗？）

2007年，我建立了文化分析实验室，[2]一方面对"大数据"时代使用计算机研究视觉媒体进行理论层面的思考，另一方面也研究具有各种可视化数据集的具体项目。在实验室研究的种种问题中，我想突出一个主题，

---

[1] Selfiecity. 2013, http://selfiecity.net/.

[2] Cultural Analytics Lab, http://lab.culturalanalytics.info/.

因为它与最初影响我的20世纪60、70年代的符号学想象有关。这个主题是一种"文化的科学"（science of culture）的可能性。

19世纪，不断发展的特大城市中，人的聚集使得"社会"呈现出直接可见的形态，政府统计项目的增加使"社会"以另一种方式显现出来，"社会学"的概念（关于社会的科学）也同时诞生。21世纪初，文化作品的数量暴增，人们与文化作品的互动也越来越多，这些元素最终在网络和社交媒体平台上聚集起来，同时，收集数十亿件作品并通过计算机进行分析的相对简单方法也出现了。无独有偶，这些趋势都指向了"文化的科学"（science of culture）这一概念。这类科学并不试图去发现严格的"文化规律"（cultural laws），而是尝试揭示各种文化模式。事实上，在过去十年，在计算机科学、信息科学和计算社会科学领域中，关于这个话题的出版物有成千上万种。

我看到了这一范式与20世纪60年代符号学和结构主义的联系，因为这些范式很大程度上也是为了避免分析文化的印象主义化和主观化，而是更具有方法论、体系性和科学性。因此，罗兰·巴特（Roland Barthes）的经典论文《摄影的讯息》（*The Photographic Message*，1961）读起来就像一篇科学文章："新闻照就是一条讯息。总的来说，这条讯息是由一个发射源、一个传输通道和一个接收点组成的。"[1]

这是否意味着：对文化数据进行计算分析和建模，以及对这些数据进行系统化和形式化的动机，最终也将失去其能量和吸引力？因为我们会逐渐认识到，这些方法没有充分地考虑文化产品和文化交互中所蕴含的丰富性和个体性？或者，它会让我们跳出20世纪符号学的局限吗？时间会给出答案。

对我而言，处理"大文化视觉数据"（big cultural visual data）的主要动机是创建方法和工具，使我们首先能够用眼睛看到这些数据。这并不意味着我要用统计模型或神经网络取代来生活中学到的关于文化和社会世

---

[1] Roland Barthes. "The Photographic Message." *A Barthes Reader*, edited by Susan Sontag (New York: Hill and Wang, 1982), p. 194. https://monoskop.org/images/5/59/Barthes_Photographic_Message.pdf.

界的一切，也不意味着我要用它们来取代所有从其他理论家那里学到的关于视觉媒体的思考方式，更不意味着我要用它们来取代我的直觉。但今天在我思考媒体之前，我需要能够先看到它。当人们每天分享数十亿张图像时，"看"这个基本行为就变得非常棘手。因此，在我的学术轨迹上，我从站在符号学角度，用裸眼轻松地观看单件艺术品，走向了使用计算机"观看"当代媒体的交互界面设计和技术设计。考虑到数据的规模之大，使用计算机进行"观看"是必要的。

这是否意味着：我早年间的符号学计划——认识文化文本和文化对象的结构是如何组织起来的，以及它们是如何产生审美效果的——已经与我现在的研究方向无关了？或者单张图像已经不再重要了呢？完全不是这样。Instagram 上有来自世界各地的大量年轻用户，他们会花好几天时间来编辑自己想要发布的某张照片，为每一个像素绞尽脑汁。[①] 单一性、独特性和精心设计并没有消失。我们为什么要选这张图，而不是选那张？为什么这个滤镜，而不是那个滤镜更能打动我们？我们必须等到神经科学得到充分发展的那一天，才能得知这些问题的准确答案。因此，我们现在虽然可以定量、细致地描述艺术、媒体对象和情境中的组织结构，但艺术如何"产生意义"和"发生影响"这一问题仍没有答案。然而，我们是否真的想要去理解这些，就像我们想要了解爱情、欲望、记忆，以及人类经验的其他维度那样吗？

列夫·马诺维奇

2018 年

---

① Lev Manovich. *Instagram and Contemporary Image*. 2015-2017. http://manovich.net/index.php/projects/instagram-and-contemporary-image.

推荐序

三年前（1996年），我第一次和列夫·马诺维奇有了接触。那年，他在 Rhizome 网站的邮件订阅组里发了一篇文章，邮件主题是"论极权主义的交互性"（On Totalitarian Interactivity）。其中的一段深深吸引了我，他写道，"对于西方艺术家而言，互联网可以摧毁等级，将艺术直接带给大众。而我的观点却截然不同，作为一个后共产主义时代的主体，我不由自主地把互联网与斯大林时代的集体公寓联系起来：没有隐私，人与人互相监视，洗手间与厨房等公用区域门口经常排着长队。"当时我刚在莫斯科与一位艺术家共住了一个月，所以马诺维奇"俄式公寓"的比喻在我看来显得极为生动。在此之前，我从柏林搬到纽约，在柏林期间，我曾从事过网站设计工作。从物理角度看，互联网是全球性的同质化网络，具有全球共用的工具和传输协议。虽然，与其他新技术相比，它为经济和文化的全球化做出了更大的贡献，但我在柏林的经历告诉我，在世界各地，互联网有着极为不同的意义。马诺维奇的视角犹如一记鸣钟，让我们意识到，在20世纪90年代中期，美国人（包括我自己）对计算机和互联网的狂热推崇并非放之四海而皆准。

马诺维奇的那篇《论极权主义的交互性》引发了 Rhizome 邮件组成员的热烈讨论。欧洲人虽在技术上有点儿掉队了，但一谈到理论就尽显攻势。他们批评美国人的"加州意识形态"（这是一种由幼稚的乐观主义、技术派乌托邦、《连线》[Weird] 杂志所倡导的新自由主义政治混合而成的致命毒品）。马诺维奇处于两极化讨论的中间，作为在两种意识形态的极端中都有过"生活经验"的人，他的见解让人耳目一新。从勃列日涅夫统治下的超现实（surreal）的苏联，到充斥着迪士尼幻想的超真实（hyperreal）的加州，他的生活经历了巨大的变化。马诺维奇在苏联长大，在美国完成高等教育并留在美国生活和工作，他通过自称的"后共产主义的主体"视角观察世界。也可以说，他同样戴着一副新世界的眼镜观察这个世界。

马诺维奇学习过电影理论、艺术史、文学理论，也从事过新媒体艺术，做过商业设计师、动画师和程序员。他结合理论和实践，探索着新媒体研究的新路。他将后共产主义与晚期资本主义并置呈现，将学术与应用并进推衍。在技术乌托邦人士和象牙塔里的理论家们看来，这种多层杂糅所呈现出的丰富性和复杂性让人大开眼界。我个人对新媒体的兴趣在于互联网本身，以及互联网作为一种工具和一个艺术创作空间的发展潜质。艺术与技术从来都是紧密相连的，艺术家总是在第一时间采用新技术：我们信手拈来新技术，天马行空地乱试一气，进行一些工程师们从来没想过的尝试；我们试图理解新技术的意义，思考新技术的影响，不断探索新技术的界限，进而完成突破。对于艺术家群体而言，某些技术具有更为广阔的探索空间，尤其是互联网技术。互联网的发展和成熟带来了潜力，使全新的合作生产模式、民主分配方式，以及参与性的经验成为可能。

新媒体的新奇性（newness）吸引了大量文化生产者，它成为变化多端的实验阵地与探索前沿。如果从早先的旧媒体角度来看，新媒体在某种程度上突破了许多传统束缚。学会使用新工具是创新的必要条件，也激发了创作者们的"初心"。新媒体吸引了一群勇于创新、突破传统、敢于冒险的人。因此，一批极具创造力的艺术家不断尝试着一些前所未闻的新技术。从这种意义上看，当今的新媒体艺术家很像20世纪70年代初的影像艺术家。马诺维奇为新媒体艺术做出了卓著贡献，例如，他那基于网络的作品《小电影》(*Little Movies*)和《弗洛伊德-李西茨基导航员》(*Freud-Lissitzky Navigator*)。也正是因为这种新奇性，新媒体逐渐超出了已有学科的诠释范围和条条框框。网络艺术就是一个很好的案例。20世纪90年代末，当博物馆逐渐开始认识到网络是一种艺术媒介，并开始收藏、征集、展出网络作品的时候，大多数网络艺术家早已在画廊-博物馆体系以外获得美名。20世纪90年代末的网络艺术社群具有一种精英领导下的无政府主义氛围，这与当时的艺术氛围全然不同——那时，画廊的公关能力和作品的市场前景仍然是成功的首要因素。

然而，这种自由是有代价的。尽管画廊和博物馆行动迟缓，但它们仍然发挥着重要的阐释功能。它们能聚集并引导批评家和观众的关注点，将一部作品定位在历史语境中，使观众在特定的时空中体验和思考作品。由于博物馆鲜少涉足艺术创造的技术前沿，批评性的对话就显得更为重要。然而，新媒体的新奇性又是难以言表的，我们很难做出评论，或者说，我们很难做出有用的评论。所以，许多人都仅仅止步于谈论新媒体的未来，或者仍然沉溺于不切实际的理论。从这一点来看，列夫·马诺维奇的这本书显得更为重要且不同寻常：这是第一本详尽分析新媒体视觉美学的著作，它将新媒体置于视觉文化的历史视野中，清晰阐述了新媒体与以往媒体形态的联系与区别。通过在绘画、摄影、电影和电视中探寻新媒体美学的源头，马诺维奇考察了数字影像、人机交互界面、超媒体、计算机游戏、合成、动画、远程在场（telepresence，又称远程呈现、遥现）及虚拟世界。在这些考察中，他既全面发挥想象力，又适度折中地借鉴电影理论、文学理论和社会学理论。更重要的是，他利用自己在新媒体技术和计算机科学领域的工作经验，总结出一套新媒体区别于其他旧媒介的基本法则。在分析中，他提供了对艺术与流行文化中某些对象（作品）的详细解读。这部著作独有的深度和广度，不仅会引发学术界普遍兴趣，也会使艺术家和设计师更好地理解自己实践的历史意义与理论价值。

在一次最近举办的探讨计算机游戏理论与文化的会议上，有发言者提出了一个尖锐的问题："在电影发展的早期，重要的作品就诞生了，完成了对于电影语言的定义。为什么在计算机游戏领域，我们至今还没看到一部相当于格里菲斯（D. W. Griffith）《一个国家的诞生》（Birth of a Nation）那样的作品呢？"当然，答案是我们已经有了这样的作品，但问题是应该如何认识这些作品。因此，新媒体语言的历史和理论亟待建立。在这本开创性的书中，列夫·马诺维奇朝着这个目标，做了大量基础性的概念工作。

马克·特赖布（Mike Tribe）[①]
于纽约

[①] 艺术家，Rhizome.org 网站创始人。

前言：维尔托夫的数据集

1929年，苏联导演吉加·维尔托夫（Dziga Vertov）完成了他的先锋派代表作《持摄影机的人》(Man with a Movie Camera)。这部影片将成为我们探索新媒体语言的指南。这篇前言包含这部电影的许多剧照，每幅剧照下面都配有本书中的相关文字，这些文字归纳了新媒体的某些法则，括号内的数字表示原文所在的页码。[1] 因此，这篇前言可以看作本书一些主要观点的视觉化索引。

---

[1] 即本书的边码。——编者注

1

（78～79）电影诞生一百年之后，以电影式的方法观看世界、构建时间、讲述故事和连接人生体验，成为计算机用户获取文化数据并与之互动的基本方法。由此可以说，计算机实现了电影作为一种视觉世界语的愿景——这是20世纪20年代许多电影艺术家（从格里菲斯到维尔托夫）和影评人的期许。如今，数以亿计的计算机用户可以通过相同的计算机交互界面进行交流。大多数电影"用户"虽然"懂得"电影语言，但不会"使用"这种语言（即拍摄电影）。与电影不同的是，所有的计算机用户都会"使用"计算机交互界面的语言——他们使用交互界面语言执行各种操作：发送邮件、组织文件、运行各种应用程序等。

（84～85）将虚拟控制（虚拟摄影机）引入游戏操控硬件，这确实是一个历史性的举措。操作虚拟摄影机变得与控制游戏人物的行动一样重要，这一事实已经被游戏产业所认可。《地下城守护者》的游戏光盘包装上，强调了游戏的四大特征："转换你的视角""旋转你的视野""和你的朋友来一局""揭开隐藏的关卡"，其中，前两个都与摄影机控制相关。这类游戏中，电影式的感知体验本身就是一个主题。这也意味着20世纪20年代以拉斯洛·莫霍利-纳吉（László Moholy-Nagy）、亚历山大·罗琴科（Alexander Rodchenko）、维尔托夫等人为代表的"新视觉"（The New Vision）电影运动的某种回归。"新视觉"运动预示着相机和电影摄影机的新机动性，并且使非传统视角成为其诗学的关键部分。

3

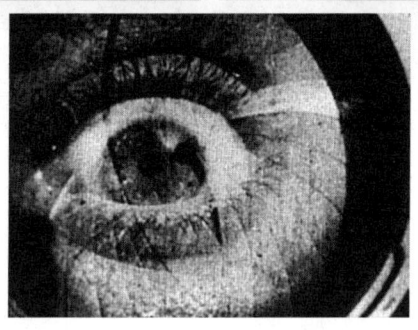

（148）剪辑，或蒙太奇，是 20 世纪仿造现实的重要手段。历史上的电影理论家已经将蒙太奇分为不同种类，在这里，为了概述从模拟技术到数字合成的历史，我将蒙太奇分为两种：第一种是时间蒙太奇——将不同的现实连接，形成时间上连续的片段。第二种是单一镜头内部的蒙太奇——这种蒙太奇与前一种相反，将不同的现实连接，形成同一影像的多个不确定方面。……这种蒙太奇的例子还包括……20 世纪 20 年代先锋电影工作者的图像叠加与分割画面（例如维尔托夫《持摄影机的人》中的叠加影像，以及 1927 年阿贝尔·冈斯［Abel Gance］《拿破仑》[*Napoléon*]中的一分为三的画面）。

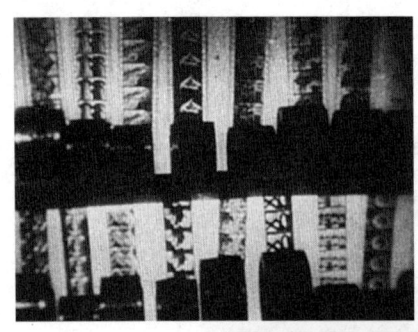

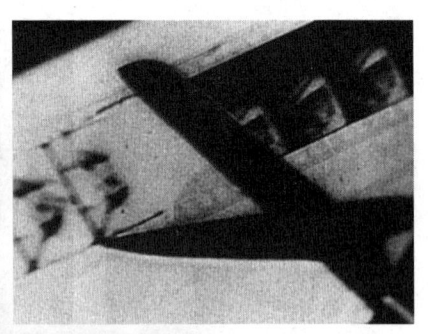

（149）维尔托夫的理论认为，通过使用蒙太奇，电影可以突破其索引性的本质，在观众面前呈现出现实中并不存在的影像。

（158）数字合成可以营造无缝的虚拟空间，但它的前景远非如此。不同世界之间的界线，不必被刻意抹除；对于不同空间的呈现，不必在视角、比例和亮度上相匹配；不同的图层可以保留其各自的特征，不必完全被合并到同一空间；不同的世界可以在语义上相互冲突，不必构成一个统一体。

（172）本雅明认为，摄影师就像外科医生一样，"深深地刺入（现实）之网"；镜头的变焦可以"窥探壳中之物"。摄影机的自由运动在《持摄影机的人》中大放异彩，它无处不在，通过超凡的视觉能力，可以捕捉到任何事物的特写。

6

当照片或摄影片段被集合到同一本杂志或同一部影片中，拍摄对象的大小和拍摄地点等特征就会被抹除——这回应了大众社会对于"一切事物统一平等"的要求。

7

（173～174）现代化的过程伴随着物理空间和物质的瓦解，使得可互换的和可移动的符号居于原有对象及关系之上。……现代化这一概念适用于本雅明对电影的看法，同样适用于维利里奥（Virilio）对远程通信的看法。从实体对象转化为运动符号的连续性过程中，远程通信发展到了更高级的阶段。不同的物理空间曾经在一幅杂志页面或一部电影中相遇，而如今，它们在一面电子屏幕上相遇。

8

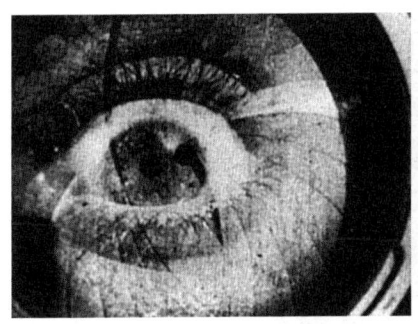

（202）这是谁的视觉？这是计算机、赛博格、自动化导弹的视觉，是未来人类视觉的现实主义呈现。在未来，计算机图形技术将大大增强这种呈现能力，并可以清除现实中的噪点。这是数字网格化的视觉。合成的计算机影像并不是低于现实生活的呈现，而是对于另一个现实的现实主义化的呈现。

9

（239）与格里纳韦（Greenaway）一样，吉加·维尔托夫是20世纪"数据库电影工作者"的代表。《持摄影机的人》或许是现代媒体艺术中最能体现数据库想象力的作品。

（241）正如新媒体中存在不同层级一样（交互界面-内容，操作系统-应用，网页-HTML 代码，高级语言-汇编语言-机器语言），维尔托夫的电影至少包含三层内容：第一层是摄影师拍摄电影素材的经历，第二层是观众在剧场中观看电影的镜头，第三层是电影本身，包括记录着莫斯科、基辅、里加风貌的镜头，并按照一天的进程（起床-工作-休闲活动）将这些镜头组织起来。如果第三层是一个文本，前两层可以视为其元文本。

（242）"常规的"先锋电影通常会提出一套与主流电影不同的电影语言，即一套重复使用的新技术，然而《持摄影机的人》并未形成一套明确的语言体系。

11

相反，它提供了一系列无拘无束，而且似乎无穷无尽的技术手段，构建出新的电影话语方式。在当代语言中，这些技术手段被称为"特效"。

（243）为什么约翰·惠特尼（John Whitney）的计算机动画和音乐短片中的特效仅仅是特效，而到了维尔托夫手中，特效就可以获得意义？因为在维尔托夫的电影中，这些特效背后有着特定的理论支持，即新的获取图像和操纵图像的技术（维尔托夫用"电影眼"来概括它们）可以用来解码这个世界。随着电影的发展，原始影像让位于处理过的影像，全新的技术不断涌现，形成跌宕起伏之势——这是电影的终结，也是一场真正的电影狂欢。维尔托夫为我们重现了他对"电影眼"的发现，我们也与他一道渐渐意识到摄影机的所有可能性。维尔托夫试图吸引我们进入他的观看方式和思考模式，与我们共享他的激情，因为他发现了电影的新语言。这种循序渐进的发现过程成为电影的主要叙述线索，叙述也是在一系列的发现中完成的。因此，在维尔托夫手中，"静止"且"客观"的数据库具有了无穷活力和自主性。更重要的是，维尔托夫实现了当前新媒体设计师和艺术家仍在学习的东西——如何将数据库和叙述融合到一种全新的艺术形式中。

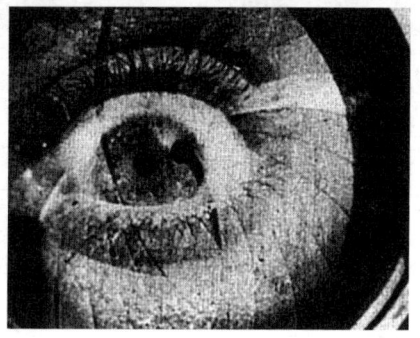

（262）如果说以音乐短片为代表的现代视觉文化可以视为电影中风格主义（Mannerist）的舞台——日臻完美的摄影技术、场面调度（mise-en-scène）和剪辑技术都在其中自觉地展示和炫耀自己，那么瓦利茨基［Waliczky］的电影对于早已远去的经典时期电影做出了另一种回应。在这种元电影中，摄影机不再仅仅是电影器材的一部分，而是成为主角（在这方面，我们可以把瓦利茨基的代表作《森林》［The Forest］与另一部元电影《持摄影机的人》联系起来）。

14

（275～276）……维尔托夫介于波德莱尔的"漫游者"和今天的计算机用户之间：他不再仅仅是一个走在街上的路人，但也尚未成为吉布森所谓的利用数据挖掘运算程序而实现的纯数字化"数据牛仔"。

在研究哪些对象可以成为"'电影眼'交互界面"的过程中，维尔托夫系统地尝试了不同的方法，来突破他所认为的人类视觉的极限。比如将摄影机架在高楼顶上，或者架在行驶的汽车上；使用升格拍摄或降格拍摄；在时间和空间上将大量影像叠加在一起（时间蒙太奇和单一镜头内部的蒙太奇）。《持摄影机的人》不仅是一个展现20世纪20年代城市生活的数据库、一个集合了各类电影技术的数据库和一个呈现视觉认识论全新操作手段的数据库，更是一个包含了各种各样全新交互界面操作的数据库，这些交互界面操作力图在穿越物理空间的简单导航行为之上，实现更进一步的发展。

15

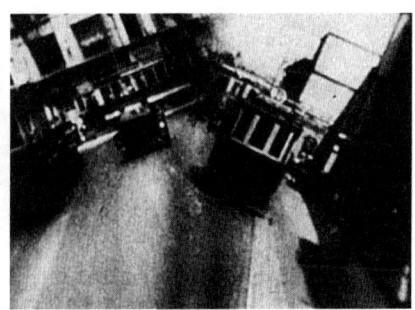

（306～307）数字化革命的一个主要结果，是把先锋派美学策略纳入计算机软件的指令和交互界面隐喻中。简而言之，先锋性在计算机中得以实现。数字摄影技术是一个恰当的例子。拼贴艺术作为一种先锋派手法，现在以"剪切-复制"命令的方式再次出现，而这一命令是处理数据的最基本操作之一。手绘胶片的先锋技巧变成了电影剪辑软件中的绘图功能。先锋艺术中将动画、印刷文本和真人拍摄段落进行融合的做法，在集合了动画、标题生成、绘图、影像合成以及剪辑系统的一体化包装程序中再次得到应用。

（316）电影诞生于循环形式，这在电影史上至少重演了一次。在《持摄影机的人》的一个片段中，维尔托夫向我们展现了一名摄影师站在行驶汽车上的画面：他一边随着汽车向前运动，一边摇动摄影机手柄。手柄的运动形成了循环和重复，进而产生了一系列事件——摄影机穿越空间，拍摄下沿途发生的一切。这是一种非常基本的叙述方式，也具有典型的现代意义。

| 17 |

(317)这种循环是否会成为适用于计算机时代的全新叙述方式？值得回顾的是，循环不仅催生了电影，也催生了计算机编程。编程通过一系列控制结构，例如"if/then""repeat/while"，来改变数据的线性流动，而循环语句是最基本的一种控制结构。……计算机编程的实践表明，循环语句和顺序进程并非完全互斥。计算机程序的运行自始至终都伴随着一系列循环语句的执行。

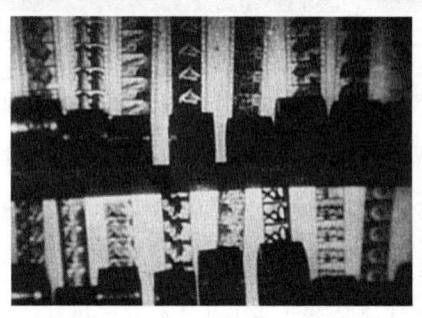

（322）不同于电影中传统的时间蒙太奇，空间蒙太奇另辟蹊径，以空间序列的模式取代传统的时间序列。福特的流水生产线对生产流程进行分解，使之成为一套简单、重复的序列活动。计算机编程也是如此：计算机程序将一项任务分解为一系列基本操作，并逐一执行。电影也遵循这一工业化生产逻辑，使用顺序叙述取代所有的叙述模式，在屏幕上逐一展示流水线式组接起来的镜头。然而，在欧洲视觉文化史中，空间叙述占据重要的位置，这种空间叙述与前面描述的时间叙述全然不同。

19

（324）施乐帕克研究中心（Xerox PARC，以下简称施乐帕克中心）在 Alto 工作站上取得进展之后，图形用户交互界面（Graphical User Interface）开始使用多视窗。由此推断，以运动影像为基础的文化形式最终也会采用类似的做法。在 20 世纪 90 年代的一些计算机游戏中，如《黄金眼》(*Goldeneye*，任天堂与 RARE 工作室合作，1997）中，已经使用多个窗口，以不同视角同时呈现某一动作。可以预期，基于计算机技术的电影最终也将殊途同归，采用同样的惯例——尤其是随着数据传输不再受带宽限制，显示器分辨率大幅提升，从 2000 年普遍的 1～2K 到未来的 4K、8K 乃至更高。我相信下一代电影（宽带电影或巨观电影）将把多视窗纳入电影语言。当这种情况发生时，被 20 世纪电影所压抑的空间叙事传统将重现人间。

20

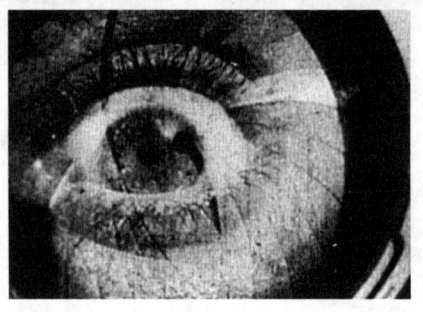

（326～327）如果说人机交互界面（human-computer interface）是通往计算机数据的交互界面，一本书是通往文本的交互界面，那么电影可谓通往发生在三维空间事件的交互界面。正如之前的绘画一样，电影呈现出可见的现实中我们熟悉的影像——室内陈设、风景地貌以及人物性格，并将这些安置在矩形画框中。从大量留白到高度密集，不同的画面布局形成不同的美学风格。……其中，高密度的"影像陈列"很容易与当代信息密集化的陈列方式联系起来，例如包含大量超链接的门户网站，以及流行的软件包交互界面（它们为用户提供的大量命令选项）。当代信息设计师是否借鉴了过去的信息陈列方式，特别是电影、绘画和其他遵循密度美学的视觉形式呢？

致　谢

我要对以下人员致以特别的谢意：麻省理工学院出版社的编辑道格·谢雷（Doug Sery），在您的支持和不断鼓励下才有了这本书；麻省理工学院出版社的其他工作人员，谢谢你们投注在这本书上的专业与热情；马克·特赖布，您阅读本书的初稿，并提出了许多意见；塔尔顿·吉莱斯皮（Tarleton Gillespie），在出版的最后关头，您在编辑方面提供了宝贵的帮助；阿拉·叶菲莫娃（Alla Efimova），感谢您所做的一切；罗谢尔·范斯坦（Rochelle Feinstein），我的灵感源泉。

如果没有我周围从事新媒体艺术和理论的朋友、同事和机构，就没有这本书。我感谢所有人跟我的不断交流，以及对我的长期智力支持和情感支持。

以下的工作地点和场所为我提供了源源不断的灵感：Mondrian Hotel（West Hollywood，Los Angeles）、The Standard（West Hollywood，Los Angeles）、Fred Segal（West Hollywood，Los Angeles）、Del Mar Plaza（Del Mar，CA）、Gitano（NoLita，NYC）、Space Untitled（Soho，New York）、The Royal Library（Stockholm）、De Jaren（Amsterdam）。

感谢以下单位提供行政方面的支持：加州大学圣迭戈分校视觉艺术系（Department of Visual Arts，University of California，San Diego）、斯德哥尔摩大学电影研究系（Department of Cinema Studies，Stockholm University）、斯德哥尔摩皇家技术学院以用户为中心的交互界面设计中心（Center for User-Centered Interface Design，Royal Institute of Technology，Stockholm）。

文字处理器：Microsoft Word

网页浏览器：Netscape Navigator、Internet Explorer

最爱的搜索引擎：www.hotbot.com

最爱的运动影像格式：QuickTime

网页编辑器：Netscape Communicator、Macromedia Dreamweaver

操作系统：Windows 98

硬件：SONY PCG505FX laptop

手机：Nokia

本书的主体部分完成于1998年7月到1999年11月，写作地点包括加利福尼亚州圣迭戈的 La Jolla 区和 Del Mar 区，洛杉矶、纽约、斯德哥尔摩、赫尔辛基和阿姆斯特丹。

本书使用了我以前发表作品中的一些材料，但大多数都被重新撰写过了。本书包括了一些旧文的节选，一些直接成为本书的一部分，一些构成某些小节的基础。下面的列表列出了我在本书中用到的一些文章，其中许多已经被重印、被翻译为其他语言。在这里，我列出的都是以英文发表的第一版。同时，许多年来，我一直把新写的文章发表在 Nettime[1] 和 Rhizome[2] 这两个互联网邮件组中，这是两个致力于新媒体艺术讨论、批评和政治的重要互联网邮件组。这为我带来许多即时的反馈，并建立起一个对我作品感兴趣的小圈子。因此，许多文章在杂志或文集之类的传统印刷品上或者网络杂志上发表之前，已经出现在这两个邮件组中。

"Assembling Reality: Myths of Computer Graphics." In Afterimage 20, no. 2 (September 1992): 12–14.

"Paradoxes of Digital Photography." In Photography after Photography, edited by Hubertus v. Amelunxen, Stefan Iglhaut, Florian Rötzer, 58–66 (Munich: Verlag der Kunst, 1995).

"To Lie and to Act: Potemkin's Villages, Cinema, and Telepresence." In Mythos Information—Welcome to the Wired World. Ars Electronica 95, edited by Karl Gebel and

---

[1] http://www.nettime.org.

[2] http://www.rhizome.org.

Peter Weibel, 343–353 (Vienna and New York: Springler-Verlag, 1995).

"Reading Media Art." (In German translation) in Mediagramm 20 (ZKM / Zentrum für Kunst und Medientechnologie Karlsruhe, 1995): 4–5.

"Archeology of a Computer Screen." In NewMediaLogia (Moscow: Soros Center for Contemporary Art, 1996).

"Distance and Aura." In_SPEED_: Technology, Media, Society 1.4 (http://www.arts.ucsb.edu/~speed/1.4 /), 1996.

"Cinema and Digital Media." In Perspektiven der Medienkunst / Perspectives of Media Art, edited by Jeffrey Shaw and Hans Peter Schwarz (Stuttgart: Cantz Verlag Ostfildern, 1996).

"What Is Digital Cinema?" In Telepolis (www.ix.de/tp) (Munich: Verlag Heinz Heise, 1996).

"The Aesthetics of Virtual Worlds: Report from Los Angeles." In Telepolis (www.ix.de/tp) (Munich: Verlag Heinz Heise, 1996).

"On Totalitarian Interactivity." In RHIZOME (http://www.rhizome.com), 1996.

"Behind the Screen / Russian New Media." In art / text 58 (August–October 1997): 40–43.

"Cinema as a Cultural Interface." In W3LAB (http://gsa.rutgers.edu/maldoror/techne/w3lab-entry.html), 1998.

"Database as a Symbolic Form." In RHIZOME (www.rhizome.com), 1998.

"Navigable Space." (In German translation) in ONSCREEN/OFFSCREEN—Grenzen, Übergänge und Wandel des filmischen Raumes, edited by Hans Beller, Martin Emele and Michael Schuster (Stuttgart: Cantz Verlag, 1999).

"Cinema by Numbers: ASCII Films by Vuk Cosic." In Vuk Cosic: Contemporary ASCII (Ljubljana, Slovenia: Galerija Sˇ.O.U. Kapelica, 2000). (http://www.vuk.org/ascii/)

"New Media: A User's Guide." In NET.CONDITION (ZKM / Zentrum für Kunst und Medientechnologie Karlsruhe and The MIT Press, forthcoming).

目 录

中文版自序 ··· 3
推荐序 ·································· 马克·特赖布 9
前言：维尔托夫的数据集 ······························· 12
致　谢 ··· 35

导　论 ··· 1
　　个人编年史 ··· 1
　　关于当下的理论 ·· 4
　　绘制新媒体地图：方法 ······························ 6
　　绘制新媒体地图：结构 ······························ 9
　　名词解释：语言、对象、呈现 ···················· 10

第一章　新媒体是什么 ···································· 17
　　从媒体到"新"媒体 ································· 21
　　新媒体的法则 ·· 27
　　　数值化呈现 27　模块化 30　自动化 32　多变性 36　跨码性 44
　　新媒体不是什么 ······································· 48
　　　作为新媒体的电影 49　数字化的迷思 51　交互性的迷思 54

第二章　交互界面 ·· 61
　　文化交互界面的语言 ································· 70
　　　文化交互界面 70　印刷文字 74　电　影 79　人机交互界面：呈现与控制 88
　　屏幕与用户 ··· 94
　　　屏幕的谱系 95　屏幕与身体 102　呈现与模拟 111

第三章　操　作 ·· 115
　　菜单、筛选、插件 ··································· 124

38

　　　　选择的逻辑 124　"后现代主义"与 Photoshop 130　从对象到信号 133
　　合　成 ··· 137
　　　　从影像流到模块化媒体 137　对于蒙太奇的抵制 142　合成的考古学：电
　　　　影 147　合成的考古学：录像 150　数字合成 153　合成与蒙太奇的新类型 156
　　远程行动 ··· 162
　　　　呈现与通信 162　远程在场：幻觉与行动 165　影像-工具 168　远程通
　　　　信 169　距离与光晕 171

第四章　幻　觉 ··· 177
　　合成现实主义及其不足 ··· 186
　　　　电影中的技术与风格 187　计算机动画的技术与风格 190　摹仿的图标 197
　　合成图像及其主体 ·· 201
　　　　乔治·梅里埃，计算机图形学之父 202　《侏罗纪公园》与社会主义现实主
　　　　义 203
　　幻觉、叙述与交互性 ··· 208

第五章　形　式 ··· 215
　　数据库 ··· 222
　　　　数据库逻辑 222　数据与算法 226　数据库与叙述 229　聚合与组合 233　数
　　　　据库情结 236　数据库电影：格里纳韦与维尔托夫 240
　　可导航空间 ··· 247
　　　　《毁灭战士》与《神秘岛》247　计算机空间 256　导航的诗学 262　导航员与
　　　　探险家 271　"电影眼"与模拟器 276　两个作品：《拓展的虚拟环境》与《地
　　　　点》284

第六章　电影是什么 ·· 289
　　数字电影与运动影像的历史 ······································· 297
　　　　电影，索引的艺术 297　运动影像考古简史 300　从动画到电影 302　重新定
　　　　义电影 303　从"电影眼"到"电影画笔"311
　　电影的新语言 ·· 313
　　　　电影式与图形式：影图 313　新的时间性：作为叙述引擎的循环 318　空间蒙
　　　　太奇和巨观电影 325　电影作为信息空间 329　电影作为代码 333

索　引 ·· 337

出版后记 ·· 359

39

导　论

个人编年史

　　1975年，莫斯科。虽然我一直想做一名画家，但还是去数学特色高中学了理科。学校除了常规课程外，还开设微积分和计算机编程课。上了两年编程课，我们连一台计算机都没见过，老师是在黑板上解释计算机编程的各种概念的。一开始，我们学习20世纪50年代后期苏联发明的计算机语言。这种语言的名称非常奇妙，叫作"和平一号"（MiR-1），一听就是冷战的产物。接下来，我们学习一种更标准的高级语言：ALGOL-60。两年的时间中，我们在笔记本上编写计算机程序。老师在上面打分，然后返还给我们，纠错是少不了的：比如循环语句中漏掉的结尾、未被声明的变量、忘记写的分号等。两年的课程结束时，我们头一次（也是唯一一次）被带到一个数据处理中心，这里通常需要经过官方许可才能进入。我把自己编好的程序输进计算机，可它没有成功运行。因为我从来没见过计算机键盘，应该输入数字0时，我却按了字母O。

　　还是在1975年，我开始上古典素描的私教课程，时长也是两年。莫斯科建筑学院的入学考试中有一项测试，要求考生在8小时内完成一幅古典人物半身像的素描。要取得最好的成绩，不仅要画得像，有完美的透视，而且要掌握完美的描影法。这意味着所有的阴影和光面完全要靠描影来表现，也就是说，所有最初描绘的线条最后都要看不出来才行。两年间对着画板度过的几百个小时终于得到回报：尽管指定给我的是号称世上最难画的维纳斯头像，但我还是得了个"优秀"。维纳斯头像完全不同于苏格拉底那样的男性头像，她头上的各种小平面非常难处理，因为它们是很平滑地交汇在一起的，就好像是用曲面建模程序生成的一样。后来我才得知，在20世纪70年代，计算机科学家也在处理同样的问题，即如何在计算机里生成明暗过渡自然的三维物体影像。今天仍在使用的标准渲染算法，就是在 1975 年，我开始学素描的那年，在犹他大学被发明出来的。①

　　1985 年，纽约，曼哈顿中心区，数字效果公司（Digital Effects）。清晨，我坐在一台 Tetronics 终端机面前，刚刚结束我的夜班。这家公司是世界上第一批为电影和电视制作 3D 计算机动画的公司之一（《创》[Tron]的特技就是这家公司做的，他们还为各大主流电视台制作计算机动画）。我的工作是操作一台制作计算机动画的 Harris-500 主机，还有一台 PDP-11，用它来控制输出 35 毫米胶片的 Dicomed 胶片输出仪。几个月后，我学会了公司专有的、使用 APL（一种高级编程语言）编写的计算机图形软件，并且开始做我的第一组计算机影像。我想生成一幅古典人物半身像的合成影像，但是这项工作最终未能完成。由于软件只能用原始的几何单形（如立方体、圆柱体和球体）来创造三维物像，我只能用这些原始单形做出一个构图，就草草了事。与其说 Tetronics 是台光栅终端机，还不如说是个矢量。这句话的意思是：Tetronics 并不能实时更新屏幕。在程序上每做一个变化，或者每改变一个视点，我都得敲下回车键，等着计算机一条一条地重画那些线条。回头想想，我干吗要花费好几年时间学习透视画法，计算机只需要几秒钟的工夫就画好了。我创作的几幅影像作品在纽约的计算机艺术展览上展出过几次。然而，那个时候恰是后现代主义的全盛时期：艺术市场火爆异常，纽约的年轻艺术家们赚到盆满钵满，但艺术界还没有对计算机艺术提起兴趣。

　　1995 年，奥地利，林茨市。我参加了全球最负盛名的电子艺术节（Ars Electronica）。这一年，在艺术类别的划分中，"网络艺术"取代了"计算机图形"，这标志着现代文化与媒体步入了一个新的阶段。自 20 世纪 60 年代以来，计算机一直被用作生产工具，而现在它具有了普遍意义上的媒体机器属性——不仅被用作生产，也被用作存储和分发，万维网就是这一新现象的具体表现。1990 年左右，"数字媒体"这一术语出现，与"计算机图形"一起在语言层面上开始为人们所知。与此同时，计算机在

---

① B. T. Phong, "Illumination for Computer Generated Pictures," *Communication of the ACM* 18, no. 6 (June 1975): 311–317.

呈现已有的文化形式的同时，也出现了一系列全新形式：网站、计算机游戏、超媒体只读光盘、交互式艺术装置等。总而言之，"新媒体"出现了。在1985年，我需要使用专业计算机语言，编写一长串计算机程序，才能把一个有阴影的立方体呈现在计算机屏幕上。而十年后，我只需要在一系列价格便宜的、基于菜单的三维软件中做出选择就能实现。它们可以在普通的个人计算机上运行。软件中预先备好了大量的三维模型，其中就包括精细入微的人体与头像。

1995年还有哪些事情值得一提？我出生的国家——苏联宣告解体。自由与束缚、交互性与预置性、西方的消费主义和东方的"灵性"，几十年来，这些对峙的张力曾激发出大量创造性想象力，现在，它们跟苏联一起消失殆尽，取而代之的是消费主义、（充满成见和陈词滥调的）商品文化和超级大公司的胜利——它们声称自己统治了空间、时间、未来（例如，微软推出广告"今天你要去哪里？"；斯沃琪提出"互联网时间"的新概念，将24小时分为1000个斯沃琪"节拍"；美国AT&T通信公司推出广告语"你会的"[You will]），以及"全球化"（这个词其实与"灵性"一样，都难以捉摸）。

1995年，我到圣彼得堡参加"寻找第三现实"（In Search of a Third Reality）计算机艺术节。当时一场奇特的演出，可以看作关于全球化的一个极好的隐喻。跟其他演出一样，这一演出也在天文馆进行。跟所有人一样，天文馆的领导需要在俄罗斯的新经济秩序下（或者说，没有经济秩序的情况下）维持生计，于是他将整个天文馆都出租给了艺术节的组织方。黑色的半球形穹顶下，一位年轻艺术家正有条不紊地画着一幅抽象画，构图系统，落笔谨慎，看起来跟我一样受过传统绘画训练，根本不走波洛克（Pollock）的风格。他手上戴着一只任天堂数据手套（Nintendo Dataglove）——这在1995年的西方算是常见的媒体物件，但在当时的圣彼得堡还是新鲜玩意。这个数据手套将作画者的手部动作传输到一个小小的电子合成器上（这种电子合成器是莫斯科某家机构的实验室组装的）。合成器播放着音乐，一男一女随音乐翩翩起舞——他们穿着伊莎朵拉·邓肯（Isadora Duncan）式的衣服，在一名满脸疑惑的老年观众面前表演即兴的"现代舞"。这场表演中,有传统艺术、抽象画、任天堂数据手套,有电子音乐、20世纪初的现代主义,还有在这样一个沉湎于辉煌过往的古老城市(像威尼斯一样)的天文馆中关于虚拟现实(virtual reality)的探讨(对我来说,关于虚拟现实的探讨是来自西方的东西),这些彼此不兼容的历史与概念层面被合成在一起,而任天堂数据手套只是这场大杂烩的其中一个层面。

1995年还迎接了互联网的到来。互联网是全球化最具象化的,也是最显而易见的表现。在20世纪90年代末,文化的逐步计算机化终将改变所有的信息技术,这一点也会变得非常明确。因此,如果借用卡尔·马克思(Karl Marx)的经济基础与上层建筑理论,我们可以说:20世纪50年代以来,现代社会的经济基础转向服务经济与信息经济。70年代,现代社会进入了所谓"后工业社会"(丹尼尔·贝尔[Daniel Bell]语),之后,进入了"网络社会"(曼纽尔·卡斯特[Manual Castells]语)。90年代的上层建筑开始反映出这种变化的全面影响。①20世纪80年代的后现代主义是这种转变的先兆,这一先兆在当年影响微弱、知者甚微,而到了90年代,从文化(culture)到电子文化(e-culture)、从计算机到普遍的文化载体、从媒体到新媒体等急速转变,促使我们重新思考有关分类和典型的问题。

到了2005年……

关于当下的理论

我多么希望在1895年、1897年或者至少在1903年曾有人意识到电影这一新媒体的诞生所具有的重要意义,并为此留下详尽的记录:对观众的采访,关于叙述策略、场景空间设计(scenography)、摄影机位置的系统化陈述,对新兴电影语言与同时代其他娱乐形式之间关系的探讨等。很可惜,这类记录并不存在。我们只能看到一系列散乱分布的历史

---

① Daniel Bell, *The Coming of Post-industrial Society* (New York: Basic Books, 1973); Manuel Castells, *The Rise of the Network Society* (Cambridge, Mass.: Blackwell Publishers, 1996).

痕迹——比如报纸新闻、电影发明者的日记、电影放映日程及其他零碎片段。

今天我们正在见证另一种新媒体的诞生，即数字计算机这一元媒体。与一百年前电影诞生时相比，现在的我们已经完全认识到了这一新媒体革命的重要意义。然而，我却有些担心：未来的计算机媒体理论家和历史学家回头来看现在，他们能找到的记录，未必比电影诞生最初几十年里仅存的那些零散的报纸新闻、排片日程更多。他们会发现，虽然我们这个时代的分析文章认识到了计算机接管文化的重大意义，但大多人都在阐述对于未来的猜想，而非记录与论述现状。未来的学者会非常疑惑，为什么这些理论家们在分析早先的文化形式上有着丰富的经验，但却并没有尝试描述计算机媒体的符码、媒体对受众的称呼方式（modes of address），以及受众接收的模式。当未来的学者们煞费苦心地再现了电影是如何从先前的文化形式（全景画、光学玩具、拉洋片）中诞生的之后，有人可能会问，为什么他们在计算机媒体刚刚诞生的时候（也就是说，在计算机媒体的语言尚未自成一体、先前的各类文化形式对计算机媒体语言的影响尚清晰可辨时），没有尝试为计算机媒体的语言构建一个类似的谱系？在那时，多媒体交互界面上的图标和按钮还是新鲜事物，就像新的画作上未干的墨迹，人们尚未因习惯而忽视它们的存在。在那时，《神秘岛》（*Myst*）游戏的设计师们还在调试代码、将图形转化为 8 位像素、处理 Quicktime 片段。在那个历史性的时刻，网景（Netscape）公司一名 20 多岁的设计师对着计算机连续工作了 16 小时，赶在截稿前完成了任务。然后，他吐掉口香糖，啜口已经不再冰凉的可乐，终于对文件大小感到满意。他点击"保存"按钮，一段夜空星轨图的动画留了下来。这段动画后来出现在网景公司的导航员浏览器（Netscape Navigator）网站的右上角，成为当时最广为流传的运动影像段落（sequence，又译"序列"）——直到它被新的版本取代。在这些重要时刻里，理论家都去哪了？

我接下来的文字尝试为现状留下一段记录和一种理论。正如电影史学家在电影头几十年追溯电影语言的发展一样，我试图描述和理解那些推动新媒体语言发展的内在逻辑（我并不主张新媒体只有一种语言，我把"语言"用作一个泛称，意指新媒体对象的设计师所使用的，用以组织数据、构建用户体验的一系列惯例［conventions］）。本书将尝试进一步展开这种新媒体史与电影史的类比，探究这种新语言是否已经接近于发展到了一个最终的、稳定的形式——就像电影语言在20世纪头十年获得了其"经典"形式一样。或者说，也许20世纪90年代的新媒体更像是19世纪末的电影，如果是那样，未来的计算机媒体语言可能与现在的全然不同。

新媒体的面貌日新月异，对当下现状进行理论化是否有意义？这个赌注值得一试。如果以后的发展证实了我的理论化预测，那我就赢了。即使计算机媒体语言的未来发展与我当下的分析背道而驰，这本书至少也记录下了一些后来没有实现的可能性，以及我们在今天可以展望但后人无法想象的视界。

今天的我们不再把电影的历史看作通往一种语言的线性发展过程，或者通往绝对逼真的进程。相反，我们逐渐认识到，电影的历史包含一系列具有不同表现力的语言，这些语言具有各自的美学变量，并各自消弭其"前辈"遗留的一些可能性（这里的文化逻辑与托马斯·库恩［Thomas Kuhn］对科学范式的分析并无二致①）。同样，计算机媒体在历史发展的每个阶段，都具有自身独特的审美时机及对未来的期望：简而言之，每个阶段都具有其特有的"研究范式"。本书力图记录下新媒体在第一个十年中的"研究范式"，趁它们还没有消逝之时。

绘制新媒体地图：方法

我把新媒体的语言放在现代视觉与媒体文化史中进行分析，探讨以下一系列问题：新媒体在哪些方面依赖现存的文化形式和语言，又在哪些方面与它们决裂？新媒体工具在创造现实的幻觉、吸引受众及呈现时间和空间方面有怎样的独特性？旧媒体中的惯例和技术，诸如矩形边框、运动

---

① Thomas S. Kuhn, *The Structure of Scientific Revolutions*, 2nd ed. (Chicago: University of Chicago Press, 1970).

视角和蒙太奇,是如何在新媒体中运作的?如果我们能构建一个考古学框架,将那些新的、基于计算机的媒体创造技术,与过去那些呈现和模拟的技术连为一体,我们应该在哪里定位重要的历史突破呢?

为了回答以上问题,我统观了新媒体的所有领域:网站、虚拟世界[①]、虚拟现实、多媒体、计算机游戏、交互性装置、计算机动画、数字视频、电影以及各种人机交互界面。本书虽然主要关注理论和历史,也会分析一些重要的新媒体对象,从美国的经典商业大作,如《神秘岛》《毁灭战士》(*Doom*)、《侏罗纪公园》(*Jurassic Park*)、《泰坦尼克号》(*Titanic*),到全球新媒体艺术家和艺术团体,如 ART+COM、antirom、jodi.org、乔治·莱格拉迪(George Legrady)、奥利亚·利亚利娜(Olia Lialina)、邵志飞(Jeffrey Shaw)和陶马什·瓦利茨基(Tamás Waliczky)的作品。

文化的计算机化进程不仅带来了新的文化形式,例如计算机游戏和虚拟世界,而且重新定义了现有的文化形式,比如摄影和电影。因此我也将研究计算机革命对于整个视觉文化的影响:我们转向基于计算机的媒体,这如何重新定义了静态影像与运动影像的本质?计算机化如何影响了我们文化中的视觉语言?有哪些全新的美学可能性会出现?

为回答以上问题,我借鉴了艺术史、摄影史、摄像史、远程通信史和设计史,以及 20 世纪最重要的文化形式——电影的历史。其中,电影理论与电影史为新媒体研究提供了重要的概念参考。本书将研究以下

[①] 这里的虚拟世界是由计算机生成的三维交互环境。这个定义适用于现存的各种三维计算机环境,包括以头戴式显示器和拟真画质为特点的高端虚拟作品、街机、光盘、多玩家网络游戏、Quicktime 虚拟现实电影、虚拟现实建模语言(Virtual Reality Modeling Language,以下简称 VRML)场景,以及 The Palace、Active Worlds 之类的图形化聊天平台。

虚拟世界体现了计算机文化中的一个重要趋势,并有望成为人界交互界面和计算机网络的新标准。(关于为什么虚拟世界也许永远无法成为这个新标准的讨论,请参阅"可导航空间"一节。)例如,硅图(Silicon Graphics)公司研发出的三维文件系统曾在电影《侏罗纪公园》中有所展现;索尼(Sony)公司曾使用一张房间的图片作为 MagicLink 个人通信设备的交互界面;苹果公司那短命的 E-World 在线服务曾使用一张城市的图片作为欢迎页面。网页设计师们经常使用建筑照片、城市鸟瞰图或者地图作为交互界面的象征。索尼公司"虚拟社会项目"(The Virtual Society Project)的研发人员认为:"我们相信,未来的在线系统将会具有高度的交互性和对多媒体的支持,还有最重要的——支持共享三维空间的能力。在我们的愿景中,用户不仅能够使用基于文本的聊天论坛,而且能进入三维世界,在那里,他们将能够与外部世界以及其他用户交流互动。"

主题：

- 电影史与新媒体史的平行关系
- 数字电影的身份
- 多媒体语言与 19 世纪各种"前电影"（pro-cinematic）文化形式的关系
- 与其在电影中的功能相比，屏（银）幕、运动摄影机及蒙太奇在新媒体中的功能
- 新媒体与先锋电影的历史渊源

除了电影理论，本书还运用了人文学科（艺术史、文学理论、媒体研究、社会理论）和计算机科学的相关理论，所采用的整体方法论可以被称作"数字唯物主义"（digital materialism）。我尝试建立起一套自下而上的新媒体理论，而不是用某个先验理论自上而下地一概而论。我通过探究计算机硬件与软件的原理及在计算机上创造文化对象所涉及的操作，揭示这一实践中全新的文化逻辑。

关于新媒体的文章大多充满了对未来的猜测，而本书反其道而行之，更多地分析新媒体目前已经走过的发展之路，并为新媒体艺术家和设计师提供一些有待探索的新方向。我所期望的是：本书论述的新媒体理论不仅可以成为理解当下的重要参考，也可以为实践性的探索提供一个框架。比如，在"文化交互界面的语言"一节中，我分析了新媒体对象的交互界面如何在印刷品、电影和人机交互界面这三种文化传统的影响下逐渐发展成形。在描述那些已经被新媒体借用的传统元素的同时，我也指出了其他一些有待被纳入新媒体实验的元素。在"合成"一节我描述了几种全新的蒙太奇类型，进而提出了一组新的实验方向。而在"数据库"一节中，我讨论了另一组方向，提出新媒体叙述可以进一步探索计算机数据库所提供的新的合成可能性与美学可能性。

尽管本书并不推测未来，但它隐含了一套关于新媒体未来发展的理论。将新媒体置于宏大的历史视野中所带来的好处是：我们可以认识到新

媒体的历史轨迹，进而推断出新媒体未来的发展之路。"新媒体的法则"一节描述了我眼中影响新媒体发展的四个重要趋势：模块化、自动化、多变性及跨码性。

当然，我们不必盲目接受这些趋势，但了解新媒体语言的进化逻辑有助于探索各种不同的可能性。在媒介史上，先锋电影艺术家们为电影开辟了种种独特的视听叙述方法。同样，当今的先锋新媒体艺术家也在探索计算机媒体的全新语言。因此，如果我们有一种理论，既能梳理现存"主流"语言背后所经历的建构过程，又能展望现存"主流"语言随着时间推移可能会产生的演变，将有助于推进新的探索。

绘制新媒体地图：结构

本书力图为新媒体研究（又称"数字研究"[digital studies]）这一新兴的领域描绘出一幅未来的发展图景。文学理论类教材可能有关于叙述和语态的章节，电影研究类教材会探讨摄影和剪辑，本书力图对专属于新媒体理论的新范畴进行定义与细化。

本书分为几个部分，每个部分将会探讨一个重要的概念或问题。前文中的概念阐述会为后文中的分析提供基础。为了确定每个部分的顺序，我参考了与新媒体相关的其他领域，例如电影研究、文学理论和艺术史等领域的教科书。电影类教科书的结构通常始于电影技术，收尾于电影类型。与此相似，本书也会以新媒体的物质实体为开端，逐渐深入到新媒体的形式。

我所使用的"自下而上"的方法与计算机软件的组织方式有着异曲同工之处。程序员编写计算机程序会经历一系列的编译过程：高级计算机语言先被编译成可执行的代码，代码再被汇编程序转为二进制代码。而我的顺序恰好相反：从二进制代码级别上升到计算机程序级别，再进一步考虑由这些程序驱动的新媒体对象的逻辑。

第一部分"新媒体是什么？"——数字媒介本身、其物质和逻辑结构。

第二部分"交互界面"——人机交互界面；操作系统。

第三部分"操作"——操作系统上运行的应用软件、其交互界面及主要的操作手段。

第四部分"幻觉"——软件创造出的数字影像所具有的全新逻辑和外观。

第五部分"形式"——将新媒体对象组织成一个整体的过程中所常用的惯例。

最后一部分"电影是什么"则与本书的开头部分相呼应。第一部分指出，许多声称新媒体独有的法则，其实在电影中早已存在。随后的部分也进一步使用电影史和电影理论来作为一种分析新媒体的方法。通过探讨新媒体的不同层面——交互界面、操作、幻觉、形式，我将调转视角，考察计算机化进程如何反过来改变了电影。我把数字电影置于运动影像的历史中，分析了数字电影的身份，并论述了计算机化进程为电影语言的发展所提供的多种契机。

同时，最后一部分延续了本书整体"自下而上"的论述轨迹。如果说，第五部分考察了新的文化对象，诸如网址、超媒体只读光盘和虚拟世界等这些计算机的"子孙后代"们的结构特征，第六部分则论述了计算机化对现存的一种旧文化形式的影响，即"外部"计算机文化对电影的影响。

每部分的开头都有一段简短的导论，我将先论述一个概念，然后概述各个独立小节的内容。例如，第二部分"交互界面"的开始部分综述了交互界面这一概念在新媒体中的重要性。第二部分的两个小节分别关注新媒体交互界面的不同方面：一节梳理了新媒体交互界面对其他媒介的借鉴，另一节论述了用户身体与交互界面的关系。

名词解释：语言、对象、呈现

我将"语言"（language）这一名词放入本书的书名中，并不是说我们需要回到符号学的结构主义阶段来理解新媒体。由于大多数关于新媒体和赛博文化的研究都侧重于社会学、经济和政治的维度，因此我选择使用"语言"这一名词，标识出本书独特的关注点：不断浮现的全新惯例、反复出现的设计样式，以及新媒体的主要形式。我曾经也考虑过使用"美学"或者"诗学"，但最终还是选择了"语言"。因为"美学"隐含一组组二元对立，例如艺术与大众文化、美与丑、极具价值与无足轻重，这些是我想要规避的。"诗学"也有一些不适用的内涵。在20世纪初俄国形式主义的影响下，20世纪60年代的理论家把诗学定义为关于特定艺术（如叙述性文学）的具体特性的研究。文学学者茨维坦·托多罗夫（Tzvetan Todorov）在《诗学概论》（*Introduction to Poetics*，1968）中写道：

> 与对具体作品的阐释不同，它（诗学）并不寻求指出意义，而是探索主导每一部作品诞生的普遍法则。然而，诗学与心理学、社会学等学科不同，它在文学本身中寻找这些规律。因此诗学是通往文学的"抽象"途径，也是通往文学的"内部"途径。①

我不认同这种"内部"途径，我也不想强调新媒体的具有独一无二的惯例、元素和形式，也不认为孤立地看待它们是有益的。本书兼顾历史与当下，旨在将新媒体与许多其他文化领域联系起来。

- 其他艺术与媒体传统：其视觉语言、组织信息的策略及构建观众体验的策略
- 计算机技术：计算机的物质属性、现代社会使用计算机的方式、计算机交互界面的构成、主要的应用软件
- 当代视觉文化：在我们的文化——时尚与广告、大型超市与艺术品、电视节目与宣传横幅、办公场所与电子音乐俱乐部中，不同视觉场所的内部组织、图像学（iconography）、图意学

---

① Tzevan Todorov, *Introduction to Poetics*, trans. Richard Howard (Minneapolis: University of Minnesota Press, 1981), 6.

（iconology）和观众体验

● 当代信息文化

在本书中，"信息文化"（information culture）与另一个人们更熟悉的名词——"视觉文化"是平行概念。信息文化包含各种文化场所与文化对象，例如路牌，机场和火车站指示牌，电视节目菜单，电视新闻的版面设计，图书、报纸、杂志的排版，银行、旅店及各种商业和休闲场所的室内设计，飞机、汽车的内饰，计算机操作系统的交互界面（Windows、Mac OS、UNIX），以及各种应用软件的交互界面（Word、Excel、PowerPoint、Eudora、Navigator、RealPlayer、Filemaker、Photoshop等）中信息的表现方式。除了与视觉文化的内容具有相似性，信息文化还包括使用历史学的方法来组织和检索信息（类似于图像学），以及用户与信息对象和信息显示之间的交互方式。

另一个需要说明的词语是"对象"（object）。本书使用"新媒体对象"这一名词，而没有使用产品、艺术作品、互动媒体等其他名词。这是因为，一个新媒体对象可能指的是一幅数字影像、一部数字合成电影、一个三维虚拟环境、一个计算机游戏、一张内容自成一体的超媒体DVD、一个超媒体网站，甚至整个互联网。新媒体对象这一名词适用于各种媒体类型、各类组织形态及不同规模的对象，因此适用于我所描述的新媒体的普遍法则。同时，我使用"对象"这一名词也在强调我所关注的是文化整体，而非新媒体艺术的单独一隅。更重要的是，"对象"是计算机科学和计算机产业中的标准名词，用以强调面向对象的程序设计语言（如C++语言和Java语言）所具有的模块化特质、面向对象的数据库，以及Microsoft Office产品使用的对象连接和嵌入技术（OLE）。因此，"对象"这一名词采用计算机科学的名词和范式来构建计算机化的文化理论。

另外，通过使用"对象"一词，我也希望能够促使20世纪20年代苏联先锋艺术家的观念再焕生机。建构主义者（Constructivist）与生产主义者（Productivist）都将他们的作品称为对象（vesh、construktsia、predmet）而非艺术作品。类似于包豪斯学派，他们想要扮演工业设计师、平面设计师、建筑师和服装设计师的角色，而不是为博物馆或私人收藏创作出孤品的艺术家。"对象"所指向的是工厂和工业化大规模生产，而非传统的艺术家工作室。"对象"也隐含了艺术家一直想要注入作品之中的理想，比如劳动力的理性组织和工程化的高效率。

对于新媒体对象而言，以上提到的所有内涵都值得借用。在新媒体的世界里，艺术与设计之间的界限极为模糊。一方面，许多艺术家都从事商业设计来谋生；另一方面，职业设计师又是一群真正推动新媒体语言发展的人，他们进行系统化的实验，并创造出新的标准和惯例。第二种内涵即工业化生产的内涵，同样适用于新媒体。许多新媒体项目都由许多大团队完成（尽管与经典好莱坞时期的大制片厂系统相比，独立制片方与小公司已变得常见）。许多新媒体对象，例如计算机游戏或应用软件，都有百万级别的销量。新媒体领域的另一个特点是严格遵守各种硬件和软件的标准，这一点使其与大工业结合在一起。[1]

最后，也是最重要的一点，我使用"对象"一词，是因为我也期待能重新激活20世纪20年代先锋派所践行的实验室研究法的理念。今天，越来越多的艺术家转入新媒体领域，但很少有人愿意承担系统性、实验性的研究来厘清新媒体的元素及其基本组合、表达和生成策略。而这些恰恰都是20世纪20年代苏联和德国的先锋艺术家们孜孜以求的研究内容。他们在莫斯科高等艺术暨技术学院[2]、德国包豪斯学校不断探索那个时代的新媒体：摄影、电影、新印刷技术和远程语音（telephony）系统。今天，有少数艺术家抵制了一些暂时的诱惑，他们没有去研制"交互式光盘"，也没有拍"数字电影"长片，而是全力探索新媒体语言中相对应的镜头、句法、单词甚至字母，最终取得了惊人的发现。

---

[1] 软件的标准包括：UNIX、Windows和苹果MAC OS之类的操作系统；文件格式（JPEG、MPEG、DV、QuickTime、RTF、WAV）；编程语言（C++、Java）；传输协议（TCP-IP）；人机交互手段（例如对话框、复制和粘贴命令、鼠标指针和帮助指针）；一些不成文的习惯，例如640×480像素的图片尺寸已经被广泛应用了十余年。硬件的标准包括储存媒体的格式（ZIP、JAZ、CD-ROM、DVD）、端口类型（serial、USB、Firewire）、总线结构（PCI）和随机存储器（RAM）类型。

[2] 20世纪20年代莫斯科的一所艺术与设计学院。该学院集合了许多左翼先锋艺术家。它常常被与德国的包豪斯学校相提并论。

贯穿本书的第三个名词是"呈现"（representation），在此，我需要对其做出一些说明。我使用这一名词，是想引入近几十年人文学科中发展起来的、对文化对象功能的错综复杂而又细致入微的理解。新媒体对象即文化对象，因此，任何新媒体对象，不管是网站、计算机游戏还是数字影像，都可以被称作一种对于外部所指（referent）的呈现或建构。外部所指包括客观存在的对象、档案资料中的历史信息、文化整体或者某些社会团体使用的一套分类系统。正如所有的文化呈现一样，新媒体呈现也不可避免带有偏见。它们呈现或建构物质现实中的某些特征，以牺牲另一些特征为代价，它们凸显各种世界观中的某一种，在大量分类系统中选取一种可能。本书中我将进一步论述，软件交互界面（包括操作系统和应用软件）如何成为一种呈现。通过特定的组织数据的方式，软件交互界面凸显了这个世界和人类主体的特定模式。例如，当下主要有两种管理计算机数据的方式——分级文件系统（1984年麦金塔［Macintosh］电脑带来的图形用户交互界面）和"平面的"、无层级的超链接网络（20世纪90年代的万维网）。它们以完全不同的，实际上是完全相反的方式呈现世界。分级文件系统认为世界可以被归纳为逻辑性的、有层级的秩序，其中每个客体都具有独特的、明确的位置。万维网模式认为每种个体具有同样的重要性，一切事物都是相互联系的，或者说是可以被相互联系起来的。交互界面也凸显了某些数据处理模式，而这些模式与特定的艺术或媒介技术有着传统的关联。例如，20世纪90年代的万维网将页面作为组织数据的基本单位（不管其中包含了哪些媒体类型），而Acrobat软件将"视频重放"的概念应用到文本文件中。因此，交互界面实际上是旧文化形式和旧媒体的"呈现"，它凸显了某些形式和媒体，以牺牲另一些形式和媒体为代价。

在描述新媒体的语言时，我发现"呈现"这一名词可以与许多其他名词形成对照关系。呈现的含义也随着对照名词的变化而变化。由于这些对照的名词出现在本书的不同部分中，我在此对它们先作一概述。

呈现与模拟（见"屏幕"一节）

在这里，呈现指的是各种屏幕技术，例如后文艺复兴时期的绘画、电影、雷达和电视。我将屏幕定义为一个呈现虚拟世界的矩形平面，它存在于观众物质世界中，不会对现实视野构成阻断。模拟指的是通过技术手段使观众完全沉浸于虚拟世界中，包括巴洛克式的耶稣教堂、19世纪的全景画、20世纪的电影院。

呈现与控制（见"文化交互界面"一节）

在此，我反对将影像作为虚幻的虚拟宇宙的呈现，而是将影像作为供用户控制计算机的控制面板（例如，具有不同图标和菜单的图形用户交互界面）。这种新的影像类型可以被称为影像-交互界面。呈现与控制之间的对立，相当于深度与表面的对立——一边是作为进入幻觉空间之窗的计算机屏幕，另一边是作为平面控制面板的计算机屏幕。

呈现与行动（见"远程行动"一节）

这里的呈现，实质上指用于创造幻觉的技术（时尚、现实主义绘画、微缩图、军事诱饵、数字合成），而行动指用于实施行动的呈现性技术，即通过呈现来操纵现实的方式（地图、建筑绘图、X光、远程在场）。我把这种利用远程在场技术生成的影像称作影像-工具。

呈现与通信（见"远程行动"一节）

这里的呈现指呈现性技术（电影、声音、录像带磁带、数字存储格式）与实时通信技术（一切与"远程"[tele]相关的技术，例如电报、电话、电传、电视、远程在场）的一组对照。呈现性技术可以创造传统美学对象，这些对象处于特定的时空中，并存在特定的外部所指。虽然远程文化形式并不能产出任何对象，但新媒体强调人际远程通信的重要性，促使我们重新思考文化与对象之间的传统等式。

视觉的幻觉主义与模拟（见"幻觉"一章的概论）

幻觉主义（Illusionism）在这里既指呈现，也指模拟，这些名词都会在"屏幕"一节中被使用。因此，幻觉主义是传统技术与创造虚拟现实的技术（透视画、电影、全景画等）的结合。模拟是指超越视觉表象，用于模仿现实各个方面的计算机手段。例如客观对象的运动、自然现象中因时间流逝产生的形态变化（水面、烟雾）、动机、行为、人类的言语和语言理解。

呈现与信息（见"形式"一章的概论）

　　这组对照指的是新媒体设计中的两个背道而驰的目标：一个使用户沉浸于类似传统虚构作品的想象性虚构空间，另一个让用户高效地访问大量信息（例如，搜索引擎、网站、在线百科全书）。

第 一 章

新媒体是什么

WHAT IS NEW MEDIA?

新媒体是什么？我们可以列出大众出版物中属于新媒体的各个范畴：互联网、网站、计算机多媒体、计算机游戏、只读光盘和 DVD、虚拟现实。那么，这些就是新媒体的全部吗？如何看待用数字摄影机拍摄的、在计算机上剪辑的电视节目？使用三维动画和数字合成的故事片又该被如何归类呢？这些是否也应该算作新媒体？由计算机制作然后打印到纸上的影像，以及文本与影像的拼贴，例如照片、插图、规划图、广告，这些都是新媒体吗？新媒体的界限在哪里？

这些例子可以看出，新媒体的定义通常以是否通过计算机传播和呈现为标准，而不以是否由计算机生产为标准。因此，通过计算机传播的文本（例如网站和电子书）可以被归入新媒体范畴，而通过纸质出版物传播的文本就不是新媒体。同样，刻录在只读光盘上的、需要在计算机上阅览的照片就叫新媒体，而印在书上的就不算。

我们是否应该重新考量这个定义呢？在我看来，如果想要全面理解计算机化对于文化的影响，这个定义就显得狭隘。其不合理之处在于，它把计算机传播与呈现媒体的功能，置于其生产或者储存媒体的功能之上。然而，计算机的这些功能，都具有改变现有文化语言的潜质，也都具有可以使文化保持原状的潜质。

但是，使文化保持原状的设想不太可能实现。更可能发生的情景是：14 世纪的印刷和 19 世纪的摄影对现代社会与文化的发展产生了革命性影响，而现在我们身处一场类似的新媒体革命中。在这场新媒体革命中，所有文化都向着计算机介入的生产、分发和传播模式转变。可以说，这一新革命的影响比前几次的影响更为深远，而我们才刚刚开始认识其初始阶段。印刷的发明仅仅影响了文化传播中的媒体分发这一个环节。同样，摄影的发明也仅仅影响了文化传播中的静态影像这一种类型。然而，计算机媒体革命不仅影响了传播的所有阶段，包括信息的获取、操纵、存储和分发；也影响了所有的媒体类型，包括文本、静态影像、运动影像、声音和空间建构。

我们应该如何——标明这些根本性转向？计算机通过何种方式记录、存储、创建和分发媒体，从而使其具有"新"媒体的特质？

在"媒体与计算"一节中，我论述道，新媒体代表了两条不同历史发展轨迹的融合：计算与媒体技术。两者都发源于 19 世纪 30 年代，前者以查尔斯·巴比奇（Charles Babbage）的分析机为标志，后者以路易·达盖尔（Louis Daguerre）的银版照相术为标志。在 20 世纪中期，一种现代化的数字计算机诞生了，它可以更高效地运算数值类数据。从 19 世纪 20 世纪之交起，政府和公司中普遍存在的、由制表员和计算师承担的机械性工作，从此由计算机接手。与此同时，我们见证了现代媒体技术的崛起，影像、图像序列、声音和文本可以被储存在照相干版、电影胶片、留声机唱片等各种各样的物质载体上。两条历史轨迹的融合，就是将所有现存的媒体转换成了计算机可以识别的数值类数据。新媒体就此诞生——图形、活动影像、声音、形状、空间和文本都变成了可计算的，也就是说，它们都变成了一组计算机数据。在"新媒体的法则"一节，我考察了媒体的这种全新状态所带来的影响。我没有仅仅聚焦于交互性或者超媒体等那些熟悉的范畴，而是列出了一套全新的清单，将新媒体的法则简化为五项——数值化呈现、模块化、自动化、多变性和文化跨码性。在最后一节"新媒体不是什么"中，我阐述了其他一些常常被认为是属于新媒体的法则，我表明：在旧的文化形式和媒体技术（比如电影中），这些法则已经存在并发挥作用。因此这些法则本身就是新媒体区别于旧媒体的有效证据。

从媒体到"新"媒体

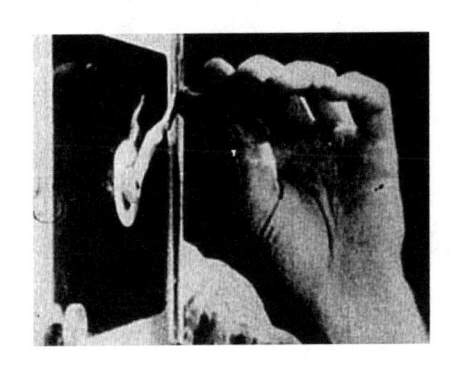

1839年8月19日,巴黎的法兰西学院里聚满了好奇的巴黎人,他们赶来聆听路易·达盖尔的演讲。以发明西洋景(Diorama)成名的达盖尔正式宣布:他发明了一种全新的图像制造方式。达盖尔把这种新的成像方式叫作"达盖尔照相法"(Daguerreotype,又译"银版照相法")。根据时人的说法,"几天之后,光学仪器商的铺子里挤满了前来购买达盖尔摄影设备的爱好者,满大街都是瞄准建筑拍摄的照相机。[1] 每个人都想记录下自家窗外的风景,有些幸运的家伙一次就成功了,拍到了天空下的屋顶剪影。"[2] 这引发了一股媒体的热潮,短短五个月,从巴塞罗那、爱丁堡、那不勒斯、费城,到圣彼得堡和斯德哥尔摩,三十多种不同版本的照相设备在世界各地纷纷发布。最初,使用达盖尔照相法拍摄的建筑和风景在大众想象中占据主导地位。两年后,照相法经过多重技术改进,人像摄影馆遍

---

[1] 早在1826年,法国人约瑟夫·涅普斯(Joseph Nièpce)在自家二楼的窗户拍摄了一张照片,这张照片在涂了沥青的锡版上持续曝光了8小时。这幅作品被很多文献认作人类最早的照片。早期摄影设备的曝光时间较长,所以固定不动的建筑成为拍摄对象的首选。——译者注
[2] 引用自 Beaumont Newhall, *The History of Photography from 1839 to the Present Day*, 4th ed. (New York: Museum of Modern Art, 1964), 18.

地开花，每个人都想用这个新媒体机器拍一张肖像照。①

1833年，查尔斯·巴比奇开始设计一种"分析机"（Analytical Engine），这台机器具有了现代电子计算机最重要的几个特征。它使用打孔卡片（punch cards）录入数据和指令，并把这些信息储存在机器内存中。巴比奇将一个信息处理单位称为—"米尔"（mill）。"分析机"处理数据，将运算结果写入内存，最终的结果会在打印机器上输出。这台机器可以处理数学运算，它不仅可以根据卡片输入的程序进行运算，还可以根据得出的结果决定下一步应该执行的指令。然而，与达盖尔照相法引发的大量仿制品热潮不同，这台机器没有任何复制版本。达盖尔照相法在发明之后迅速影响了整个社会，成为复制现实的现代媒体工具。而计算机的影响力在当时尚不为人知。

有趣的是，巴比奇使用打孔卡片记录信息的想法，借鉴自发明更早的一种可编程机器。1800年左右，J. M. 雅卡尔（J. M. Jacquard）发明了由穿孔纸卡片自动控制的提花机，它可以织出复杂的纹饰图案，比如雅卡尔自己的肖像。可以说，提花机这种专用于制作图形的计算机，启发了巴比奇设计出分析机——一台通用的、可以进行数字运算的计算机。根据巴比奇的资助人（也是第一位计算机程序员）阿达·奥古斯特（Ada Augusta）所述："分析机所编制的代数样式，就像是雅卡尔提花机编织的花朵和叶子"。② 由此可见，在可以处理数据之前，可编程的机器就已经可以合成图像了。对于计算机历史研究者而言，雅卡尔提花机与分析机之间的直接联系并没什么值得称道的，因为计算机图像合成只是现代数字计算机千万种用途中的一种。然而在新媒体历史学家看来，这种联系意义非凡。

现代媒体和计算机的历史发展轨迹开始于同一时间点，对此我们并不应该感到惊讶。媒体机器与计算机在现代大众社会的运作中都必不可缺。将同样的文本、图像、声音传播给百万名市民，从而保证他们拥有同样的

---

① Newhall, *The History of Photography*, 17–22.
② Charles Eames, *A Computer Perspective: Background to the Computer Age* (Cambridge, Mass: Harvard University Press, 1990), 18.

意识形态，这一能力与跟踪记录市民的个人信息，如出生日期、就业记录、医疗记录和刑事记录的能力同样重要。摄影、电影、胶版印刷、广播和电视使前者成为可能，而计算机使得后者变为现实。大众媒体和数据处理具有技术互补性，他们同步出现、并肩发展，使得现代化的大众社会成为可能。

长久以来，媒体与计算机各自平行发展，并无交集。在整个19世纪和20世纪初，大量机械的、电子的制表机（tabulator）和计算器不断研发出来，运算速度越来越快，用途也日益广泛。同时，我们见证了现代媒体的崛起——照相干版、电影胶片、留声机唱片等各种物质载体将影像、影像序列、声音和文本保存下来。

我们继续追溯这段走向融合的历史。在19世纪90年代，现代媒体进一步发展——从静止图像发展到运动影像。1893年1月，第一家电影制片厂——托马斯·爱迪生（Thomas Edison）的黑玛丽亚（Black Maria）制片厂开始生产21秒长的短片，这些短片会在专门场所，使用活动电影放映机（Kinetoscope）进行放映。两年以后，卢米埃尔兄弟（Lumière）首先向科学家群体展示了他们新发明的、集拍摄和放映于一体的电影机。随后，在1895年12月，电影机开始面向付费的普通观众展出。随后的一年内，约翰内斯堡、孟买、里约热内卢、墨尔本、墨西哥城乃至大阪的观众们都领略了这种新媒体机器，并为之痴迷。[①] 渐渐地，电影的放映时间越来越长，摄影机前表演的故事越来越复杂，样片的后序剪辑也越来越精细，电影拷贝大卖。在芝加哥、加尔各答、伦敦、圣彼得堡、东京、柏林，以及大大小小的城市中，电影影像安抚着观众。当人们自己的采样和数据处理系统（例如大脑）在面对日益密集的信息环境显得捉襟见肘时，电影使他们暂时忘掉影院外这一切。对于现代社会的人们来说，定期到电影院的黑暗空间中暂时得到放松成了一种例行的自我拯救手段。

19世纪90年代不仅是媒体发展的关键时期，也是计算机领域的重要十年。面对汹涌而至的大量信息，不仅是个人，就连公司，乃至政府

---

① David Bordwell and Kristin Thompson, *Film Art: An Introduction*, 5th ed. (New York: *McGraw*-Hill), 15.

也都觉得无所适从。直到 1887 年，美国人口统计局仍在处理 1880 年的统计数据。在 1890 年的人口普查中，人口统计局开始采用赫尔曼·霍利里思（Herman Hollerith）设计的电子制表机。每个人的数据都被制作成打孔卡片，46,804 位普查人员完成了总计 62,979,766 张表格。霍利里思制表机开启了计算机器的商业化之路，接下来的十年里，电子制表机成为保险公司、公共事业单位、铁路办公室和会计部门的标配。1911 年，霍利里思的制表公司与其他三家公司合并，成立了计算-制表-记录公司（Computing-Tabulating-Recording Company）。1914 年，托马斯·J. 沃森（Thomas J. Watson）当选公司领导人。十年之后，公司规模扩大两倍，沃森将公司改名为"国际商用机器公司"（International Business Machines Corporation），即 IBM。[1]

进入 20 世纪后，1936 年成为媒体和计算史的重要节点。英国数学家艾伦·图灵（Alan Turing）写了一篇题为《论可计算数》（On Computable Numbers）[2]的论文。其中，他给出了多用途计算机的理论描述，这台计算机后来就以这位发明者的名字命名——"通用图灵机"。尽管只能进行四种操作，但这台计算机可以完成任意一种计算过程，并可以模拟所有其他的计算机器。机器通过在一条无限长度的磁条上读取和书写数字来运行。每一步中，磁条可以提前检索下一条指令、读取数据或者书写结果。这一切看起来太像电影放映机了。这难道只是一个巧合吗？

如果我们认为电影摄影（cinematograph）这个词的本义是"书写运动"，那么电影的实质就是以物质的形式来记录和保存可视数据。电影摄影机将数据记录在胶片上，而电影放映机将数据读取出来。这一电影设备与计算机有一个重要的相同点：计算机的程序和数据也被存储在特定的媒介中。这就是"通用图灵机"之所以看起来像电影放映机的原因。而且，"通用图灵机"既是一台电影放映机，也是摄影机，它读取磁条上存储的指令和数据，随后将其写到磁条的另外位置。实际上，对存储媒介与数据

---

[1] Eames, *A Computer Perspective*, 22–27, 46–51, 90–91.
[2] 该论文的全名为《论可计算数及其在判定问题上的应用》（On Computable Numbers, with an Application to the Entscheidungsproblem）。——编者注

编码方法的开发,在电影与计算机的史前史中都是非常重要的阶段。我们知道,电影的发明者最终决定使用赛璐珞条来记录一幅幅离散(discrete)的图像;而计算机的发明者,出于对更快访问速度及快速读写数据能力的需求,最终决定采用电子形式,将数据存储于二进制码中。

在图灵撰写那篇开创性论文的那一年,德国工程师康拉德·楚泽(Konrad Zuse)在父母家的起居室研制出了第一台数字计算机,这标志着媒体与计算机的历史进一步联系起来。楚泽的机器是第一台能工作的数字计算机。他的创新之一是使用穿孔带来控制计算机程序,而他用的"带子"实际上就是废弃的35毫米电影胶片。[1]

在一段现存的胶片上,二进制代码被打在一组拍有室内镜头的胶片上。这个典型的电影场景——一屋、两人、做事,变成了一套计算机指令的载体。这段电影片段的意义或情感都被其作为数据载体的新功能抹除了。现代媒体模拟感性现实的伪装也随之消失殆尽——媒体回到了其作为信息载体的原始状态,仅此而已。这就好像"技术版"的俄狄浦斯弑父——电影的图像符码被抛弃,让位于更高效的二进制码。电影成了计算机的奴隶。

幸运的是,故事并没有到此结束,一个美好的转折出现了。楚泽那段带有二进制代码与图像符码叠加的古怪胶片,预测到了半个世纪之后的融合过程。媒体与计算机这两条历史轨迹终于相遇了:达盖尔的银版照相法与巴比奇的分析机相遇,卢米埃尔兄弟的电影机与霍利里思的制表机相遇,最终走向一体。所有媒体都被转化为可供计算机使用的数值数据。图像、运动影像、声音、形状、空间和文本都成为可供计算机处理的一套套数据。简言之,媒体成了新媒体。

这种相遇改变了媒体和计算机的定义。计算机不再仅仅是一个计算工具、操控机制或者传播设备,它变成了媒体处理器。曾经,计算机可以读取一行数字、输出一个统计结果或者一条子弹的曲线轨迹。现在,计算机可以读取像素值、对图像进行模糊处理、调整对比度,或者检测图像中是

---

[1] Ibid., 120.

否存在某个物体的轮廓。在这些低级操作的基础之上，计算机还具备了更强大的功能：根据输入的图像在图像数据库中搜索构图相似或者内容相似的同类图像，检测电影中的镜头变化，或者合成包括场景和演员在内的电影镜头。在这样一个历史的循环之中，计算机回到了源头——它不再是只能处理数据的分析机，它已像雅卡尔的提花机一样，成了媒体的合成者和操控者。

新媒体的法则

与计算机相比，媒体的内涵发生了更加戏剧性的变化。在下文中，我总结了新旧媒体之间的几个重要区别。我尝试按照逻辑顺序来阐述这些区别：后三个法则建立在前两个法则的基础之上。这其实和推导定律的逻辑一样：从特定的公理出发，在此基础上推定和证明一系列定律。

当然，不是所有的新媒体都遵从这些法则。这些法则并不是绝对真理，而更像是计算机化的过程中，文化发展的总体趋势。随着计算机化对文化的影响越来越深，这些趋势也会愈发明显。

数值化呈现

所有的新媒体对象，无论是完全由计算机创建出来的，还是从其他的模拟媒体资源转化而来的，都是由数字符码构成的。这就是所谓的数值化呈现（numerical representation），这一事实带来了两个重要结果：

（1）一个新媒体对象是可以用特定的形式（数学形式）来描述的。比如，一幅图像或者一个图形都可以用数学函数来描述。

（2）新媒体对象受算法操控。例如，通过应用恰当的算法，我们可以自动去除图像的"噪点"、改善图片的对比度、确定图片中形状的边缘，或者改变图片的比例等等。简言之，媒体变得可以被编程（programmable）了。

由计算机创建的新媒体对象在本质上是以数字的形式呈现的。但很多新媒体对象实际是由各种旧媒体形式转化而来的。虽然很多读者都了解模拟媒体和数字媒体的区别，我还是想就这些术语及其转换过程稍作阐述。在这个过程中，我们假定，数据最初具有连续性，即"被测量的轴线或维度中没有貌似不可分割的单位"[1]。将连续性数据转化为数值化呈现，这个过程就叫作"数字化"（digitization）。数字化包含采样和量化两个步骤。首先，我们对数据进行采样（sampled）。最常用的采样方法是等距采样，例如用像素网格代表一个数字影像。采样频率被称作"分辨率"（resolution）。这种采样将连续性数据转化为离散的数据，即以不同单位出现的数据，比如人、页、像素等。其次，我们对每一个样本进行"量化"（quantified），即赋予其一个特定范围内的数值（例如，在一个8位的灰阶图像中，数值的范围在 0 到 255 之间）。[2]

虽然某些旧媒体，如摄影、雕塑等，的确具有连续性，但大多数旧媒体都集连续性和离散性为一体。电影胶片就是一个例子：每一帧影像是一张具有连续性的照片，但时间被切割为不同的样本（帧）。视频技术则走得更远，它沿着垂直维度（扫描线）对每帧画面进行采样。类似的例子还有：半色调的印刷图像也集连续性和离散性为一体。这类图片由大量有序的圆点（即样本）组成，不过，这些圆点在直径和面积上会产生连续性的变化。

前文中的最后一个案例说明，虽然现代媒体中包含不同程度的离散式呈现，但样本从未被量化。数字化是重要的一步，它使得样本的量化得以实。但有人会问，为什么现代媒体技术常常是部分离散的？因为现代符号

---

[1] Isaac Victor Kerlov and Judson Rosebush, *Computer Graphics for Designers and Artists* (New York: Van Nostrand Reinhold, 1986), 14.
[2] Ibid., 21.

学的核心假设是：交流在相互离散的单位间才能产生。没有离散的单位，就没有语言。正如罗兰·巴特（Roland Barthes）所说的："可以说，语言是对现实的分割（例如，色彩在光谱中具有连续性，但用语言描述时，色彩就被简化为一系列不具有连续性的名词）。"① 符号学家假设任何形式的交流都需要一种离散的呈现方式，人类的语言就是一个典型例子。人类的语言在很多层面上都具有离散性：我们把句子作为说话的单位，而一个句子由不同的词语构成，一个词语中又包含不同的词素，等等。由此推断，文化交流中使用的媒体也会有各种离散性的层面。一开始，这一理论是可行的。的确，电影在人类生存的连续性时间中采样出一格格不连续的影像，绘画将可见的现实采样为一条条离散的线条，印刷出来的照片将现实采样为一个个离散的像素圆点。然而，这一推断并非普遍适用。以照片为例，照片并不具有任何明显的单位。（在20世纪70年代，符号学因其语言学偏见而遭到批评。许多符号学家逐渐认识到，基于语言的不同意义单位的模型，在很多其它类型的文化交流中是不适用的。）更重要的是，现代媒体中的离散性单位，跟词素所具有的意义单位并非一回事。电影中的帧或者照片中半色调的像素点，都与电影或照片对观众的影响没有任何关系（除了现代艺术电影和先锋电影，例如罗伊·利希滕斯坦［Roy Lichtenstein］的绘画和保罗·夏里兹［Paul Sharits］的电影，在他们的作品中，媒体的"物质"单位被赋予了意义）。

现代媒体之所以具有离散性层面，很大程度上与现代媒体产生于工业革命时期有关。在19世纪，一种被称为工厂制的新型生产组织逐渐取代了手工业劳动。1913年，亨利·福特（Henry Ford）在工厂安装了第一条生产流水线，这成为工厂的经典模式。流水线依赖两条原则：其一，零件的标准化，这一点早在19世纪军队制服的生产中就得以运用；其二，生产过程可以被分解为一套简单的、具有重复性的、连续的活动，从事生产活动的工人不必掌握整套生产流程，而且每个工人都可被替代。

因此，毫不奇怪，现代媒体遵循着工厂的逻辑，这不仅体现在好莱坞

---

① Roland Barthes, *Elements of Semiology*, trans. Annette Lavers and Colin Smith (New York: Hill and Wang, 1968), 64.

的电影、动画公司和电视制作公司内的部门划分上，而且体现在物质组织的层面上。19世纪80年代，排字机的发明不仅实现了出版的工业化，而且在字形设计（数字和字体）层面实现了标准化。在19世纪90年代，电影将（通过摄影机）自动生产的图像与机械投影机相结合。为影像维度（大小、长宽比、对比度）和时间采样率设置统一标准。早在19世纪80年代，第一批电视机系统已经涉及采样在时间和空间上的标准化问题。这些现代媒体系统也遵循着工厂逻辑：一个"模板"（一部电影、一幅照片或者一段录音）一经产生，就会有大量一模一样的媒体副本被复制。我将进一步阐释：新媒体遵循的是另一套后工业社会的、完全不同的逻辑——个人定制，而不是大规模标准化，新媒体在这方面走在了时代前列。

模块化

这一法则也叫作"新媒体的分形结构"（fractal structure of new media）。正如一个分形体在不同尺度下都具有同样的结构一样，新媒体对象也具有同样的模块化结构特征。不管是图像、声音、形状还是行为，所有的媒体元素都表现为离散采样（像素、多边形、立体像素、字符、脚本）的集合。这些元素能构成更大规模的对象，但同时继续保有本来的特征。这些对象可以进一步构成更大的对象，同时，仍然保有其各自的独立性。例如，一部由流行的多媒体制作软件 Macromedia Director 制作的多媒体"电影"会包含数百图像、QuickTime 电影片段和声音片段。这些片段平时都被单独存储，只有在使用时才被加载入文件。因为所有的元素都是分别存储的，所以可以任意修改，不会影响到 Macromedia Director 软件所制作的这部电影。这些"电影"可以进一步组合成更大的"电影"，以此类推。模块化的另一个例子是 Microsoft Office 应用中"对象"的概念。当一个"对象"被插入到一个文件之后（例如，一个媒体片段被插入 Word 文档），这个对象仍然保持独立性，用户可以随时使用最初创建它的程序对其进行修改。而另一个关于模块化（modularity）的例子是超文本标记语言（以下简称 HTML）文件的结构：除了文本之外，它还包括许多独立的对象——GIF 图、JPEG 图、媒体片段、VRML 场景、Shockwave 动画和 Flash 动画等，这些对象都独立地存储在本地计算机里，或者存储在网络中。简言之，新媒体对象由独立部分组成，每个独立部分又由更小的独立部分组成，以此类推，新媒体对象可一直分解到最小的"原子"——像素、三维空间中的点和文本字符。

整个万维网也具有模块化特征，它由大量网页构成，每个网页也由相互独立的媒体元素构成，我们可以单独访问其中的每个元素。我们通常认为这些元素属于对应的网站，但这其实是商业网站浏览器推行的一种观念，实际上并非如此。艺术家马切伊·维斯涅夫斯基（Maciej Wisnewski）研发的 Netomat 浏览器，可以从不同网页中提取某一特定媒体类型的元素（例如图像），这些同类元素一一陈列，并不注明它们具体来源于哪些网站。维斯涅夫斯基的尝试突出了网络具有的基本特征：离散性和非层级性。

除了使用分形体这一比喻外，我们也可以将新媒体的模块化特征与结构化的计算机程序设计做一类比。结构化的计算机程序设计在 20 世纪 70 年代成为编程的标准，指的是编写短小而自足的模块（这种模块在不同的计算机语言中叫法不同，如子程序、函数、过程、脚本），进而组成较大的程序。许多新媒体对象实际上是遵循结构化编程风格的计算机程序。例如，大多数交互式多媒体应用程序都使用 Macromedia Director 的 Lingo 编写。一个 Lingo 编写的程序定义了控制各种重复操作（比如点击某一按钮）的脚本，这些脚本被组装在一起，成为更大的脚本。对于不属于计算机程序的那些新媒体对象而言，这种结构化编程的类比仍然成立，因为它们的组成成分可以被获取、被修改或被替换，整体的结构却不会受到影响。但这一类比也有局限。如果计算机程序的某一模块被删除，程序就会停止运行。与之相反的是，新媒体与传统媒体一样，删除新媒体对象的部分内容不会使其失去意义。实际上，新媒体的模块化结构使得这种删除和替换更加便利。例如，HTML 文档由多个独立的对象组成，每个对象都由一行 HTML 代码表示，因此我们可以很容易实现删除、替换、添加新对象等操作。同样，在 Photoshop 中，不同的图像被放置在不同的图层上，如果想要删除或替换这些元素，用户只需要点击鼠标即可完成。

自动化

媒体的数值编码（法则一）以及媒体对象的模块化结构（法则二）使得涉及媒体创建、操纵和访问的许多操作具备了自动化的可能。因此，人类的意志可以（至少部分可以）从创作过程中被抹除。[1]

我在下文中介绍的几个例子，可以说是媒体作品的"低水平"自动化。在这些例子中，计算机用户使用模板或简单算法，就可以修改或从无到有地创建一个媒体对象。这些技术已经发展成熟，应用在大量图像编辑、3D图形、文字处理、平面设计等商业软件中。像 Photoshop 这样的图像编辑程序可以自动修正扫描的图像，提高对比度范围、去除噪点。其自带的滤镜功能可以自动修改一幅图像，改变色彩的构成，甚至把整幅图像修饰成凡·高（Van Gogh）、修拉（Seurat）或者任意一位知名画家的风格。某些计算机程序可以自动生成三维物体，例如树木、风景和人物形象，也可以细致描绘出诸如火焰、瀑布之类极其复杂的自然现象的动画。在好莱坞电影里，鸟群、蚁群和人群都是由人工生命（artificial life，简称 AL）软件自动生成的。文字处理、页面设计、演示文稿和网页制作程序都带有自动创建文档布局的"代理"功能。写作软件能帮助用户使用高度形式化的类型规范来创作具有文学性的叙述文字。最后介绍一个我们最常遇到的媒体自动生成体验：许多网站都是在用户登录的时候实时生成网页。这些页面从数据库中提取所需信息，然后借助已有模板和脚本对这些信息进行格式处理。

研究者也关注媒体作品的"高水平"自动化，这要求计算机在某种程

---

[1] 在《从摄影到计算机视觉的视线自动化》（Automation of Sight from Photography to Computer Vision）一文中，我详细讨论了几个关于计算机如何实现视线交流的自动化的特定案例，本文收录于 *Electronic Culture: Technology and Visual Representation*, ed. by Timothy Druckrey and Michael Sand (New York: Aperture,1996), 229–239，亦收录于 "*Mapping Space: Perspective, Radar, and Computer Graphics,*" SIGGRAPH, 93 Visual Proceedings, ed. by Thomas Linehan (New York: ACM, 1993), 143–147。

度上理解其生成内容所蕴含的意义，即其中的语义。这种研究可以算作人工智能（artificial intelligence，简称 AI）研究的一个分支。众所周知，人工智能项目始于 20 世纪 50 年代，到本书写作为止，取得的成果相当有限。与此相应的是，关于具备理解语义能力的媒体生成过程的研究，也尚未完成，很少被商业软件所采用。从 20 世纪 70 年代开始，人们开始使用计算机来生成诗歌和小说。到了 20 世纪 90 年代，网络聊天室的常客们开始逐渐熟悉"机器人"（bots）——这是一种模拟人类对话的计算机程序。纽约大学（New York University）的研究者设计了一个由一系列"虚拟演员"组成的"虚拟剧场"，他们会根据用户的行为实时调整自己的行为。[1] 麻省理工学院的媒体实验室（MIT Media Lab）研发出一系列项目，致力于推进媒体作品（创作）和使用的"高水平"自动化："智能摄影机"（smart camera），可以根据脚本自动跟踪动作、拍摄画面；[2] ALIVE，这是一个用户能与动画角色互动的虚拟环境；[3] 一种全新的人机交互界面，计算机呈现为一个可与用户交谈的动画形象，这一形象由计算机实时生成，通过用户的自然语言与其进行交流，并试图猜测用户的情感状态，从而调整自己语言交流的风格。[4]

然而，在 20 世纪 90 年代的新媒体领域中，普通计算机用户与人工智能相遇的地方不是人机接口，而是计算机游戏。新媒体领域中，大多数的计算机用户对于虚拟现实的体验不是发生在人机交互界面中，而是在计算机游戏中。几乎所有商业游戏都包含一个名为"人工智能引擎"（AI engine）的组件，即控制游戏内部角色——例如赛车模拟游戏中的车手、《命令与征服》（*Command and Conquer*）之类的策略游戏中的敌方、《雷神之锤》（*Quake*）之类的第一视角射击游戏中的攻击方——计算机代码。从基于规则的系统，到模拟人脑功能的神经式网络，人工智能引擎使用了各种各样的方法来模拟人类智能。就像人工智能专家系统一样，计算机游

---

[1] http://www.mrl.nyu.edu/improv/.

[2] http://www.white.media.mit.edu/vismod/demos/smartcam/.

[3] http://pattie.www.media.mit.edu/people/pattie/CACM-95/alife-cacm95.html.

[4] 这项研究由麻省理工学院实验室的多个小组共同进行。读者可以访问其中的一个小组，手势和叙述语言组（Gesture and Narrative Language Group）的主页：http://gn.www.media.mit.edu/groups/gn/。

戏中的角色有着清晰而且专业的职责划分，例如某些游戏中的对手角色专门用来袭击玩家。但由于计算机游戏是高度编码的、基于规则的，这些角色的功能非常强，也就是说，它们能有效地响应游戏玩家提出的要求：向前跑、射击、捡起物品。但它们能做的仅限于此，游戏也没有向玩家开放测试其他功能的机会。例如，在一个打斗游戏中，我不能问对手问题，也不能指望他或她与我交谈，我只能按几个键发动各种"攻击"，而在这一高度编码的场景中，计算机可以迅速地"反击"我。总之，计算机角色之所以能显示出智力和技能，只是因为程序对用户与角色的互动可能性设置了严格的限制。换句话说，计算机可以引导用户在有限的范围内与之进行交流，假装具有智能。在 1997 年的计算机机械协会计算机图形特别兴趣小组会议上（Special Interest Group on Computer Graphics of the Association for Computing Machinery，以下简称 SIGGRAPH），我试玩了一个虚拟现实游戏，这个游戏模拟了一个现实中不存在的体育项目。我尝试了人类对手和计算机角色对手，这些对手在虚拟现实显示屏上都呈现为一团像素。在这种分辨率下，我完全分不清哪个是人、哪个是计算机。

在媒体作品的"低水平"和"高水平"自动化之外，另一个日益自动化的媒体应用领域是媒体获取路径。在计算机成为储存和访问大量媒体材料（例如储存在股票机构和全球娱乐集团数据库中的"媒体资产"，及分散在许多网站上的公共"媒体资产"）的途径后，我们需要找到更有效的方法对媒体对象进行分类和检索。长期以来，文字处理器及其他文字管理软件都具有搜索特定字符串、自动生成文件索引的功能。UNIX 操作系统也具有类似的搜索和筛选文本文件的功能。20 世纪 90 年代，软件设计者开始为媒体用户提供类似的功能。Virage 公司开发了 Virage VIR 图像引擎，能让用户在数百万张图像中搜索视觉上内容相似的图像；Virage 公司还开发了一套视频搜索工具，可以搜索视频文件并为其生成索引。[①] 到 20 世纪 90 年代末，各大网络搜索引擎都已经具备了搜索特定媒体（如图像、视频、音频）的功能选项。

---

① 见 http://www.virage.com/products。

我们可以将互联网看作一个巨大的分布式媒体数据库，它体现了新信息社会的基本条件：多样化的、极其丰富的信息。一种流行的观点是：软件代理程序（software agents）实现了信息搜索的自动化。一些代理程序起到筛选的作用，根据用户的需求标准，筛选出少量的信息。另一些代理程序允许用户利用其他用户的专业知识，借鉴其他用户的选项和选择。例如，麻省理工学院的代理程序小组（MIT Software Agents Group）研究出了代理程序 BUZZwatch，它能在网络讨论和网页上"跨时间提取和跟踪文本集合中的趋势、主题和话题"。Letizia 是"一个用户交互界面的代理程序，可以帮助用户浏览万维网……从用户的现有位置出发，寻找其他用户可能感兴趣的网页"。另一个案例是 Footprints，它可以"利用他人留下的信息，帮助您找到自己的路径"。[1]

到了 20 世纪末，如何创建新媒体对象（例如创建图像）已经不再是一个问题，新的问题是如何搜索到一个已经存在于某处的对象。比如说我们需要某一幅图像，它很有可能已经存在了，但是重新创建一幅图像似乎比找到那张已经存在的图像要更容易。从 19 世纪开始，现代社会出现了一系列能自动生成媒体的技术——例如照相机、摄影机、录音机、录像机等等。在之后的 150 年里，这些技术积累起了在数量上前所未有的大量媒体资料，包括照片档案收藏、电影影片收藏及音频档案收藏。由此，媒体进化到了一个新的阶段，存储、识别和快速检索获取媒体资源的新技术成为新的需求。而这些新技术都是基于计算机的：媒体数据库、超媒体及组织媒体资料的其他手段（例如分级文件系统）、文本管理软件、搜索和检索内容的程序。因此，随着第一张照片被拍摄出来，这个进程就启动了，合乎逻辑的下一个发展阶段就是媒体获取的自动化。新媒体的出现恰好与媒体社会的第二个阶段不谋而合：当下的媒体社会既关注获取和重新使用现有媒体对象，也关注创建新媒体对象。[2]

---

[1] http://agents.www.media.mit.edu/groups/agents/projects/.
[2] 详情请见我（作者）的文章 "Avant-Garde as Software," in *Ostranenie*, ed. Stephen Kovats (Frankfurt and New York: Campus Verlag, 1999) (http://visarts.ucsd.edu/~manovich).

多变性

新媒体对象绝非一成不变，它有着不同版本，而且版本的数量具有无限增加的潜质。这也是媒体的数值编码（法则一）和媒体对象的模块化结构（法则二）所带来的结果。

旧媒体都需要人类参与创造，他将文本元素、视觉元素及（或）声音元素手动整合到一个曲目或者序列中。序列被存储在某种物质上，其内部顺序一旦确定就不再改变。大量的副本可以在原版的基础上被复制出来，而且，与工业化社会的逻辑完全吻合的是，这些副本全部一模一样。相反，新媒体以多变性（variability）为特征（另外还有一些类似词汇，"易变性"［mutable］或"流动性"［liquid］也常常被用来形容新媒体）。新媒体对象往往会产生大量不同的版本，而不是原封不动的副本。这些版本并不是完全由人类作者创建的，而是在某种程度上由计算机自动组合而成（这里也可以援引之前举过的一个例子，根据网页设计师写出的模板，网页可以从数据库中自动生成）。因此，多变性法则与自动化法则密切相关。

新媒体的模块化为其多变性提供了可能。媒体元素的数字化储存使其从固定媒介中解放出来，数字化储存的媒体元素不仅可以保有个体元素的特性，而且可以在程序控制下组合成大量的序列。此外，因为媒体元素本身可以被分解成离散的样本（例如一幅图像就可以被看作一组像素），它们也可以进行个性化的实时重建或重组。

因此，新媒体的逻辑与后工业时期的"按需生产"（production on demand）和"及时交付"（just in time）逻辑具有了相应的一致性。从生产到分发的所有阶段中，计算机和计算机网络的应用使得一切成为可能。在这一点上，"文化产业"（西奥多·阿多诺［Theodor Adorno］在20世纪30年代提出的一个名词）领先于其他大多数产业。消费者在展厅中确定好自己想要什么样的车，随后将相应的规格信息传送到工厂，几小时后消费者就可以提车，这似乎还是不可企及的美梦。然而在计算机媒体领域，这种即时性已经成为现实。因为一台机器既是展厅也是工厂，也就是说，计算机可以同时生成和展示媒体对象。同时，因为媒体对象是以非物质形式存在的，其数据格式可以通过电缆以光速传递，这样一来，根据用户输入的信息而生成的个性化版本就可以实现即时交付。因此，我们还能再举出一个同类的例子，当你登陆一个网站，服务器会立即为你组合生成一个个性化的网页。

以下是关于多变性的几个案例（在接下来的章节，我们会对这些案例会展开进一步的讨论）：

（1）媒体的各类元素存储在一个"媒体数据库"中，这个数据库可以生成大量的面向终端用户（end-user）[1]的对象，这些对象在分辨率、形式和内容上各不相同，它们可以预先生成，也可以按需生成。最初我们也许会认为，这不过是多变性法则在技术方面的体现罢了。然而，我在"数据库"一章中将会提到，在计算机时代，数据库开始逐渐作为一种文化形式发挥作用。数据库提供了一个关于世界和人类经验的特定模型，也影响了用户对于数据库中数据的构想。

（2）"内容"（数据）和交互界面这两个层次的分离成为可能。"同样的数据可以创建一系列不同的交互界面"，新媒体对象也可以被定义为通往多媒体数据库的一个或多个交互界面。[2]

（3）计算机程序可以使用用户的信息自动生成针对不同用户的媒体合成物，或者创作出新的媒体元素。例子包括：网站可以利用硬件种类和浏览器类型的信息，或者用户的网络地址信息，自动为不同用户定制不同的网站内容；交互性计算机设备可以根据用户的身体动作信息来生成声音、图形或图像，或者以此来控制人造形象的行为。

（4）"分支式交互"（有时也称之为"基于菜单的交互"）是个性定制中的特例。有一类程序允许用户访问其内部的所有对象，"分支式交互"指的就是这类程序形成的树状结构。当用户接触到某一特定对象时，程序会提供一系列选项供用户选择。根据选择，用户的使用路径沿着树状结构

---

[1] 指除产品的开发人员、安装人员、服务人员外，最终使用产品的人。——编者注
[2] 有关为同一文本创建不同多媒体交互界面的实验，请见我的作品 *Freud-Lissitzky Navigator* (http://visarts.ucsd.edu/~manovich/FLN)。

的某一个分支前进。在这个例子中，程序使用的信息实际上是用户认知过程的输出，这与用户的网络地址或用户本人所在位置没有必然联系。

（5）超媒体是另一种常见的新媒体结构，它在概念上与分支式交互相近（因为其中的各个元素通常以树状结构相关联）。在超媒体中，构成一个文件的多媒体元素通过超链接联系起来。因此，不同于传统媒体中各种元素密切联结的情况，在新媒体中，无论是各类元素还是整个结构，都保有独立性。万维网就是超媒体的一个具体产物，其中的元素分布在整个网络中。超文本是超媒体的一个特例，它只使用了文本这一媒体类型。那么问题来了，多变性在这里是怎么发生作用的？超媒体文件内部有各种可能的路径，我们可以把这些路径看作关于该文件的不同版本。通过一步一步点开链接，用户最终检索到的是该文件的某一个特定版本。

（6）计算机文化中，生成同一媒体作品不同版本的另一种常见方式是定期更新。例如，现在的软件应用可以定期联网检查更新，下载和安装更新，有时甚至不需用户的手动操作。当驱动网站的数据库中的数据发生变化时，大多数网站也会定期进行手动或自动更新。某些网站会持续地更新诸如股票价格、天气之类的信息，这些都是关于这种"可更新性"的有趣案例。

（7）多变性的一个最重要的特性就是"可伸缩性"（scalability），即同一媒体作品的不同版本可以具有不同的大小和不同的细节程度。我们不妨把可伸缩性比喻成地图，如果把一个新媒体对象比作一块具体的领土，不同版本就像关于这块领土的不同比例尺的地图。比例的不同，会使得地图呈现出该领土不同程度的细节。的确，新媒体对象的不同版本也有着严格的定量变化，呈现出的细节数量也有所不同：例如，一幅全尺寸的图像与Photoshop自动生成的关于该图像的文件图标、一篇完整的文本和通过Word中"自动归纳"（Autosummarize）功能所生成的简略版本，以及在Word中使用"大纲"命令所生成的另外版本。苹果的QuickTime从1997年第三版开始实现了在QuickTime格式中嵌入不同大小的几个版本。当网络用户观看电影时，某一版本会根据网速情况自动提供给用户。另一种在概念上类似的技术叫作"距离化"（distancing）或"细节程度"，该技术经常在交互式虚拟世界中使用，比如，在 VRML 场景中。设计师会制作出同一物体的一系列不同模型，每个模型的细节逐渐减少。当虚拟摄影机接近该物体时，细节丰富的模型就被启用；而如果物体在远景中，程序就会自动替换细节较少的版本——反正离得远，细节难以被看清，这样一来就减少了计算机不必要的计算工作。

新媒体也可以为同一对象创建出迥异的版本。在这一点上，不同比例地图的比喻就不适用了。我们可以在一些常用软件的命令中看到这种在量值上差别较大的不同版本的例子，例如 Photoshop 5 中的"变化"（variations）和"调整图层"，以及 Word 中"拼写和语法"命令中的"写作风格"选项。网络上，我们可以找到更多的例子，从 20 世纪 90 年代中期开始，同一网站的不同版本变得很常见。网速快的用户可以选择细节丰富的多媒体版本，而网络信号较差的用户可以选择加载速度更快的简单版本。

在新媒体艺术作品中，大卫·布莱尔（David Blair）的《蜡网》（*Wax Web*）就是可伸缩性的一个极端的案例。《蜡网》是一个网站，它改编自一部 1 小时长的故事片。用户可以在与叙述互动的过程中，随时改变内容的呈现样式：它可以是图像式的故事大纲，也可以是完整的剧本或者某一特定的镜头，或者根据这一镜头制作的 VRML 场景，等等。[①] 可伸缩性的应用也可以为旧媒体作品赋予完全不同的用户体验，另一个例子是斯蒂芬·芒贝（Stephen Mamber）以数据库为基础重新呈现的希区柯克（Hitchcock）执导作品《群鸟》（*The Birds*）。芒贝的软件为电影的每个镜头生成一幅剧照，然后，它会自动将所有的图片组合成一个矩形矩阵，每张图片占据一个单元格。这样操作的结果是，时间被空间化了，这类似于爱迪生早期的活动电影放映机的圆筒中的过程。电影的空间化开启了电影的时间结构研究，这一点非常难得。正如在《蜡网》中一样，用户可以随时改变网站的呈现规格——从一部完整的电影到一个特定的镜头。

---

① http://jefferson.village.virginia.edu/wax/.

我们可以看到的，可变性的原则能将新媒体中的一些乍看起来毫无关联的重要特征联系起来。尤其值得注意的是，分支式（或菜单式）交互性和超媒体等常见的新媒体结构可以看作多变性法则的特例。在分支式交互性的例子中，用户扮演了主动的角色，他们可以决定以怎样的顺序来使用已生成的元素。这是最简单层面的交互性，而更复杂的可能是：整个媒体作品的内部元素和结构可以根据用户与程序之间的互动进行修改或实时生成。我们可以把这些操作看作开放式的交互，这与以往使用固定元素和固定分支结构的封闭式交互完全不同。开放式交互具有多种多样的操作路径，包括过程式的计算机编程和面向对象的计算机编程、人工智能、人工生命及神经网络。

只要在交互过程中有某些保持不变的内核、结构或者原型，开放式交互就可被视为多变性法则的子集。这里我们可以用维特根斯坦（Wittgenstein）的家族相似性理论做一个类比，这一理论后来被认知心理学家发展成原型范畴理论。在一个家族中，一些亲属具有一些共同特点，但某一个家族成员不可能具备所有特点。同样，根据原型范畴理论，一种语言中许多词语的含义并不是通过逻辑定义，而是通过接近某一原型产生的。

"超媒体"是新媒体的另一种常见结构，也可以看作多变性的一个特例。根据哈拉斯（Halasz）和施瓦兹（Schwartz）的定义，超媒体系统"为用户提供了创建、操控及（或）检验内部信息的节点网络的能力，这些节点通过关系链接发生关联"。[1] 在新媒体中，因为每个媒体元素（图像、文本页等）都保有独立的特征（模块化法则），他们可以被"连线"（wired）起来，产生多种对象。超链接是实现这一连接的特有方式。一个超链接可以为两个对象创建关联，例如不同页面的两个单词，或一个页面上的句子与另一个页面上的图像，或者同一页面上的两个不同的位置。通过超链接连接起来的元素可以存在于同一台计算机上，或者存在于连接在同一网络（例如万维网）之中的不同计算机上。

在旧媒体中，元素被"硬连线"（hardwired）成一个独特的结构，而

---

[1] Frank Halasz and Mayer Schwartz, "The Dexter Hypertext Reference Model," *Communication of the ACM* (New York: ACM, 1994), 30.

不再保持它们各自的独立特征，而在超媒体中，元素和结构之间是互相离散的。超链接的结构可以根据文件的内容不同而不同，最常见的树状分支结构只是超媒体结构中的一种。我们可以借用诺姆·乔姆斯基（Noam Chomsky）早期语言学理论中"自然语言的语法"来做个类比：[1]如果把一个规定好各个节点之间特定连接的超链接结构比作一个句子的深层结构，那么这个特定的超媒体文本就可以比作语言中的一个句子。计算机编程也可以构成一个类比。在编程过程中，算法和数据之间有着清晰的划分。算法规定好执行的步骤顺序，这个顺序对于任何数据都适用；正如超媒体结构规定好一套导航路径（例如，不同节点之间的连接），该路径可以被用在任何一套媒体作品上。

多变性法则佐证了媒体技术的发展与社会变革之间的历史关联。如果说旧媒体的逻辑对应的是工业化大众社会的逻辑，新媒体的逻辑则适应了后工业社会——将个性看得比共性更重要。工业化大众社会中，每个人拥有的都是同样的商品，具有同样的信仰。这也是媒体技术的逻辑特征。媒体作品在媒体工厂（例如好莱坞的制片厂）中组装起来，而后大量相同的副本被分发到所有人手中。广播、电影和印刷媒体所遵从的就是这个逻辑。

而在后工业社会中，每个人都可以建立起自己个性化的生活方式，从大量的（虽然并不是无限的）选项中"选择"自己的意识形态。市场不再像以往那样，将同样的产品或信息推送给大众群体，而是试图找到每一个人的个性化定位。新媒体技术的逻辑就反映了这种新的社会逻辑。网站的每一位访客都会自动获得网站从数据库快速生成的个性化页面。文字语言、内容和广告等都可以为客户进行个性化定制。《今日美国》（*USA Today*，1999年11月9日）上的一篇报道称："与杂志广告或者出版物广告不同的是，网站上的横幅广告可以随每一张页面而变化。大多数在网站上登广告的公司会追踪你的浏览痕迹，'记住'你看过哪些广告、你看到它们的确切时间、你有没有点击它们、你当时身处何处、你之前访问的网

---

[1] Noam Chomsky, *Syntactic Structures* (The Hague and Paris: Mouton, 1957).

站是都有哪些。"①

在超文本中，读者选取某一特定路径，从而获得个性化的文本。以此类推，交互式装置的用户都可以得到该作品的个性化版本。由此可见，新媒体技术可以看作由独特个体组成的理想社会的乌托邦。新媒体对象向每一个用户保证，他们的选择都是独特的（这也就意味着，他们潜在的思想和欲望也都是独特的），而不是预先编排好的、与其他用户共享的。新媒体——雅卡尔提花机、霍利里思的制表机和楚泽的"电影胶片计算机"（cinemacomputer）的后代们现在正努力让我们相信自己是独一无二的，这似乎在补偿早年间机器所造就的千人一面的局面。

这里阐述的多变性法则，与艺术家、策展人乔恩·伊波利托（Jon Ippolito）所提出的"多变的媒体"（variable media）概念有几分相像。②在我看来，我们主要在两方面有区别。首先，伊波利托使用多变性来描述近来的一些观念艺术和数字艺术，但我把多变性看作新媒体的基本条件，而不仅仅是艺术的基本条件。其次，伊波利托遵循观念艺术的传统，即艺术家可以改变艺术作品的任何维度，甚至艺术品的内容；而我使用这一名词的意图是在反映主流文化的逻辑——不同版本的事物共同分享一些意义明确的"数据"。这些"数据"可以是一个为人熟知的故事（例如《惊魂记》[Psycho]），可以是一个图标（例如可口可乐标志），可以是一个人物（例如米老鼠），或者可以是一位明星（例如麦当娜），总之数据在媒体产业中具有了"属性"。因此，麦当娜生产的所有文化产品自动地集聚在她的名下。根据原型范畴理论，属性就扮演着原型的角色，不同的版本基于这种原型而不断衍生。甚至可以说，当一系列不同版本在某种"属性"的基础上实现了商业化的分发，这些版本中的某一个通常会被当作"数据"的来源，而其他版本则被视为该来源的派生品。同一媒体中，具有原始"属性"的版本往往会被当作原版。例如，当一家电影公司要发行一部电影时，也会随着电影的上映推出相应的游戏、衍生商品和电影原声带等

---

① "How Marketers 'Profile' Users," USA Today 9 November 1999, 2A.
② 见 http://www.three.org，与乔恩的对话使我更加理清了自己的观点，感谢乔恩与我一直以来的交流。

各类产品。在这里，电影通常是其他产品的"基础"产品。所以，当乔治·卢卡斯发行一部新的《星球大战》系列影片时，商品的原始属性——《星球大战》三部曲——必然会被提起。一部电影成为"基础"产品，所有其他媒体产品都在这一基础之上产生。反过来，当计算机游戏《古墓丽影》被翻拍成电影时，最初的计算机游戏就成了"基础"产品。

尽管新媒体的多变性原则是从数值化呈现和信息的模块化这两个新媒体更基本的法则中推导出来的，它也是计算机将数据呈现为变量而不是常量（同时对这个世界进行建模）的一种结果。在这里，世界本身是个变量，而不是常量。用新媒体理论家和建筑师马科斯·诺瓦克（Marcos Novak）的话说，计算机及其伴生的计算机文化以变量替换了一个个常量。[①]在设计具体功能和数据结构过程中，一名计算机程序员从来都使用变量，而不是常量。从人机交互界面的角度来看，这一法则意味着用户获得了更多修改程序或媒体作品的选择，修改的对象包括计算机游戏、网站、网页浏览器甚至操作系统本身。用户可以改变游戏角色的外形，可以修改桌面上文件的排列样式、图标选择，等等。如果我们将这一法则运用在整体文化上，它意味着赋予文化产品独特性的每一个选择都具有永久的开放性。大小、细节程度、格式、颜色、形状、交互轨迹、空间轨迹、持续时间、节奏、视点、特定元素的在场或缺席、情节的发展，这些文化产品的种种不同维度，都可以被看成变量，可供用户自由修改。

我们想要这种自由吗？或者说我们需要这种自由吗？交互式电影的先驱格雷厄姆·魏因布伦（Grahame Weinbren）认为：就交互媒体而言，做出选择关乎道德责任感。[②]通过把这些选择转移到用户身上，作者也把再现世界和其中人类状况的责任传递给了用户（一个类似的例子是大公司使用电话或基于网络的自动菜单系统来应付他们的客户；公司以"选择"或"自由"的名义采用这类系统，而这种自动化带来的结果是：劳动从公司

---

① Marcos Novak, lecture at the "Interactive Frictions" conference, University of Southern California, Los Angeles, 6 June 1999.
② Grahame Weinbren, "In the Ocean of Streams of Story," Millennium Film Journal 28 (Spring 1995), http://www.sva.edu/MFJ/journalpages/MFJ28/GWOCEAN.HTML.

雇员的身上转移到了用户的身上。曾经的消费者通过与公司雇员的互动来获得信息或者购买产品，而现在，消费者需要在不计其数的菜单中，耗时耗力、亲力亲为才能达到目的）。从常量到变量，从传统到现代社会中无处不在的选择，与此相伴而来的是道德焦虑感。美国当代作家瑞克·穆迪（Rick Moody）在一篇短篇故事结尾，把这种身为作者的焦虑感表达得恰到好处（这个短篇讲述的是他去世的姐姐的故事）：[1]

  我应该虚构得多一点，我应该隐藏自己，我应该考虑到塑造人物带来的责任，我应该把她的两个孩子合并成一个，或者互换他们的性别，或者做一些修改，我应该把她的男朋友写成丈夫，应该对大家庭中所有的成员都展开详细的描述（那些再婚，以及两败俱伤的争斗），我应该把一切都写成小说，讲述数代人的故事，我应该把我自己的祖先（石匠和新闻记者）都加入这本小说，我应该使用巧妙的手法处理打造出优雅的表象，应该让事件变得井井有条，我应该等等再写这篇小说，等我不再愤怒心平气和的时候再写，我不该把碎片化的叙述、美好的时光和悔恨的情绪堆砌在一起扰乱叙述，我应该把梅雷迪思的死亡写得更形象、更有说服力，不该如此直白和疏离，我不该去回想那些不该想的事情，我不该为此痛苦，我应该直接地与她对话（这才是我表达思念的方式），我应该只写爱意，我应该写我们的岁月静好与现世安稳，我应该写一个更好的结局，我不该说她的一生短暂而忧伤不断，我不该说她心怀恶魔，因为我自己也是这样。

跨码性

  我们从一些新媒体基本的"物质的"法则说起，例如数值化编码、模块化结构，进一步说到了那些"更深刻的"、影响更广的法则，诸如自

---

[1] Rick Moody, *Demonology*, first published in *Conjunctions*, reprinted in *The KGB Bar Reader*, quoted in Vince Passaro, "Unlikely Stories," *Harper's Magazine* vol. 299, no. 1791 (August 1999), 88–89.

动化和多变性。现在说到了第五个也是最后一个法则：文化跨码性。文化跨码性一词旨在描述媒体在计算机化的进程中取得的我认为最具实质性的成果。我曾经提到，在计算机化的进程中，媒体变成了计算机数据。一方面，计算机化的媒体仍然呈现出对人类用户有意义的结构组织：例如图像中可以辨识的内容，文本文件中符合语法规范的句子，按照大众熟悉的笛卡尔坐标系进行构建的虚拟空间，等等；另一方面，计算机化的媒体在结构上仍然遵循了计算机组织数据过程中一系列已有的惯例。关于这些已有惯例的例子包括各类数据结构（列表、记录和数列），我们之前提到的以变量替换常量、算法与数据结构的分离，以及模块化特征。

计算机影像的结构提供了一个恰当的例子。在表象呈现的层面，它属于人类文化，可以自动地与其他图像、其他文化"义项"（semes）和"主题目录"（mythemes）进行对话。但在另一层面上，一张图像就是一个计算机文件，具有可被机器读取的头文件（header）和一系列代表像素色值的数字。在这一层面上，图像实现了与其他计算机文件的对话。而这种对话的维度无关乎图像的内容、意义或者形式特征，而关乎文件大小、文件类型、压缩工具的类型、文件格式等。总之，这些维度都属于计算机世界的范畴，与人类文化关系不大。

类似地，新媒体总体上由两个不同的层面组成——"文化层面"和"计算机层面"。文化层面的例子包括百科全书与短篇故事、故事与情节、组合关系与视点、拟态与情感宣泄、喜剧与悲剧；计算机层面的例子包括进程与数据包（通过网络传输的数据包）、分类与匹配、函数与变量、计算机语言与数据结构。

由于新媒体由计算机创建，通过计算机分发，使用计算机存储并且归档，计算机的逻辑极大影响了媒体的传统文化逻辑，换句话说，计算机层面会影响到文化层面。计算机可以模拟世界，呈现数据，允许人工操作。所有计算机程序背后都有一套主要操作（例如搜索、匹配、分类、筛选），人机交互界面也具有一套惯例——总之，我们可以称之为计算机的本体论、认识论和语用学。这些都影响着新媒体的文化层面，包括新媒体的组织形式、新出现的类型，以及新媒体的内容。

当然，"计算机层面"并不是一成不变的，它也在与时俱进。随着硬件和软件不断发展成熟，以及计算机不断地接受新任务，参与到新的领域，"计算机层面"也在进行持续的变革。计算机作为媒体工具的新用途就是一例。这种用途对计算机的硬件和软件都有影响，尤其对于人机交互界面影响更大——它越来越类似于传统媒体工具与文化技术的交互界面，例如录像机、磁带录音机、照相机的交互界面。

总之，计算机层面和文化层面互相影响。用另一个来自新媒体的概念来描述，我们可以说，这两个层面"合成"在一起。这种合成带来了一种全新的计算机文化，它把人类的意义与计算机的意义综合起来，既包括人类文化模拟世界的传统方式，也包括计算机呈现世界的独特手段。

整本书中，读者可以看到大量与跨码性法则相关的案例。比如说，在"文化交互界面的语言"这一节中，我们会审视印刷文本、电影和传统人机交互界面的惯例，如何与网站、只读光盘、虚拟空间和计算机游戏的交互界面之间相互影响。"数据库"这一节会探讨数据库如何从一种组织和获取数据的计算机技术，发展成一种真正的文化形式。但我们也可以把那些之前讨论过的新媒体法则重新阐释为跨码性法则的结果。例如，超媒体可以解读为算法和数据结构分离所带来的一种文化效应。在程序运行过程中，算法和数据结构各自独立，与此相似的是，在超媒体中，数据与导航系统也是分开的。同样，新媒体的模块化结构可以看作结构性计算机程序运行中，模块化所产生的结果。结构性计算机程序由一级级由小到大的模块组成，新媒体对象与此相似，也具有模块化的结构。

在新媒体的术语里，"跨码"就是将一个事物转换成另一种格式。文化的计算机化进程也逐渐实现了所有文化范畴和文化概念之间的跨码，即，在含义和（或）语言层面，文化的范畴和概念可以替换为计算机的本体论、认识论和语用学所衍生的新范畴和新概念。因此，在文化概念重建的总体进程中，新媒体扮演了先驱的作用。

鉴于从计算机世界到整体文化的"概念迁移"，以及媒体作为计算机数据这一新的身份特征，我们应该用怎样的理论框架来理解这些现象呢？从某种层面上看，新媒体就是经过数字化的旧媒体，所以，使用研究旧媒体的视角来研究新媒体,也是合适的。我们可以把新媒体与印刷品、摄影或电视之类的旧媒体进行比较,可以就分发、接受和使用方式提出问题,也可以思考不同媒介的物质特性之间的相似与不同,以及这些异同如何影响到它们在美学上的可能性。

这一视角非常重要,本书中会频繁地使用这一视角。但这一视角也具有局限性:它无法描述新媒体的一个最基本的属性——可编程性,因为这一属性无法在之前的旧媒体中找到先例。如果仅仅把新媒体与印刷品、摄影或者电视等传统媒体相比较,我们永远无法了解新媒体的一切。一方面,新媒体的确是媒体的另一种类型,但另一方面,新媒体也是计算机数据的一个特有类型:它被存储在文件或数据库中,可供检索和分类,通过算法运行,最终写入输出设备。用数据代表像素,输出设备正好是个屏幕,这些都不是重点。计算机可以完全发挥雅卡尔提花机的功能,但它内在还是更像巴比奇的分析机——毕竟在150年以前,这才是计算机的本来身份。新媒体可能看起来像媒体,但这只是表面现象。

媒体理论的开山之作是20世纪50年代哈罗德·英尼斯(Harold Innis)和20世纪60年代马歇尔·麦克卢汉(Marshall McLuhan)的作品,而新媒体正在呼唤媒体理论进入一个全新阶段。我们可以借助计算机科学来理解新媒体的逻辑,在计算机科学中,可以找到一些新的名词、新的范畴和新的操作来描述媒体的可编程特征。我们可以从媒体研究推进到所谓的"软件研究",即从媒体理论到软件理论。跨码性就是思考软件理论的一条路径。这本书也尝试在新媒体理论的范畴中使用计算机科学的概念,例如"交互界面""数据库"就是这类例子。最后,通过分析计算机硬件和软件的"物质性"法则与逻辑法则,我们可以审视人机交互界面,以及创作和获取新媒体对象的软件应用程序的交互界面。接下来的两章将探讨这些主题。

新媒体不是什么

前文列出了新旧媒体之间的主要区别，我想进一步介绍一些其他潜在的观点。下面罗列了一些关于新旧媒体区别的常见观点，我将对它们逐一做出分析。

（1）新媒体是被转化成数字化呈现（digital representation）的模拟媒体。模拟媒体具有连续性，而被数字化编码的媒体具有离散性。

（2）所有数字媒体（文本、图像、视觉的或音频的时间数据、图形、三维空间）用的都是数字编码。因此，各种类型的媒体都可以显示在一台机器（计算机）上，计算机在这里充当了多媒体显示设备。

（3）新媒体允许随机获取。电影或录像带按顺序存储数据，而计算机存储设备可以打乱时序，以同样的速度读取到存储在不同位置的数据元素。

（4）数字化难免会导致信息流失。与模拟的呈现方式相比，数字化编码呈现所包含的信息量是固定不变的。

（5）一次次复制会导致模拟媒体的质量下降，与此相反的是，被数字化编码的媒体可以无限复制，文件的质量却不会下降。

（6）新媒体具有交互性。旧媒体有固定的呈现顺序，用户无法与其进行交互。但现在的用户可以与媒体对象进行交互。在交互的过程中，用户可以选择显示哪些元素或者用怎样的路径读取文件，从而生成一个独一无二的作品。从这种意义来看，用户成了新媒体作品的作者之一。

作为新媒体的电影

如果我们把新媒体放在历史的大背景下来看，我们会发现以上的诸种法则并不是新媒体所独具的，过去的媒体技术也具有类似的特性。我将以电影技术为例来说明。

（1）新媒体是被转化成数字化呈现的模拟媒体。模拟媒体具有连续性，而被数字化编码的媒体具有离散性。

的确，任何数字化呈现都由数量有限的样本组成。例如，一张数码图片就是一个像素矩阵，即对空间的二维采样。但电影从诞生之日起就是基于采样的——对时间的采样。电影以每秒钟 24 次的频率对时间进行采样，因此可以说电影让我们做好了迎接新媒体的准备。接下来我们所需要做的就是对现有的离散的呈现数据进行量化。这些都只是机械层面的，电影完成的是一个更艰难的观念性突破——将连续性的时间打散。

电影并不是唯一一个 19 世纪末出现的、使用离散呈现方式的媒体技术。如果说电影是对时间进行采样，那么 1907 年产生的图像传真技术，就是对二维空间的采样。再往前说，最早的电视机实验（乔治·R. 凯里 [George R. Carey] 在 1875 年和保罗·戈特利布·尼普科 [Paul Gottlieb Nipkow] 在 1884 年所做的实验）已经涉及时间和空间的双重采样。[1] 然而，电影在这类技术中最早接触到大众，因此电影使得这种离散性呈现的法则成为公共的视觉常识。

---

[1] Albert Abramson, *Electronic Motion Pictures: A History of the Television Camera* (Berkeley: University of California Press, 1955), 15–24.

（2）所有数字媒体（文本、图像、视觉的或音频的时间数据、图形、三维空间）用的都是数字编码。因此，各种类型的媒体都可以显示在一台机器（计算机）上，计算机在这里充当了多媒体显示设备。

虽然计算机多媒体在1990年左右才逐渐普及开来，但一个世纪以来，电影工作者们已经将运动影像、声音和文本（例如默片时代的字幕卡［intertitles］或者后来的字幕段落［title sequences］）结合在一起使用了。因此，电影是最早的现代"多媒体"。我们还可以找到一些更早的多媒体展示案例，例如中世纪的泥金装饰手抄本，就是将文本、图形和写实的图像结合起来的一种多媒体实例。

（3）新媒体允许随机获取。电影或录像带按顺序存储数据，而计算机存储设备可以打乱时序，以同样的速度读取到存储在不同位置的数据元素。

例如，当一部电影经过数字化处理，载入计算机存储之中后，我们可以很方便地获取到任何一帧画面。因此，如果说电影在时间采样之后，仍然保留了线性顺序（顺序的时间点成为顺序排列的画格），新媒体则全然摒弃了这种"人类为中心"的呈现方式。呈现的时间不再完全受人类控制，而是被绘制到二维空间中，更便于管理、分析和处理。

在19世纪的电影设备中，这种绘制的方式已经得到广泛的应用。诡盘（Phenakisticope）、走马盘（Zootrope）、走马镜（Zoopraxiscope）、快速视镜（Tachyscope）、马雷的摄影枪（photographic gun）都利用了同样的原理——将一系列有着细微变化的图像绘制在某种形式的圆周上。托马斯·爱迪生发明的第一台电影设备无疑是最引人注目的例子。1887年，爱迪生和他的助手威廉·迪克森（William Dickson）开始进行试验，借助已有的技术——留声机唱片来记录和展示运动影像。他们使用专门的图像记录摄影机，将针尖大小的图片螺旋状地排列在圆柱形设备中，而这些圆柱筒的大小与留声机圆柱筒的大小相似。一个圆柱筒可以装下42,000张图片，观看者需要借助显微设备来观赏这些小图片（宽约 0.08 厘米）。[①]这一媒体的容量是 28 分钟——也就是说，28 分钟长度的连续时间被截取、压扁在平面上，绘制到二维的坐标网格中。（简而言之，时间已经准备好接受人为操控和重新排序，而后来的电影剪辑师们做的就是这项工作。）

数字化的迷思

离散性的呈现、随机的访问方式、多媒体特性——电影已经包含了这些法则，所以这些法则并没有将新旧媒体区分开。我们来进一步探讨这些法则。如果说大多数新媒体法则实际上并不"新"，那么数字化呈现这一观点应该怎么理解？这是一个从根本上重新定义媒体的观点吗？答案也许并不是这么直接，因为这一观点像一个伞状结构，连接起了三个并不相关的概念——从模拟到数字的转换（即数字化），一组共享的具象代码，以及数值化（numerical）呈现。每当我们声称新媒体所具备的某些属性是源于其数字身份时，都需要进一步确定具体是这三个概念中的哪个在发生作用。举个例子，不同类型的媒体可以组合成同一个数字文件，是因为它们共享同一组具象代码，媒体的无损化拷贝特性则是数值化呈现的功劳。

鉴于这些模糊性，本书中我会尽量避免使用"数字化的"（digital）一词。在"新媒体的原理"一章中，我谈到了数值化呈现是三个概念中最重要的。[②] 数值化呈现将媒体转变成计算机数据，从而使媒体具有可编程性。而这一点彻底地改变了媒体的本质。

比较而言，新媒体的一些所谓的法则通常是在数字化的概念上推衍出来的——例如从模拟到数字的转换难免会带来信息流失，数字拷贝会与原版一模一样——这些推论都是经不住推敲的。也就是说，尽管这些法则的确是数字化的逻辑结果，但这些法则并不适用于目前使用的具体计算机

[①] Charles Musser, *The Emergence of Cinema: The American Screen to 1907* (Berkeley: University of California Press, 1994), 65.

[②] 一般来说，numerical 与数值相关，强调的是与文字或其他符码无关，而 digital 多与计算机二进制码相关。——译者注

技术。

（4）数字化难免会导致信息流失。与模拟的呈现方式相比，数字编码呈现所包含的信息量是固定的。

威廉·米切尔（William Mitchell）的《重组的眼睛》（*The Reconfigured Eye*）对数字摄影做出了重要的研究，他是这样解释这一法则的："一张连续性色调的照片中，有着无限量的信息，所以放大的图像会显示出更多细节，也显得更加模糊、更有颗粒感……然而对于数字图像而言，它的空间分辨率和色调分辨率都具有精确的范围，因此具有的信息量是固定不变的。"[1] 从逻辑的角度看，这一法则是根据数值化呈现推演出的正确结论。数字图像包含一定数量的像素，每个像素都有特定的色彩值或色调值，而这个数值决定了一张图像所呈现的信息量和细节程度。但在现实中，这种差别并没有多大意义。到了20世纪90年代末期，随便一台便宜的扫描仪就能够以每英寸1200或2400像素的分辨率扫描图像。所以，虽然数字存储的图像所包含的像素数量仍然有限，但在同样的分辨率下，它比传统摄影具有更出色的细节。这就否定了"连续性色调照片中所包含的无限量信息"和"数字图像中数量固定的细节"两者之间的整体区别。更中肯的问题应该是：一张图像中，有多少信息对于观看者是有用的？到了新媒体的第一个十年，技术发展日臻成熟，一张数字图像所能蕴含的信息，已经远远超出了人们需要的数量。

然而，我们也不能理所当然地把基于像素的呈现方式看作数字化成像的本质元素。某些计算机绘图软件已经不再受限于传统像素网格固定的分辨率。Live Picture 是一个图像编辑程序，它可以将基于像素的图像转化成一套数学方程，这样一来，用户可以处理任意分辨率的图像。一个叫 Matador 的绘画程序可以在微型图像上作画，这个微型图像可能只包含很少的像素，但并不妨碍它是一幅高分辨率的图像（这个软件通过将每个像

---

[1] William J. Mitchell, *The Reconfigured Eye* (Cambridge, Mass: MIT Press, 1982), 6.

素分解成一系列更小的次级像素来实现这一点）。这两个程序中，像素不再是"最后的边界"，因为对用户而言，这个边界是不存在的。纹理映射（texture-mapping）的算法从另一方面否定了固定分辨率的意义。它通常将同一图片以不同的分辨率存储起来。在渲染过程中，纹理映射的分辨率是通过插入两张分辨率最接近的图像而产生的（虚拟现实软件采用类似的技术，保存了同一对象不同细节程度的版本）。最后，特定的压缩技术会将基于像素的呈现方式彻底淘汰，取而代之的是使用不同的数学构造（例如数学变换式）来呈现一幅图像。

（5）一次次复制会导致模拟媒体的质量下降，与此相反的是，被数字编码的媒体可以无限复制，文件的质量却不会下降。

米切尔这样总结道："模拟图像中连续性的空间和色调变化是不可能被完全地复制下来的，所以这类图像无法实现无损传输或者复制……但离散性的状态是可以被精确复制的，所以与原始图像和其他之前的副本相比，经过数千次复制的数字图像在质量上没有变化。"[1]因此，在数字文化中，"一个图像文件可以无限复制，而副本跟原作不会因为时间差异而有任何的不同，因为复制过程中没有任何质量损失"。[2]一般而言，这是事实。但实际上，在复制过程中数字图像比传统照片损失的信息更多，质量下降也更大。一张数字图像包含几百万像素，这需要计算机提供相当大的存储空间，也需要相当长的时间（与文本文件相比）来完成网络传输。因此，用于获取、存储、操作和传输数字图像的硬件与软件全都离不开有损压缩——即通过删除某些信息而将图像文件变小。使用这种有损压缩技术的例子包括存储静止图像的 JPEG 格式，以及在 DVD 上存储数字录像的 MPEG 格式。这种技术涉及图像质量的压缩和文件大小的压缩——一个压缩文件越小，压缩和删除信息过程所造成的视觉纰漏就越明显。根据压缩的程度不同，这些纰漏会出现从难以察觉到显而易见等不同情况。

---

[1] Ibid., 6.
[2] Ibid., 49.

也许有人会反对说，这只是暂时的，随着计算机储存的价格降低及网速变快，有损压缩将会消失。然而就目前来看，趋势正朝着相反的方向发展，有损压缩逐渐成为视觉信息呈现的某种规范。如果单张数字影像就已经包含大量数据，那么生产和传播数字运动影像的过程会累积起巨量的数据信息（例如，一秒钟的视频就包含三十帧静态影像）。具有视频点播服务和上百个频道的数字电视，电影长片的 DVD 发行或者网络发行，故事片的全数字化后期制作——这些技术的实现都建立在有损压缩的基础上。视听数据的压缩消失，要求存储媒介的发展和传输带宽的提升，而这些尚需时日。所以，在抵达那个纯粹而完美的、丝毫信息都不会损失的数字化世界之前，有损压缩并不算偏差或者缺点。就现在而言，有损压缩是计算机文化的重要基础。因此，虽然在理论上，计算机技术势必带来完美无缺的数据复制，但在当代社会中，它仍然具有数据流失、质量降低和噪点等特征。

交互性的迷思

现在，我们说到列表中最后一个法则：交互性。

（6）新媒体具有交互性。旧媒体有固定的呈现顺序，用户无法与其进行交互。但现在的用户可以与媒体对象进行交互。在交互的过程中，用户可以选择显示哪些元素或者用怎样的路径读取文件，从而生成一个独一无二的作品。从这种意义来看，用户成了新媒体作品的作者之一。

就像前面说的，我避免使用"数字"这个词，同样，我也避免在本书中不加限定地使用"交互"（interactive）一词。原因是一样的，这一概念的含义太广，所以并不实用。

在基于计算机的媒体中，交互性是个赘词。根据定义来看，现代人机交互界面具有交互性。与早期的交互界面（例如批处理）相比，现代的人机交互界面允许用户通过操作屏幕上显示在的信息来实时控制计算机。也就是说，当某一对象被呈现在计算机上时，就自动具有了交互性。因此，赋予计算机媒体"交互性"是没有意义的——这只不过陈述了计算机最基本的常识。

我没有单独审视这一概念，而是参照其他概念来理解交互性，例如基于菜单的交互性、可伸缩性、模拟（simulation）①、图像-交互界面和影像-工具等，来描述不同种类的交互性结构和交互性操作。"封闭式"和"开放式"的交互性之间的区别，是这种参照法的一个例子。

虽然我们可以比较容易地描述新媒体对象中不同的交互性结构所具有的特点，但很难将相关的用户体验进行理论化。交互性的这一方面，仍然是新媒体所提出的最困难的理论问题。对此我也没有完整的答案，所以我就不佯装已经知道答案的样子了。但我想在这里谈一谈这个问题的一些方面。

古典艺术甚至很多现代艺术中，都蕴含着多种"交互性"：文学叙述中的省略、视觉艺术中细节的缺失等，这些呈现的"简化"都需要欣赏者来填补缺失的信息。②戏剧和绘画也依赖精湛的策划和编排技术，不断地引导观众的注意力。而雕塑和建筑要求观看者移动身体，来获得对于整个空间结构的体验。

现代媒体和艺术进一步推动了这些技术的发展，也对观看者提出了新的认知要求和身体参与要求。从20世纪20年代开始，新的叙述手段出现，例如电影的蒙太奇剪辑要求观众迅速地为一系列毫无联系的图像建立心理联系，电影摄影主动引导观众，从一个画面转换到另一个画面。新的半抽象化的呈现风格以及摄影逐渐成为现代视觉文化的"国际样式"，它们都需要观看者从一个最小值（例如一个轮廓、几个色块、未被直接呈现出的物体所投射的阴影等）出发，来重建被表现的对象。最后，到

---

① 译文将 analog 和 simulation 都译作"模拟"，但这两种模拟是完全不同的。analog 多用在旧媒体时代的电子技术领域中，强调模拟信号——传统媒体的传播和呈现方式。simulation 多用于计算机领域中，指计算机系统模仿另一个真实系统的过程。另外，后文中谈到与模拟飞行器相关的仿真技术时用的也是 simulation。——译者注
② 恩斯特·贡布里希（Ernst Gombrich）分析了在解码视觉图像缺失信息的过程中"观看者的参与"，详情请见他的经典作品 Art and Illusion: A Study in the Psychology of Pictorial Representation (Princeton, N.J.: Princeton University Press, 1960)。

了 20 世纪 60 年代，随着未来主义和达达主义逐渐退场，诸如偶发艺术（happening）、行为艺术、装置作品等一些新的艺术形式明确了参与的重要性。按照一些新媒体理论家的说法，这些变革为 20 世纪 80 年代交互性计算机的出现奠定了基础。①

当我们将"交互性媒体"这一概念使用于基于计算机的媒体上时，存在这样一个陷阱：我们完全按字面意思阐释"交互"，把这种交互完全等同于用户与媒体对象在身体层面的交互（按某个按钮、点击一个链接、移动身体），而忽略了心理层面的交互。而心理层面的填补、假设、回忆唤起和认同机制等心理过程，需要我们完全理解文本或图像，而这些被错误地与客观存在互动链接的结构联系在一起。②

这种误解并非新鲜事物，相反，它是现代媒体发展史中的一个结构性特征。在精神生活外化的全面现代潮流中，关于交互性的字面阐释只是一个例子，而摄影、电影、虚拟现实之类的媒体技术在这一进程中发挥着重要的作用。③ 从 19 世纪开始，从弗朗西斯·高尔顿（Francis Galton，他在 19 世纪 70 年代发明了复合肖像），到雨果·闵斯特伯格（Hugo Münsterberg）、谢尔盖·爱森斯坦（Sergei Eisenstein）和杰伦·拉尼尔（Jaron Lanier，计算机科学家，被誉为"虚拟现实之父"），新媒体技术的用户与理论家们一次又一次强调这些新技术所具有的将心理外化（externalize）和客体化（objectify）的趋势。高尔顿不仅强调"复合肖像

---

① 关于计算机交互艺术源于 20 世纪 60 年代的新艺术形式的观点，请见 Söke Dinkla, "The History of the Interface in Interactive Art," ISEA (International Symposium on Electronic Art) 1994 Proceedings (http://www.uiah.fi/bookshop/isea_proc/nextgen/08.html); "From Participation to Interaction: Toward the Origins of Interactive Art," in Lynn Hershman Leeson, ed., *Clicking In: Hot Links to a Digital Culture* (Seattle: Bay Press, 1996), 279–290。还可见 Simon Penny, "Consumer Culture and the Technological Imperative: The Artist in Dataspace," in Simon Penny, ed., *Critical Issues in Electronic Media* (Albany: State University of New York Press, 1993), 47–74。
② 这一论述源于认知主义视角，认知主义视角强调在理解文化文本过程中所涉及的主动心理过程。关于认知主义方法在电影研究中的运用，见 Bordwell and Thompson, *Film Art*，以及 David Bordwell, *Narration in the Fiction Film* (Madison: University of Wisconsin Press, 1989)。
③ 关于这一趋势的更多详细的分析，见我的文章"From the Externalization of the Psyche to the Implantation of Technology," in *Mind Revolution: Interface Brain/Computer*, ed. Florian Rötzer (Münich: Akademie Zum Dritten Jahrtausend, 1995), 90–100。

中所获得的理想面孔,与所谓的抽象观念有着许多共同点",而且事实上,他甚至提出用"累积式的观念"来为"抽象观念"重新命名。①雨果·闵斯特伯格执教于哈佛大学,他在出版于1916年的著作《电影:一次心理学研究》(*The Film: A Psychological Study*)中,第一次将电影理论化,他强调电影的本质在于它在银幕上呈现,或"客体化"各种心理功能的能力:"电影故事遵从的是心理秩序,而非外部世界的法则"。②在20世纪20年代,爱森斯坦提出电影可以外化和控制思想,由此他进行了一个大胆的实验,对马克思的《资本论》(*Capital*)进行电影改编。1928年4月,爱森斯坦满怀激情地写道:"《资本论》(其目的)内容的构思出发点是:教导工人辩证地思考。"③爱森斯坦计划为观众呈现出视觉化的命题与反命题,从而使观众得出综合结论,也就是爱森斯坦所预设的正确结论,这一思路遵循了苏联官方哲学推崇的"马克思主义辩证法"原理。

与此类似的是,在20世纪80年代,虚拟现实技术的先驱者杰伦·拉尼尔发现虚拟技术可以将心理过程完全客体化,或者更恰当地说,与心理过程融为一体。在相关的描述中,拉尼尔没有在内在的心理功能、心理活动、心理过程与外部呈现的影像之间做出区分。所以,在拉尼尔看来,虚拟现实可以接管人类记忆:"你可以回放自己的记忆,把记忆按照各种各样的方式分类。你可以重访自己的某些人生经历,找到某些人或者某些事物"。④拉尼尔还提出,虚拟现实将会带来"后象征交流"时代——交流不再需要通过语言或其他符号。实际上的确如此,与其被锁在"语言的牢狱"(弗雷德里克·詹姆森[Fredric Jameson]语)⑤中,人们当然更愿意快乐地生活在民主的终极梦魇之中——全民共享同一个心灵空间,所有交

---

① 引用自 Allan Sekula, "The Body and the Archive," *October* 39 (1987): 51。
② Hugo Münsterberg, *The Photoplay: A Psychological Study* (New York: D. Appleton and Company, 1916), 41.
③ Sergei Eisenstein, "Notes for a Film of 'Capital,'" trans. Maciej Sliwowski, Jay Leuda, and Annette Michelson, *October* 2 (1976): 10.
④ Timothy Druckrey, "Revenge of the Nerds: An Interview with Jaron Lanier," *Afterimage* (May 1991), 9.
⑤ Fredric Jameson, *The Prison-house of Language: A Critical Account of Structuralism and Russian Formalism* (Princeton, N.J.: Princeton University Press, 1972).

流活动都是理想化的（尤尔根·哈贝马斯）[Jürgen Habermas][1]，到了这个时候，谁还需要语言这种符号呢？拉尼尔用这样一个例子来说明后象征主义的交流如何发生作用："你可以制作一个杯子，别人可以在没有杯子的情况下挑选这个杯子，而不必使用'杯子'这个词的对应的图片。"[2]与早期的电影技术一样，增强意识、将意识客体化、增强理性力量的幻想，与对语言及误解出现之前最原始的幸福时代的渴望，手挽手联系在一起。我们被锁在虚拟现实的洞穴之中，被剥夺了语言的能力，我们将仅仅通过手势、身体动作、面部表情来进行交流，就像我们的原始祖先所做的那样……

新媒体技术对推理过程进行了外化和客体化，新媒体技术可以增加或者控制理性思考，这些观点反复被强调，而这些观点基于这样的假设：心理呈现和心理运作与外部的视觉效果，诸如溶接（淡入淡出）、合成影像和剪辑段落，有着同构（isomorphism）的关系。这种假设不仅在新媒体领域、艺术家和批评家中流行，也在现代心理学家中广泛推崇。从弗洛伊德到认知心理学，现代心理学理论将心理过程与外在的、技术生成的视觉形式相提并论。因此，弗洛伊德在1900年出版的《梦的解析》(The Interpretation of Dreams)中，将梦的凝缩过程与弗朗西斯·高尔顿的一项著名实验进行了比较。在实验中，高尔顿将一个家族中每个成员照片的底片重叠起来，最后洗印成一张照片，从而制作出一张"家族相"。[3]在同一时期，美国心理学家爱德华·铁钦纳（Edward Titchener）在他执笔的心理学教科书中探讨了抽象意识的本质。他指出："某种意义上说，抽象观念就像是某种合成影像，它是一种由许多特定感知和观念叠加而成的心理图像。因为这种叠加，共性得以显现，而个性元素变得模糊不清。"[4]他还进一步分析了这一观点的优缺点。我们不必疑惑，为什么铁钦纳、弗

---

[1] Jürgen Habermas, *The Theory of Communicative Action: Reason and Rationalization of Society* (The Theory of Communicative Action, Vol. 1), trans. Thomas McCarthy (Boston: Beacon Press, 1985).
[2] Druckrey, "Revenge of the Nerds," 6.
[3] Sigmund Freud, *Standard Edition of the Complete Psychological Works* (London: Hogarth Press, 1953), 4: 293.
[4] Edward Bradford Titchener, *A Beginner's Psychology* (New York: Macmillan, 1915), 114.

洛伊德及其他心理学家都把这种比较视为理所当然的事情,而不是仅仅把它当作一种比喻。当代的认知心理学家也没有质疑为什么他们所建构的这些心理模型与搭建这些模型的计算机工作站如此相像。语言学家乔治·莱考夫(George Lakoff)认为"自然推理至少利用了一些无意识或自动的基于图像的流程,例如合成影像、扫描影像、聚焦影像的某些位置"。[①] 心理学家菲利普·约翰逊-莱尔德(Philip Johnson-Laird)提出:逻辑推理就是扫描视觉模型。[②] 在电视和计算机图形出现之前,这种观念是不可想象的。正是这些视觉技术使得扫描、聚焦、叠化等图像处理手段看起来很自然。

怎样理解这种心理外化的现代欲求呢?我们可以联系现代大众社会对于标准化的需求。对象必须是标准的,而且将这些对象标准化的手段也必须是标准的。因此,对内部的、私人的心理过程进行客体化、使其与外部视觉形象同化的过程,本身就具有易操纵、可量产和标准化的特征。私人和个体被转化为可以监管的公众。

曾经的心理过程,曾经独一无二的个人心理状态,现在都成了公共领域的一部分。曾经不可察知的内心活动和内心图景,已经从个人的脑袋里转移到了大众视野中,表现为绘画、摄影和其他视觉形式——现在,那些内心活动和内心图景可供公开讨论,可以在教育和宣传事业中使用,实现了标准化和大规模分发。曾经的私人领域变成了公开领域,曾经的个性化变成了大规模生产,曾经个人的私藏变成全民共享。

交互式计算机媒体适时地赶上了心理活动外化与客体化的历史潮流。超链接的原理构成了交互媒体的基础,而超链接就是将"联想"这一人类最核心的心理过程进行了客体化。反思、解决问题、回忆、联想,这些心理过程都被外化,通过具体操作(如添加一个链接、切换到另一页面、选择一幅新的图像或选择一个新的场景)得以实现。以前,我们看一幅图像时,会在心理上联系到其他图像。现在,情况变成了交互计算机要求我们

[①] George Lakoff, "Cognitive Linguistics," *Versus* 44/45 (1986): 149.
[②] Philip Johnson-Laird, *Mental Models: Towards a Cognitive Science of Language, Inference, and Consciousness* (Cambridge: Cambridge University Press, 1983).

点击一幅图像，从而跳到下一幅图像。以前，读到故事中的某个句子或者诗歌中的某一行时，我们会联想到其他的诗句、画面或者记忆。而现在，交互媒体要求我们点击某一个突出显示的语句，从而跳到下一句。总之，我们需要遵循一些预先设定好的、客观存在的联系。换一种角度说，法国哲学家路易·阿尔都塞（Louis Althusser）的"询唤"（interpellation）一词有了更新的含义：要求我们将他人的思想结构误以为是自己的。[1]

这是一种新型身份认同，适用于认知劳动（cognitive labor）的信息时代。工业社会的文化手段——例如电影和时尚——要求我们认同他人的身体形象，交互媒体要求我们认同他人的心理结构。电影观众无论男女，都钦慕并试图模仿电影明星的身体；计算机用户实际上也都被要求遵循新媒体设计师的心理轨迹。

---

[1] 路易·阿尔都塞在《意识形态与意识形态国家机器》一书中论述了意识形态的询唤这一重要概念，请见"Ideology and Ideological State Apparatuses (Notes towards an Investigation),"in *Lenin and Philosophy*, trans. Ben Brewster (New York: Monthly Review Press, 1971).

第 二 章

交 互 界 面
THE INTERFACE

1984年，《银翼杀手》（Blade Runner，1992）的导演雷德利·斯科特（Ridley Scott）为苹果公司的新款麦金塔计算机拍摄了一部广告片。现在看来，这一事件有着重要的历史意义。彼得·卢宁费尔德（Peter Lunenfeld）指出，《银翼杀手》和麦金塔计算机在两年内相继出现，它们分别定义了两种美学，20年后，这两种美学仍然影响着当代文化，使我们深陷卢宁费尔德所谓的"永远的现在时"之中。其中的一种美学是未来主义式的反乌托邦，将未来主义与腐朽衰变、复古风格与都市主义、洛杉矶与东京结合起来。在《银翼杀手》上映之后，无数的电影、计算机游戏、小说和其他文化对象中都反复出现这种黑色科幻（techno-noir）电影元素。尽管在接下来的几十年里，出现了许多强大的美学体系，但无论是马修·巴尼（Matthew Barney）、森万里子之类的艺术家，还是20世纪80年代的"后现代"拼贴（pastiche）、20世纪90年代的技术极简主义（techno-minimalism）之类的商业文化，都没能挑战《银翼杀手》主导未来想象的地位。

苹果麦金塔计算机推广的图形用户交互界面维系着现代主义的价值观，包括清晰性（clarity）和功能性（functionality），它与《银翼杀手》中阴暗、腐坏、"后现代"的景象形成了鲜明对比。用户所面对的屏幕主要由直线和矩形窗口构成，而矩形窗口中包含一个个更小的、代表文件的矩形，这些小矩形呈网格状排列。通过矩形框中白色背景上干净的黑色字体，计算机与用户交流。后续版本的图形用户交互界面纳入了色彩元素，使用户可以自主更改交互界面中的元素，来实现个性化的交互界面外观，这在某种程度上改变了1984年最初黑白版本的单调，也冲淡了黑白对比的醒目。但是，这种美学特性在手持通信设备，例如Palm Pilot掌上计算机、移动电话、汽车导航系统及其他消费电子产品的显示器中保存下来，这些产品的小液晶显示屏在质量上可与1984年麦金塔计算机屏幕媲美。

像《银翼杀手》一样，苹果麦金塔计算机的图形用户交互界面也描绘出一幅未来图景，尽管这是一幅全然不同的图景。人类与科技产物（计算机、机器人）之间有着明晰的界限，并且不容许半点腐朽因素的存在。计算机文件一旦被创建，就不会自动消失，除非用户故意地把它删除。而且，即使文件删除了，通常也是可以恢复的。因此，在"肉身世界"[1]中我们需要努力记住，而在赛博空间中我们需要努力忘记（当然，操作系统和应用在运行过程中会不断创建、写入和删除临时文件，同时也不断在随机存取存储器［random access memory，简称 RAM］与硬盘上的虚拟内存文件之间交换数据，但对于用户而言，这些操作绝大多数都是不可见的）。

像《银翼杀手》一样，图形用户交互界面也逐渐影响到了文化的方方面面，从纯图形领域（例如，平面印刷和电视领域的设计人员会使用图形用户交互界面的元素）扩展到概念化的领域。在20世纪90年代，随着互联网的逐渐普及，数字计算机的角色逐渐由一项专门技术（计算器、符号处理器、图像编辑器等）转化为文化的"筛选器"，成为一种能调和所有文化和艺术产物的形式。随着网页浏览器的窗口取代了电影银幕、电视荧屏、艺术画廊的展墙、图书馆和图书……全新的局面一下子呈现出来：所有的文化，不管过去的还是现在的，都要经过计算机特有的人机交互界面的筛选。[2]

在符号学的意义上，计算机交互界面相当于一个符码（code），符码在各式各样的媒体中承载着文化信息。我们使用互联网所访问的一切内容，包括文本、音乐、视频、可导航空间（navigable spaces），都呈现在浏览器的交互界面上，然后进一步呈现在操作系统的交互界面上。在文化

---

[1] 肉身世界（meatspace）是源于赛博朋克小说和文化的一个名词，它与赛博空间（cyberspace）形成对比，指真实的、非虚拟的、血肉之躯的世界。这个词带有玩笑意味。——译者注
[2] 在《界面文化》(Interface Culture) 一书中，斯蒂芬·约翰逊（Stephen Johnson）提出了计算机交互界面的文化意义。

交流中，符码绝不仅仅是一个中立的传输机制，它通常会影响到它所传输的内容。例如，符码可以使得一些信息更容易被接受，或者让某些信息无法被接受。符码也可以提供其独特的世界模式、独特的逻辑体系或者意识形态，因此，符码所创建的文化信息或者整套语言也会带有相应的模式、体系或者意识形态。大多数现代文化理论都建立在这些理念之上，我把这些理念统称为"符码的非透明性"（non-transparency of the code）。例如，根据 20 世纪中期盛行一时的萨丕尔-沃尔夫（Whorf-Sapir）假说，人类的思维是由自然语言的符码决定的，不同自然语言的使用者对世界的认识和思考是不同的。[1] 萨丕尔-沃尔夫假说实际是"符码的非透明性"观点的一个极端表现。这种"非透明性"通常是以不那么极端的形式表述的。但在我们考虑人机交互界面的时候，运用增强版的"符码的非透明性"观点是合情合理的。交互界面塑造了计算机用户对于计算机本身的想象，也决定了用户对于通过计算机获取的媒体对象的看法。交互界面剥除了不同媒体的原始特征，将自身的逻辑强加其上。最终，交互界面以特定的方式组织计算机数据，为用户提供了不同的世界模式。例如，分层级文件系统使用按符合逻辑的多级分层来组织这个世界。万维网的超文本模式与之相反，使用由转喻（metonymy）主导的非层级系统来组织这个世界。简言之，交互界面绝不仅仅是通往计算机内部数据的透明窗口，交互界面还带来了自身的强大讯息。

交互界面如何将其自身逻辑强加到媒体之上？有一个的例子可供我们思考："剪切和粘贴"——在现代图形用户交互界面下运行的软件中，这是一个标准操作。这一操作使空间媒体和时间媒体之间的传统差异变得微不足道，因为用户可以用同一个方法剪切和粘贴图片的某一部分、空间的某一区域和时间组合的某一段落。它抹除了传统尺度的差别：用户可以用同样的方法剪切和粘贴一个像素、一幅图片，也可以剪切和粘贴一整部数

---

[1] 建立在"符码的非透明性"理念基础上的其他文化理论还包括：尤里·洛特曼（Yuri Lotman）的第二模式化系统（secondary modeling systems）理论、乔治·莱考夫（George Lakoff）的认知语言学、雅克·德里达（Jacques Derrida）对于逻各斯中心主义（logocentrism）的批评，以及马歇尔·麦克卢汉（Marshall McLuhan）的媒介理论。

字电影。最后，这一操作也使得媒体之间的传统区别变得无关紧要："剪切和复制"可以应用在文本上，也可以应用在静止图像和运动影像、声音以及三维对象上。

　　交互界面以一种全新的方式参与到信息社会中，并扮演着重要的角色。其中，工作和休闲不仅越来越需要计算机的参与，而且通过使用相同的交互界面，工作和休闲融合在一起。"工作"类的应用（文字处理软件、电子表格程序、数据库程序）和"休闲"类的应用（计算机游戏、资讯DVD）都使用同样的图形用户交互界面工具和隐喻。关于这种融合，最好的例子就是网页浏览器——它既可以在办公室使用，也可以在家里使用；它既用于工作，也用于休闲娱乐。这样看来，信息社会与工业社会大不相同，工业社会对于工作领域和休闲领域有着清晰的划分。在19世纪，卡尔·马克思设想：在未来的共产主义国家中，工作与休闲的对立，还有现代工作高度的专业化、碎片化的特点都将会消失。马克思所设想的理想公民应该可以在早晨伐木、中午浇园、晚上作曲。而如今，信息社会中的主体在一天中会参与到更多的活动中：输入和分析数据、运行模拟程序、在网上冲冲浪、玩玩计算机游戏、看看网络视频、听听在线音乐、买卖股票等。然而，在这些不同的活动中，用户其实一直使用同样的几个工具（计算机屏幕和鼠标、网页浏览器、搜索引擎）和命令（剪切、粘贴、删除和查找）。

　　如果说，人机交互界面已经成为信息社会重要的符号学符码和元工具，这将如何影响总体的文化对象，特别是艺术对象的功能呢？我已经注意到，在计算机文化中，为相同"内容"建构一系列不同的交互界面的做法已经成为常态。例如，同样的数据，既可以呈现为二维图表，也可以呈现为交互式可导航空间。又如，同样的一个网站，可以根据不同用户网络连接的带宽，让用户接入网站的不同版本。考虑到这些案例，我们不妨设想一下新媒体艺术作品也具有两个层面：内容和交互界面。因此，原有的"内容-形式和内容-媒介"二分法可以被改写为"内容-交互界面"二分法。然而，如果这种对立二分法存在，则意味着艺术品内容将会独立于其媒介（就艺术史角度而言），或者独立于其符码（就符号学角度而言）。

如果我们把内容放置于理想化的无媒介领域，内容在其物质形式产生之前就已经存在。在某些情况下，这种假设是合理的，例如对定量数据进行的可视化处理。这一假设也适用于那些具有明确的图像学动机与具象派惯例的古典艺术。然而，正如从沃尔夫到德里达的现代思想家们都坚守"符码的非透明性"观点一样，现代艺术家们也认为内容与形式不可分离。实际上，从20世纪初的"抽象化"（abstraction）概念，到20世纪60年代的"进程"概念[1]，艺术家们不断发明新的概念和新的惯例，来确保某些预先存在的内容是不可描绘的。

这给我们留下了一个有趣的悖论。许多新媒体艺术作品具有所谓的"信息维度"（informational dimension）——这是新媒体对象所具有的共同特征。这类体验包括对量化数据的检索、审阅和思考。因此，当我们谈到这类艺术品时，应该将内容和交互界面分开讨论。同时，新媒体艺术品也具有更多的传统"体验"维度或者美学维度，这证实了它们作为艺术品而不是信息设计品的地位。这些维度包括：空间、时间和表面的特定布局；用户在与作品进行交互活动的过程中，每次都有不同的顺序；这是一种形式上的、物质上的、现象学上的特殊用户体验。正是艺术品的交互界面创造出其独一无二的物质性和用户体验。交互界面的一点点变化，就会导致整个作品产生巨大的改变。从这一点来看，如果认为交互界面是一个独立的、可以被随意更改的层面，那就是在抹除新媒体艺术作品作为艺术的地位。

我们可以用另一种方法思考新媒体设计与新媒体艺术在"内容-交互界面"二分法下的差异。艺术作品与设计不同，艺术作品内容与形式（或者说，就新媒体而言，内容与交互界面）之间的联系是出于特定原因的，也就是说，选用某种交互界面，是为了更好地契合作品的内容，交互界面不能被视作一个独立的层面。内容与交互界面融合成了一个不可分离的整体。

最后，使用实时动态生成数据的新媒体艺术作品，也以另一种方式

---

[1] "进程"（process）的概念是20世纪60年代初首先由麻省理工学院的 MULTICS 系统和 IBM 公司的 CTSS/360 系统引入的。——译者注

挑战了内容先于交互界面存在的观点。在基于菜单的交互多媒体应用程序及静态网站中，所有的数据在用户访问之前就已经存在，而在动态新媒体艺术作品中，数据是实时生成的，或者用新媒体的术语来说，在运行的时候同步生成的。这种同步生成的数据有多种多样的实现方式：序性计算机图形、正式语言系统、人工智能和人工生命编程。这些方法的原理都是相同的：程序员建立初始条件、规则和程序，控制计算机程序生成数据。本章节而言，这些方法中最有趣的是人工生命与进化范式。人工生命运行过程中，多个简单对象之间的交互，会导致复杂的全局行为出现。而这些行为无法提前预测，它们只在计算机程序运行的过程中产生。进化范式将进化理论应用到图像、图形、动画及其他媒体数据的生成过程中。程序员编写的原始数据扮演着基因型（genotype）的角色，通过计算机，这些数据被扩展成完整的显型（phenotype）。在任一种情况下，艺术品的内容都是艺术家暨程序员与计算机程序合作的结果。如果这个作品是交互式的，那么其内容就是艺术家、计算机程序、用户三者之间协作的结果。新媒体艺术家中，克丽斯塔·佐梅雷尔（Christa Sommerer）和劳伦特·米尼奥诺（Laurent Mignonneau）的团队最系统地探索了人工生命方法。在他们的装置作品《生命物种》（*Life Spacies*）中，虚拟生物根据参观者的位置、运动和互动而产生或变化。艺术家、程序员卡尔·西姆斯（Karl Sims）将进化范式应用于媒体生成，也做出了重要贡献，在他的装置作品《加拉帕戈斯》（*Galapagos*）中，计算机程序在每一次循环中，都生成12个不同的虚拟生物，参观者可以选取一种生物，使之继续生存、交配、变异和繁殖。① 使用人工生命和进化程序开发的商业产品包括计算机游戏和"虚拟宠物"玩具，例如 Mindscape Entertainment 公司推出的 *Creatures* 系列游戏和日本万代公司推出的电子宠物蛋（Tamagochi）。

在撰写本书的大纲过程中，我想要强调交互界面这一范畴的重要性，因此把相关讨论放在本书的开端。本章的两个部分里列举了这一范畴提出的不同议题，但这些例子并不能穷尽所有的议题。在第一部分"文化交互

---

① http://www.ntticc.or.jp/permanent/index_e.html.

界面的语言"中，我引入了"文化交互界面"（cultural interfaces）这一名词，来描述单机超媒体（光盘和 DVD）、网站、计算机游戏及其他由计算机分发的文化对象所使用的交互界面。我分析了电影、印刷文字和通用的人机交互界面这三种文化形式如何塑造了 20 世纪 90 年代文化交互界面的外观和功能。

在第二部分"屏幕与用户"中，我讨论了现代化交互界面的重要元素——计算机屏幕。与在第一部分中一样，我对分析计算机交互界面与旧的文化形式、语言和惯例之间的传承感兴趣。这一部分将计算机屏幕置于历史传统的宏阔背景之中，追溯这一传统的不同发展阶段——从文艺复兴时期绘画中静态的幻觉主义式图像，到电影银幕上的运动影像，再到雷达和电视上的实时图像，最终到计算机屏幕上实时的交互图像。

文化交互界面的语言

文化交互界面

"人机交互界面"这一术语描述了用户与计算机交互的方式。人机交互界面包括实体的输入输出设备,诸如显示器、键盘和鼠标,也包括一系列将计算机数据结构进行概念化的隐喻。例如,苹果公司在1984年推出的麦金塔计算机交互界面,使用了排列在桌面上的文件和文件夹作为隐喻。此外,人机交互界面还包括处理数据的各种方式,即用户对数据执行的有意义操作所使用的语法。现代人机交互界面的指令包括:复制、重命名和删除文件,列出目录的内容,启动或终止一个程序,设置计算机的日期和时间。

"人机交互界面"这一名词的最初出现在计算机作为工具的时代。然而,20世纪90年代,计算机的身份发生了变化。20世纪90年代初期,计算机仍被认为是一种模拟打字机、画笔或绘图尺的产品,也就是说,计算机是一种生产文化内容的工具。这些文化内容一经创造,便可以通过适当的媒介(印刷纸张、胶片、冲印的照片、电子记录)得以保存和分发。在20世纪末,随着互联网使用的逐渐普及,计算机的公众形象已经不仅仅是一个工具，而是一种通用的媒体机器，它不仅可以被用来创造，而且可以被用来存储、分发和访问所有媒体。随着种种文化形式的传播都转向以计算机为基础，我们逐渐与主流的文化数据（例如文本、照片、电影、音乐、虚拟现实等）发生"交互"（interfacing）。简而言之，我们不再与计算机"交互"，而是在与以数字形式编码的文化"交互"。因此，我使用"文化交互界面"这一名词来描述"人-计算机-文化交互界面"——这是计算机呈现文化数据的方式，也是计算机允许用户与文化数据进行互动的方式。文化交互界面包括网站设计师所使用的交互界面、只读光盘和DVD、多媒体百科全书、在线博物馆与在线杂志、计算机游戏及其他新媒体文化对象。

当你回忆20世纪90年代后半段（比如说，1997年）的典型文化交互界面是什么样子的话，你回到过去，随便打开一个网页，你看到的东西，很可能类似于那十年的杂志版面。这个页面主要由文本构成，有标题、超链接、复制框。这个文本中穿插着一些媒体元素，包括图形、照片，也许有的文本中还插有QuickTime影片和VRML场景。这个页面上还有单选按钮和下拉式菜单，允许用户在列表中进行选择。最后，页面上还有搜索引擎，当你输入单词或短语，点击搜索键，计算机会扫描文档或者数据库来寻找匹配的对象。

20世纪90年代典型的文化交互界面长什么样？这里还有一个例子。你可以试着安装（假设它还能在计算机上运行的话）一款那个年代最流行的游戏软件光盘——Broderbund公司在1993年发行的《神秘岛》。游戏的启动画面很容易让我们联想到一部电影：字幕缓慢地在屏幕上滚动，伴随着字幕的是电影般的配乐，为玩家营造气氛。随后，计算机屏幕上出现一本打开的书，它正等待着鼠标的点击。然后，麦金塔交互界面的一个熟悉元素出现了，提醒玩家：《神秘岛》不仅仅是一个电影与书的集合体，还是一个计算机应用。玩家可以在屏幕的顶部找到一个标准的麦金塔风格菜单，用其中的选项来调整音量和图像质量。最后，当玩家进入游戏后，印刷文字与电影的互动还在继续。虚拟摄影机在小岛上取景，一幅幅画面叠化渐隐。同时，屏幕上会显示出你不断收到的书和信，为下一步的游戏操作提供线索。

　　计算机媒体是一套存储在计算机中的字母和数字组合，具有多样化的呈现方式。然而，与所有的语言一样，在特定的历史阶段，只有少数某些呈现方式是切实可行的。15世纪早期的意大利画家对绘画有着独特的理解方式，这套理解方式与其他画家，例如16世纪荷兰画家的理解方式大相径庭。同样，现代的数字艺术家和设计师也在各种各样的可能性中选取了其中一套行为语法和隐喻。

　　为什么网页、只读光盘、计算机游戏等文化交互界面是现在的样子？为什么设计师选取了这一些方式组织计算机数据，而没有选其他方式？为什么他们使用了这些交互界面隐喻，而不是另一些？

　　在我看来，文化交互界面的语言，在很大程度上是由我们所熟知的文化形式构成的。接下来，我将探讨20世纪90年代这第一个十年中，三种对文化交互界面语言产生过重要贡献的文化形式。我将重点介绍的三种形式都已经出现在了20世纪90年代典型的新媒体对象——《神秘岛》里。在游戏的开场中，它们被逐一展现在我们面前：第一种是电影，第二种是印刷文字，第三种是通用人机交互界面。

　　在这里，我要阐明：我使用"电影"与"印刷文字"作为简称。实际上，它们所代表的并不仅仅是一部电影或一篇小说这类特定的对象，而是代表更大的文化传统（我们也可以使用"文化形式""机制""语言"或"媒体"之类的术语）。因此，本书中的"电影"一词包括了运动摄影机、空间呈现、剪辑技术、叙事手法、观众活动等——总之，包括了关于电影式认知、语言和接受的不同元素。这些元素不仅存在于20世纪电影故事片中，它们早在全景画、灯影秀（magic lantern slides）、剧场和其他19世纪的文化形式中出现。同样，自20世纪中期以来，这些元素不仅在电影中，而且在电视、录像中频频出现。"印刷文字"这一名词也指代几个世纪传承下来的（甚至在印刷的发明之前就有的），如今各种形式的印刷品（从杂志到产品说明书）仍在沿用的一系列惯例：一页长方形纸张，上面有一栏或几栏文字，有文字统领之下的插图或图表，有按顺序排列的页面，还有目录和索引。

跟印刷文字和电影相比，现代人机交互界面的历史很短，但它有自己的历史。在屏幕上直接操作对象、重叠的视窗、图标化的显示方式、动态菜单……几十年来（从 20 世纪 50 年代初到 20 世纪 80 年代初），这些原则逐渐发展成形，最终出现在各种各样的商业计算机系统，例如 1981 年施乐之星计算机（Xerox Star）、1982 年苹果丽莎计算机（Apple Lisa），以及最重要的 1984 年苹果麦金塔计算机中。① 从那以后，这些法则逐渐成为操作计算机的公认惯例，这些法则本身也成了一种文化语言。

电影、印刷文字、人机交互界面这三种形式都发展出自身组织信息、向用户展示信息、将空间和时间联系起来、在获取信息的过程中构建人类经验的独特方式。这三大传统中的元素，如分页的文档和目录，由矩形框架构成的、可通过移动视角进行导航的三维空间，多级菜单，各种变量，各种参数，复制-粘贴及搜索-替换等操作，不断塑造着当下的文化交互界面。电影、印刷文字和人机界面是隐喻和策略的三大蓄水池，这些隐喻和策略不断组织着信息，滋养着文化交互界面。

将这三种文化形式放在同一层面上来看待，在理论上有一个额外的优势。按说，这三种文化形式分别属于两种不同类型的文化：人机交互界面是一种可以用来处理各类数据的通用工具，而印刷文字和电影并不是通用的，它们以特定的方式组织特定类型的数据——印刷使用的是文字，电影使用的是三维空间内的视听叙述。人机交互界面是一套操作机器的控制系统，而印刷文字和电影是文化传统，是记录人类记忆和经验的独特方法，是信息的文化交流和社会交换的机制。将人机交互界面、印刷文字和电影结合起来看，可以发现它们比预想的具有更多的相同点。一方面，人机交互界面进入文化领域已经长达半个世纪之久，它已经代表着一种强大的文化传统，一种以自己的方式呈现人类记忆和经验的文化语言。这一语言有的呈现为分层组织起来的离散对象的形式（分级文件系统），有的作为目

---

① Brad A. Myers, "A Brief History of Human Computer Interaction Technology," technical report CMU-CS-96-163 and Human Computer Interaction Institute Technical Report CMUHCII-96-103 (Pittsburgh, Pa.: Carnegie Mellon University, Human-Computer Interaction Institute, 1996).

录（数据库），有的作为被超链接（超媒体）组织在一起的对象。另一方面，我们逐渐认识到印刷文字和电影也可以看作交互界面，虽然在历史上它们只与某些特定类型的数据联系在一起。印刷文字和电影具有各自的行为语法，自带独特的隐喻体系，并各自提供独特的实体交互界面。一本书或一本杂志是由多个页面组成的实体对象，阅读它的行为包括线性地从一页看到下一页、在某个页面上做标记、使用目录进行检索。至于电影，它的实体交互界面是电影院的特殊建筑格局，而它的隐喻，是一扇通往三维世界的窗口。

在当下，随着媒体逐渐从传统的实体存储媒介（纸张、胶片、石头、玻璃、磁带）中被"解放"出来，印刷文字交互界面和电影交互界面中那些曾经被固定在内容上的元素也得以被"解放"。数字设计师可以自由组合书页与虚拟摄影机、目录与屏幕、书签与视点等元素。这些组织方式不再被内嵌于特定的文本或电影中，它们可以自由地在文化之洋中漂流沉浮，在新的语境中供人们信手拈来。从这一点看，印刷文字和电影的确已经成了交互界面——它们具有丰富的隐喻体系、多种浏览内容的方式、多样的访问和储存数据方式。对于计算机用户而言，无论是在概念上，还是在心理上，印刷文字和电影的元素与单选按钮、下拉菜单、命令行调用和标准人机接口的其他元素位于同一层面上。

接下来，我们将分别探讨电影、印刷文字、人机交互界面这三种文化传统，审视它们如何塑造了文化交互界面的语言。

印刷文字

在 20 世纪 80 年代，随着个人计算机和文字处理软件的普及，文字成为第一个实现大规模数字化的文化媒介。早在 20 世纪 60 年代，数字媒体概念产生的 25 年前，研究者就在思考如何将人类书面作品的总和，包括书籍、百科全书、技术文章、小说等，转化为线上可利用的资源（如泰德·纳尔逊［Ted Nelson］的 *Xanadu* 计划[①]）。

文字是一种独特的媒体类型，在计算机文化中具有特别的地位。一方面，它只是诸多媒体类型中的一种；另一方面，它也是计算机媒体的元语言，所有其他媒体都通过文字这一符码呈现，例如三维物体的坐标、数字图像的像素值、用 HTML 编写的网页。另外，文字也是计算机与用户之间的主要交流方式：用户在计算机上键入单行命令或运行用英语的子集编写的计算机程序，计算机则通过显示错误代码或文本消息来响应用户。[②]

如果说计算机使用文字作为其元语言，那么文化交互界面继承的就是人类文明在存在过程中发展的文本组织原则。其中的原则之一就是页面，页面作为一个包含有限数量信息的矩形表面，可以按某种顺序访问，并且与其他页面产生特定关系。页面的现代形态产生于公元后的头几个世纪，当时，泥版和纸莎草卷被抄本书卷取代——将一定数量的手写书页叠在一起，将一端缝合起来，抄本书卷就成形了。

文化交互界面建立在我们熟悉的"页面交互界面"基础上，同时，文化交互界面也拓展了页面的定义，以此将更多由计算机实现的新概念纳入。在 1984 年，苹果公司开发出一套图形用户交互界面，将信息以重叠窗口的形式层层展现——从本质上看，这就是一套书籍的书页。用户可以在多个页面之间来回翻阅，也可以在一个页面里上下滚动翻阅。通过这种方式，传统书页被重新定义为虚拟页面，而这个虚拟平面可能比计算机屏幕的平面大很多。在 1987 年，苹果公司又开发了流行一时的 Hypercard 程序，它以全新的方式拓展了页面概念。现在，用户可以将多媒体元素放在页面中，并可以在不同页面建立链接，而不受顺序的限制。几年之后，HTML 的设计师们发明了分布式文档，进一步延伸了页面的概念。也就是说，一个文档的不同部分可以分布在同一网络连接中的不同计算机上。

[①] http://www.xanadu.net.
[②] XML 旨在成为 HTML 的替代品，它使得每个用户都可以创造个人化的语言。计算机文化的下一个阶段可能不仅涉及创作新的网页文件，还涉及创造新的语言。关于 XML 更多的信息，请见 http://www.ucc.ie/xml。

这一创新，使得页面在历经漫长的"虚拟化"进程之后，到达一个全新阶段。在泥板上书写的信息亘古不变，但它逐渐被写在纸上的墨水取代了。同样，墨水也被计算机内存中的"比特"（bit）取代了。一个个比特在电子屏幕上形成字符。如今 HTML 使得同一页面的不同部分分布于不同的计算机上，页面因此变得更易变、更不稳定。

我们也可以换一种方式解读计算机媒体页面的概念发展——它并不是抄本书卷形式的进一步发展，而是回归到了更早的形式，例如古埃及、古希腊和古罗马的纸莎草卷。与现代书籍的翻页相比，在计算机视窗或者万维网网页内上下滚动翻页更像展开一部书卷。对于 20 世纪 90 年代的网页来说，这种卷轴感更加强烈，因为当时网页的信息不是即时全部显示，而是从上到下逐一载入的。

文化交互界面融合了历史上出现的不同形式，也拓展了页面的定义，这有一个很好的例子：1997 年，英国设计团体 Antirom 为网络杂志《热线》（*HotWired*）的 RGB 画廊（RGB Gallery）所制作的网页[1]。设计师们创造了一个巨大的平面，其中随意排列着矩形文本框，文本框里有着不同大小的字体。用户可以在任意方向上移动，从一个文本框上跳到另一个上。在这里，不同文化传统中不同顺序的阅读方式被汇总到了同一个页面上。

到了 20 世纪 90 年代中期，网页上出现了更多的媒体类型，但本质上，这些网页都还是传统的页面。图形、照片、数字视频、声音和三维世界等不同的媒体元素被嵌入包含文本的矩形表面。从这一点上来看，网页与报纸版面类似：二者都以文字为主导，都将照片、绘画、表格、图表穿插其中，都有导向其他版面的链接。[2] VRML 的倡导者们希望改变这种文字为主的主次关系现状，他们设想未来的万维网将呈现为巨大的三维空间，文本将会与其他各种类型的媒体平等共存。[3] 但鉴于页面的历史已经

---

[1] http://www.hotwired.com/rgb/antirom/index2.html.
[2] 如报纸文章末尾的"请转第某版"。——译者注
[3] 案例请见 Mark Pesce, "Ontos, Eros, Noos, Logos," the keynote address for the International Symposium on Electronic Arts (ISEA), 1995, http://www.xs4all.nl/~mpesce/iseakey.html.

绵延数千年，我认为它不会很快就消失。

随着网页成为一种新的文化惯例，它的支配地位开始受到挑战。挑战者中有两个由艺术家开发的网络浏览器，一个是 I/O/D 在 1997 年开发的 Web Stalker 浏览器[①]，另一个是马切伊·维希涅夫斯基（Maciej Wisniewski）在 1999 年开发的 Netomat 浏览器[②]。Web Stalker 强调网站的超文本特性。它呈现出的不是标准的网页，而是这些网页中包含的超链接网络。当用户输入某一页面的 URL 网址，Web Stalker 展现出的是链接到该网页的所有网页的线形图。同样，Netomat 浏览器也拒绝全盘接受网页的惯例，当用户在搜索引擎上输入文字或短语后，Netomat 会将相关的页面标题、图片、音频或用户指定的其他媒体类型从相关的网页中提取出来，让它们在屏幕上自由漂浮。可见，这两个浏览器都没有采用页面隐喻，而是建立起自己的隐喻体系——Web Stalker 展现出的是链接结构图表，Netomat 则呈现出媒体元素流。

20 世纪 90 年代的网页浏览器及其他商业化的文化交互界面一方面保留了现代页面的形式，另一方面它们也开始依赖一种全新的、在图书传统中没有先例的文本组织方式和文本获取方式——超链接。我们或许可以将超链接的历史追溯到早期的非序列性文本组织方式和实践上，例如，律法书（Torah）中的注释和脚注。但本质上，二者不是一回事。律法书中的注释和脚注与原文之间存在一种主仆关系，而 HTML（或更早的 Hypercard）的超链接中，这种等级关系并不存在。超链接所连接的对象具有相等的权重，不存在主从之分。因此，20 世纪 80 年代对于超链接的接纳，符合了当代文化中的一些倾向，例如对一切等级制度的质疑，对拼贴美学的偏好——这一美学将来源各不相同的资源，汇集到同一个文化对象中。

从传统角度而言，文本对人类知识和记忆进行编码，不断教导、启发、说服和诱导读者接受新的观念、新的阐释世界方式和新的意识形态。简言之，印刷文字与修辞艺术密切相关。我们也许可以发明一套全新的超

---

① http://www.backspace.org/iod.

② http://www.netomat.net.

媒体修辞，超链接的使用不是分散读者对论点的注意力（这种情况在当下非常普遍），而是进一步让读者相信论证的可靠性。然而，超媒体的普遍存在和流行体现了现代修辞学领域的持续衰落。古代和中世纪的学者们对数百种修辞手法进行了分类。在20世纪中期，语言学家罗曼·雅各布森（Roman Jakobson）在麻省理工学院教书期间，受到了计算机二进制逻辑、信息论及控制论的影响，他将修辞从根本上简化为两种——隐喻和转喻。① 到了20世纪90年代，万维网的超链接以牺牲其他修辞手法为代价，将转喻推至高位。② 万维网中的超文本无止境地将读者由一个文本引导到另一个文本。计算机媒体的常见形象是：它将所有人类文化压缩收纳在一个巨大的图书馆（这意味着其中存在着某种排序体系）或者巨著中（这意味着其中有一个叙述的进程）。我们可以采取一种更加准确的说法：新媒体文化可以看作一个无限延展的平面，一个个文本散列其中，并没有特定的顺序——就像 Antirom 为《热线》杂志设计的网页一样。进一步说，RAM（随机存取存储器）这一名字背后的概念，也蕴含着一种等级次序的退场：RAM 中的任何位置都可以像其他任何位置一样被快速访问。传统的书籍、胶片、磁带这类存储媒介按照先后顺序或线性顺序来组织数据，因此，它们中就存在着叙述和修辞痕迹；RAM 与此不同，它将数据"扁平化"处理。精心安排的论证与案例，正反两面的论点、节奏起伏变化的演示（例如，用当代语言来说，数据流的速率）、模拟的错误路径、戏剧化呈现的概念突破……这些曾用来引导读者的方法，RAM 这样的文化交互界面都不再采用。新的文化交互界面将所有数据一股脑地全部呈现在用户面前。③

20世纪80年代，许多批评家将"后现代主义"的主要影响描述为空间化（spatialization）——空间高于时间，历史扁平化，拒绝宏大叙述。

---

① Roman Jakobson, "Deux aspects du langage et deux types d'aphasie," in *Temps Modernes*, no. 188 (January 1962).
② XLM 中有双向链接（bidirectional links）、多路链接（multiway links）和通往一个文本范围（而不是简单的一个点）的链接，这使可用的链接类型多样化。
③ 这也说明，新的数字修辞跟按特定顺序组织信息的功能关系不大，新的数字修辞更多地与在海量的语料库中进行筛选，决定哪些要、哪些不要有关。

这一时期，计算机媒体也参与进来，从真正意义上完成了这一空间化进程。计算机媒体用随机存取存储取代了顺序存储，用扁平化的超文本取代了信息的分层级组织结构，用空间中的真实移动取代了小说与电影中的心理活动——层出不穷的计算机动画和计算机游戏（例如《神秘岛》《毁灭战士》等）都见证了这一历史过程。总之，时间成了一张平面的图片或一幅平面的风景，一种可供观察或可导航的东西。如果这里有一种新的修辞或美学的可能性，它与作家笔下或演说家口中的时间顺序关系不大，而更多是与空间漫游有关。超文本的读者就像鲁滨孙·克鲁索——漫步沙滩，捡起一本航海日志、一个烂水果、一个不知用途的工具，而沙滩上留下的痕迹就像计算机的超链接一样，从一个发现物指向另一个发现物。

电 影

印刷文字曾经对文化交互界面的语言有主导性的影响。随着印刷文字的式微，电影式元素的影响逐渐增强。这一符合现代社会的趋势：信息更多地借助视听运动影像序列的形式，而非文本的形式进行呈现。与印刷时代不同，新一代计算机用户和计算机设计师都在一个以电视为主导的、媒体丰富的环境中成长，因此，比起印刷语言，他们偏爱电影语言也就不足为奇了。

电影诞生一百年之后，以电影式的方法观看世界、构建时间、讲述故事和连接人生体验，成为计算机用户获取文化数据并与之互动的基本方法。由此可以说，计算机实现了电影作为一种视觉世界语的愿景——这是20世纪20年代许多电影艺术家（从格里菲斯到维尔托夫）和影评人的期许。如今，数以亿计的计算机用户可以通过相同的计算机交互界面进行交流。大多数电影"用户"虽然"懂得"电影语言，但不会"使用"这种语言（即拍摄电影）。与电影不同的是，所有的计算机用户都会"使用"计算机交互界面的语言——他们使用交互界面语言执行各种操作：发送邮件、组织文件、运行各种应用程序等。

世界语从来都没有真正流行过。相比之下，文化交互界面简单易学，得到了大众的广泛使用。从文化语言的历史这一角度看，我们现在面临着一个前所未有的局面：一门语言由一小群人发明，而很快被数以亿计的计算机用户所采用。一个二十多岁的程序员在加利福尼亚州北部捣鼓出的东西，一夜之间就被全世界所采纳，这听起来简直就是天方夜谭。我们是不是可以推断说，在某种程度上，人类和交互界面语言有着生理上的"连线"，这是不是与诺姆·乔姆斯基所提出的假设中，人类与不同种类自然语言的"连线"如出一辙？

答案当然是否定的。用户之所以能够学会新的文化语言，不论是一百年前的电影，还是现在文化交互界面，是因为这些语言都建立在人们熟悉的文化形式基础之上。以电影为例，电影借用的对象包括戏剧、灯影秀以及其他19世纪的公共娱乐形式。同样，文化交互界面也在借用电影和印刷文字这类已有的文化形式。我已经论述过印刷文字的传统如何影响了交互界面语言的结构，现在说说电影。

运动摄影机（mobile camera）是电影影响文化的一个重要的方面，我们不妨从它谈起。运动摄影机最初是一项三维计算机绘图技术，用于计算机辅助设计、飞行模拟器及计算机电影制作等应用。到了20世纪80年代和90年代，与滚动式窗口和剪切粘贴操作一样，这种摄影机模型也成为一种交互界面惯例。它成为一种人们与三维数据互动的公认方式，而在计算机文化中，这种呈现方式实际上意味着一切：实物模拟的结果、建筑工地、新分子的设计、统计数据、计算机网络的结构等。随着计算机文化逐渐将呈现方式和体验空间化，它们也受制于这一摄影机式的数据存取语法。我们现在使用缩放、倾斜、平移、跟踪等操作与数据空间、模型、对象和主体进行互动。

虚拟摄影机（virtualized camera）曾经一度被"禁锢"在现实主导的实体摄影机中，而现在，它也实现了抽象化，成了三维空间之外所有类型的媒体和信息的交互界面。让我们来看看一流的计算机动画软件——Alias/Wavefront公司的PowerAnimator，其图形用户交互界面就是一个很好的例子。① 在这个交互界面中，每一个窗口中都有移动、追踪、缩放按钮，无论窗口中显示的是三维模型、图表还是纯文本。更重要的是，它让用户仿佛身处三维场景中，在文本上移动镜头或变焦。在这一交互界面中，摄影机将页面纳入其中，电影式的视觉战胜了印刷传统。这样看来，古腾堡曾经发明的印刷术星系现在已经被纳入了卢米埃尔的电影宇宙。

电影式的感知长期存在于文化交互界面中，表现特征之一就是呈现现实的矩形框。② 电影从西方绘画中继承了这种画框的特点。自从文艺复兴以来，画框就是通往更大空间的窗口，延展到画框以外。这一空间被矩形画框分割为两个部分：一个是"屏幕空间"，即画框内的部分，另一个是画框外的部分。根据莱昂·巴蒂斯塔·阿尔伯蒂（Leon Battista Alberti）的著名理论，画框就是通往世界的窗口。或者说，在法国电影理论家雅克·奥蒙（Jacques Aumont）及其合著者最近阐述的理论中，"屏幕空间通常被习惯性地理解为更广阔的图景空间（scenographic space）的一部分"。虽然屏幕空间是唯一可见的部分，但更广阔的图景实际存在于屏幕之外。③

绘画和摄影中的矩形框展示了外部更大空间的一个部分，同样，人机交互界面的视窗呈现出的也是一个大型文件的局部景象。但是，对于绘画来说（包括后来的摄影），艺术家选定一个画框，画框就再也不会变了，而计算机交互界面获益于电影所带来的新发明——即画框的可移动性。"电影眼"可以在空间中自由移动，展现不同的区域，同样，计算机用户也可以滚动浏览窗口中内容。

基于屏幕的交互式三维环境，例如 VRML 世界，也使用电影式的矩形框。这并不出乎我们的意料，因为它们也依赖电影式视野的各个元素，

---

① 见 http://www.aw.sgi.com/pages/home/pages/products/pages/poweranimator_film_sgi/。
② 在《眼目所及》(The Address of the Eye) 一书中，维维安·索布恰克（Vivian Sobchack）探讨了现代电影理论的三个基础隐喻：画框、窗户和镜子。画框的隐喻来源于现代绘画，是形式主义理论的核心议题，具有重要的意义。窗户的隐喻源于现实主义电影理论（巴赞），强调感知行为。现实主义理论沿袭了阿尔伯蒂的观念，将电影银幕看作通往世界的透明窗户。最后，镜子的隐喻是精神分析电影理论的中心。面对三种区分，我集中探讨窗户这一隐喻。然而要强调的是，这三种隐喻开启了进一步思考电影与计算机媒体关系的无限空间，尤其是电影银幕和计算机视窗之间的关系。详见 Vivian Sobchack, *The Address of the Eye: A Phenomenology of Film Experience* (Princeton, N.J.: Princeton University Press, 1992)。
③ Jacques Aumont et al., *Aesthetics of Film* (Austin: University of Texas Press, 1992), 13.

尤其是运动虚拟摄影机。然而，出乎意料的是，在所有交互界面中我们认为最为"自然"的虚拟现实交互界面，也在使用同样的矩形框。① 在虚拟现实交互界面中，跟在电影中一样，用户读取的文本语言也被框定在矩形框中。类似电影的另一点是，这个矩形框所呈现的是一个更大空间中的局部景象。② 正如在电影中一样，虚拟摄影机四处游移，以展示这个空间的各个部分。

当然，当这台摄影机被用户操控，实际上等同于用户的视角。然而很重要的一点是，在虚拟现实中，人们是通过一个长方形的框架观看虚拟世界，而这个框呈现出的只是一个更大整体中的局部。矩形框创建了一种独特的主观体验，与直接的观看相比，这种体验更接近电影式的感知。

无论是借助屏幕交互界面访问的交互式虚拟世界，还是借助虚拟现实交互界面访问的交互式虚拟世界，都常常被人们认为是电影的逻辑继承者，也是21世纪的潜在重要文化形式——正如电影是20世纪的主要文化形式一样。这些讨论通常集中在交互和叙述问题上。因此，我们可以想象21世纪电影的典型情景：用户存在于叙述空间的"内部"，以一个虚拟形象出现，借助渲染，这个三维计算机图形形象栩栩如生，用户与虚拟人物或者其他用户展开互动，进而影响叙述事件的进程。

上文中所描述的这一幕，究竟是电影的延伸，还是即兴戏剧或先锋戏剧之类的戏剧传统的延续，这是一个悬而未决的问题。但毋庸置疑的是，虚拟技术对电影的观看方式和电影语言的依赖正变得越来越强。这也与虚拟现实系统从专业和昂贵的设备转向 VRML 这类可应用范围更大的、更标准化的技术的发展趋势不谋而合。（以下的例子涉及一个特定的

---

① 我在这里说的虚拟现实界面，是指虚拟现实系统中使用的头戴式或头盔式显示器。若读者想要了解在虚拟现实发展的顶峰阶段关于这类呈现方式的总体回顾，可见 Steve Aukstakalnis and David Blatner, *Silicon Mirage: The Art and Science of Virtual Reality* (Berkeley, CA: Peachpit Press, 1992), pp. 80–98. 关于更加技术层面的探讨，见 Dean Kocian and Lee Task, "Visually Coupled Systems Hardware and the Human Interface," in *Virtual Environments and Advanced Interface Design*, ed. Woodrow Barfield and Thomas Furness III (New York and Oxford: Oxford University Press, 1995), 175–257.

② 关于不同虚拟现实的视场（field of view）方面的内容，见科西恩和塔斯的著作。虽然不同系统之间有明显的差异，20世纪90年代初期的商用头戴式显示器（commercial headmounted displays，简称 HMD）使用的视场大小都差不多，视场角范围在30度到50度。

VRML 浏览器——硅谷图形公司［Silicon Graphics，简称 SGI］出品的 WebSpace Navigator 1.1[①]，其他 VRML 浏览器也有类似的功能。）

  VRML 世界的设计师可以定义许多随该世界同步加载的视角。[②] 这些视角自动出现在 VRML 浏览器中的一个特殊的菜单中，允许用户一个接一个地浏览它们。正如在电影中一样，本体论与认识论相结合，世界被设为从一个特定的角度呈现。因此，虚拟世界的设计师既是电影摄影师也是建筑师。同样用户既可以选择在虚拟世界自由徜徉，也可以节省时间，老老实实当个电影观众，接受电影摄影师所选择的最佳视角。

  有趣的是，用户还有另一种选择，可以操控 VRML 浏览器进行视角切换的方式。在默认情况下，虚拟摄影机可以顺滑无缝地从当前的视角移动到另一个视角，就像运动镜头一样，软件可以自动计算出这种运动（的轨迹）。如果用户选择了"跳切"，用户可以实现从一个视图直接切到下一个视图。很明显，这两种模式都来自电影，而且这些都比用户自己去探索世界要更有效率。

  通过 VRML 交互界面，天性（nature）就被紧密地纳入文化（culture）之中，我们的眼睛被纳入"电影眼"之中，我们的身体被纳入虚拟摄影机的虚拟身体之中。虽然用户可以选择自己去探索世界，自由选择行进轨迹和视角，但交互界面赋予了电影式感知以更高的特权：切镜头、预先计算的轨迹、运动镜头、预先设定的视角。

  在计算机文化领域，电影式交互界面正在向文化交互界面转化，最剧烈的变化体现在计算机游戏上。到 20 世纪 90 年代，游戏设计师已经从二维转向三维，并且以更加系统化的方式吸纳电影语言。游戏开始采用华丽的电影式开篇（游戏界称其为"电影式"［cinematics］段落），用来铺垫心理氛围，建立故事的基本背景，并逐渐引入叙述。通常，整个游戏的结构会在要求用户参与的交互性片段和无参与性的电影式段落（即"电影式"段落）之间平衡和摇摆。经过十年的发展，游戏设计师开发出越来

[①] http://webspace.sgi.com/WebSpace/Help/1.1/.
[②] 见 John Hartman and Josie Wernecke, The VRML 2.0 Handbook: Building Moving Worlds on the Web (Reading, Mass.: Addison-Wesley, 1996), 363.

越复杂、也越来越电影化的交互虚拟世界。无论哪种游戏类型，都依赖于从传统电影中借鉴的摄影技术，包括有意味的使用摄影机的不同角度和景深，使用戏剧化照明，在三维计算机生成的场景中来烘托心境和气氛。在 20 世纪 90 年代，许多游戏都采用了将真人演员叠加在二维或三维背景上的数字视频，例如《第七访客》(*The 7th Guest*，Trilobyte，1993) 或《偷窥》(*Voyeur*，Philips Interactive Media，1994)。到了世纪末，这些游戏公司已经转向采用实时渲染的全合成人物。① 早期游戏中有提前录制好的数字视频，根据不同可能性的场景形成分支结构，而这一实时渲染的转向使得游戏设计师不再受限于这些分支结构。与之相比，三维动画中实时变化的人物可以在游戏空间中随意运动，同时，游戏空间本身在游戏过程中也发生着改变。（例如，当玩家返回到一个之前访问过的区域，他可以找到之前离开时落下的物品。）这种转化也使得虚拟世界更具有电影色彩，因为游戏人物与环境在视觉呈现上显得更为和谐。②

　　计算机游戏如何使用和拓展电影语言？一个最重要的例子就是动态视角的实现。在驾驶和飞行模拟游戏中，或者在《铁拳 2》(*Tekken 2*，Namco，1994～) 这样的格斗游戏中，撞车场景或者击倒场景会自动用不同的视角进行重播。另外还有一些游戏，例如《毁灭战士》系列 (id Software，1993) 和《地下城守护者》(*Dungeon Keeper*，Bullfrog Productions，1997)，允许用户在主人公视角和自上而下的鸟瞰视角之间切换。在线虚拟世界（比如 Active World）的设计师也为他们的用户提供类似的功能。任天堂 (Nintendo) 更进一步，在 N64 手柄上添加了四个按键，用来控制行动的视角。在玩如《超级马里奥 64》(*Super Mario 64*，任天堂，1996) 之类的任天堂游戏时，用户可以不断调整摄影机的

---

① 这一潮流的早期例子包括《回到魔域》(*Return to Zork*，Activision，1993) 以及《第七访客》(Trilobyte/Virgin Games，1993)。后来的例子还有《魂之利刃》(*Soulblade*，Namco，1997) 以及《古墓丽影》(*Tomb Raider*，Eidos，1996)。
② 关于计算机游戏视觉语言方面的评论文章仍然很少。关于计算机游戏历史、对不同类型的描述以及设计者访谈等资料，可见 Chris McGowan and Jim McCullaugh, Entertainment in the Cyber Zone (New York: Random House, 1995)。亦可见 J. C. Herz, Joystick Nation: How Videogames Ate Our Quarters, Won Our Hearts, and Rewired Our Minds (Boston: Little, Brown, 1997)。

位置。索尼 PlayStation 上的游戏，如《古墓丽影》（Eidos，1996）也使用 PlayStation 的手柄按钮来调整视角变化。《神秘海：堕落之神》（*Myth: The Fallen Lords*，Bungie，1997）等游戏也采用了人工智能引擎（一段计算机代码，它控制游戏中的模拟"生命"，比如玩家遇到的其他人物角色）来自动控制摄影机。

将虚拟控制（虚拟摄影机）引入游戏操控硬件，这确实是一个历史性的举措。操作虚拟摄影机变得与控制游戏人物的行动一样重要，这一事实已经被游戏产业所认可。《地下城守护者》的游戏光盘包装上，强调了游戏的四大特征："转换你的视角""旋转你的视野""和你的朋友来一局""揭开隐藏的关卡"，其中，前两个都与摄影机控制相关。这类游戏中，电影式的感知体验本身就是一个主题。① 这也意味着 20 世纪 20 年代以拉斯洛·莫霍利-纳吉、亚历山大·罗琴科、维尔托夫等人为代表的"新视觉"电影运动的某种回归。"新视觉"运动预示着相机和电影摄影机的新机动性，并且使非传统视角成为其诗学的关键部分。

事实上，计算机游戏和虚拟世界步步为营，在软件和硬件中编入了"电影眼"的语法，这不是偶然的，这种做法与 20 世纪 40 年代以来文化计算机化的大方向——所有文化操作的自动化——一脉相承。这种自动化经历了从基础到复杂操作的发展历程：从图像处理和拼写检查，到软件生成的人物、三维世界和网站。然而，这种自动化也有副作用，一旦特定的文化编码在基础层面的软件和硬件中生成，它们便不再被视为选项，而被当作不容置疑的默认设置。以成像的自动化为例，20 世纪 60 年代初，在计算机图形学这一新兴领域，线性透视被引入到三维软件中，后来又被硬件直接沿用。② 因此，线性透视成为计算机文化中默认的视觉模式，应用在计算机动画、计算机游戏、可视化过程、VRML 场景中。现在我们正在这一进程的下一个阶段——将视角的电影式语法转化入软件和

---

① 《地下城守护者》（Bullfrog Productions，1997）。
② 关于计算机图像的历史逐渐自动化的过程，更详细的论述见我的文章《绘制空间：透视、雷达和计算机图形学》（*Mapping Space: Perspective, Radar, and Computer Graphics*）以及《从摄影到计算机视觉的视觉自动化》（*Automation of Sight from Photography to Computer Vision*）。

硬件中。随着好莱坞式电影摄影转化到算法和计算机芯片之中，好莱坞式电影摄影的惯例成为与空间化数据交互的默认方法。（1997 年，在洛杉矶地区举办的 SIGGRAPH 年会上，一位发言者呼吁在多用户的虚拟世界软件中采用好莱坞式的剪辑。这样做的话，用户与其他虚拟形象的互动情节，就会根据经典好莱坞的惯例而自动生成。[①]）1996 年，微软公司的研究人员授权发表了《虚拟电影摄影师：自动实时摄影与导演范式》(*The Virtual Cinematographer: A Paradigm for Automatic Real-Time Camera Control and Directing*）一文，用这篇文章中的术语来说，研究的目标就是解码"电影专业技术"（cinematographic expertise），把"电影制作的手法"（heuristics of filmmaking）转化到计算机软件和硬件之中。[②] 电影元素正逐一注入计算机之中：首先是单点的线性透视，其次是运动摄影和矩形视窗，最后是摄影和剪辑的惯例；当然，还有从电影中借用的、基于表演惯例的数字人物角色，以及相关的化妆、场景设计，以及叙述结构本身。电影不仅仅是一种文化的语言，它正在成为一个文化交互界面，逐渐取代印刷文字，成为所有文化交流的工具箱。

电影，这一 20 世纪的主要文化形式，现在找到了另一个身份——计算机用户的工具箱，这赋予了电影新的生命力。在计算机时代，电影式的感知方式，电影式地连接时间和空间，电影式地呈现人类的记忆、思维和情感，这些不仅成为无数人的工作方式，也成为一种生活方式。电影的审美策略已成为计算机软件的基本组织原则。曾经通往电影式叙述的虚构世界的窗口，现在变成了通往数据景观（datascape）的窗口。简而言之，电影是什么，人机交互界面就是什么。

在本节的最后，我想讨论几个艺术项目。电影式感知和电影语言中的元素和技巧，逐渐被转化为一整套去语境化的工具，最终被用作通往数据的交互界面，而我所讨论的这几个艺术作品为这一转化过程提供了另外的

[①] Moses Ma's presentation on the panel "Putting a Human Face on Cyberspace: Designing Avatars and the Virtual Worlds They Live In," SIGGRAPH '97, 7 August 1997.
[②] Li-wei He, Michael Cohen, and David Salesin, "The Virtual Cinematographer: A Paradigm for Automatic Real-Time Camera Control and Directing," SIGGRAPH '96 (http://research.microsoft.com/SIGGRAPH96/96/VirtualCinema.htm).

可能。在这一转化过程中，电影式感知脱离了原来的物质载体（例如相机或者胶片），也脱离了其自身形成时的历史语境。在电影中，电影摄影机是一个实物，在空间和时间上与它所呈现的世界共存；而现在，摄影机变成了一套抽象的操作。下文讨论的艺术作品拒绝将电影式视觉从物质现实中分离开来。它们将摄影机与摄影机拍摄的画面作为虚拟世界本体的一部分，由此将抽象感知与物质现实重新结合在一起。它们也拒绝计算机文化所推行的电影式视觉的统一标准——把电影作为一个工具箱（就像后现代视觉文化的通常做法一样）和一套"筛选器"，用来处理一切输入的信息。相反，这些艺术项目都采用了独特的电影式策略，这些策略与呈现给用户的虚拟世界有着特定的关系。

在《过往事物的不可见之形》(The Invisible Shape of Things Past)这一作品中，柏林ART+COM工作室的约阿希姆·绍特（Joachim Sauter）和德克·卢森布林克（Dirk Lüsenbrink）创造了一个全新的文化交互界面，用户可以用它来访问柏林的历史数据。[①] 这一交互界面将电影去虚拟化（实体化），也就是说，将电影式视觉的片段重新放回其历史情景和物质实体之中。当用户在柏林的三维模型中导航时，会在城市街道上遇到一些拉长的形状。艺术家们把这些形状称之为"电影体"（filmobjects），它们对应的是不同的纪录片片段，而这些片段当初就是在城市中相应的地点拍摄的。在创造这些形状时，艺术家们先将原始镜头数字化，将画面在纵轴上一帧帧地叠加起来，原始摄影机运动参数决定了这些形状的外观，用户可以通过点击第一帧画面来查看这段素材。当画面一帧一帧地显示时，整个形状也会随之变薄。

计算机文化的总体趋势是把每种不同的文化经验进行空间化。作为一种文化交互界面，《过往事物的不可见之形》将时间空间化，把时间呈现为一个三维空间中的形状。这个形状可以看作一本书，一帧帧独立的画面像书页一样叠加在一起。摄影机所遵循的时间和空间轨迹变成了一本书，读者一页一页地阅读它。摄影机视觉的记录变成了实物，与产生这一视觉

[①] 见 http://www.artcom.de/projects/invisible_shape/welcome.en。

的物质现实共享空间。电影凝固了。因此，这个作品也可以被理解为一座虚拟的电影纪念碑。（虚拟的）形状被放置在（虚拟的）城市中，提醒我们注意：新时代电影不再是用来数据检索、使用数据的工具箱，而是文化表达的释义形式。

匈牙利艺术家陶马什·瓦利茨基公开拒绝使用计算机软件中默认的单点线性透视模式。他的每一部计算机动画电影，如《花园》(*The Garden*, 1992)，《森林》(1993) 和《道路》(*The Way*, 1994)，都使用了特殊的透视系统。其中，《花园》里使用了水滴透视视角，《森林》中使用了圆柱形视角，《道路》中使用了远大近小的反转透视系统。他与计算机程序员合作，定制了相应的三维软件来实现这些透视系统。每个系统都与对应的电影的主题有着内在的联系。在《花园》中，主题是一个小孩的感知，对于小孩来说，世界尚未形成一种客观的存在。在《森林》中，移民的精神创伤被转化成在森林中无休无止漫游的摄影机，而这片无垠的森林实际上只是一套透明的圆柱体。在《道路》中，反转的透视传达出西方人的自给自足与孤立。

在瓦利茨基的电影中，摄影机和世界被构建成一个整体，而在《过往事物的不可见之形》中摄影机所记录的内容被重新放置回现实世界中。瓦利茨基不是简单地将自己开发的各类虚拟世界与不同类型的透视投影相结合，而是改变了虚拟世界本身的空间结构。在《花园》里，一个在花园里玩耍的小孩变成了世界的中心，当她四处走动时，周围所有物体的几何形状都发生了改变——她越接近某个物体，这个物体就会随之变大。在《森林》中，大量圆柱体层层相套，每个圆柱体上都画有一棵树，如此重复多次。在影片中，我们看到摄影机沿着复杂的空间轨迹穿越一片无止境的静态森林——但这是一个错觉。在现实中，摄影机的确运动了，但虚拟世界的架构也在不断变化，因为每个圆柱体都在以各自的速度旋转。这样一来，虚拟世界与我们的感知融为一体。

人机交互界面：呈现与控制

目前来看，人机交互界面的发展与文化对象的分发情况并没有多大关系。从 20 世纪 40 年代到 80 年代初，随着个人计算机的崛起，图形用户交互界面发展成熟并进入大众市场。我们可以列出这一时期中几种最重要的应用：武器和武器系统的实时控制、科学模拟、计算机辅助设计，以及计算机用户借助文秘软件完成的办公工作——将文件归档到文件夹中，清空垃圾桶，创建和编辑文件（"文字处理"）。如今，尽管计算机已经采用全然不同的应用程序来存取和处理文化数据与文化体验，其交互界面仍然依赖于旧的隐喻和动作文法。可以预见，文化交互界面也会采用通用的人机交互界面元素，如包含文本和其他数据类型的滚动窗口、分级菜单、对话框和命令行输入。例如，"艺术收藏"类光盘呈现出三维渲染的、可导航的博物馆空间，以重新创建"博物馆体验"；但与此同时，它仍然采取分级菜单，以便用户在不同的博物馆藏品之间来回切换。《过往事物的不可见之形》采用了独特的交互界面解决方案——"电影体"，它既不直接借鉴旧的文化形式，也与通用的人机交互界面全然不同。但即便这样，设计师还是使用了人机交互界面中常见的下拉菜单，以使让用户在柏林的不同地图之间进行切换。

在他们那重要的新媒体研究之作《修改》（*Remediation*）中，杰伊·大卫·博尔特（Jay David Bolter）和理查德·格鲁辛（Richard Grusin）把媒介定义为"用来修改的"（that which remediates）。[1] 现代主义的观点力图明确不同媒介的基本特性，与此相反，博尔特与格鲁辛提出，所有媒体都在做"修改"工作，即在形式与内容上对其他媒体进行转化、重塑和改造。如果我们把人机交互界面看作另一种媒介，它的历史和当下发展无疑符合本文的论题。人机交互界面的历史与"借用"和"重构"息息相关，或者用新媒体的行话来说，人机交互界面的历史就是对过去和现在的其他媒体（包括印刷品、电影、电视）进行"格式化"的历史。但是，除了兼收并蓄地借用大多数其他媒体的惯例并将它们结合在一起，人机交互界面的设计师还大量借用人工物理环境的惯例，苹果计算机所使用的桌面隐喻就是这一趋势的开始。而且，比以往的媒介更进一步的是，人机交互

---

[1] Jay David Bolter and Richard Grusin, *Remediation: Understanding New Media* (Cambridge, Mass: MIT Press, 1999), 19.

界面就像变色龙一样，根据计算机在特定时期的特定用途，不断改变着外观。例如，在20世纪70年代，施乐帕克中心的设计师们之所以根据办公室桌面来建构图形用户交互界面，是因为他们认为计算机将用于办公；到了20世纪90年代，计算机的主要用途变成了媒体存取机器，就开始从人们熟悉的媒体设备的交互界面，如录像机、音乐CD播放器的操控按钮那里借鉴交互界面。

总体而言，在通用人机交互界面所提供的多种多样的控制功能，与传统文化产物如书籍和电影所提供的"沉浸式"体验之间，20世纪90年代的文化交互界面试图探索另一条并不轻松的路径。现代通用的人机交互界面，不管是苹果的OS系统，还是Windows系统，或UNIX系统，都允许用户对计算机数据执行复杂而具体的操作：获取关于对象的信息、复制对象、将对象移动到另一位置、改变数据的呈现方式等。与此不同的是，传统的书籍或电影将用户纳入一个作者已经确定下来的幻想宇宙结构之中。文化交互界面试图在这两种截然不同、互不兼容的方法之间进行调解。

举个例子，让我们思考一下文化交互界面如何对计算机屏幕进行概念化。通用的人机交互界面为用户清楚地标识出哪些特定对象可以执行而哪些不能（比如说，图标所代表的是文件，而不是桌面本身），而文化界面通常会将超链接隐藏在一个连续的再现区中。（到了20世纪90年代，这项技术已经被广泛接受，HTML的设计师们很早就通过"Imagemap"功能，将这项技术提供给用户。）这一再现区可以是不同图像组成的二维拼贴，可以是一个具象元素与抽象纹理的混合体，也可以是一张图片，比如城市街道或自然风貌。用户通过不断尝试和试错，点击这一区域中的不同角落，可以发现再现区中的哪些部分是超链接。这种屏幕概念结合了两种不同的绘画传统：第一种是西方绘画中使用错觉艺术手法的古老传统——屏幕是一个通向虚拟空间的窗口，观众可以细细观看它，但不能有所行动；第二种是现在的图形人机交互界面传统，它将计算机屏幕分成一组功能明确的控件，因此从本质上讲，计算机成了一个虚拟的仪器控制面板。这样一来，计算机屏幕变成了一个战场，一系列互不兼容的概念在其中相互搏斗——深度和表面、不透明和透明、作为幻觉空间的图像和作为行动工具的图像。

计算机屏幕既可以充当通往幻觉空间的一扇窗户，也可以作为承载文本标签和图形图标的平面。由此我们可以联系到 17 世纪荷兰艺术中对绘画表面的类似理解。艺术史学家斯韦特兰娜·阿尔珀斯（Svetlana Alpers）在经典著作《描画的艺术》（The Art of Describing）中，探讨了当时的荷兰绘画如何将不同种类的世界信息和世界知识结合在一起，让绘画既有地图的实用性，又包含图片的美学性。[1]

关于文化交互界面如何在人机交互界面与传统文化形式之间找到了中间地带，这里还有另一个例子。在这个例子里，我们又感受到了标准化与原创性之间的张力与斗争。一致性（consistency）是现代人机交互的主要法则之一，它决定了不同应用程序中的菜单、图标、对话框和其他交互界面元素应该是相同的。用户知道每个应用程序都会包含一个"文件"菜单；用户也知道，如果遇到一个像放大镜一样的图标，它是用来放大文档的。与此相反，现代文化（包括它的"后现代"阶段）强调原创性：每一个文化对象都应该与众不同，如果它引用了其他对象，这些引用也必须与众不同。文化交互界面试图满足一致性和原创性两方面的需求：大多数文化交互界面都包含一套相同的交互界面元素，而这些元素具有标准的语义体系，如"首页"（home）、"前进"（forward）和"后退"（backward）图标。但因为每家网站和每个光盘都力求保有自己独特的设计，这些元素的设计样式在不同产品中各不相同。例如，许多游戏中，如《魔兽争霸 II》（War Craft II，暴雪娱乐［Blizzard Entertainment］，1996）和《地下城守护者》都赋予了图标"具有历史感"的外观，这与游戏中所描述的想象世界的预设保持一致。

各种文化交互界面的语言是一个混杂物：传统文化形式的惯例与人机交互界面的惯例的混合，沉浸式环境与操控体系的混合，标准化与原创性

---

[1] 见 Svetlana Alpers, *The Art of Describing: Dutch Art in the Seventeenth Century* (Chicago: University of Chicago Press, 1983)。读者可以重点关注《绘图动机》（Mapping Impulse）这一章节。

的混合——这些元素在文化交互界面中实现了匪夷所思而又略显尴尬的组合。文化界面试图在绘画、摄影、电影和印刷品中的表面概念和计算机交互界面中的表面概念之间找到一种平衡——就前者而言，我们可以观看、浏览、阅读它，但总是从一定的距离之外，并且不能加以干预或做出改变，就后者而言，它是一个虚拟的控制面板，就像汽车、飞机等其他复杂机器的控制面板。[①] 最后，从另一个层面上说，印刷文字和电影这两个传统之间也在互相竞争。有人希望计算机屏幕是一个密集的信息平面，也有人坚持认为计算机屏幕应该成为进入虚拟空间的一扇窗口。

20世纪90年代文化交互界面所用的混合语言，只是历史的一种可能性，我们还可以考虑另一种完全不同的可能。潜在地，文化交互界面可以完全基于已有的隐喻和标准人机交互界面的指令语法，或者说，至少比实际情况更依赖它们。它们不需要使用专门的图标和按钮来"妆扮"人机交互界面，也不必考虑把链接隐藏到图像里，更不必把信息组织成一系列网页或三维空间。比如说，文本可以简单地呈现为目录下面的一组文件，而不是由自定义图标连接的一组页面。使用标准人机交互界面策略来呈现文化对象的情况相当罕见。事实上，就我所知，只有一个作品是在完全有意识地使用这种策略。这是创作者的一种选择，并非不得已而为之。这个作品是杰拉尔德·范德卡普（Gerald Van Der Kaap）创作的、名为BlindRom V.0.9. 的只读光盘作品（荷兰，1993）。光盘中有一个叫作"盲信"（Blind Letter）的标准文件夹，里面有大量的文本文件。用户不需学习另一种文化交互界面，不用搜索隐藏在图像中的超链接，也不用浏览三维环境。要阅读这些文件，用户只需要使用苹果麦金塔系统的SimpleText程序将文件逐一打开。这个技术虽简单但非常好用。计算机交互界面不再是一种让用户分心的新奇体验，而成为工作的一部分。打开这些文件时，我觉得自己面对的是一种新媒介的新文学形式，这也许是计算机的真正媒介——界面。

---

① 风靡一时的飞行模拟器游戏说明了这种历史联系。在游戏中，计算机屏幕被用来模拟飞机的控制面板，实际上，计算机交互界面就是从这类实物发展而来的。在20世纪60年代末和70年代初第一代图形用户交互界面中，我们可以看到现代图形界面在传统仪表板中的概念起源：该界面使用的是平铺视窗。1968年，道格拉斯·恩格尔巴特（Douglas Engelbart）演示了第一个平铺视窗交互界面。

这些例子说明，文化交互界面正在努力创造自己的语言，而不仅仅是简单地使用通用人机交互界面。在这一过程中，文化交互界面试图把隐喻和人机交互界面中发展而来的计算机操控方法与其他传统文化形式中的惯例进行调和。事实上，任何一种极端的情况都不好。使用计算机来操控武器或分析统计数据是一回事，用计算机来呈现文化记忆、价值观和体验是另一回事。计算机作为计算工具、操控机械或者通信工具时所使用的交互界面，并不适用于扮演文化机器角色。反过来说，如果我们简单地模仿已有的、旧的文化形式，例如印刷文字和电影，就无法最好地发挥出计算机的优势：它呈现数据和处理数据的灵活性、用户的交互式控制、运行模拟程序的能力等。

今天，文化交互界面的语言尚处于早期发展阶段，正如一百年前的电影语言。我们不知道最终的结果是怎样，是否最终会发展为一种稳定的形式。印刷文字和电影最终发展成为稳定的形式，在很长一段时间内不再有变化，其中部分原因是因为，在它们的生产和分发的过程中有物质材料的参与。鉴于计算机语言是通过软件实现的，它有可能会不断地变化下去。但有一件事可以肯定：我们正在见证一种新的文化元语言浮出水面，这种文化至少会跟印刷文字和电影一样重要。

屏幕与用户

现代人机交互界面为艺术和交流提供了全新的可能性。虚拟现实使我们能够在现实中不存在的三维空间中旅行。联网的计算机显示器成为一扇窗口，穿过这扇窗，我们可以到达千里之外。有了鼠标或摄影机的参与，计算机可以变身智能生物，参与到我们的对话之中。

随着近来数字计算机技术的发展，虚拟现实、远程在场和交互性成为可能。一项更古老的技术——屏幕，使得这一切成为现实。通过观看一个平面的、矩形的、离眼睛有一定距离的屏幕，用户体验到漫游虚拟空间的幻觉，体验到身体在别处的幻觉，以及计算机跟自己打招呼的幻觉。计算机只用了短短十年时间，就成为文化中的普遍存在。那么，屏幕的历史就要长得多——从文艺复兴时期的绘画到20世纪的电影，几个世纪以来，屏幕一直被用于呈现视觉信息。

今天，屏幕与计算机结合，迅速成为我们获取各类媒介信息，包括是静态影像、动态影像以及文本的主要手段。我们已经开始用计算机来阅读每日的报纸、看电影，和同事、亲戚及朋友交流，最重要的是，我们使用计算机来工作。我们所处的社会是一个景观社会还是个模拟社会？这点尚有待辩论，但毫无疑问，我们已经进入了一个屏幕社会。屏幕的历史分为哪几个不同阶段？观众所在的现实空间、观众的身体与屏幕空间之间是怎样的关系？计算机如何继承屏幕的传统，又如何挑战屏幕的传统？①

屏幕的谱系

让我们从屏幕的定义开始。从绘画到电影，现代时期的视觉文化中有一个有趣的现象——另一个虚拟空间的存在，一个被画框框住的虚拟空间，被放置在我们生活的空间里。这个框架将两个完全不同的空间分开，而这两个空间又在某种程度上共存。这种现象提供了人们普遍认知的屏幕定义，我称之为"经典屏幕"（classical screen）。

经典屏幕有什么特性？它是一个矩形的平面，供人们从正面观看，在这一点上它与其他的形式（例如全景画）有所不同。它存在于我们的日常空间，即我们身体所在的空间，它也是进入另一个空间的窗口。画框内有另一个空间，即呈现空间，这一空间中的尺度通常与生活空间有差别。这样看，屏幕既可以像文艺复兴时期的绘画（可以参考之前提到的，阿尔伯蒂的理论），也可以像现代计算机的显示器。甚至可以说，虽然 15 世纪的绘画和电影银幕、计算机屏幕之间有着五百年的跨度，但它们有着共同之处。就这一点来看，计算机的两种主要视图形式与两种绘画类型的名称一模一样，这并不是一个巧合：水平形式被称为"景观模式"（landscape

---

① 在这里，我主要分析的是计算机屏幕对以前那些具有代表性的呈现方式和呈现技术之间的继承。如果读者想要了解计算机屏幕对屏幕传统的挑战，可以阅读薇薇安·索布恰克的优秀文章：Vivian Sobchack, "Nostalgia for a Digital Object: Regrets on the Quickening of QuickTime," in *Millennium Film Journal* 4-23, No. 34 (Fall 1999). 读者还可以阅读这篇文章：Norman Bryson, "Summer 1999 at TATE," available from Tate Gallery, 413 West 14th Street, New York City. 布赖森写道："虽然（计算机）屏幕能够呈现出图像的深度，但它显然不同于莱昂·巴蒂斯塔·阿尔伯蒂所说的窗口，也不同于文艺复兴时期的窗口；它的表面永远不会在想象的深度之前消失，它永远不会真正的向深度敞开。但计算机屏幕也并不像现代主义的图像。它无法突出表面（画布上的颜料）的物质性，因为除了变换光线的游戏之外，它没有什么物质性可言。"索布恰克和布莱森都强调了传统图像的画框与计算机屏幕的多视窗之间的差异。"基本上，"布莱森写道，"画框原有的秩序被摒弃了，取而代之的是叠加或平铺的秩序。"

mode），垂直形式被称为"肖像模式"（portrait mode）。[1]

一百年前，一种新型的屏幕出现并流行开来，我称之为"动态屏幕"（dynamic screen）。这种新型屏幕保留了经典屏幕的所有特性，同时增加了一些新的特性：它显示的图像会随着时间发生变化。这就是电影、电视、录像的屏幕（银幕）。动态屏幕也带来了画面与观众之间的某种关系——可以说，一种特定的观看模式。这种关系曾经在经典屏幕阶段隐约可见，到了动态屏幕时期，它开始完全呈现出来。屏幕上的影像力求实现完整的幻象和丰富的视觉内容，而观众需要暂时搁置怀疑，完全认同影像。虽然现实中的屏幕只是一个尺寸有限的窗口，放置在观众所处的现实空间之中，但观众应该全神贯注于窗口内展现的一切，聚焦于窗口内的再现性场景，同时忽略窗口之外的现实空间。无论在绘画、电影银幕或电视屏幕中，单一图像都完全充满了画面，这使得这种观看模式成为可能。这就解释了在电影院里，当投射的影像与银幕的大小没有完全吻合时，我们会深感恼火：它打破了幻觉，使我们察觉到银幕上呈现影像以外的现实空间。[2]

这种屏幕不是一个呈现信息的中立媒体，它具有主动性。通过筛选、屏蔽[3]、接管感知，营造出画框以外世界的不存在感。当然，这种筛选的程度在看电影和看电视中是不同的。观影活动要求观众完全沉浸入银幕空间。而在观看电视时（在20世纪的常见情况下），屏幕往往较小，观看环境中也有灯光，观众可以互相交谈，观看的行为往往伴随着其他的日常活动。总体而言，这种观看方式一直保持不变——直到最近。

随着计算机屏幕的到来，这种观看模式受到了挑战。一方面，计算机屏幕通常显示的不是单一的图像，而是一系列并置的窗口。一系列重叠窗口的并存是现代图形用户交互界面的基本法则。不会有某个单一窗口完全

---

[1] landscape mode 在计算机视图中指"横向模式"，portrait mode 为"纵向模式"；landscape 与 portrait 在绘画中分别指风景画与肖像画，其分别对应的画幅也通常为横向和纵向。——译者注

[2] 画框作为两个空间的边界，其被强调的程度，似乎与观众所期望的识别程度成正比。观众们最不想识别出来的就是电影的边界，因此，电影的画框绝对不会作为一个实物而存在——银幕的边界，就是影片画面的边界。而在绘画和电视中，画框的存在要明显得多。

[3] 屏蔽（screen out）在这里意指显示出屏幕上的内容而隐蔽掉屏幕以外的内容。——译者注

占据观众的注意力。在这个意义上，同时观看一个屏幕中的多张图片，可以跟"换台"（zapping）现象相比较——观众在电视频道之间快速切换，看多个节目。[①] 在这两个例子中，观众都不再全神贯注在单一影像上。（某些电视具有画中画功能，用户可以在看一个频道的同时，在主屏幕某个角落的小窗口中观看另一个频道。或许未来的电视机将采用计算机窗口的隐喻。）与电影银幕相比，窗口交互界面与现代图形设计的联系更强——现代图形设计将页面看作一个集合，其中包含了各自不同但同等重要的数据版块，例如文本、图像和图形元素。

另一方面，随着虚拟现实的发展，屏幕完全消失了。典型的虚拟现实技术往往使用头戴式显示器，让图像完全填充观众的视野。观众曾经在一定距离之外观看一个矩形平面，并且通过这个窗口进入另一个空间。而现在，观众完全身处这个空间之中。或者，我们可以更确切地说，真实的物理空间与虚拟的模拟空间是重合的。虚拟空间以前只局限于绘画中或电影银幕上，现在它完全将现实空间纳入其中。正面性、矩形表面和尺度上的差异都不复存在。屏幕已然消失。

窗口交互界面和虚拟现实打破了动态屏幕时代的观看模式。原有的观看模式基于观众和屏幕影像之间泾渭分明的关系，电影是这种模式的顶点，也是这种模式的极致（巨大的银幕，四周黑暗的空间）。

因此，由电影开启的动态屏幕时代宣告结束。在计算机窗口交互界面上，整个屏幕被分割成为一个个窗口；在虚拟现实中，屏幕变成了用户的整个视界。随着屏幕的消失，我们认识到屏幕是一种文化上的分类，并开始追溯屏幕的历史。

电影银幕的起源众所周知，可以追溯到18世纪和19世纪的盛行一时的娱乐景观：灯影秀、魅影秀（phantasmagoria）、机械剧场（eidophusikon）、全景画、西洋景、走马镜秀等。大众早已为电影的出现做好了准备，因此，电影一出现，就立即轰动一时。无独有偶，至少有来自六个国家的十几个人

[①] 在这里，我同意阿纳托利·普罗霍罗夫提出的观点，即视窗交互界面和电影蒙太奇之间有相似之处。

声称自己"发明"了电影。①

计算机屏幕的起源就是另一回事了。计算机屏幕出现在20世纪中期,但很久以后,它才逐渐成为一个大众现象,其历史还没有完成书写。这些事实都与其诞生的背景有关:和现代人机交互界面的所有元素一样,计算机屏幕最初是为军事用途而开发的。计算机的历史与军事监测息息相关,而与公共娱乐完全不沾边。

现代监测技术的历史始于摄影。摄影出现后,人们对利用摄影进行空中监测产生了兴趣。1858年,19世纪最杰出的摄影师之一——费利克斯·图尔纳雄·纳达尔(Félix Tournachon Nadar),在法国比耶夫雷上空262英尺(约80米)的高空中成功地曝光了一张照片。不久之后,法国军方找到他,请他参与侦察拍摄工作,但他拒绝了这份工作。1882年,无人驾驶的摄影气球已经初现雏形。不久之后,法国和德国都有了摄影火箭。第一次世界大战中的唯一一项创举就是把高空相机与飞机这一高级飞行平台结合起来。②

雷达成为接下来出现的一项重要监测技术。雷达在第二次世界大战中大量应用。比起摄影,雷达有几大优点。应用雷达之前,军方指挥官必须等到飞行员先完成监测任务返航,然后才能将胶片冲印出来。从执行监测任务到影像最终被冲洗出来,不可避免地存在着时间差,这种滞后性让摄影这一技术显得不那么实用——因为等照片洗好了,敌人的位置可能早已发生变化。然而,雷达的使用实现了瞬间成像,滞后不复存在。雷达的高效性与全新的图像呈现方式密切相关——雷达有一种新型的屏幕。

我们先从摄影与电影的成像技术来看。摄影图片是关于某一被拍摄对象的永久印记,快门按下,镜头前面的所有内容都拍摄下来。它也对应着一段短暂的观察时间,即曝光时间。电影也基于相同的原则。一个电影段落由一系列静止图像组成,展现了所有的拍摄对象及这些影像的曝光时间。在这两种情况下,图像一旦被拍下,就被固定下来,因此,屏幕只能

---

① 读者若想了解这一段的信息来源,可参考 C. W. Ceram, *Archeology of the Cinema* (New York: Harcourt Brace and World, 1965)。
② Beaumont Newhall, *Airborne Camera* (New York: Hastings House, 1969)。

显示过去的事情。

雷达出现之后，全新的屏幕得到了大规模的应用（电视也基于同样的原理上，但电视走入千万家是日后的事），逐渐在现代视觉文化中占据主导地位。这种屏幕包括：视频监控、计算机屏幕、仪表显示盘。这种屏幕的创新之处在于，其图像可以实时改变，实时反映出对象的变化，包括其空间位置的变化（雷达）、现实中的各种视觉变化（直接视频），以及计算机内存中的数据变化（计算机屏幕）。图像可以持续性地进行实时更新。这是继经典屏幕与动态屏幕出现之后，第三种类型的屏幕——实时屏幕（screen of real time）。

雷达屏幕可以跟踪对象的变化。虽然表面上看，军事监测技术中，时间滞后问题已经不复存在，但事实上，时间以一个新的方式进入实时屏幕。在旧的摄影技术中，一张图像中的所有部分是同步曝光的，而现在的图像是在一定顺序的扫描中生成的：就雷达而言，图像是在圆形的扫描范围内生成的；就电视而言，图像是在水平顺序的扫描中生成的。因此，图像的不同部分对应不同的时刻。这样看来，雷达图像更类似于音频记录，因为连续性的时间被呈现为平面上的圆形轨迹。①

这意味着，传统意义上的图像不复存在！我们只是习惯性地把实时屏幕上显示的内容称作"图像"。因为扫描速度已经足够快，加上呈现的对象保持一定静止，从而使实时屏幕上的呈现更像一个静态图像。然而，这样的图像不再是一种规范，而是一个例外、一种全新的呈现方式，我们还没找到一个名词来命名它。

美国、英国、法国、德国等国的科学家在 20 世纪 30 年代各自独立地完善了雷达的原理和技术。但在战争开始后，只有美国还具备继续研究雷达技术的必要资源。1940 年，在麻省理工学院，一个科学家小组聚集在后来被称作"拉德实验室"（Rad Lab）的辐射实验室（Radiation

---

① 雷达图像与音频记录的相似，不仅仅体现在概念上。在 20 世纪 20 年代后期，约翰·H. 贝尔德（John H. Baird）发明了"音视"（phonovision），这是第一种记录和播放电视信号的方法。这些信号被记录在爱迪生（Edison）留声机用的唱片上，其录制过程与制作音频的录音过程极其相似。贝尔德把他的录制机器命名为"音镜"（phonoscope）。见 Albert Abramson, *Electronic Motion Pictures* (University of California Press, 1955), 41–42.

Laboratory）里，该实验室专攻雷达研究和生产。到 1943 年，"拉德实验室"面积达到 115 英亩（约 46.5 公顷），有剑桥地区最大的电话总机，雇佣人数达到了 4,000 名。①

雷达提供了一种不同于摄影的办法，可以更好地收集敌人的位置信息。事实上，它提供了太多的信息，数量之大一个人难以应付。在战争初期的历史录像中，我们可以看到，中央指挥室中摆放着一张桌子大小的英国地图。② 在地图上，小纸飞机标示着德国轰炸机的位置。高级官员们仔细查看地图。与此同时，身着军装的女兵使用长棒来移动小纸飞机，根据雷达站传来的信息来改变飞机的位置。③

有没有一种更有效的方式来处理和呈现雷达所收集的信息呢？为了解决这个问题，计算机屏幕，以及现代人机交互界面的重要原理和技术，例如交互控制技术、三维线框图形算法、位映像图形等（bit-mapped graphic），逐一被开发出来。

研究仍在麻省理工学院进行。战争结束后，辐射实验室被拆除，但随后空军在原址秘密建立了另一个实验室——林肯实验室（Lincoln Laboratory）。林肯实验室的主要研究是 SAGE 的人工因素和新的显示技术——SAGE 指"半自动地面环境"（Semi-Automatic Ground Environment）。SAGE 是 20 世纪 50 年代中期美国空军的指挥中心。④ 计算机技术历史学家保罗·爱德华兹（Paul Edwards）认为："SAGE 的工作是把美国的雷达装置链接起来，分析和解释它们收到的信号，对那些'来袭的蜜蜂'进行人工拦截。SAGE 是一个总体系统，其'人工部分'将完全集成到探测、决

---

① *Echoes of War* (Boston: WGBH Boston, 1989), videotape.
② Ibid.
③ Ibid.
④ 关于 SAGE，读者可见保罗·爱德华兹写的、关于早期计算机发展的社会史著作 Paul Edwards, The Closed World: Computers and the Politics of Discourse in Cold War America (Cambridge, Mass.: MIT Press, 1996). 关于他的论点的简短摘要，见 Paul Edwards, "The Closed World: Systems Discourse, Military Policy and Post–World War II U.S. Historical Consciousness," in *Cyborg Worlds: The Military Information Society,* eds. Les Levidow and Kevin Robins (London: Free Association Books, 1989). 另见 Howard Rheingold, *Virtual Reality* (New York: Simon and Schuster, 1991), 68–93。

策和响应的机械化电路中。"①

SAGE 的创建和人机交互界面的开发,很大程度上源于一种特殊的军事思想。在 20 世纪 50 年代,美国军方认为,苏联如果攻击美国,会同时派出大量的轰炸机。因此,有必要建立一个信息中心,同时接收来自美国所有雷达站的信息,跟踪大量的敌方轰炸机,并协调进行反击。计算机屏幕和现代人机交互界面的其他部分之所以存在,都归功于这种特殊的军事思想。(作为一个在苏联出生,现在研究美国新媒体历史的人,我觉得这段历史特别有意思。)

该中心(SAGE)的早期版本被称为"科德角网络"(the Cape Cod network),取这个名字的原因是它从位于新英格兰海岸沿线的雷达接收信息。该中心就位于麻省理工学院校园中巴塔大楼附近。82 名空军军官监视各自的计算机显示器,上面有新英格兰海岸的轮廓和重要雷达的位置。当负责监视的军官注意到银幕上出现移动的小点时,他会安排计算机来追踪这个小点所代表的飞机。他只需要使用特制的"光笔"(light pen)碰触这个点,就可以实现操作。②

因此,SAGE 系统具备了现代人机交互界面中的所有主要元素。1949 年使用的"光笔"可以看作现代鼠标的前身。更重要的是,在 SAGE 系统里,屏幕不仅可以像雷达和电视一样实时显示信息,也可以向计算机发出指令。屏幕不再仅仅是呈现现实图像的一种手段,也成为直接影响现实的工具。

林肯实验室的研究人员使用 SAGE 的技术发明了一系列计算机图形程序,在这些程序中,屏幕成为计算机输入和输出信息的途径。程序包括:脑电波显示程序(1957 年),模拟行星与地球引力(1960 年)的程序,生成二维影像(1958)的程序。③ 其中,最著名的程序是 Sketchpad。1962 年,克劳德·香农(Claude Shannon)指导的研究生伊万·萨瑟兰

---

① Edwards, "The Closed World" (1989), 142.
② "Retrospectives II: The Early Years in Computer Graphics at MIT, Lincoln Lab, and Harvard," in *SIGGRAPH '89 Panel Proceedings* (New York: The Association for Computing Machinery, 1989), 22–24.。
③ Ibid., 42–54.。

（Ivan Sutherland）设计了 Sketchpad，使交互式的计算机图形学观念得以推广。在 Sketchpad 程序中，操作员用光笔点触屏幕，就可以在屏幕上直接创建图形。Sketchpad 提供了一个全新的计算机交互范式：通过在屏幕上的操作，用户可以直接修改计算机内存中的一些东西。实时屏幕具有了交互性。

简而言之，这就是计算机屏幕诞生的历史。其实，早在计算机屏幕被广泛应用之前，一种新的范式——无屏幕的交互式三维环境已经出现。1966 年，伊万·萨瑟兰和同事们开始研究虚拟现实的原型。这项工作由美国高级研究计划署（Advanced Research Projects Agency，简称 ARPA）与海军研究办公室（Office of Naval Research）联合资助。①

"三维显示器的基本理念，就是为用户呈现一个随着自身移动而变化的透视图像"，萨瑟兰在 1968 年写道。计算机会跟踪观众的头部位置，并据此调整计算机图形图像的视角。显示器由两个 6 英寸的显示屏幕组成，架在用户耳朵上，投射出一幅与观众视野重合在一起的图像。

屏幕就此消失，它完全占据了人类视野。

屏幕与身体

我尝试提出一个现代计算机屏幕的谱系。在这个谱系中，计算机屏幕是交互屏幕的代表，交互屏幕是实时屏幕的子类型，实时屏幕是动态屏幕的子类型，而动态屏幕是经典屏幕的子类型。我对这些类型的讨论基于两个出发点。第一个出发点是时间性——经典屏幕呈现静态的、经久不变的图像；动态屏幕呈现的是过去的运动影像；而实时屏幕呈现的是当下的图像。第二个出发点是观看者所在的空间与屏幕中呈现空间的关系（我把屏幕定义为一个窗口，通过这扇窗口，我们可以进入到屏幕中的呈现空间，而这一呈现空间本身就存在于我们所处的空间中）。

现在，我们从另一个角度——屏幕和观众身体之间的关系，来看屏

---

① Rheingold, Virtual Reality, 105.

幕的历史。这是罗兰·巴特1973年在《狄德罗、布莱希特、爱森斯坦》（*Diderot, Brecht, Eisenstein*）中对屏幕的描述：

> 呈现并不应该被直接定义为模仿：即使一个人摆脱了"真实""逼真""复制"的概念，只要一个主体（作者、读者、观看者、窥视者）将凝视（gaze）投射到某一平面上，以其中的一部分作为三角形的底边，以他的眼睛（或者思想）作为三角形的顶点，那么呈现就仍然存在。"表象的工具论"①（今天我们可以这样写了，因为别的东西已经隐约可见了）具有双重基础：切割的绝对权力（découpage）、行动主体的整体性。……场景、画面、镜头、取景的矩形框，我们具备了这些条件，得以接受和感知除音乐以外的所有艺术，如戏剧、绘画、电影、文学等，我们可以称这类艺术为屈光艺术（dioptric arts）。②

在罗兰·巴特看来，屏幕变成了一个包罗万象的概念，甚至涵盖了非视觉化的呈现（文学），虽然他的确强调的是特定的线性透视视觉模式。无论如何，他的概念包括了我讨论过的所有类型的呈现工具：绘画、电影、电视、雷达和计算机显示器。在这些呈现方式中，现实被框在一个矩形屏幕之中："这是一个被剪切出来的部分，它具有清晰的边缘，不可逆转也不被侵蚀；它的周遭被消匿为虚无，维持着无名的原始状态，而呈现在屏幕领域之中的内容被赋予本质、被照亮，从而被观看。"③通过这种剪切，现实被分割为符号和虚无，观看主体也得以分身，同时存在于两个空间之中：身体所处的当下的现实空间，以及图像所在的虚拟的屏幕空间。虚拟现实将这种分裂呈现在世人眼前，但在此之前，这种分裂早已存在于绘画和其他屈光艺术之中。

---

① 工具论（Organon）是亚里士多德（Aristotle）六篇关于逻辑的著作的统称。此处"表象的工具论"指的是表象的全部概念。——编者注
② Roland Barthes, "Diderot, Brecht, Eisenstein," in *Image/Music/Text*, trans. Stephen Heath (New York: Farrar, Straus, and Giroux, 1977), 69–70.
③ Ibid.

主体付出了怎样的代价，才最终掌握了屏幕中那个聚焦和统一的世界？

1982年，彼得·格里纳韦（Peter Greenaway）拍摄的影片《绘图师的合约》(*The Draughtsman's Contract*)讲述了一位建筑绘图师受雇绘制一组乡村别墅图纸的故事。绘图师使用的是正方形网格这一简单的绘图工具。在影片中，我们多次通过网格看到绘图师的脸，这一工具看起来像监狱的窗格。这似乎表明，如果有人试图捕捉世界，以特定的呈现工具将世界凝固时（比如说，这里的透视绘画），他自己也会被限制在这个呈现工具之中。观看主体是被禁锢的。

我把这个画面看作一个比喻，它象征了西方以屏幕为基础的呈现工具发展历程中的整体趋势。在这一传统中，观众观看某一画面时，其身体必须在空间中保持不动。从文艺复兴时期的单眼透视视角到现代的电影，从开普勒（Kepler）的暗箱（obscura）到19世纪的明室，观众的身体都必须保持静止。①

身体的禁锢同时发生在观念和实际两个层面，两种禁锢都与第一个屏幕设备的出现相伴而生。这两种禁锢都已经出现在第一个屏幕设备——阿尔伯蒂的透视窗口上，根据许多线性透视研究者的说法，它用一只独一无二的眼睛——静止的、一眨不眨地、固定不动的眼睛——来呈现世界。在诺曼·布赖森（Norman Bryson）看来，透视"所遵从的是凝视的逻辑，而不是浏览（Glance）的逻辑，因此它产生的是一种永恒的视觉感受，是一个被剥离出来的'视角'"。②布赖森认为"画家的凝视捕捉了变化的现象。他选取时间流动之外的某一个视点，凝神注目于眼前的视野，揭示出现实存在中的一个永恒时刻"。③与此相应，世界在这一固定的、静止

---

① 尽管在下文中，我将从呈现的历史这一角度来讨论屏幕主体的不动性，但我们也可以把这种状况与传播史联系起来。在古希腊，传播主要是指人与人之间的口头对话交流。还有观点认为，体育运动刺激了对话和思维过程。亚里士多德和他的学生一边散步一边讨论哲学问题。到了中世纪，主体之间的对话转变为主体与信息存储设备（即书籍）之间的交流。一本被拴在桌子上的中世纪的书可以看作屏幕的前身，它将观看主体"固定"在空间之中。
② 正如马丁·杰伊在《现代性的视觉体制》(*Scopic Regimes of Modernity*)中所总结的那样，见Martin Jay, "Scopic Regimes of Modernity," in *Vision and Visuality*, ed. Hal Foster (Seattle: Bay Press, 1988), 7.
③ Quoted in ibid., 7.

的、长久的凝视之中（这种凝视更像是来源于一尊雕塑，而不是来自一个生命体），也同样变得静止、具体化、固定、冷酷、无生命。马丁·杰伊（Martin Jay）写道，丢勒（Dürer）在一幅著名的版画中，画了一位绘图师借助带有透视线的屏幕，绘制一幅裸体画的场景。[1] 杰伊指出，"一个具体化的男性视角"将"目标转化为石头"；因此，"大理石般的裸体被吸干了激发欲望的能力"。[2] 无独有偶，约翰·伯格（John Berger）把阿尔伯蒂的窗口比作"一个嵌入墙上的保险柜，一个将所见之物存放其中的保险柜"。[3] 在《绘图师的合约》中，绘图师一次又一次，试图在他所要表现的场景中，消除所有的运动，消除一切生命的迹象。

透视仪器也实实在在地禁锢着主体。从采用透视法的时候起，艺术家和工匠就一直在试图改良透视图像费时费力的手工制作过程。16 世纪到 19 世纪间，他们发明了各种各样的"透视机"。[4] 到了 16 世纪的头几十年里，丢勒已经描绘出了许多这样的仪器。[5] 仪器也有了不少新品种。但无论用哪种类型的仪器，艺术家在绘画过程中都必须保持不动。

在透视机风靡的同时，一系列光学设备也投入使用，它们主要用于描绘风景和进行地形测量。暗箱是一度最为流行的光学装置。[6] 暗箱的字面意思就是"黑屋子"。它的原理是：如果来自一个物体或者一个场景的光线穿过小孔，它们会相互交叉，在另一边的屏幕上重新形成图像。然而，为了使图像清晰可见，"屏幕所处的空间中，光照水平要大大低于对象周围的亮度"。[7] 因此，在阿塔纳修斯·基歇尔（Athanasius Kircher）的《光影的伟大艺术》（*Ars magna Lucis et umbrae*，罗马，1649）里关于暗箱的最早描述中，我们读到人们在一间小房间中欣赏图像，他们全然不觉必须

---

[1] 该画名为《绘图师绘制斜倚妇女的透视图》（*Draughtsman Making a Perspective Drawing of a Reclining Woman*）。——编者注
[2] Ibid., 8.
[3] Quoted in ibid., 9.
[4] 关于透视仪器的研究，读者可见 Martin Kemp, *The Science of Art* (New Haven: Yale University Press, 1990), 167–220.。
[5] Ibid., 171–172.
[6] Ibid., 200.
[7] Ibid.

把自己囚禁在这个"黑屋子"里,才能看到屏幕上的图像。

后来,小型帐篷式暗室——如果换一种说法,我们可以称之为"可移动的监狱"——逐渐流行开来。它是一个装在三脚架上的小帐篷,顶端装有一个旋转反射镜和透镜。画师置身于帐篷之中,获得必需的黑暗条件,然后花费数小时来精心描绘镜头投射出的图像。

早期的摄影作品延续了这一趋势:主体和呈现对象处于禁锢状态。在摄影的头几十年里,曝光时间相当长。例如,达盖尔的银版照相法,在阳光下需要 4~7 分钟的曝光时间,在阴天的漫射光条件下需要 12~60 分钟的曝光时间。所以,与早期在暗箱中根据投射景象而描绘的静止不动的现实图像一样,早期的摄影呈现出了世界的稳定性、永恒性和不可动摇性。当摄影想要尝试表现活生生的对象时,这些对象必须被固定住。因此,人像摄影工作室普遍采用各式各样的夹钳,来保证被拍摄对象在整个曝光时间内保持稳定性。这让人联想到刑具,铁夹将人牢牢地固定住——为了一睹自己的影像,人们甘愿成为机器的囚犯。①

到了 19 世纪末,摄影图像世界的僵化被电影的动态屏幕打破。在《机械复制时代的艺术作品》(*The Work of Art in the Age of Mechanical Reproduction*)中,瓦尔特·本雅明(Walter Banjamin)对视觉世界所具有的全新的运动性表现出极大兴趣:"酒店和都市街道、办公室和带家具的房间、火车站和工厂、这些似乎将我们锁闭在绝望之中。当电影到来,在电光火石的瞬间中,这个监狱一样的世界分崩离析。所以现在,在这片绵延的残垣废墟之间,我们从容不迫地怀着冒险之心去旅行。"②

有了电影银幕,观众坐在座位上就可以穿越不同空间去旅行;用电影史学家安妮·弗里德伯格(Anne Friedberg)的话说,它创造了"一种运动的虚拟凝视"。③然而,这种虚拟的运动性所要求的代价,是观众进入了一种新的、体制化的"不动"之中。世界各地建起了一座座大监狱——

---

① 麻醉医学大概也在同一时期产生。
② Walter Benjamin, "The Work of Art in the Age of Mechanical Reproduction," in *Illuminations*, ed. Hannah Arendt (New York: Schocken Books, 1969), 238.
③ Anne Friedberg, *Window Shopping: Cinema and the Postmodern* (Berkeley: University of California Press, 1993), 2.

电影院，它可以容纳数百名囚犯。犯人们既不能互相交谈，也不能随便换座位。当观众开启了这场虚拟旅程，他们的身体就固定在了这个集体相机暗箱的一片黑暗之中。

这种观看制度的形成与电影理论家所说的电影语言从"原始"时期向"经典"时期的转变同时发生。① 这一转变中重要组成部分发生在 20 世纪初：屏幕上呈现的虚拟空间有了新功能。原始时期，影院空间和银幕空间有着明确的划分，这和戏剧及杂耍表演大同小异。观众可以自由交流，随时进出走动，与电影叙述所营造的虚拟世界保持一定的心理距离。相比之下，经典时期的电影把每个观众当作单独个体，置于电影虚拟世界的叙述中。在 1913 年，当时的一位研究者提出，"在戏剧的每一个场景中，[观众]应该充当'篱笆上的孔洞'"。② 如果说，"原始时期的电影使得观众从另一空间，通过孔隙观看电影"，③ 那么经典时期的电影就把观众固定在了虚拟空间内的每个镜头的最佳视角上。

观众认同摄影机眼睛之后，这种观看电影的方式得以确立。观众虽然身体仍留在座位上，但眼睛已经与运动摄影机相连。然而，我们也可以换一种方式理解。我们可以想象摄影机是保持不动的，但它并不是完全静止的，而是与观众的眼睛保持一致。这样说来，随着每一个镜头的变化，整个虚拟空间随时都在改变位置。运用计算机图形学的当代词汇，我们可以说，这个虚拟空间通过旋转、调整取景框比例、缩放，来保证观众获得最好的视角。这很像脱衣舞表演，银幕空间慢慢脱去衣服，转身，从不同侧面进行展示，向前迈一步又往回退一步，总是有所掩盖，从而使观众必须等待下一个镜头……在下一个场景中，诱人的舞蹈才会开始。观众所做的只有保持不动。

电影理论家们都把这种保持不动看作电影制度的基本特征。安妮·弗里德伯格写道："从博德里（他将电影观赏比作柏拉图[plato]所说的洞

---

① 见 David Bordwell, Janet Steiger, and Kristin Thompson, *The Classical Hollywood Cinema* (New York: Columbia University Press, 1985).
② Quoted in ibid., 215.
③ Ibid., 214.

穴囚犯）到马瑟都指出，电影需要观众坐在观众厅中保持不动。"[1] 电影理论家让-路易·博德里可能比任何其他理论家都更加强调这一点：观众保持不动是电影幻觉的基础。他引用柏拉图的话："从童年开始，他们就一直待在这个地下的小穴里，腿上和脖子上绑着锁链，他们不能移动，只能看到他们面前的景象，锁链的束缚让他们无法转头。"[2] 根据博德里的说法，这种保持不动和束缚，使囚犯（观众）将墙上的呈现误认为是自己的感知，从而倒退到童年时期对于这两种视觉现象的混淆。这并不是历史的偶然，根据博德里的精神分析解释，观众保持不动是获得电影式娱乐的必要条件。

阿尔伯蒂的窗口、丢勒的透视仪器、暗箱、摄影、电影，所有这些基于屏幕的设备都要求观看主体保持不动。事实上，正如弗里德伯格敏锐地所指出的，现代影像运动性的逐渐增强，伴随着观众被禁锢程度的加深："随着凝视的'运动性'变得更加'虚拟'，随着技术逐渐发展到描绘逼真影像的绘画（后来是摄影），随着运动性体现在光线的变化（后来是电影摄影）中——观察者越来越需要保持自身的静止和被动，他们需要一动不动地做好准备，接受自己面前构建出的虚拟现实。"[3]

随着虚拟现实——无屏幕的呈现设备的到来，这一身体禁锢的传统发生了什么变化？一方面，虚拟现实的确带来了根本性突破。在观看者的身体和影像之间，它建立起了一种全新的关系。在电影体验中，观众保持不动，运动摄影机自行运动，与此相比，虚拟现实体验中的观众需要在现实空间中移动，以体验虚拟空间中的运动。这就像把摄影机安装在用户头上一样。因此，在虚拟空间中，如果想要向上看，用户需要在现实空间里向上看；如果要"虚拟"地向前走一步，用户同样需要真实地向前迈出

---

[1] Friedberg, *Window Shopping*, 134., 134。她提到的是让-路易·博德里（Jean-Louis Baudry）的著作：Jean-Louis Baudry, "The Apparatus: Metapsychological Approaches to the Impression of Reality in the Cinema," in *Narrative, Apparatus, Ideology*, ed. Philip Rosen (New York: Columbia University Press, 1986). 她还提到了查尔斯·马瑟（Charles Musser）的著作：Charles Musser, *The Emergence of Cinema: The American Screen to 1907* (New York: Charles Scribner and Sons, 1990).

[2] Quoted in Baudry, "The Apparatus," 303.

[3] Friedberg, Window Shopping, 28.

一步，以此类推。① 观众不再被束缚、固定、麻醉，任凭设备奉上已经备好的现成影像；现在的观众需要动起来，需要自己发声，才能看到相应的图景。

然而，另一方面，虚拟现实对于身体的禁锢达到了前所未有的程度。从萨瑟兰和同事在 20 世纪 60 年代设计的、最早的虚拟现实系统中，这种禁锢就可见一斑。据霍华德·莱因戈尔德所描述的虚拟现实的历史："萨瑟兰第一个提出在双目眼镜上安装小型计算机屏幕——这在 20 世纪 60 年代初期绝不是一个简单的硬件安装任务——从而使计算机用户的视角沉浸在计算机图形世界之中。"② 莱因戈尔德进一步写道：

> 想要实现随用户移动而改变计算机生成图形的外观，视线跟踪工具是十分必要的。因为在当时，通过机械设备测量用户视线的方向是最经济、最准确的做法，同时，又因为头戴式显示器（Head-mounted display，简称 HMD）本身特别沉重，所以，萨瑟兰早期设计的头戴式显示器系统是吊在天花板上的。用户需要把头部锁定在这个被称为"达摩克利斯之剑"的金属装置中。③

一对管线将显示器连接到天花板的轨道上，"因此，在物理意义上，用户成为机器的俘虏"。④ 用户的头部能够自由转向任何方向，但身体不能走太远，必须保持在机器周围的几步之内。这就像今天的计算机鼠标——被一条线连接到计算机上。某种意义上说，用户的身体变成一个巨大的鼠标，或者更确切地说，一个巨大的操纵杆。跟移动鼠标不同的是，用户需要转动自己的身体。另一个可以类比"达摩克利斯之剑"的，是 19 世纪末艾蒂安-朱尔·马雷（Etienne-Jules Marey）发明的一个用来测量飞鸟翅膀运动频率的设备。一条线把小鸟连接到测量仪器上，线的长度使它可以

---

① 虚拟现实系统还增加了其他的移动方式，例如，用户若要保持朝某个方向移动，只要按下操纵杆上的一个按钮。但如果要改变方向，用户仍然需要改变自己身体的位置。
② Rheingold, Virtual Reality, 104.
③ Ibid., 105.
④ Ibid., 109.

飞到半空中扑棱翅膀,但却无法飞走。①

虚拟现实存在着悖论,它既要求观看者进行移动才能看到图像,同时又把观看者的身体连接在机器上。1992 年,在布雷特·伦纳德(Brett Leonard)导演的电影《割草者》(*Lawnmower Man*)中,一场戏"网络性爱"有趣地对这一悖论进行了戏剧化展示。在这场戏中,主人公是一个男人和一个女人,他们身处同一个房间,各自被固定在一个球形的框架里,这个框架允许他们的身体 360 度旋转。在"网络性爱"的过程中,镜头来回在虚拟空间(即主人公看到的和体验到的世界)和现实空间之间切换。在迷幻的计算机图形所呈现的虚拟世界中,他们的身体融化、变形、结合到一起,无视所有的物理定律;而现实世界中,他们只在各自的框架中旋转。

这一悖论在"超级驾驶舱"(Super Cockpit)项目中达到极致。"超级驾驶舱"是 20 世纪 80 年代美国空军研制的、为期最长的虚拟现实项目之一。②飞行员不再用眼睛来跟踪飞机外面的地形和驾驶舱内的几十个仪表板,而是使用头盔式显示器,头盔式显示器可以更有效的呈现飞机内外的各类信息。下面是《空天》(*Air & Space*)杂志中对于这一系统的描述:

> 1998 年,年轻的飞行员登上 F16C 战机,他径直插上头盔接口,翻下护目镜,超级驾驶舱系统完成启动。他所看到的虚拟世界完全模仿了外部世界的样貌。两个微型阴极射线管聚焦于他的视野中,勾勒出了重要的地形特征,并将其呈现为三维效果……罗盘航向在他的视平线中呈现为一行巨大的数字,飞行路径呈现为一条道路,一闪一闪地通向无垠之境。③

在大多数基于屏幕的呈现方式(绘画、电影、视频)及典型的虚拟现

---

① Marta Braun, *Picturing Time: The Work of Etienne-Jules Marey (1830–1904)* (Chicago: University of Chicago Press, 1992), 34–35.

② Rheingold, Virtual Reality, 201–209.

③ Quoted in ibid., 201.

实应用程序中，现实世界和虚拟世界之间没有多大关系，但是在这个例子里，虚拟世界与现实世界是精确同步的。飞行员置身于虚拟世界中，以超音速的速度在现实世界中运动，并且有一个呈现设备安全地固定在他的身体上——回顾屏幕的历史，这种安全性达到了前所未有的程度。

呈现与模拟

总之，虚拟现实延续了屏幕的传统模式，将观众的身体固定到某个机器上，从而使他们保持不动。同时，它也创造了一个前所未有的新状况——观众需要移动来参与。我们可能会问，这种新状况是否史无前例，或是否属于另一种呈现传统，即鼓励观众的运动。

在开始讨论屏幕的时候，我强调屏幕把真实空间与虚拟空间分隔为两个规模尺寸不同的空间。虽然这种屏幕没有直接要求观众保持不动，但它本身也不鼓励移动：反正也无法走进虚拟空间，那还有什么好动的呢？在《爱丽斯漫游奇境》（Alice in Wonderland）中，我们可以看到这种悖论的戏剧化呈现：爱丽丝需要努力把自己的体型变得更小，才能进入另一个世界。

另一种虚拟现实可能是这样的：呈现的世界与真实的人类世界大小一致，虚拟现实无处不在，两个空间完全连接起来。这其实已经属于模拟传统，而不是基于屏幕的呈现传统。模拟传统力图将虚拟和现实空间混为一体，而不是分开它们。因此，模拟空间与现实空间具有相同的尺度，它们的边界不被强调（而在呈现传统中，矩形框架标识出了这一界限）；观众可以在现实空间中自由运动。

为了进一步分析两种传统的不同逻辑，我们可以比较它们的典型代表——一个是壁画和马赛克，另一个是文艺复兴时期的绘画。前者创造一个虚幻的空间，它存在于图像的表象之下。更重要的是，壁画和马赛克（也包括墙画）都离不开建筑。换句话说，它们不能随处移动。与此相比，文艺复兴时期现代绘画的最大不同是可以移动。它们摆脱了墙壁，可以被运输到任何地方。（我们很容易把这种新的运动性呈现方式与资本主义的趋势——让所有的象征物都尽可能地动起来——联系起来）。

但同时，这里还有一个有趣反转。在观看壁画和马赛克的时候，被观看的对象本身不能移动，但并不要求观赏者保持不动。然而，可移动的文艺复兴绘画却假定观看者是不动的。这样看来，对观看者的禁锢似乎成为图像获得运动性所要付出的代价。这一反转包含了呈现传统和模拟的传统中的不同逻辑。事实上，壁画和马赛克与所依托的建筑之间是"硬连接"（hardwired）的关系，允许艺术家创造出虚拟空间和现实空间之间的连续性。相比之下，一幅画可以放在任意场景之中，因此，画内、画外不再保持连续性。在这种新情况下，一幅绘画中所呈现的虚拟空间与观众和绘画所处的现实空间具有了明确的区隔。同时，绘画通过透视模型以及其他技法把观众禁锢在某一观赏位置上，从而使观众和绘画构成同一个系统。因此，在模拟传统中，观众存在于一个单一的连续性空间中——现实空间和虚拟空间形成了一体；而在呈现传统中，观众具有了双重身份，同时存在于现实空间和呈现空间中。观看主体的分裂换来了图像全新的可移动性，而且绘画不再仅限于模拟其所在的现实空间，也具备了呈现任意空间的可能。

在文艺复兴以后，呈现传统逐渐成为主导文化，然而模拟传统并没有消失。事实上，在19世纪，随着人们对自然主义的推崇，蜡像馆和自然历史博物馆中的西洋景一度将模拟传统推向了极致。关于模拟传统的另一个例子是真人大小雕塑的兴起，例如奥古斯特·罗丹（Auguste Rodin）的《加莱义民》（The Burghers of Calais）。我们可以把这类雕塑看作后文艺复兴时期的人文主义——把人类放在宇宙的中心。而事实上，这些雕塑是外星人，是一个将我们的世界和另一个宇宙融为一体的黑洞，是一个由大理石或者其他石头构成的、与我们的宇宙平行存在石化宇宙。

虚拟现实是模拟传统的延续。然而，虚拟现实存在一个很大的不同。在此之前，模拟所描述的是一个虚假的空间，它与正常空间相接续并延展出来。例如，壁画创作的是一幅"伪景观"，它似乎从墙上的空间延展出来。而在虚拟现实中，要么不同空间之间没有任何联系（例如，我身处一个真实的房间里，而虚拟空间可以呈现的是水下景观），要么两个空间完全重合（例如之前我们提到的"超级驾驶舱"项目）。在两种情况下，实际的物理现实都被忽略不计或者弃之不用。

在这方面，19世纪的全景画可以看作经典模拟（壁画、真人大小的雕塑、西洋景）与虚拟现实之间的过渡形式。与虚拟现实类似，全景画创建了一个360度的空间。观众位于这个空间的中心，他们可以在中心观赏区走动，从而看到全景画的不同部分。[①] 但与壁画和马赛克相比，我们发现，壁画和马赛克毕竟还是属于对于真实空间的装饰，属于行动的现实空间。而现在，这个实体空间开始从属于虚拟空间。换句话说，中央观赏区可以看作是虚假空间的延续，但反过来并不成立，这就是为什么中央区域通常是空的。我们可以把这片空白当作战场的延续，或者巴黎风景的延续，或者全景画所展示的景色以外的延续。[②] 在这里，我们离虚拟现实只剩一步之遥——在那个虚拟空间中，现实空间完全被无视，所有"真正"的行为都发生在虚拟空间中。屏幕消失了，因为它背后的内容取代了一切。

那么，我们又该如何看待虚拟现实中身体的固定化与屏幕传统之间的联系呢？虽然这听起来有些夸张，这种身体的固定或许是人类漫长的囚禁历史上的最后一个篇章。我们周围处处都有移动性增强和通信设备小型化的迹象——移动电话和电子记事本（electronic organizer），寻呼机和笔记本计算机，可以上网的手机和手表，游戏机（Gameboy）和类似的掌上游戏设备。虚拟现实设备也许最终会被简化为植入视网膜的、通过无线传输连接到网络中的芯片。从那一刻起，我们将随身携带我们的监狱——不是为了幸福地混淆呈现与感知（如电影所做的），而是为了时刻"保持联系"，时刻联网，时刻"接入"。视网膜与屏幕将融为一体。

这个未来的假设可能永远不会成为现实。显而易见，我们现在居住

---

① 在这里，我不同意安妮·弗里德伯格的说法，她认为"魅影秀、全景画、西洋景——这些装置隐藏了它们的机械性——都依赖于观看者保持不动"（23）。
② 在19世纪的某些全景画中，中心区域会放置一个与全景画主题的一致的仿真交通工具，如放置一部分船舱。可以说，在这种情况下，模拟的虚拟空间完全取代了现实空间。也就是说，现实空间失去了自己的身份，甚至失去了"空白"这种最小最被动的身份，而完全服务于模拟。

在一个充满屏幕的社会。屏幕无处不在——航空公司代理、数据录入文员、秘书、工程师、医生和飞行员都面对着屏幕，自动取款机、超市收银处、汽车仪表盘等处处都有屏幕。当然，还有计算机的屏幕。屏幕没有消失，而是大肆占领了我们的办公室和家庭。计算机和电视屏幕变得更大更平；最终，它们将变成整个墙面。一些建筑师，如雷姆·库哈斯（Rem Koolhaas）已经设计出了《银翼杀手》(*Blade Runner*)电影中那样的建筑，这些建筑的外墙已经被改造成了巨型屏幕。[1]

屏幕变得动态、实时、交互，但屏幕仍然是屏幕。交互性、模拟和远程在场都表明，几个世纪以来，我们仍然在盯着一个矩形平面看，它存在于我们身处的真实空间中，作为通往另外一个空间的窗口。我们还没有离开屏幕的时代。

---

[1] 我指的是库哈斯没有实现的设计提案——他为德国卡尔斯鲁厄艺术和媒体技术中心（ZKM）设计的建筑。见 Rem Koolhaas and Bruce Mau, S, M, L, XL (New York: Monacelli Press, 1995).

第 三 章

操 作

THE OPERATIONS

世上既没有"纯真的眼睛"[①]，也没有"纯粹的计算机"。现有的文化符码、语言文字和呈现体系就像一个个"筛选器"（filter），传统的艺术家借助它们来感知世界。同样，新媒体设计师和新媒体用户也借助大量的文化"筛选器"来使用计算机，我在前面的部分已经讨论过了其中的一些"筛选器"。人机交互界面以全然不同的方式复制世界，把自身的逻辑加诸数字数据之上。以印刷文字和电影为代表的现有文化形式具有强大的信息组织惯例。这些文化形式进一步与人机交互界面的惯例互动，产生了我所谓的"文化交互界面"——一系列全新的、组织文化数据的惯例。最后，诸如屏幕之类的构造，又提供了惯例的另外一个层次。

这一系列"筛选器"的比喻假设：从简单的数字数据到特定的媒体对象的每一个阶段，创造的可能性越来越多地受到限制。因此，我们需要知道，每一个发展阶段都具有更大的可能；也就是说，虽然程序员可以直接处理内存中的二进制值，他们会非常"近似于机器"，但在当时看来，他们永远无法让计算机无所不能。的确，软件的发展过程越来越趋于抽象。软件逐渐将程序员和用户从机器中解放出来，使计算机能够更快的运行。程序员所用的语言从机器语言，发展到汇编程序，继而发展到高级计算机语言（如COBOL语言、FORTRAN语言及C语言），及专为特定领域编程而设计的、更高级的语言（如Macromedia Director的LINGO和

[①] "纯真的眼睛"（innocent eye）是英国美学家、艺术史家恩斯特·贡布里希和美国哲学家纳尔逊·古德曼（Nelson Goodman）使用的一个名词。人们通常认为图像不需要被读解，而贡布里希强调的是"观看者的分享"——"看一幅图画，就像接受其他信息一样，取决于人已有的知识，仁者见仁智者见智"。他认为"纯真的眼睛是一个迷思"。古德曼认为"纯真的眼睛是盲目的，正如处子的心智是空白的一样"。观看者在认知上是主动的，而非被动的。见牛津参考资料库（Oxford Reference）。——译者注

HTML）。计算机参与媒体创作的历史也有着类似的发展路径。20 世纪 60 年代和 70 年代，一小部分艺术家使用计算机工作时，他们还必须使用高级计算机语言写出自己的程序。而从苹果公司的麦金塔计算机开始，大多数艺术家、设计师和偶尔为之的用户开始使用基于菜单的应用软件——图像编辑器、绘图和排版程序、网页编辑器等。软件逐渐向更高程度的抽象发展，这吻合了计算机开发和应用的总体轨迹——自动化的趋势。

在这一章中，我将进一步描述新媒体的语言。本书的第一章分析了计算机数据的属性，第二章审视了人机交互界面。这一章将继续采取这种自下而上的视角，探讨交互界面之上的技术层面——应用软件。新媒体设计师和艺术家可以使用软件程序创造新的媒体对象，同时，软件程序也成为另一种筛选方式，塑造了人们对于计算机可能性的想象。终端用户使用的访问媒体对象的软件，如网页浏览器、图像浏览器或媒体播放器，也塑造了他们对新媒体的理解。例如，Windows 98 Media Player 或 RealPlayer 之类的数字媒体播放器具有播放、停止、弹出、快退和快进这类指令，这其实都是在模拟录像机之类的线性媒体的交互界面。通过这种方式，新媒体模仿了旧媒体，同时隐藏了新的特性，例如随机播放。

在这里，我不去分析特定的软件程序，我将讨论那些被普遍使用的技术或命令。不管新媒体设计师使用的是定量数据、文本、图像、视频、三维空间还是以上这些的组合，他们都会采用相同的技术手段——复制、剪切、粘贴、搜索、合成、变换、筛选。这些技术的存在并不是媒体所特有的，而是媒体作为计算机数据的身份所带来的结果。我把这类在计算机中使用的技术手段称为操作（operations）。本章将讨论三种操作——选择（selecting）、合成（compositing）和远程行动（teleaction）。

虽然操作嵌入在软件中，但这些操作并不依赖于软件。操作不仅可以在计算机上使用，而且在现实社会中占有一席之地。操作不仅是一种使用计算机数据进行工作的方法，而且成了计算机时代通用的工作方式、思维方式，乃至计算机时代的存在方式。

总体的现实社会与软件应用、软件设计之间的交流是一个双向的过程。因为我们使用软件工作，也使用嵌入软件中的各种操作，这些操作已经构成我们对自己、他人和世界的理解的一部分。使用计算机处理数据的策略成了普遍性的认知策略。与此同时，软件设计和人机交互界面反映了更普遍的社会逻辑、意识形态和关于当代社会的想象。因此，如果我们发现某些特定操作主导了软件程序，我们也会发现这些操作在更大范围的文化语境中发挥着同样作用。本章在讨论选择、合成和远程行动这三种操作时，我将使用具体的例子说明这些普遍原理。类似的操作还包括抽样（sampling）和变形（morphing），它们也嵌入软件和硬件中，影响着当代文化。[1]

前文已经指出，工业社会和信息社会之间的一个区别是：在信息社会中，工作和休闲往往使用同样的计算机交互界面。作者和读者之间的密切关系（或者广义地说，是文化对象的生产者和使用者之间的关系）进一步补充了这种全新的工作和休闲的密切关系。然而，这并不意味着新媒体彻底摧毁了生产者和使用者的区隔，况且并不是所有的新媒体文本都体现了罗兰·巴特的"读者文本"（readerly text）概念。随着我们从工业社会转向信息社会，从旧媒体转向新媒体，生产者和使用者之间的重叠大大增加。设计师和用户双方使用的软件，各自的技能和专业，典型媒体对象的结构，以及处理计算机数据时使用同样操作的可能，也会大大增加。

有些软件产品的目标用户要么仅供专业生产商，要么只针对最终用户。也有一些软件同时为这两个群体共用，例如网页浏览器和搜索引擎、文字处理器、媒体编辑应用程序（如经常用于好莱坞影片后期制作的Photoshop，或网站开发软件Dreamweaver）。另外，在新媒体出现之前，专业人士与业余爱好者所使用的装备和规格都相差甚远，例如，35毫米与8毫米电影设备与制作成本相比，专业录像制作（使用D-1或Beta SP格式；使用编辑机［editing decks］、切换台［switchers］、数字视频特效（DVE）[2]，以及其他各类编辑硬件）与业余录像（VHS）制作相比，制作

---

[1] 跨媒体抽样是塔尔顿·吉莱斯皮（加州大学圣迭戈分校传播学系）博士论文（写作中）的主题，变形是薇薇安·索布恰克主编的书中的主题，见 *Meta-Morphing: Visual Transformation and the Culture of Quick-Change* (Minneapolis: University of Minnesota Press, 1999).
[2] 指供剪辑师使用的特效库。——编者注

成本上有上千美元的差异。而现在，专业软件和业余软件在功能上和价格上的差别都很小（只差几百美元，或更少）。同样，专业人士与业余人士之间的技术差距也越来越小。例如，尽管使用 Java 或 DHTML 进行网页设计在 20 世纪 90 年代末还是专业人员的领域，而现在许多用户也能够使用 FrontPage、HomePage 或 Word 等程序来创建一些基本的网页。

然而，新媒体并没有改变专业与业余之间的本质关系。差异虽然缩小，但仍然存在，并且会一直存在下去，因为为了生存，专业人士会系统性地维系自身的地位。在传统媒体，如摄影、电影和录像中，专业与业余的差异涉及三个关键领域——技术、技能和审美。[1] 随着新媒体的滥觞，一个新的领域出现了。随着"专业"技术可以为业余爱好者所使用，新媒体专业人士创建了新的标准、格式和设计期望值，以保持自身的地位。推陈出新的网页设计"特性"与相应的研发技术，以及 1993 年左右随着 HTML 的诞生而出现的那些技术——滚动按钮和下拉菜单、DHTML 和 XML、Javascript 脚本和 Java 小程序，这些都可以被看作专业人士所使用的、让自己领先于普通用户的策略。

在新媒体对象的层面，生产者和使用者之间的身份重叠体现在计算机游戏中。游戏公司经常发布所谓的"游戏关卡编辑器"（level editors）。这是一款特殊软件，允许玩家在购买的游戏中创建自己的游戏环境。这类允许用户修改游戏的附加软件通常由第三方或游戏迷开发并发布。这种现象被称为"游戏补丁"（game patching）。正如安妮-玛丽·施莱纳所描述的（Anne-Marie Schleiner）："游戏补丁（或游戏附加组件、游戏修改程序、游戏关卡、游戏地图，或 wads 控制键[2]），指的是对于已有的游戏源代码进行修改，包括修改游戏图形、游戏中的人物、建筑、声音和游戏玩法。在 20 世纪 90 年代，游戏补丁已经演变成一种流行的黑客艺术形式，互联网上有大量用来修改游戏的共享编辑器。"[3]

---

[1] 请见我的文章"'Real' Wars: Esthetics and Professionalism in Computer Animation," *Design Issues* 6, no. 1 (Fall 1991): 18–25。
[2] wads 指的是键盘上的 W 键、A 键、D 键和 S 键，是玩游戏的方向键：W 表示上，S 表示下，A 表示左，D 表示右。wads 可代替上下左右箭头键。——译者注
[3] *Switch* 5, no. 2 (http://switch.sjsu.edu/CrackingtheMaze)。

商业游戏都开始配备拓展性的"选项"区域，允许玩家自定义游戏的各个方面。因此，在某种程度上，玩家变成了游戏设计师，他们的创意不是从头开始制作东西，而是对各种选项进行选择和组合。在"菜单、筛选、插件"这一节中，我将对选择的创造性这一概念进行更详细的探讨。

虽然有些操作专属新媒体专业人员的领域，有些属于终端用户的领域，这两个群体也在使用一些相同的操作，包括复制、剪切和粘贴、分类排序、搜索、筛选、转码，以及删减。

本章将讨论操作的三个例子。"选择"是专业设计人员和用户都会使用的操作，"合成"是设计师专用的操作，而第三种操作"远程行动"是典型的用户使用的操作。

虽然本章的重点是软件操作，但我们也可以把操作的概念用于思考其他以技术为基础的文化实践。我们可以将操作这一概念与其他更熟悉的术语联系起来，如"程序"（procedure）、"实践"（practice）和"方法"（method）。同时，仅仅把操作的概念理解为"工具"（tool）或"媒介"（medium）是不正确的。事实上，本书潜在的假设之一是：一旦涉及新媒体，那些传统观念都不再适用，因此，我们需要"交互界面"和"操作"这类全新的概念。一方面，操作通常表现出某种程度的自动化，而传统工具则不然。另一方面，就像计算机算法一样，操作可以一步一步地写出来。也就是说，在成为实体的硬件和软件之前，操作是以概念的形式存在的。实际上，从变形到纹理映射，从搜索和匹配到超链接，大多数的新媒体操作，最初都是发表在计算机科学论文中的算法。最终，这些算法成为标准软件应用程序中的命令。因此，当用户给一幅图像加上 Photoshop 中某个特定的滤镜时，Photoshop 的主程序会调用一个单独的程序，来呈现该滤镜所对应的效果。该程序读取像素值，对它们执行命令，然后将修改后的像素值写到屏幕上。

因此，操作应该算作新媒体的跨码性这一更加普遍法则中的又一个案例。操作被编码在算法中，作为软件命令得以执行。同时，操作可以被应用到媒体数据上，并独立于媒体数据所存在。程序设计中算法与数据的分离，变成了操作与媒体数据的分离。

彼得·艾森曼（Peter Eisenman）的建筑实践可以看作其他文化领域中操作的一个例子。在艾森曼的项目中，他使用 CAD 程序提供的各种操作，来设计建筑的外形和内部。艾森曼系统性地采用了全方位的计算机操作——挤压、扭曲、拉伸、移位、变形、翘曲、位移、缩放、旋转等。[①]

另一个例子是三宅一生的服装设计。他的每一个设计都是用程序将某一概念转化为工艺过程的结果。[②] 例如，Just Before 系列（1998 年春夏）用大量相同的衣服卷成一个巨大的布卷，设计师建议的裁剪分界线已经被融入面料中。每一件礼服可以按照各种各样可能的方式从布卷上裁剪下来。而"沙丘"（Dunes）系列（1998 年春夏）的理念基于"收缩"这一操作。设计师以衣服模板实际大小的两倍进行裁剪，接下来，补丁和胶条被安装在关键位置，最后，设计师将衣服浸入一种特殊的溶液，让衣服缩小到正常的尺寸。经过这一操作，除了那些被补丁和胶条保护的区域，衣服上形成了特殊的褶皱纹理。

"沙丘"系列例证了操作的一个重要特征：操作可以被组合，成为一个序列。设计师可以对生成的脚本进行修改，删除和添加新的操作。这一脚本可以被用于数据，又可以独立于数据而存在。因此，"沙丘"的脚本包括了剪裁衣服模板、在关键部位使用补丁和胶条，以及收缩。这种脚本可以用于不同的设计和材质。新媒体软件的设计人员和用户拥有更多的灵活性。新的筛选功能可从"插入"程序中，从而拓展操作的适用范围。设计人员和用户可以使用特殊的脚本语言编辑和修改脚本，也可以把脚本保存下来，继续用于其他的对象。设计师和用户可以自觉地将这一脚本用于许多对象中，甚至指导计算机在特定时间或特定情境下自动激活脚本。前者的一个实例是：备份程序和磁盘碎片整理程序通常在晚上特定的时间开始运行。后者的一个实例是：如 Eudora 或 Microsoft Outlook 这样的电子

---

① Peter Eisenman, *Diagram Diaries* (New York: Universe Publishing, 1999), 238–239
② "Issey Miyake Making Things," an exhibition at Fondation Cartier, Paris, October 13, 1998–January 17, 1999.

邮件程序可以筛选邮件。程序可以从服务器中检索新邮件，并根据邮件标题或邮件地址中的某些特定字符串，将电子邮件移动到特定的文件夹中（或删除邮件，或提高邮件的优先级等）。

菜单、筛选、插件

选择的逻辑

国际视点数据实验室（Viewpoint Datalabs International）销售成千上万种三维几何模型，许多计算机动画师和设计师都使用这类模型。其目录中，对于模型的描述如下："VP4370：男人、超低分辨率。VP4369：男人、低分辨率。VP4752：男人、短裤、网球鞋、肌肉男。VP5200：男人、胡子、平角内裤……"。[①]Adobe Photoshop 5.0 自带一百多个滤镜，它允许用户以各种各样的方式修改图像。After Effects 4.0 则是合成动态影像的行业标配，它的出厂配备中有 80 种特效插件，而第三方开发商又提供了上千种特效。[②]Macromedia Director 7 配备了一套包括各种"行为"的拓展包——可供用户即刻上手使用的计算机代码模块。Softimage|3D（v3.8）是一款主流三维建模和动画软件，它提供了四百多种可以应用于三维对象的材质纹理。[③] 苹果公司开发的 QuickTime 4 是一种数字视频格式，配备

---

① http://www.viewpoint.com.

② http://www.adobe.com.

③ http://www.macromedia.com.

有 15 种滤镜和 13 种内置的视频转场方式。[①]Geocities Website 开创了免费托管用户网站的先河，用户可以在四万多张剪贴画（clip art）中选择图片，来制作自己的个性化网页。[②]Index Stock Imagery 提供 37.5 万张图库照片，供用户在制作网页横幅广告时选择。[③]Microsoft Word 97 中的 Web Page Wizard 允许用户创建简单的网站，用户可以在预设的 8 种风格中选择，诸如"优雅""喜庆"和"专业"主题。在 Microsoft Chat 2.1 中，用户可以在 12 种内置的卡通人物形象中，选择自己的网络形象（用来代表虚拟世界里用户的角色或图形图标）。在线会话期间，用户可以进一步个性化设计自己的角色，微软程序员设计了 8 种基本的表情，用户可以从中选择，生成个性化角色。

这些例子展现了计算机文化的新逻辑。新媒体对象通常由现成的零件组装而成，鲜有从无到有的创造。换句话说，在计算机文化中，原创性已经被菜单中的选项所取代。在创建新媒体对象的过程中，设计师在集合了 3D 模型、纹理贴图、声音和行为、背景图像和按钮、滤镜和转场方式的资料库中进行选取。每一种创作软件和编辑软件都自带各种各样的库。此外，无论是软件厂商还是第三方，都以"插件"的形式售卖附加的拓展包，这些拓展包显示为附加命令或者成为软件菜单中现成的媒体元素。万维网也进一步成为插件和媒体元素的来源，提供了大量资源供用户免费下载使用。

新媒体用户在使用软件创建文档或访问各种互联网服务时，需要从预先定义好的菜单中进行选择。下面是几个例子：在 Microsoft Word 或类似程序中创建网页时，用户需要先选择一个预定义的样式；在创建 PowerPoint 幻灯片时，用户需要选择一种"自动布局"；登陆多用户虚拟世界时（例如 Palace），用户需要选择一个虚拟人物；在 VRML 世界中环游时，用户需要选择一个预先设定的视角。

总而言之，从数据库或菜单中预先设定的元素或选项里进行选择，对

---

① http://www.apple.com/quicktime/authoring/tutorials.html.

② http://geocities.yahoo.com.

③ http://www.turneupheat.com.

于专业的新媒体制作者和新媒体的终端用户来说,都是一个意义非凡的操作。这一操作使得专业人士的生产过程更加高效,也让终端用户觉得自己不只是消费者,也是创造新媒体对象和新媒体体验的"作者"。这种全新文化逻辑的历史渊源是什么?标准化和随之而来的发明所带来的独特活力,我们如何对其进行理论化描述?这种新型的作者身份(authorship)模式,是新媒体所带来的,还是在旧媒体中早已存在的?

其中,恩斯特·贡布里希和罗兰·巴特都曾批评艺术家的浪漫主义理想——艺术家们强调创造要从零开始,直接从想象中寻找图像,或者以一人之力发明全新的方法观察世界。[1] 据贡布里希的说法,现实主义艺术家应该依托现有的"呈现图式"(representational schemes)来呈现自然界。而艺术史上幻觉的发展历程,与长久以来,一代代艺术家对这些"再现图式"所进行的修改与微调息息相关。罗兰·巴特在他的名篇《作者已死》(The Death of the Author)中,提出了一个更为激进的观点:他认为作者并不是作品内容的独立创作者。他认为:"文本(text)就是一组从不计其数的各种文化中心抽取出来的引用。"[2] 尽管一名现代艺术家只是在复制,或者最多是在以新的方式将现成的文本、习惯用语和图式组合在一起,但艺术创作的实际过程,还是在某种程度上实践了浪漫主义理想。就像上帝创造宇宙一样,艺术家从一张空白的画布或空白的纸页开始,逐渐填充上细节,创建了一个全新的世界。

这是一个耗时耗力的过程,完全由人工操作,与工业化时代之前的手工业文化时代相适应。到了 20 世纪,虽然许多文化形式开始转向大规模生产和自动化,成为真正意义上的"文化产业"(西奥多·阿多诺语),美术却继续坚守手工模式。直到 20 世纪初,一些艺术家开始从现有的文化"零件"中组装拼贴画和蒙太奇,工业化的生产方式才进入到艺术领域。摄影蒙太奇(Photomontage)成了这种新方法最"纯粹"的表现。20 年代初,摄影蒙太奇的实践者已经创造了(或者更确切地说,

---

[1] E. H. Gombrich, *Art and Illusion*; Roland Barthes, "The Death of the Author," in *Image/Music/Text*.

[2] Barthes, "The Death of the Author," 142.

建构起）一系列现代艺术中最引人注目的作品。简单举几个例子，如汉娜·赫克（Hannah Höch）创作于 1919 年的《蛋糕刀剪切画》（*Cut with the Cake-Knife*）、保罗·西特罗昂（Paul Citroën）创作于 1923 年的《大都会》（*Metropolis*）、古斯塔夫·克卢齐斯（Gustav Klutsis）创作于 1920 年的《全国电气化》（*The Electrification of the Whole Country*），以及拉乌尔·豪斯曼（Raoul Hausmann）创作于 1920 年的《家中的塔特林》（*Tatlin at Home*）。虽然摄影蒙太奇成为 20 世纪 20 年代达达艺术家、超现实主义艺术家、构成主义艺术家及 20 世纪 60 年代波普艺术家们常常采用的成熟手法，但以绘画和素描为代表的、从无到有的艺术创作，仍然是现代艺术中的主要操作。

电子艺术与此相反，它从一开始就基于一种新的原理：对于现有信号的修改。第一个电子乐器"特雷门琴"由科学家、音乐家列夫·特雷门（Lev Theremin）在 1920 年设计而成，它内置一个正弦波发生器，演奏者只需要修改频率和振幅，就可以演奏出声音。① 在 20 世纪 60 年代，视频艺术家开始以同样的原理制造视频合成器。艺术家不再是浪漫主义的天才，不再完全从个人想象中生成一个全新的世界。艺术家成为技术人员，在这里转转旋钮，在那里按按开关——艺术家成了机器的附庸。

使用更加复杂的信号集合体（声音、节奏、旋律）替换一个简单的正弦波，增加一整排信号发生器，这就是现代音乐合成器，它也是第一个体现出新媒体逻辑——从菜单中进行选择——的乐器。

第一批音乐合成器出现在 20 世纪 50 年代。随后，在 20 世纪 60 年代，视频合成器出现了。70 年代末，数字视频特效出现了。到了 80 年代，具有一套基本图形库的计算机软件出现了，如 1984 年的 MacDraw。艺术创作的过程，终于追上了摩登时代，与现代社会实现了同步。从物品到人们的身份，一切都由现成的零件组装而成。从衣服的搭配、公寓的装修，到在餐馆里对着菜单点菜，或者选择加入感兴趣的社团，现代主体的一生都在从许多菜单和项目目录中进行选择中度过。用电子媒体和数字媒体进行

---

① Bulat Galeyev, *Soviet Faust: Lev Theremin—Pioneer of Electronic Art* (in Russian) (Kazan, 1995), 19.

艺术创作也不例外，艺术家必须从现成的元素中——比如绘图程序中的纹理和图标、三维建模程序中的三维模型、音乐合成程序内置的旋律和节奏——进行选择。

艺术家经常从历史上伟大的文化文本中创造出独一无二的"一组引用"，在以往，这些文化文本深藏于人类意识之下，偶尔冒冒小泡，闪闪微光。而现在，它们已经全然外化（并且在这个外化的过程中被大量缩减）——比如二维物体、三维模型、纹理、过渡……只要艺术家打开计算机，就可以使用这些效果。万维网将这一外化过程发展到一个新的阶段：它鼓励使用网上已有的文本来创造新文本。人们不必添加任何原创性的写作，从现成品中进行选择就足够了。换言之，现在，只需要一个新的菜单，即，只要从现有的总语料库中做出一个新的选择，任何人都可以成为创造者。

同样的逻辑也适用于分支型交互新媒体对象。在一个分支型交互程序中，用户面对特定的对象，通过点击一个按钮，点击影像的某一部分，或从菜单中进行选择，来决定下一步会走哪一个分支。用户做出选择之后，新媒体对象呈现出的视觉效果是：整个屏幕或其中的一部分或几部分会发生变化。20世纪80年代和90年代初，典型的互动程序都是单机的，也就是说，它可以在未联网的计算机上运行。因此，这种独立程序的设计师知道用户会全心投入，所以，在用户做出选择之后，改变整个屏幕是安全的。这种效果类似于翻动书页。这种类似翻书的做法是被当年流行一时的第一款超媒体制作软件——苹果公司的HyperCard（1987）推广开来的。采用了这种做法的一个例子是游戏《神秘岛》（Broderbund公司，1993）。《神秘岛》向玩家呈现一幅全屏的静态图像。当玩家点击影像的右侧或左侧部分时，它就会被替换为另一幅影像。在20世纪90年代后半期，大多数交互式文档迁移到网络上（在网络世界，从一个站点迁移文档到另一个站点要容易得多）。这样一来，赋予网站的所有页面一个共同的身份，并且直观地显示页面在网站分支树结构的位置变得非常重要。在HTML框架、动态HTML和Flash等技术的帮助下，交互设计师建立起了不同的惯例。现在，屏幕上的某些部分会保持不变，比如公司的品牌标志、顶层菜单及页面路径，但有些部分则会发生动态变化（微软公司和Macromedia网站就是这种新惯例的良好案例①）。当用户做出选择后，不管是被导向了全新的屏幕，还是仅仅改变了部分屏幕，用户浏览的仍然是由预定义对象组成的分支结构。虽然计算机程序可以实时控制和修改运行的媒体对象，从而形成更复杂的交互方式，但大多数交互媒体都使用固定的树状分支结构。有观点认为：分支交互式程序的用户其实是该程序的共同作者。用户通过在作品的一系列元素中选择出一条路径，可能会创造一个新的作品。但是，我们也可以从另一种方式来看待这一过程。如果说一个完整的作品包括了其内含元素可以提供的所有可能路径的总和，那么用户所选择的某个特定路径，只是整体作品的一部分。换句话说，用户只是激活了总体作品中早已存在的某一部分。举个例子，网页中其实空无一物，完全由通往其他网页的链接构成。在这里，用户并没有在语料库中添加新的对象，只是选择了一个子集。这是一种新型的作者身份模式，它既不同于前现代（浪漫主义出现前）的理念（对传统的稍做修改），也不同于现代（19世纪和20世纪上半叶）的理念（创作者是反叛传统的天才）。然而，这完全符合发达工业社会和后工业的社会逻辑。在这两个社会中，几乎每一个实际行为都涉及从菜单、目录或数据库中进行选择。事实上，正如我已经指出的那样，新媒体是在这些社会中表达身份逻辑的最佳方式——从多种预定义的菜单中进行选择。

现代主体如何从这个逻辑中逃离？在一个充满品牌和商标的社会里，人们通常采用极简主义审美和难以识别的着装风格进行对抗。建筑批评家赫伯特·马斯卡姆（Herbert Muschamp）将空阁楼当作极简主义的表达，他指出，"当一件东西比另一件更受欢迎时，人们就拒绝暴露自己的主观性。"内心世界往往是个人化的，而外部世界往往是客观的、共享的、中立的，然而，两者的属性却对调了：

> 私人生活空间总是伪装得非常客观：中性、无价值取向，似乎

---

① http://www.microsoft.com; http://www.macromedia.com.

只是一个刚刚被发现的空间,而不是一个设计得无可挑剔的空间。同时,外部世界已经变得主观化了,呈现为一幅用个人的突发奇想和天马行空构成的、千变万化的拼贴画。在一个分配体系占据主导地位的文化中,这是自然而然的现象。分配系统的存在,并不是为了制造物品,而是为了卖出物品,激发个人的冲动、品味和欲望。因此,公共领域已成为一个梦想与设计的集体储存库,为"自我"提供庇护。[1]

如何在新媒体中实现类似的逃离?人们只能通过拒绝所有的选项和定制,乃至拒绝一切形式的交互来实现。矛盾的是,选择某一条交互路径时,用户并非建立起一个独特的自我,而是采用了已经预先设置好的身份。同样,从菜单中选择或定制自己的桌面和应用程序,会使用户自动参与到"用个人的突发奇想和天马行空构成的、千变万化的拼贴画"中,并将其编码到软件中。因此,与使用 UNIX 的命令行交互界面相比(它可以被看作是计算机领域的极简主义阁楼),我更倾向于使用原厂安装的 Microsoft Windows,我也不会进行个性化自定义,因为我不指望这样做真的能表达出我的"独特身份"。

"后现代主义"与 Photoshop

我在本章的前言部分指出,计算机操作将现有的文化规范编码到自身的设计之中。"选择的逻辑"就是一个很好的例子。原有的一整套社会经济实践与惯例都被编码到软件之中,其结果是形成了一种新的控制形式,它虽柔和但强而有力。软件并不会直接阻止用户进行从无到有的创作,它通过层层设计使用户"自然"地遵循另一种逻辑,即选择的逻辑。

计算机软件将这种从预定义的媒体库中进行选择而形成的作者身份模式变得更加自然,其实在传统媒体中,这种模式已经出现了,如灯影

---

[1] Herbert Muschamp, "Blueprint: The Shock of the Familiar," *New York Times Magazine* 13 December 1998, 66.

秀。[1]电影史学家查尔斯·马瑟指出，灯影秀不同于现代电影。现代电影中的作者身份贯穿从制作前期到后期的全部阶段，但不包括放映阶段（因为，电影在影院的放映完全是标准化的，不涉及任何创造性的决策）。然而，灯影秀的放映是一个具有高度创造性的行为。从实际意义上来说，灯影秀的放映者就是一位艺术家，他巧妙地对那些从发行商处购买的幻灯片进行艺术化的整理和放映。这是作者身份体现在选择行为中的一个完美例子：作者将一系列元素拼凑起来，但自己并不是这些元素的创造者。作者的创造性体现在对于元素的选择和排序上，而不是原始设计上。

虽然不是所有的现代媒体艺术都符合这种作者身份模式，但模拟媒体的技术逻辑是这一模式的坚定支持者。模拟媒体的元素存储在工业化生产的材料（如胶片或磁带）上，这些媒体元素可更容易地实现分离、复制，并装配到新的组合中。此外，各种媒体控制设备，如磁带录音机和胶片切片机，也使选择和组合的操作更容易执行。同时，随着各类媒体资料库的发展，作者可以从中提取已有的媒体元素，不需自己录制全新的元素。例如，在20世纪30年代，德国摄影记者奥托·贝特曼（Otto Bettmann）博士推出了一个后来被称为"贝特曼资料库"（the Bettmann Archive）的项目。到了1995年，这个资料库被比尔·盖茨的Corbis公司收购时，它已经拥有1600万张照片，包括一些人们最常用的20世纪的照片。电影和音频媒体界也出现了大量类似的资料库。使用"素材库"（stock，又称"图库"）照片，"素材库"视频和"素材库"音频成了现代媒体生产中的标准做法。

总而言之，从当下商业化传播的媒体元素中选取并组建一个媒体对象的行为，自旧媒体时代就已经存在，但是新媒体技术进一步实现了标准化，使其更容易执行。以前需要用剪刀和胶水来完成的操作，现在只需单击"剪切"和"粘贴"即可。同时，通过对选择和组合操作进行编码，将其纳入创作和编辑软件的交互界面，新媒体实现了这些操作的"合法化"。从数据库或资料库中提取元素成为默认模式，而从头开始创建新元素成为

---

[1] Musser, *The Emergence of Cinema*.

例外。网络很好地体现了这种逻辑，它构成一个巨型资料库，集合了图形、照片、视频、音频、设计版式、软件代码和文本，其中每一个元素都是免费的——只需鼠标一点击，就可以保存到用户的本地计算机中。

图形用户交互界面以及 Photoshop 等媒体操作软件的发展，都发生在 20 世纪 80 年代，也就是当代文化成为"后现代"的年代，这并非偶然。说到"后现代"这个词，我要沿用弗雷德里克·詹姆森的说法，即"后现代主义是一个分期概念，其作用是将文化中新形式特征的出现与一种新的社会生活和经济秩序的出现联系起来"。① 在 20 世纪 80 年代初，詹姆森这样的批评家开始意识到：文化不再追求"创新"，相反，对过去媒体内容、艺术风格和形式的无休止的循环和引用，成了现代社会新的"国际风格"和新的文化逻辑。现在，文化忙于改造、重组和分析已经积累起来的媒体材料，而不再收集更多关于现实的媒体记录。詹姆森借用柏拉图的洞穴比喻，认为后现代文化生产"（人们）再也不能通过自己的眼睛直视现实世界，而必须像柏拉图的洞穴那样，追随投射在墙上的、关于世界的心理图像"。② 在我看来，这种新的文化状况全面体现在 20 世纪 80 年代出现的计算机软件上：人们会优先选择从现成媒体元素中进行选择，而不会优先考虑从头开始创造这些元素。在很大程度上，正是有了这类软件，后现代主义才成为可能。文化生产首先转移到电子工具上，如切换台和数字视频特效（20 世纪 80 年代），然后又转移到以计算机为基础的工具（20 世纪 90 年代），这极大简化了根据旧媒体内容来创建新产品的做法。这也使媒体世界更加具有自指性（seif-referential），因为当所有媒体对象的设计、存储和发行都通过一台计算机实现，从现有对象中借用元素变得更加容易了。网络又一次很好地体现了这种逻辑，新网页的制作，大多是通过复制和修改现有的网页而完成的。这种做法既适用于创建个人主页的家庭用户，也适用于创建企业主页的专业网站、超媒体，以及游戏开发公司。

---

① Fredric Jameson, "Postmodernism and Consumer Society," in *Postmodernism and its Discontents*, ed. E. Ann Kaplan (London and New York: Verso, 1988): 15.
② Jameson, "Postmodernism and Consumer Society," 20.

从对象到信号

通过在现成元素中进行选择而组建新媒体对象的内容，这只是"选择的逻辑"的一个方面。在实际工作中，设计师通常还会选择并使用各种滤镜（"筛选器"）[①]和"特效"。这些滤镜的功能包括操纵图像外观、在运动影像之间创建转场，还是被应用于音乐片段，都涉及相同的原理：修改现有媒体对象的（或者其中某些部分的）算法。因为计算机媒体是由计算机中的数字样本组成的，所以计算机程序可以逐一访问每一个样本，按照某种算法修改其数值。大多数图像滤镜都是用这种方式工作的。例如，为了增加一幅图像的噪点，Photoshop 之类的程序会逐个像素地读取图像文件，对每一个像素值增加一个随机生成的数值，从而生成新的图像文件。程序也可以同时处理多个媒体对象。例如，如果要实现两幅图像的色调一致并将其融合到一起，程序需要读取两幅图像分别对应的像素值，然后根据现有像素值的百分比计算出一个新的像素值，然后对所有的像素都重复这一过程。

尽管我们都可以在旧媒体中找到这些滤镜的前身（例如，默片时期的手工上色），随着电子媒体技术的发展，各类筛选操作才开始真正盛行开来。19 世纪和 20 世纪的所有电子媒体技术，都是通过"筛选器"对信号进行修改而完成。这些技术包括用于实时通信的技术（例如电话），用于媒体产品的大众传播技术（例如无线电和电视），和用于合成媒体的技术（例如视频合成器和音频合成器）。视频合成器和音频合成器与特雷门在 1920 年发明的电子乐器[②]有一定的渊源。

回想起来，这种通过电子技术实现的、从实物到信号的转变，是通往计算机媒体的重要步骤。不同于在实物中留下的永久印记，人们可以通过一个或多个"筛选器"，对信号进行实时修改。此外，与实物的手动修改相比，电子化的筛选可以一次性修改全部的信号。最后，也是最重要的一点是，所有用于合成、记录、传输和接收电子媒体的设备，都具有修改信

[①] 在英文中，"筛选器"和"滤镜"是同一个词（filter）。——编者注
[②] 即特雷门琴。——编者注

号的功能。因此，电子信号不仅限于一个身份——即某一特定的、独一无二的状态。比如说收音机的音量控制，或模拟电视机的亮度控制，都没有任何专属的量值。与物质实体相比，电子信号的本质是可变的。

电子媒体的这种易变性与新媒体的"多变性"仅有一步之遥。我们在前面讨论过，新媒体对象可以具有多种版本。例如，对于数字影像来说，我们可以改变对比度和色彩，对其进行模糊或锐化，将其变为三维立体形状，利用其量值来调整音量，等等。在很大程度上，电子信号已经具有了类似的多变性特征，因为它具有很多不同的存在状态。以正弦波为例，我们可以修改它的振幅或频率，每次修改都会在原始信号的基础上产生一个新版本，不会影响其原有的结构。因此，电视和无线电信号本质上已经属于新媒体范畴。换句话说，在从实物到电子信号再到计算机媒体的进程中，第一次转变比第二次更为迅猛。从模拟电子设备转变为数字计算机的过程中，所发生的一切只不过是变化的范围大大扩展了。这是因为，第一，现代数字计算机把硬件和软件区分开来；第二，由于对象呈现为数字形式，它成了可以在软件中修改的计算机数据。总之，媒体对象变"软"了，这一比喻包含了各种各样的内蕴。

实验电影工作者霍利斯·弗兰普顿（Hollis Frampton）以其特征鲜明的结构式电影（structural film）名噪一时。到了晚年，他开始对计算机媒体产生兴趣，他似乎洞悉了从实物到电子信号这一转变的本质重要性。[1]他在一篇文章中写道：

从新石器时期开始，不管是出于巧合还是刻意设计，所有的艺术产物都倾向于蕴含某种固定性（fixity）。浪漫主义虽然推迟了手工艺术走向稳定，但浪漫主义最终还是寄望于数据（statis）之上：工业革命的"装配线"曾一度被看作对于丰富想象力的回应。

如果电视节目的"装配线"出现运行混乱（比如，5亿人可以同时在电视上观看一场婚礼），它其实是在自己的可塑性（malleability）

---

[1] 彼得·卢宁费尔德在他书中讨论了弗兰普顿与新媒体的关系，见 *Snap to Grid* (Cambridge, Mass.: MIT Press, 2000)。

上栽了跟头。

色调、饱和度、亮度、对比度，我们都熟悉这些参数。对于追求新奇的用户，还有"垂直同步"（vertical hold）和"水平同步"（horizontal hold）两大神器……而且，对于那些追求技术登峰造极的人士，还有细调谐（fine tuning）呢。①

有了新媒体之后，"可塑性"就变成了"多变性"，即，曾经的模拟电视机只允许观众在某几个维度（比如亮度和色调）上修改信号，而新媒体技术带给用户更多的掌控权。新媒体对象可以在多个维度上被修改，这些修改可以通过数值的修改而实现。例如，网页浏览器的用户可以指示浏览器跳过所有多媒体元素，可以在加载页面的同时放大字体，或者全部换成另一种字体。用户还可以任意更改浏览器窗口大小和比例，也可以改变显示器本身的空间分辨率和色彩分辨率。设计师甚至可以根据用户的网络带宽以及用户的显示器分辨率，让同一个网站呈现出不同的版本。例如，当用户通过高速连接和高分辨率的显示器访问该站点时，可以看到内容丰富的多媒体版本。当用户通过手持电子设备的小型液晶显示器访问相同的网站时，只能看到短短几行文本。更根本的是，同样的数据可以建构起从数据库到虚拟环境完全不同的交互界面。总之，新媒体对象可以有各种版本，各种"形象"。

最后，在关于"选择"这一操作的论述的最后，我想借用一个特定的文化形象来总结一下——音乐 DJ（disc jockey，又译"打碟师"）。DJ 是一种全新的作者，"选择"是 DJ 工作中的关键。DJ 通过混合现有的音乐曲目来实时创作音乐，他们需要使用各式各样的电子硬件设备。在 20 世纪 90 年代，DJ 获得了新的文化声望。在艺术开幕式和新书发布会场合、在新潮的餐馆和酒店中、在《艺术论坛》（Art Forum）和《连线》等知名杂志的页面上，他们成了不可或缺的存在。DJ 形象的崛起与计算机文化的兴起有着直接联系。DJ 这一职业是计算机文化全新逻辑的最佳诠释：

---

① Hollis Frampton, "The Withering Away of the State of the Art," in *Circles of Confusion* (Rochester: Visual Studies Workshop), 169.

选择、组合那些已有的元素。他们也呈现出这种逻辑所蕴含的、在创造新的艺术形式方面的真正潜力。最后，DJ 的例子还表明，选择并不意味着选择的结束，选择也不意味着结束。DJ 艺术的本质，是一种通过丰富繁杂的方式对选择出的元素进行混合的能力。现代图形用户交互界面中，"剪切和粘贴"隐喻的是所选元素可以简单地、几乎机械性地被组合到一起。而现场电子音乐的实践证明，"混合"中也有真正的艺术。

合　成

从影像流到模块化媒体

在巴里·莱文森（Barry Levinson）导演的电影《摇尾狗》（*Wag the Dog*，1997）中有这样一个场景，一位华盛顿政府的政治顾问和一名好莱坞制片人共同炮制了一条虚假新闻，以此赢得公众对于一场并不存在的战争的支持。有一段影像拍摄了一个女孩抱着一只猫，跑过一片已经变成废墟的村庄。在几十年前，拍摄这样一个镜头需要先搭景，然后才能实地拍摄整个场景。而现在，电影工作者使用计算机工具就可以实时创建这样的镜头。唯一的实拍元素就是那个女孩。这个形象需要由专业演员扮演，在蓝幕前拍摄。而镜头中的另外两个元素，被摧毁的村庄和猫，都可以取自影视片段素材库。制作者们在素材库中扫描、检索，尝试这些元素的不同版本，而计算机会实时更新合成场景。

这个镜头的逻辑很具有代表性，它呈现了新媒体制作的过程，无论创建的对象是一段视频、一个电影镜头（如在《摇尾狗》中的场景），还是一幅二维静态图像、一个三维虚拟环境、一个计算机游戏场景，或者一段音轨。在制作过程中，有些元素是专门为这个项目创造的，而有些元素是从素材库中选取的。当所有的元素都准备好时，它们就被合成为一个产品。也就是说，它们被组合在一起，经过调整之后，元素各自原有的特性消失不见。这些元素的来源多种多样，由不同作者在不同的时间创建，而这些不同之处都已经被隐藏。最后，制作者得到的就是一张无缝图像、一段无缝声音、一个无缝空间、或一段无缝电影场景。

在新媒体领域，"数字合成"这个术语有着具体而明确的含义。"数字合成"指使用专业合成软件，将一组运动影像段落或图片组合起来，构成一个大段落的过程，这类合成软件包括 After Effects（Adobe 公司）、Compositor（Alias|Wavefront 公司），或 Cineon（Kodak 公司）。合成的定义由卢卡斯影业（Lucasfilm）的两位科学家正式提出。在一篇出版于 1984 年的论文中，他们把合成与计算机编程做了一个重要的类比：

> 经验表明，将整体的源代码分解成独立的模块，可以大大节省编译时间。如果例行程序中出现错误，只会导致其模块被强制重新编译，其程序被相对快速地重新加载。同样，一个对象着色或设计中的微小误差不会导致整个图像被"重新编译"。

将图像分解为独立渲染的元素节省了大量的时间。每个元素都有一个与其相关的蒙版（matte，又译"遮片"），蒙版是指定了元素形状的覆盖信息。这些元素的合成，就是将一层层的蒙版累加起来形成最终的图像。[①]

大多数情况下，合成段落模拟了传统的电影镜头；也就是说，它看起来像是发生在真实的物理空间中，并使用真实的胶片摄影机拍摄的。为了实现这样的效果，最终合成品中的所有元素——包括外景实拍的素材（业内又称其为"实拍镜头"[live plate]）、演员在蓝幕前拍摄的素材、三维计算机生成的元素——这些元素都会在透视图中被对齐、被修改，从而具有相同的对比度和色彩饱和度。为了模拟景深，一些元素被模糊处理，而另一些被锐化处理。当所有的元素聚齐之后，虚拟摄影机开始在这一模拟空

---

① Thomas Porter and Tom Duff, "Compositing Digital Images," *Computer Graphics* 18, no. 3 (July 1984): 253–259.

间内运动，以增加"现实效果"。最后，制作者可以再加入一些工艺效果，如胶片颗粒或视频噪点。概括来说，数字合成可以分解为三个概念步骤：

（1）创建一个由不同元素构成的无缝三维虚拟空间。
（2）模拟出摄影机在这个空间中的运动（可选）。
（3）模拟出特定媒体的工艺效果（可选）。

三维计算机动画可以从无到有创建一个虚拟空间，而合成通常依赖于现有的影像或视频素材。因此，我需要解释一下，为什么我强调虚拟空间是合成的结果。我们来思考两个关于合成的例子。合成器可以使用一系列运动影像和静态影像来创建一个全新的三维空间，然后生成一个摄影机在这个三维空间中运动。例如，雷尼·哈林（Renny Harlin）导演的电影《绝岭雄风》(*Cliffhanger*, 1993)中的一个镜头：西尔维斯特·史泰龙（Sylvester Stallone）扮演的主人公先在摄影棚中的蓝幕前拍摄，然后该画面与山地景观的画面合成。最后，镜头呈现出的是史泰龙高悬于群山峻岭的深渊之上。还有一些情况下，新的元素会添加（或删除）到真人扮演的段落中，视角或摄影机运动却不会改变。例如，三维计算机生成的生物可以添加到真人拍摄镜头中，如史蒂文·斯皮尔伯格（Steven Spielberg）导演的《侏罗纪公园》(1993)中恐龙的许多镜头（特效由工业光魔［Industrial Light and Magic］公司制作）。第一个例子中，合成镜头所呈现的内容永远不会发生在现实中，这一点非常明显。换言之，合成的结果是一个虚拟空间。第二个例子中，现有的物理空间看似被保留，然而最后形成的同样也是一个并不存在的虚拟世界。换句话说，真正存在的只是一片没有恐龙的草地。

数字合成已经成为常规，在电视广告、音乐短片、计算机游戏场景、故事片镜头，以及计算机文化中，将各种各样的运动影像组合到一起。整个20世纪90年代，好莱坞导演越来越依赖合成技术，而电影中合成的部分也越来越多。1999年，乔治·卢卡斯推出了《星球大战前传1：幽灵的威胁》(*Stars Wars: Episode 1—The Phantom Menace*，以下简称《幽灵的威胁》)。根据卢卡斯所述,电影 95% 的内容都是计算机合成的。下文中,我也将继续讨论,数字合成作为一种创建动态影像的技术,其历史可以追溯到电影中的视频抠像和光学印片,但这些曾经相当特殊的操作手段现在变成了创建运动影像的常规模式。数字合成也大大扩展该技术的可用范围,现在,它允许制作者调节单个图层的透明度、制作(理论上)无限多个图层的组合。例如,好莱坞电影中一个典型的特效镜头可能由几百个,甚至上千个图层组成。虽然在某些情况下,一些图层可以实时完成自动组合(虚拟场景技术 [virtual sets technology]),但一般情况下,合成是一项费时费力的操作。前文中,我提到了《摇尾狗》中的那场戏,但这场戏没有指出一点:合成一个场景通常会耗费好几个小时。

数字合成体现了计算机文化中的一个更有普遍意义的操作——将一系列元素组装起来,创建一个无缝的对象。因此,我们可以对广义上的合成(一般性的操作)和狭义上的合成(将电影影像元素组合起来,创造出一个栩栩如生的镜头)作一区分。后者的含义与"合成"一词的公认用法相对应。对我来说,狭义上的合成是操作中的一个特例,即一个将新媒体对象组合在一起的典型操作。

合成是一种具有普遍意义的操作,与它对应的操作是选择。一个典型的新媒体对象是由来源不同的各类元素组合起来的,制作者需要将这些元素进行互相协调、配合,最终整合在一起。虽然选择和合成这两种操作的逻辑显示,它们总是先后发生(先进行选择,然后合成)的,但实际上它们之间具有很强的交互性。当一个对象被组装好了一部分后,制作者就需要继续加入新的元素,现有的元素也可能需要返工。不同规格的新媒体对象具备共同的模块化组织方式,这使得交互性成为可能。在整个生产过程中,各个元素保留各自的特性,因此很容易修改、替换,或删除。完成后,新媒体对象作为一个整体的媒体"流"进行"输出",其中的元素不能再单独使用。Adobe Photoshop 5.0 中的"合并图层"(flatten image)功能,就是将不同元素"混叠"成同一个媒体流的操作案例。另一个例子是将数字合成的运动影像段落转录到胶片上,这是 20 世纪 80、90 年代好莱坞电影制作的典型流程。

在另一种情况下，已经被成的新媒体对象在其分发的过程中仍可能保留其模块化结构。例如，在许多计算机游戏中，玩家可以互动式地操作角色，在游戏空间中移动人物。有些游戏中，用户可以在背景之上移动人物的二维影像，这些二维的人物影像被称为"Sprite"；还有一些游戏中，游戏中所有对象，包括人物，都呈现为三维物体。这两种情况中，各个元素在生产过程中进行调整，从而在风格上、空间上和语义上形成统一的整体。而用户在玩游戏的过程中，可以在程序设定的范围内对不同元素进行改动。

总体来说，三维计算机图形呈现比二维影像更"进一步"，因为它允许元素的真正独立。凭借这种进步性，它可能逐渐取代图像流，如照片、二维绘画、电影、视频。换言之，与二维静态图像或二维运动影像流相比，三维计算机图形呈现具有更明显的模块化特性。这种模块化使得设计师可以随时修改场景，也赋予了场景一些附加功能，例如，用户可以"操控"角色、在三维空间中移动角色。许多场景元素也可以在未来的制作中反复使用。另外，模块化还使媒体对象实现了更加有效的存储和传输。例如，通过网络发送视频片段时，用户需要发送构成片段的所有像素，而传送三维场景时，用户只需要发送场景中对象的坐标即可。这就是在线虚拟世界、在线计算机游戏，以及联网军事模拟器的运作方式：首先，将组成虚拟世界的对象副本下载到用户的本地计算机上；之后，服务器只需要不断发送新的三维坐标即可。

如果说计算机文化的总体发展轨迹，是从二维图像（影像）到三维计算机图形，那么数字合成代表了两者之间的中间历史步骤。一个合成空间由一系列运动影像层组成，这比真实空间中的一个镜头更具有模块性。因为这些图层可以重新调整层次位置，也可以逐个进行调整。然而，这种呈现方式不像真正的三维虚拟空间那样具有高度的模块化，因为每个图层都保留了各自的视角。三维计算机生成场景是否会完全取代运动影像"流"？这不仅取决于文化对计算机场景外观的接受度，而且取决于经济因素。比起比电影或视频拍摄的相同场景，三维场景的确具有更多的功能，但是，在同样的细节水平情况下，生成一个三维场景要昂贵得多。

所有媒体类型都在趋于模块化，运动影像走向模块化就是这一大趋势的表现之一,这一演变趋势可以追溯到流行媒体文件格式的历史。QuickTime 的早期开发者认为,一部 QuickTime 格式的电影可以由一系列独立的轨道构成,就像一张 Photoshop 图像包括若干图层一样。QuickTime 4 格式(1999)由 11 条不同类型的轨道组成,包括视频轨道、音频轨道、文本轨道和 Sprite 轨道(视频中可以独立运动的图形对象)。[①]QuickTime 将不同类型的媒体元素放置到不同轨道上,各类元素可以单独地被编辑、输出,以此鼓励设计师使用模块化思维。此外,电影中也可能包含多个视频轨道,这些轨道就像数字合成中的图层一样。借助阿尔法通道(随视频轨道保存的遮罩[mask])和各种各样的轨道间交互模式(如半透明),QuickTime 用户可以在一部 QuickTime 电影文件中创建出复杂的合成效果,而不必使用特殊的合成软件。从实际效果来看,QuickTime 的工程师将数字合成嵌入了媒体格式之中。以前需要专业软件才能完成的操作,现在使用 Quicktime 的内置功能就可以轻松完成。

媒体格式数据模块化的程度日益加深,另一个例子是 MPEG 格式。[②]MPEG 格式的早期版本 MPEG-1(1992)的定义是"在存储介质上保存和检索运动影像和音频的标准格式。"这种格式是一种针对传统视频和音频数据的压缩方案。比较而言,MPEG-7(2001)的定义是"对多媒体信息进行搜索、筛选、管理和处理的内容呈现标准"。这是基于媒体合成的另一个概念,包括一系列不同种类的媒体对象,从视频、音频到三维模型和面部表情,也包含了如何组合对象的信息。MPEG-7 提供了一种抽象的语言来描述这个情景。因此,顺着 MPEG 的演变,我们能够厘清对于新媒体的理解演变——从传统的"流",到模块化组合。从逻辑上看,与其说它们属于传统的图像或电影范畴,不如说它们更像结构化的计算机程序。

对于蒙太奇的抵制

后现代主义美学与"选择"这一计算机操作之间的联系,也适用于

---

① http://www.apple.com/quicktime/resources/qt4/us/help/QuickTime%20Help.htm.
② http://drogo.cset.it/mpeg.

"合成"。这两种操作结合在一起，同步反映了后现代主义的实践——模仿（pastiche）和借用（quotation）。两种操作协同工作："选择"操作从"文化数据库"中选择元素和风格，"合成"操作把它们组装成新的对象。因此，合成与选择一样，都是后现代的作者身份模式，或者说是基于计算机的作者身份模式的一种重要操作手段。

与此同时，从数字技术本身的隐喻来看，审美和技术虽然表面上是一致的，但本质上应该看作互相独立的不同层面。20世纪80年代的后现代主义美学逻辑与20世纪90年代基于计算机的合成逻辑是全然不同的。在20世纪80年代的后现代美学中，历史参考和媒体引用都作为独立元素得以保留；元素之间有着清晰的区分（例如大卫·萨尔[David Salle]的绘画，芭芭拉·克鲁格[Barbara Kruger]的摄影蒙太奇，以及各种各样的音乐短片[又称MTV]）。有趣的是，这种美学呼应了同时期的电子化和当时的早期数字化工具（如视频切换台、抠像处理器、数字视频特效，以及色彩分辨率有限的计算机显卡）。这些工具可以实现"复制和粘贴"之类的硬操作，但并不能处理细腻多层的合成。（20世纪80年代最重要的后现代艺术家之一理查德·普林斯[Richard Prince]就以"挪用"摄影作品闻名。许多证据表明，他在开始制作"挪用"照片之前，经营着最早的计算机照片编辑系统——这是他商业类工作的一部分。）20世纪90年代的合成遵循的是另一套美学体系，其特征是平滑性和连续性。各种元素混合在一起，边界不再被强调，而是被抹除。这种连续性美学大部分出现在通过数字合成（即，狭义上的、技术层面上的合成）而实现的电视镜头中以及故事片的特效段落中。例如，在《侏罗纪公园》里，计算机生成的恐龙与自然景观完美融合，在詹姆斯·卡梅隆导演的《泰坦尼克号》（1997，特效由数字王国[Digital Domain]公司制作）中，真人演员、三维虚拟演员，以及计算机渲染的巨轮也融合在一起。另外，连续性美学还出现在新媒体的其他领域。计算机生成的变形可以用连续性过渡将两个图像连接起来，而以往这一效果通常是通过"溶"或"切"方式实现。①

---

① 关于变形，薇薇安·索布恰克有精彩的理论分析，见 Vivian Sobchack, "'At the Still Point of the Turning World': Meta-Morphing and Meta-Stasis," in Sobchack, ed., *Meta-Morphing*.

142　许多计算机游戏也遵循了连续性美学，用电影术语来说，它们都是长镜头——从开始到结束，中间没有剪切，游戏呈现了一条穿越三维空间的连续性轨迹。这一点在第一人称射击游戏，如《雷神之锤》中，尤为真实。蒙太奇在这些游戏中的缺席，恰恰适应了游戏中使用的第一人称视点。这些游戏模拟了人类体验所具有的连续性，符合物理定律。从电报、电话、电视发展到远程在场与万维网，现代通信使我们搁置这些物理规律，只需要扭动开关或者按下按钮，就可以从一个虚拟位置瞬间移动到另一个虚拟位置。然而在现实生活中，我们还是要服从物理法则：要想从一个点移动到另一个点，我们必须经过两点之间连线上的每一个点。

所有这些例子——流畅的合成、变形、游戏中不间断的导航，都有一个共同点：传统媒体依靠蒙太奇实现的地方，新媒体都用连续性美学取而代之。胶片的剪切被数字变形或数字合成所取代。同样，文学和电影中那种现代化叙述在即时改变时空上的特征，都被游戏和虚拟现实中不间断的第一人称叙述取代。计算机多媒体也不再使用任何蒙太奇手段。将不同的感知联系到一起的愿望，或者使用新媒体的行话来说，将不同的媒体轨道关联到一起的愿望，是整个20世纪中许多艺术家的诉求（简单举几个例子，康定斯基［Kandinsky］、斯克里亚宾［Skriabin］、爱森斯坦和戈达尔［Godard］等），这种诉求与多媒体并不相关。蒙太奇所遵循的只是简单的加法原则：不同媒体的元素毗邻而居，没有人试图建立它们之间所谓的对比、补充或不协调。20世纪90年代的网站是最好的例子，网站中并列呈现着不同的媒体元素，包括JPEG图像、QuickTime片段、音频文件和其他媒体元素。

在现代图形用户交互界面中，我们也可以发现明显的反蒙太奇倾向。在20世纪80年代中期，苹果公司发布了一套适用于麦金塔计算机所有应用软件的交互界面设计指南。根据指南信息，交互界面应该借助多种感知体系来传播讯息。例如，屏幕上显示的警告框应该伴有提示音。这种不同感知的协同运作，就像传统电影语言中不同媒介按照自然主义的方法进行运用——这曾经遭到爱森斯坦等蒙太奇电影工作者的反对。现代图形用户交互界面中，另一个反蒙太奇倾向的例子是多重信息在计算机屏幕上和平共处，比如一组同时打开的窗口。就像网页上的各类媒体元素并列共存一样，用户可以不断地添加更多的窗口，而不会在它们之间产生任何概念上的张力。

虽然在许多情况下，没有合成技术，就没有连续性美学，但不能就此认为合成技术带来了连续性美学。同样，蒙太奇美学在诸多现代艺术和现代媒体中占据了主流，我们也不应该简单地认为这是新工具的出现所带来的结果，因为这些工具所带来的可能性，以及所存在的局限性，都促进了蒙太奇美学的发展。举例来说，摄影机可以实现拍摄一定长度的电影，但这个片长是有限的。要想创建更长的影片，电影工作者就需要把一段段胶片连接到一起。这是剪辑中的典型情况，即修剪片段，然后将片段黏合在一起。毫不奇怪的是，现代的电影语言建立在非连续性的基础上：短镜头接短镜头，视点也在不同镜头之间切换。蒙太奇学派将这种非连续性发展到了极致，所有的电影学派都以这种非连续性为基础。但也有极少数例外，如安迪·沃霍尔（Andy Warhol）的早期电影和迈克尔·斯诺（Michael Snow）的《波长》(*Wavelength*)。

在整个20世纪中，从20世纪20年代的先锋派，到20世纪80年代的后现代主义，蒙太奇美学曾一直占据主导地位。而在计算机文化中，蒙太奇美学不再占据主导。数字合成中，不同的空间组合成一个无缝虚拟空间，这很好地证明了连续性美学。进一步说，一般意义上的合成，都对应了蒙太奇美学。蒙太奇的目的是在不同元素之间的创造视觉、风格、语义和情感上的冲突。合成则与此相反，其目的是将不同元素混合成一个无缝的整体，一个单一的完形（gestalt）。我在前文中已经提到，DJ是"通过选择进行创作"的艺术家，这里，我将再次使用DJ来作为例子，来说明连续性所蕴含的反蒙太奇美学如何影响了文化，以及它如何突破了由计算机生成的静态图片、运动影像和空间。DJ艺术家的能力体现在从一个音轨到另一个音轨的无缝转接。因此一名伟大的DJ是既是合成大师，又是杰出的反蒙太奇艺术家。他能够通过丰富的音乐层次，创造出完美的时空转换；他可以面对舞动的人群，实时地完成这种转换。

在前文讨论菜单中的"选择"时，我曾指出"选择"这一操作在新媒体和总体文化中都具有典型意义。同样,"合成"操作也不限于新媒体。例如,在当代的包装和建筑中频繁地使用一层或多层半透明材料。其结果就是视觉合成,因为观看者既可以看到呈现在表面的内容,也可以同时看到表层后面的东西。有趣的是,有一个建筑项目明确地指涉了计算机文化,这就是"数字之家"(The Digital House,Hariri and Hariri公司,1988)项目。这一建筑从里到外系统性地采用了半透明的层次。[1] 在密斯·范德罗厄(Mies van der Rohe)著名的玻璃房子中,居民可以透过玻璃墙一览大自然,而在"数字之家"这一更复杂的设计中,人们可以一览无余地看到所有的内部空间。因此可以说,"数字之家"的居住者目之所及之处都是复杂的视觉合成。

与选择一样,合成也是新媒体的一般性操作。在探讨了广义的合成之后,现在我将集中到一个更具体的例子——狭义上的合成,即,使用特殊的合成软件,将几个独立的段落、照片(此项可选)组合成一个运动影像段落。如今,数字合成越来越多地运用到运动影像之中,例如电影特效,以及计算机游戏、虚拟世界和大多数电视的视觉特效,甚至是电视新闻中。大多数情况下,通过合成构成的运动影像呈现出一个虚假的三维世界。我之所以称之为"虚假的",因为无论合成器是使用各类元素来创建全新的三维空间(例如《绝岭雄风》),还是只在实景镜头中增加元素(以《侏罗纪公园》为例),所产生的运动影像内容在现实中都是不存在的。数字合成与其他模拟技术属于一类技术——都用于仿造现实。因此,时装和化妆、写实油画、西洋景、军事诱饵和虚拟现实技术的最终目的,都是为了欺骗观看者。为什么数字合成具有优势呢?如果要开展一项研究,对数字合成与先前的视觉模拟技术之间的历史关系进行考古学探索,重要的历史节点在哪里?或者,让我们换一个问法,推动这些技术发展的历史逻辑是什么?我们是否应该期望计算机文化会逐渐摒弃纯粹基于镜头的成像方式(如摄影、电影、录像),而代之以合成影像,并最终以计算机生成的三维模拟取代这一切?

---

[1] Terence Riley, *The Un-private House* (New York: Museum of Modern Art, 1999).

合成的考古学：电影

我将以"波将金村庄"为例子，开始关于合成的考古学讨论。根据历史上的传闻，在 18 世纪末，俄国统治者叶卡捷琳娜大帝（Catherine the Great）决定在俄国各地旅行，直接地观察和了解农民的生活。叶卡捷琳娜大帝的情人、时任总督的波将金（Potemkin）下令沿着计划的路线临时修建假村庄。每个村庄都有一排漂亮的外墙，外立面朝向道路。同时，为了掩饰这些人工仿造的痕迹，他把这些村庄安置在一个相当远的距离之外。由于叶卡捷琳娜大帝一路上从来没有下过马车，旅行归来后，她以为所有农民都生活在一片幸福与繁荣之中。

在 20 世纪 70 年代的苏联，我成长过程中也经历过类似的"精心安排"。彼时彼处，所有公民的生活都是分裂的，一面是他们生活于其中的丑陋现实，一面是打着意识形态幌子的闪亮的官方外墙。然而，这种分裂不仅发生在隐喻的层面，而且真切地发生在现实中，尤其是在莫斯科——这座共产主义城市的样板间。当重要外宾访问莫斯科时，他们就像叶卡捷琳娜大帝一样，坐在豪华轿车中，总是沿着一些特殊安排的路线参观各地。在这些游览路线两边，每栋建筑都粉刷一新，商店橱窗展示着各色商品，醉鬼早早地就被民兵们清理一空。苏联现实中的单调、褪色、破败、杂乱，都被从参观者的视野中精心隐去了。

苏联执政者们沿用了 18 世纪"仿造现实"的做法，把某些选择好的街道转化成虚假的街道立面。20 世纪带来了更有效的仿造现实技术——电影。马车或者汽车的窗口换成了显示投影的屏幕，电影为模拟开辟了全新的可能性。

我们都知道，虚构电影是以对观众的欺骗为基础的。电影式空间的建构是一个很好的例子。传统的虚构电影带我们进入一个空间——比如一个房间、一所房子、一个城市。通常，这些在现实中都不存在。真实存在的是摄影棚中精心构筑的几个场景。电影将这些分散的场景组合起来，构成一个浑然一体的幻觉空间。

合成技术的发展成熟，与 1907 年到 1917 年美国电影从所谓的原始电影时期向经典电影时期的转变相符合。在经典时期之前，电影的影院空间和银幕空间有着明确的区分，这和戏剧或杂耍表演非常像。观众可以自由交谈，随意进出，与电影叙述保持一定的心理距离。与此相对应，早期电影的呈现系统是表象的（presentational）：演员面向观众表演，一定要正面面对观众。[①] 镜头的合成也强调这种正面性。

我在前面讨论过，经典好莱坞电影与此相反：将观众放置于故事的虚构空间之中，要求观看者对片中人物感同身受，并以人物的视角来体验故事。因此，空间不再仅仅作为戏剧的背景。借助新的合成原则、舞台调度、场景设计、全景深摄影、照明和摄影机运动，观看者位于每个镜头的最佳观看视角。观众"存在于"并不真正存在的空间内。

一般情况下，好莱坞电影一直小心翼翼地掩饰其电影空间的人工痕迹，但有一个例外：20世纪30年出现的背投（rear-screen projection，又译"背景放映"）镜头。这类镜头的典型场景是：演员坐在一个静止的车内，汽车窗户外面的银幕上投射着运动的风景镜头。在好莱坞电影中常见的流畅质感与这种背投镜头的人工性形成了鲜明对比。

将不同场景合成为一个浑然一体的空间，这只是虚构电影仿造现实的一个例子。电影一般由一系列影像段落构成，这些段落常常来自不同的物理空间。两个相连的镜头，看起来像在同一个房间内发生的，其实可能来自摄影棚中的两个位置，也可能分别来自莫斯科和柏林，或者柏林和纽约。观众永远不会知道。

从18世纪的波将金村庄到19世纪的全景画和西洋景，与之前的仿造现实技术相比，电影有了更大的优势。在电影之前，模拟局限于在真实空间中建造一个虚构空间，以供观众观看。这类例子包括剧场舞台的装饰物和军事诱饵。在19世纪，全景画做出了一个小的改进：把观看者封闭在一个360度的视野空间中，将虚构的空间扩大了。达盖尔做出了另一项创新，在他的伦敦立体西洋景里，观众可以从一个场景移动到另一个场景。正如历史学家保罗·约翰逊（Paul Johnson）所述，达盖尔的圆形剧场有

[①] 关于早期电影的表现体系，见 Musser, *The Emergence of Cinema*, 3。

"200 个座位，73 度的视场角，一张'图片'翻到另一张，观众透过一个 2800 平方英尺（约 260 平方米）的窗口来欣赏"[1]。但早在 18 世纪，波将金就把这项技术发展到了极限：沿着观众（叶卡捷琳娜大帝）的观赏路线，他创造了一出巨大的虚构场景：一部绵延百里的西洋景。而电影则与此不同，电影的观看者保持静止，运动的是电影本身。

因此，以往的模拟技术受限于观看者的身体物质性，需要存在于特定的空间和时间中，而电影突破了这种空间和时间的限制。电影用图像素材替换了人类视觉直接看到的影像，并且把这些影像剪辑到一起。借助剪辑，在不同地理位置或者在不同时间拍摄的影像，可以创建出一个具有连续性的时空幻觉。

剪辑，或蒙太奇，是 20 世纪仿造现实的重要手段。历史上的电影理论家已经将蒙太奇分为不同种类，在这里，为了概述从模拟技术到数字合成的历史，我将蒙太奇分为两种：第一种是时间蒙太奇——将不同的现实连接，形成时间上连续的片段。第二种是单一镜头内部的蒙太奇——这种蒙太奇与前一种相反，它将不同的现实连接，形成同一影像的多个不确定方面。第一种时间蒙太奇更为常见，适用于电影中"蒙太奇"的含义，也就是我们所熟知的电影语言。与此相反，单一镜头内部的蒙太奇在整个电影史上的使用较为少见。这种蒙太奇的一个例子是爱德华·波特（Edward Porter）在 1903 年拍摄的《美国消防员的生活》(The Life of an American Fireman) 中一段关于表现梦的段落，在一个睡着的脑袋上出现了梦的画面。这种蒙太奇的例子还包括：1908 年出现的分割屏幕，同时展现了在电话两端交谈的对话者；20 世纪 20 年代先锋电影工作者的图像叠加与分割画面（例如维尔托夫《持摄影机的人》中的叠加影像，以及 1927 年阿贝尔·冈斯《拿破仑》中的一分为三的画面）；背投镜头；深焦镜头，以及将近景与远景并置的特殊组合策略（例如，人物从一个窗口向外看，就像《公民凯恩》[Citizen Kane]、《伊凡雷帝》[Ivan the Terrible]

---

[1] Johnson, *The Birth of the Modern: World Society, 1815–1830* (London: Orion House, 1992), 156.

和《后窗》[Rear Window]中的相关镜头）。①

在虚构电影中，时间蒙太奇起到了一系列作用。我在前文中已经谈到，它为虚拟空间创造出一种存在感。它也可以用来改变单个镜头的意义（比如库里肖夫效应），或者更准确地说，它使用电影式现实中的片段构建出了一定的意义。然而，时间蒙太奇的使用超出了艺术性虚构的范畴。蒙太奇在宣传片、纪录片、新闻、广告等方面广泛使用，成为一项意识形态操纵的重要手段。在这种意识形态蒙太奇实践中，走在前面的又是维尔托夫。1923年，维尔托夫分析了他是如何使用拍摄于不同时间地点的镜头，剪辑成新闻节目《电影真相》(Kino-Pravda)。这是维尔托夫蒙太奇的一个例子："人民英雄的尸体被放入墓穴（1918年拍摄于阿斯特拉罕）、坟墓被盖上土（1921年拍摄于喀琅施塔得）、礼炮鸣响（1920年拍摄于彼得格勒）、永远的纪念，人们脱帽致敬（1922年摄于莫斯科）"。另一个例子是："人群向列宁同志致以问候的镜头和机器向列宁同志致意的镜头剪辑在一起，而这些镜头分别拍摄于不同时间"。② 维尔托夫的理论认为，通过使用蒙太奇，电影可以突破其索引性的本质，在观众面前呈现出现实中并不存在的影像。

合成的考古学：录像

在电影之外，单一镜头内的蒙太奇还成为现代摄影和设计的标准方法（亚历山大·罗琴科、埃尔·李西茨基 [El Lissitzky]、汉娜·赫克、约翰·哈特菲尔德 [John Heartfield]，以及20世纪无数位不知名的设计师所创作的摄影蒙太奇作品）。在运动影像领域，仍然是时间蒙太奇占据主导。时间蒙太奇是电影仿造现实的主要操作手段。

第二次世界大战后，以胶片为基础的电影逐渐向电子化影像记录和剪辑发展。这种转变带来了一种新技术——抠像。抠像是指将两种来源不同的影像进行合并，现在已经成为影视工业中使用的基本手段。在一段视

---

① 《公民凯恩》《伊凡雷帝》的例子来自 Aumont et al., *Aesthetics of Film*, 41。
② Dziga Vertov, "Kinoki: Perevorot" (Kinoki: A revolution), *LEF* 3 (1923): 140.

频影像中，制作者可以抠出相同颜色的区域，用其他的内容取代。重要的是，取代的新内容可以是发生在某处的实时录像、一段提前录好的磁带或计算机生成的图形。制造虚假现实又有了更多的可能性。

20世纪70年代，电子抠像成了电视节目的标配，抠像的应用范围也从静止图片、运动影像扩展到常规性的单一镜头内部的蒙太奇。事实上，在经典电影中曾经处于边缘位置的背投等特效镜头，逐渐变成了常态，比如：气象云图前的天气预报播音员、新闻报道画面前的新闻播音员、音乐短片中在动画效果前表演的歌手。

借助抠像创建的画面呈现出的是由两个不同空间构成的混合现实。一般来说，电视将这些空间在语义上联系起来，而不考虑视觉上的关联。举一个典型的例子，一个播音员坐在演播室的画面，她的身后抠出了一个窗口，我们可以从中看到关于某条市区街道的新闻片段。这两个空间通过其含义（播音员在播报抠图窗口中所呈现的事件）联系起来，但在视觉上它们是脱节的——两者的画幅不一样，视点也不同。经典的电影蒙太奇创造了一个连续性空间的幻觉，并隐匿了蒙太奇本身，而电子蒙太奇光明正大地为观众呈现出不同空间之间明显的视觉冲突。

如果这两个空间无缝合并会怎样呢？1987年，波兰裔导演兹比格涅夫·雷布琴斯基（Zbigniew Rybczynski）执导的《阶梯》（*Steps*）实践了这种无缝合并。《阶梯》用录像带摄制，应用了视频抠像，其中还使用了电影胶片片段，并在无意间涉及了虚拟现实。这样看来，雷布琴斯基将模拟技术、电子技术和数字技术这三代仿造现实的技术结合了起来。他还提醒我们，早在20世纪20年代，苏联电影工作者们就实现了蒙太奇的各种可能性，而这些可能性将继续以电子和数字的媒介形式进一步扩展。

在《阶梯》视频中，一群美国游客应邀来到设备精良的视频演播室中，参与一项兼具虚拟现实和时间机器的实验。参与者站在蓝幕前面，接下来，他们发现自己站在了著名的奥德萨阶梯上，这是取自谢尔盖·爱森斯坦《战舰波将金号》（*Potemkin*，1925）的片段。雷布琴斯基巧妙地将摄影棚中的人物与《战舰波将金号》的镜头抠像到一起，建立起一个连续的空间。同时，他把游客的彩色录像与爱森斯坦原版电影中颗粒感明显的黑白素材进行了对比,强调这个空间的人工痕迹。游客在台阶上上下下,抓拍进攻士兵的照片,还有人在逗摇篮里的宝宝玩。渐渐地,两个现实开始交互和混合:一些美国人被爱森斯坦电影片段中的士兵射中,跌下台阶;有个游客掉落了一只苹果,苹果被一名士兵捡起。

雷布琴斯基重新剪辑的片子很有讽刺意味,奥德萨阶梯曾经是电影蒙太奇史上一个著名案例,它在雷布琴斯基的片子里成为一个普通元素。爱森斯坦剪辑的原版镜头,现在又与游客的视频画面重新剪辑到一起,既使用了时间蒙太奇,也使用了单一镜头内的蒙太奇,后者通过视频抠像完成。由此,"电影效果"与"视频效果"并置,彩色片与黑白片并置,视频的"在场性"与电影的"已然性"并置。

在《阶梯》中,爱森斯坦拍摄的片段变成一台发生器,产生出各种各样的并置、叠印、混合和重新混合。但是对于雷布琴斯基来说,这个片段不仅仅是他本人的蒙太奇作品中的一个元素,还是一个奇特的、真实存在的空间。换句话说,奥德萨阶梯的片段可以看作一个包含真实空间的镜头,这个空间像旅游景点一样,可供游客参观。

除了雷布琴斯基,还有一位导演也在系统性地探索单一镜头内的电子蒙太奇实验,他就是让-吕克·戈达尔。在 20 世纪 60 年代,戈达尔积极探索时间蒙太奇的可能性,例如跳切。在他后来的作品中,如《〈受难记〉的剧本》(Scénario du film "Passion",1982)和《电影史》(Histoire(s) du cinéma,1989 ~ 1998)中,他采用电子手段把一系列图像混合到一起,构成一个镜头,从而形成了一套独特的连续性美学。雷布琴斯基的美学基于视频抠像操作,戈达尔的美学同样依赖于一个各类视频编辑器中通用的操作——混合。戈达尔采用电子合成器在画面之间创建了非常缓慢的交叉溶接,这最终没有分解出一幅单独的图像,反而成了电影本身的内容。在《电影史》中,戈达尔将两个、三个或者多个画面混合在一起。影像逐渐淡入淡出,但始终没有完全消失,每次都在屏幕停留几分钟。这一手法可以理解为对思想或精神图像的呈现,这些图像漂浮在我们的脑海中,时而清晰,时而模糊,虚实不定。戈达尔还使用了该手法的一个变种:在两幅画面之间来回切换,最终完成了从一个画面转到另一个画面的转换。画面一遍又一遍地来回闪烁，直到第二幅画面最终取代了前面的画面。这个手法也可以理解为，戈达尔试图呈现心理活动——大脑从一个概念到另一个概念、从一个心理图像到另一个心理图像、从一个记忆到另一个记忆，将它们关联起来的活动。根据洛克（Locke）及其他联想论哲学家的看法，这种尝试力图呈现人类心理生活的基础。

戈达尔写道："简单的画面不复存在……对于一幅图像来说，整个世界的内容太过庞杂。我们需要好几幅图像，或者一系列的图像……"[①] 因此，戈达尔始终使用大量影像，将画面交叉溶接到一起，不断融合又相互分离。电子混合取代了时间蒙太奇和单一镜头内部的蒙太奇，这成为戈达尔用来呈现这个"模糊而复杂的、整个世界都在不断地加入和观赏的体系"的恰当手段。[②]

数字合成

模拟技术的下一代就是数字合成技术。乍看上去，在创造虚拟现实方面，计算机没有带来任何概念上的技术，只扩展了一些可能性，增加了将不同画面拼接到一个镜头中的方法。人们不再只把来源不同的视频抠像到一起，而是开始合成影像层。合成影像层没有数量的限制，一个镜头可以由数十、数百、数千层影像组成。这些影像可能来自不同的数据源——有的来自电影拍摄地点（"实拍镜头"），有的是计算机生成的场景，还包括虚拟演员、数字遮片绘景、档案影像素材等。自从《终结者2》（*Terminator 2*）和《侏罗纪公园》大获成功之后，许多好莱坞电影开始利用数字合成来制作影片，或者制作影片中的部分镜头。

因此，从历史来看，数字合成影像与电子抠像一样，都可以看作是单一镜头内部蒙太奇的延续。电子抠像创建出的混杂空间，让我们想起 20 世纪 20 年代先锋派艺术家罗琴科或莫霍利-纳吉的拼贴作品；而数字合

---

① Jean-Luc Godard, *Son + Image*, ed. Raymond Bellour (New York: Museum of Modern Art, 1992), 171.
② Ibid.

成可以让我们联想到 19 世纪发明的细腻的合成印相（combination prints）作品，如亨利·皮奇·罗宾逊（Henry Peach Robinson）和奥斯卡·G. 赖尔兰德（Oscar G. Rejlander）的作品。

但是，这种历史上的连续性具有欺骗性。数字合成的确代表了视觉模拟历史上崭新的一页，因为它创造出了现实中不存在的虚拟世界中的运动影像。计算机生成的人物可以在真人拍摄的自然景观中运动。反之亦然，真人拍摄的演员也可以在合成的场景中运动和表演。19 世纪的合成印相照片模仿了学院派绘画，数字合成模仿的对象则不同，它模仿的是电影和电视的现成语言。不管是真人拍摄镜头的组合，还是计算机生成元素构成的合成镜头，摄影机都可以在其中自如活动，推拉摇移、缩放。虚拟世界的元素之间能实时互动（例如，恐龙攻击车辆），同时，它允许观众从不同视角来观察世界，这些都成为真实性的保证。

创建虚拟世界（这个世界可以自由运动，也允许事物在其中自由运动）耗资不菲。虽然在《摇尾狗》中，合成的假新闻镜头可以实时完成，然而在现实情况中，协调众多元素来创造一个有说服力的合成镜头，是一项耗时的工程。例如，《泰坦尼克号》中有一个 40 秒的段落，摄影机飞越计算机生成的船舶，船上还有大量计算机生成的人物，这个段落花了好几个月才完成，它的总成本是 110 万美元。[①] 相比之下，虽然这种合成影像的复杂程度超出了视频抠像的技术能力，但视频抠像还是可以实时合成三类不同来源的画面。（这种图像处理时间及其复杂性之间此消彼长的关系，类似于我前面提到的另一个现象：图像处理时间及其实用性。也就是说，用三维计算机图形创造的影像比电影或录像机拍摄的影像流用途更广泛。但在大多数情况下，前者的生成需要耗费大量的时间。）

如果合成也能像电子抠像那样，将图像数量限制在一定范围内，合成也可以实时完成。与电子抠像相比，合成产生的无缝空间会带来更强烈的幻觉。实时合成的一个例子是虚拟场景技术，该技术最早出现在 20 世纪 90 年代，后来被广泛地应用于世界各地的电视演播室中。该技术可以实

---

① 见 Paula Parisi, "Lunch on the Deck of the Titanic," Wired 6.02 (February 1998) (http://www.wired.com/wired/archive/6.02/cameron.html)。

时合成视频影像和计算机生成的三维元素。(实际上,由于计算机元素的生成涉及大量的计算,从电视摄影机拍摄的原始影像到传递给观众的最终影像之间,会有几秒钟的延迟。)将演员的画面合成到计算机生成的场景中,也是虚拟场景技术的一种典型应用。计算机读取摄影机的位置,然后选择合适的视角将场景画面呈现出来。计算机生成演员的影子或倒影,并将它们纳入合成中,使得这种幻觉画面更加真实可信。由于模拟电视的分辨率相对较低,最后产出的效果还是相当可信的。虚拟场景技术的一个特别有趣的应用是在体育活动和娱乐活动的电视直播中替换和插入活动场地上的广告信息。计算机合成的广告信息以特定的角度插入到赛场上或者其他空白的区域,在观众眼里,它们仿佛在现实中真实存在。[1]

数字合成以一种全新的方式,从根本上革新了先前的视觉欺骗手段。纵观呈现的历史,艺术家和设计师们专注于在单一画面中建立一个可信的幻觉,这类画面包括绘画、电影银幕,以及叶卡捷琳娜大帝透过马车窗口看到的景色。因此,场景制作、单点透视、明暗对比、特技摄影,以及其他摄影技术都是为了解决这个问题。电影蒙太奇带来了一种新的范式——通过实时加入不同的画面,创造出在虚拟世界中身临其境的效果。因此,时间蒙太奇成为一种对现实中不存在的虚拟空间进行可视化模拟的主导范式。

随着电影和虚拟场景的数字合成应用到电视领域,计算机时代带来了一种全新的范式。这一范式关乎空间,而不是时间。它可以被看作继绘画、摄影、摄像之后的一种新的手段,为现实中不存在的空间创出一幅可信的图像。随着对这类技术的熟练掌握,文化开始进一步关注如何将这类图像无缝组接,构成一个有机整体(电子抠像、数字合成)。无论是新闻主播的视频直播与三维计算机生成场景进行合成,还是数千个元素合成的《泰坦尼克号》的画面,如何生产出可信的画面已不再是问题,问题是如何将它们融合在一起。因此,现在重要的是,如何处理不同影像组合时产生的接合边缘的问题。不同现实的接合边界成了新的竞技场,当代的

---

[1] *IMadGibe: Virtual Advertising for Live Sport Events*, a promotional flyer by ORAD, P.O. Box 2177, Kfar Saba 44425, Israel, 1998.

"波将金"们在这里一试高低。

合成与蒙太奇的新类型

在本节开始部分我曾指出，使用数字合成，用不同元素创造出连续空间，可以看作计算机文化反抗蒙太奇美学的一个例子。事实上，在20世纪之初，电影就可以通过时间蒙太奇模拟出一个空间，将不同镜头构成一组按时间顺序拼接的组合序列——到了20世纪末，新的技术已经可以实现类似的效果，而不再需要蒙太奇。通过数字合成，各种元素不是并置的，而是相互融合的，它们之间的界限被抹除，而不再被强调。

与此同时，将数字合成与电影蒙太奇的理论和实践联系起来，我们可以更好地了解这一合成运动影像的全新手段如何重新定义了运动影像。传统的电影剪辑优先使用时间蒙太奇——从技术上讲，单个镜头内部的蒙太奇比时间蒙太奇更难以实现——然而，合成技术使它们平等起来。更确切地说，合成抹除了两者之间严格的概念区别和技术区别。比如说，许多计算机剪辑程序和数字合成程序都有典型的交互界面布局，如流行一时的剪辑程序 Adobe Premiere 4.2，以及专业的合成程序 Alias|Wavefront Composer 4.0。在这类交互界面中，水平维度代表时间，垂直维度代表图像构成中不同图层的空间顺序。运动影像的序列显示为多个板块的垂直交错，每个版块代表一个特定的图层。20世纪20年代蒙太奇运动的理论家和实践者普多夫金（Pudovkin）曾经把蒙太奇理解为由一块块砖头连接起来的一维直线，从这个意义上看，现在的蒙太奇已经成为一面二维的砖墙。这种交互界面赋予了时间蒙太奇和单个镜头内部的蒙太奇以同等重要的地位。

如果说 Adobe Premiere 的交互界面将剪辑定义为二维的操作，那么时下最流行的合成程序之一 After Effects 4.0 就为交互界面增加了第三个维度。Adobe Premiere 延续了传统电影和视频剪辑的惯例——假定所有影像段落都具有相同的尺寸和比例。事实上，当用户需要处理非4∶3标准画幅比例的图像时，就会面对很多困难。相比之下，After Effects 提供了一个更大的画框，用户可以将任意尺寸和比例的影像段落放置其中。After Effects 的交互界面打破了以往运动影像媒体的惯例，在这种交互界面设定中，组成运动影像的各个元素可以自由运动、旋转，随时改变比例。

谢尔盖·爱森斯坦在他的蒙太奇著作中已经使用了多维空间的隐喻，其中一篇文章命名为《电影的第四维度》(Kino cheturekh izmereneii)。[1] 然而，他的蒙太奇理论最终只聚焦于一个维度——时间。爱森斯坦提出了一系列原则，例如对位法（counterpoint），这些原则可以用来协调不同视觉维度随时间产生的变化。他考虑的视觉维度包括图形的方向、数量、质量、空间和对比度。[2] 有声电影出现后，爱森斯坦也相应扩展了这些原则，用计算机语言来说，他考虑了视觉轨道和音频轨道的"同步"。后来，他又增加了色彩维度。[3] 爱森斯坦还制定了另一套原则"蒙太奇的方法"（methods of montage）。根据这套原则，不同镜头可以通过剪辑，形成一个较长的段落。"蒙太奇的方法"包括长度蒙太奇（metric montage），即使用镜头的绝对长度来建立"节拍"，以及节奏蒙太奇（rhythmic montage），即根据镜头中的运动模式进行剪辑。这些方法既可用于构建一个镜头段落，也可以在一个段落中组合使用。

合成操作中数字运动影像的新逻辑，与爱森斯坦以时间为中心的美学全然不同。数字合成使得空间维度（合成的三维虚拟空间，以及将所有图层合成起来的二点五维空间）、画框维度（独立的图像在二维画框内的运动）与时间维度同等重要。此外，在 QuickTime 3 和其他数字格式中，运动场景中嵌入了链接，这也增加了一种新的空间维度。[4] 在数字电影中加入超链接的典型做法，是将电影画面以外的信息链接到电影元素之中。例如，当出现某一个画面的时候，特定的网页同时在另一个窗口加载。这种

---

[1] Sergei Eisenstein, "The Filmic Fourth Dimension," in Film Form, trans. Jay Leyda (New York: Harcourt Brace and Company, 1949).
[2] Eisenstein, "A Dialectical Approach to Film Form," in Film Form.
[3] Eisenstein, "Statement" and "Synchronization of Senses," in Film Sense, trans. Jay Leyda (New York: Harcourt Brace and Company, 1942).
[4] 薇薇安·索布恰克对于 QuickTime 和数字移动影像进行了精辟的理论分析，见她的文章"Nostalgia for a Digital Object"。

做法对运动影像进行了"空间化":它不再完全填满屏幕,而只是众多窗口中的一个。

总之,如果说电影技术、电影实践、电影理论更强调运动影像在时间维度上的发展,那么可以说,计算机技术更看重空间维度。新的空间维度被这样定义。

(1)合成中不同图层的空间顺序(二点五维空间)
(2)通过合成构建的虚拟空间(三维空间)
(3)不同图层在画框内的二维运动(二维空间)
(4)运动影像与弹出窗口中链接信息的关系(二维空间)

爱森斯坦和其他电影工作者精心制定了一系列运动影像的视听维度列表,我们应该把以上这些维度也加入其中。这些新维度的使用开辟了电影的全新可能,并带来了对电影理论的新挑战。数字运动影像不再只是视听文化的一个子集,它构成了视觉-听觉-空间文化的一部分。

当然,就其本身而言,仅仅使用这些维度并不会产生蒙太奇效果。许多当代文化的图像和空间都是包含各类元素的并置,而将这种并置称为"蒙太奇"其实毫无意义。媒体批评家、历史学家莱尔基·胡塔莫(Erkki Hutamo)认为,我们应该把"蒙太奇"一词的使用留给更加"有代表性"的案例,在这里我将参照他的建议。① 因此,一个可以作为蒙太奇案例的新媒体对象需要满足两个条件:第一,元素的并置应该遵循一个特定的系统。第二,这些并置应该在建立意义、建立情感和美学效果方面发挥重要的作用。这两个条件也适用于衡量数字运动影像是否具有新的空间维度。通过建立一套逻辑,控制这些维度的变化值和相互关系,数字电影工作者可以创造出一种蒙太奇,我称之为空间蒙太奇。

数字合成可以营造无缝的虚拟空间,但它的前景远非如此。不同世界之间的界线,不必被刻意抹除;对于不同空间的呈现,不必在视角、比例

---

① Private communication, Helsinki, 4 October 1999.

和亮度上相匹配；不同的图层可以保留其各自的特征，不必完全被合并到同一空间；不同的世界可以在语义上相互冲突，不必构成一个统一体。在本节的最后，我将阐述几个作品案例，还有雷布琴斯基和戈达尔的录像作品，来进一步说明在传统的现实主义之外，数字合成还具有哪些新的审美可能性。虽然这些作品都出现在数字合成诞生之前，它们仍探索了合成的美学逻辑，因为合成首先是一个概念，而不仅是技术操作。我将用这些作品来介绍基于合成的另外两种蒙太奇方法：本体蒙太奇（ontological montage）和风格蒙太奇（stylistic montage）。

雷布琴斯基拍摄电影《探戈》（*Tango*，1982）时，他还住在波兰。这部电影把分层作为一种比喻，描述了20世纪下半叶社会主义国家过度拥挤的特征，也描述了人类共同生活的一般处境。许多人在一个小房间里循环进出行走，做出各式各样的表演，而且明显没有意识到其他人的存在。雷布琴斯基精心设计了行动的循环路线，即使人物不断地经过空间的同一个位置，他们也从来没有碰到对方。《探戈》使用光学印片实现了合成，导演将各种各样的元素及各个人物的世界叠加到一起，合成到一个空间中。（在电影中，每一个在房间内运动的人，都可以被看作一个单独的人物世界。）跟前面提到的《阶梯》一样，每个人物的世界在视角和尺寸上是匹配的——但观看者却都心知肚明：由于不符合物理常识，影片中呈现的场景在正常的人类经验中是不会发生的，或者在真实生活中是极不可能发生的。《探戈》中描绘的场景在物理意义上也许有可能发生，但发生的概率接近于零。《探戈》和《阶梯》这类作品中形成的就是我所谓的本体蒙太奇：从本体论角度来看，一些元素在同一时间和空间中是不能相容的，而本体蒙太奇实现了这类元素的并存。

捷克电影工作者康拉德·泽曼（Konrad Zeman）的电影体现了另一种基于合成的蒙太奇方法，我称之为风格蒙太奇。泽曼的职业生涯从20世纪40年代延续到20世纪80年代，他采用了各种各样的特效手段，在不同媒介中创造出风格各异的影像并置。他将不同媒介实时并置，从真人拍摄片段切换到一个拍摄模型的镜头或纪录片片段，也在同一镜头内使用同样的手法。例如，一个镜头中，可能包括真人拍摄的人物，也使用古老的雕刻作为背景，再加入数据模型。当然，早在第二次世界大战之前，许多艺术家，比如毕加索（Picasso）、布拉克（Braque）、毕卡比亚（Picabia）、马克斯·恩斯特（Max Ernst）等，就已经在不同媒介的静态影像中创造类似的元素并置。然而在运动影像领域，风格蒙太奇刚刚浮出水面。在20世纪90年代，计算机成为20世纪不同代际媒介的集贤堂——35毫米和8毫米胶片电影、业余和专业的录像，以及早期的数字电影格式都汇于计算机中。在此之前，电影工作者在一部影片中通常只使用一种格式，自20世纪70年代以来，胶片和数字格式加快了更新换代，各类不同视觉风格的元素共存已经成为一种常规，而不仅仅是对于新媒体对象的一种例外。合成的使用可以掩盖这种多样性，也可以突出这种多样性，在需要的时候人为制造出多样性。例如，电影《阿甘正传》（Forrest Gump）中强调了镜头之间的风格差异，人为模拟的电影和视频片段是该片叙述体系中的一个重要方面。

在泽曼的电影《吹牛伯爵历险记》（Baron Prásil，1961）和《乘坐彗星》（Na komete，1970）中，真人拍摄的片段、蚀刻画、微缩模型和其他元素以一种自觉而讽刺的方式层层叠加。像雷布琴斯基一样，泽曼在电影中维持了一个浑然一体的透视空间，也让我们意识到这是一个被建构起来的空间。他使用的一种方法是将真人拍摄的演员叠加在一幅古老的蚀刻画背景上。在泽曼的美学观念里，图形元素或电影元素都不占主导地位，它们以相同比例混合在一起，营造出独特的视觉风格。与此同时，泽曼将电影故事片制作的逻辑纳入动画逻辑，也就是说，在他的电影镜头中，真人拍摄的片段与图形元素结合起来，放置在几个平行的平面上，各类元素与银幕平行运动。这里，泽曼使用了动画摄影台的逻辑，将一沓沓图片平行放置，这不同于实景真人电影中摄影机在三维空间中穿梭运动（的逻辑）。我们在"数字电影"一节中会了解到，这种让真人拍摄隶属于动画制作的做法，是数字电影的一般性逻辑。

来自圣彼得堡的艺术家奥加·托布尔卢茨（Olga Tobreluts）在使用数字合成的同时，尊重透视空间统一的幻觉体系，但同时她也在不断玩弄这些规则。《聪明误》（Gore ot Uma，1994）是一部改编自著名戏剧的视频作品，这部戏的原作者是 19 世纪俄国剧作家亚历山大·格里鲍耶多夫（Alexander Griboyedov），该视频由奥加·科马罗娃（Olga Komarova）导演。在这部作品中，托布尔卢茨将一组代表不同现实的影像（植物的特写、动物园中的动物）层层覆盖地贴在室内空间的窗户和墙壁上。在一个镜头中，两个人物在窗前交谈，而窗外可以看到鸟群一涌而起的画面，这是取自希区柯克《群鸟》中的鸟群画面。在另一个镜头中，一对男女翩然起舞，在他们身后的墙面上，计算机渲染出的精致图案在不断变形。在这些类似的镜头中，托博鲁茨将两个现实的视角统一起来，但并没有将它们统一为大小一致的画面。这一结果就是本体蒙太奇，这也是单一镜头内部的蒙太奇中的一个新类型。这就是说，20 世纪 20 年代的先锋派和其后的音乐短片，在单一画面中将完全不同的现实并置；好莱坞的数字艺术家则利用计算机合成将不同的影像粘合成一个无缝的幻觉空间；泽曼、雷布琴斯基和托博鲁茨在这两种极端之间探索创意空间。在现代主义艺术家的拼贴和好莱坞电影式现实主义之间留有一片全新的领域，可供电影在数字合成的协助下探索。

远程行动

呈现与通信

  本节讨论第三种操作——远程行动。从本质上看，它与前面探讨的选择和合成有所不同。远程行动并不用于创建新媒体，只被用于访问新媒体。因此，我们一开始可能会认为远程行动对新媒体的语言没有直接的影响。

  当然，这种操作是由计算机硬件和软件设计师促成的。例如，大量的网络摄像头使得用户可以看到远程景象；许多网站都提供超链接，允许用户从一个远程服务器"瞬间移动"到另一个。同时，在许多商业网站中，网页设计师都使用各种方法阻止用户离开该网站。使用行业术语（大约在1999年时）来讲，设计师想让每个用户成为"硬核"用户（即，让用户留在网站）；商业化网页设计的目标是创造"黏性"（衡量个人用户在某个特定网站停留时间），并增加"眼球滞留时间"（网站忠诚度）。因此，尽管终端用户是远程行动的使用者，但实际上是设计师决定了远程行动能否真正实现。然而，当用户使用超链接从一个网站转到另一个网站时，使用远程在场来观察或参与远程行动时，使用网络聊天与其他用户进行实时交流时，或者仅仅打一个普通的电话时，并没有生成任何新的媒体对象。总之，当我们看到以"远程"（tele-）开头的动词和名词时，我们面对的就不再是传统文化领域中的呈现。相反，我们进入了一个全新的概念空间——即本书到目前为止还没有涉及的——远程通信。我们应该如何考察它呢？

提到19世纪的末期，我们会想到电影的诞生。在19世纪末的几十年里，尤其在19世纪90年代之后，许多现代媒体技术开始发展，能记录视觉现实（摄影）和声音（留声机）的技术纷纷诞生，影像、声音、文本（电报、电视、传真、电话和收音机）的实时传输也逐渐实现。然而，电影比这些发明都要更进一步，它在公共记忆中留下了最为深刻的印象。值得记忆和庆贺的一年不是1875年（乔治·R.凯里的第一次电视机实验），也不是1907年（传真的发明），而是1895年。显然，让我们印象更深的是（或者至少说，在互联网到来之前）现代媒体可以记录现实的各个方面，之后使用这些记录来模拟人类感官的能力。当时，人们并未关注现代媒体在实时通信方面的作用。如果让我们在成为卢米埃尔的第一批观众或者电话的第一批用户之间做一个选择，我们会选择前者。这是为什么？其原因是，全新的记录手段促进了全新艺术形式的发展，而实时通信并没有这方面的贡献。人们将现实中可以感知的各个方面都记录下来，进一步组合、加工和操作这些记录——简单说，对这些记录进行编辑，从而带来了主导20世纪的新媒体艺术形式：虚构电影、广播音乐会、音乐节目、电视连续剧和新闻节目。尽管先锋艺术家们孜孜不倦地进行实时通信方面的现代技术试验——如20世纪20年代的广播、20世纪70年代的录像、20世纪90年代的互联网，然而就实时通信跨越物理距离的能力而言，它似乎没有激发出全然一新的美学原则，而电影或录像带却做到了这一点。

自从19世纪——现代媒体的初始阶段开始，现代媒体技术就沿着两条不同的轨迹发展。一条是呈现技术——如电影、音频和视频磁带、各种数字存储格式。第二条是实时通信技术，也就是跟"远程"相关的一切——电报、电话、传真、电视、远程在场。20世纪的某些新的文化形式，如广播及后来出现的电视，处于这两条发展轨迹的交会处。在这一技术交会上，实时通信技术居于呈现技术之下。与广播一样，远程通信用于传播领域，20世纪无线电听众或电视观众可以实时接收传输信号。但一般来说，不管是电影、戏剧或音乐演奏，广播节目仍属于传统的审美对象范畴，也就是说，在传输之前，专业人员已经使用熟悉的现实元素制作好了节目。例如，尽管电视也保留了一些现场直播节目，比如随着录像机的使用出现的新闻和谈话节目，但大部分节目都是提前录制的。

从20世纪60年代起，一些艺术家尝试使用另外一组概念，如"进程"（process）、"实践"（practice）、"概念"（concept）之类，来取代传统定义中的审美对象。这种做法适得其反，反而更加强调了传统观念对我们文化想象的支撑作用。把审美对象当作一个对象，即有限空间或时间内的自足结构，构成了所有美学现代性思维的基础。例如，哲学家纳尔逊·古德曼（Nelson Goodman）在《艺术的语言》（*Languages of Art*，1976）中，概述了过去几十年中最有影响力的美学理论，他命名了以下四种审美征候——句法密度、语义密度、句法充实度、例证能力。① 这些征候假设在空间或时间上有一个有限的对象，如文学作品、音乐或舞蹈表演、绘画、建筑作品。关于现代美学理论基于固定对象概念的另一个例子，在罗兰·巴特的一篇影响甚广的文章《从作品到文本》（From Work to Text）中有所体现。在这篇文章中，巴特将传统观念中的"作品"与新观念中的"文本"做了对比，进而提出了他的七个"命题"。② 从这些命题中，我们可以看出，巴特的"文本"观念试图超越对传统审美对象的理解，从语义和实体上明确区分出该对象与其他对象不同的地方——但巴特最终还是保留了传统的概念。他的"文本"学说仍然是一般的意义上，读者对提前"写好"的东西进行"读解"。总之，"文本"是交互的、超文本的、分散的和动态的（我把巴特的命题转化为新媒体名词），它仍是一个有限的对象。

互联网将实时通信和异步通信变成了一项基本文化活动，要求我们重新思考审美对象的具体范式。美学的概念是否有必要承担呈现功能？艺

---

① Nelson Goodman, *Languages of Art*, 2d ed. (Indianapolis: Hackett, 1976), 252–253.
② Barthes, "From Work to Text," in *Image/Music/Text*.

术必须涉及一个有限的对象吗？用户之间的远程通信本身可以构成一个审美的对象吗？同样，用户搜索信息的行为可以进行审美解读吗？总之，在计算机文化中，用户访问并获取信息、用户之间的远程通信，变得与观赏一幅呈现作品一样普遍，我们是否可以将美学理论拓展到前两种新的情况中？

这些都是很难解答的问题。在开始解决问题之前，我会对不同类型的"远程"操作进行分析，对于这些操作我都将使用"远程行动"这一名词来概括。

远程在场：幻觉与行动

在詹姆斯·卡梅隆导演的电影《泰坦尼克号》（1997）的片头，我们看到一位操作员坐在总控室里，他戴着一个头戴式显示器，上面显示着从远程传输过来的影像。通过这个显示器，他可以远程控制一台小设备，并使用这台小设备探索海底的"泰坦尼克号"沉船内部。简言之，操作员所做的就是"远程在场"。

远程在场过去一直被用在特殊工业和军事中，随着网络兴起，近年来逐渐走入我们的生活中。在雅虎网上输入"有趣的联网设备"（interesting devices connected to the Net）这一关键词，可以搜索出大量指向网络远程在场应用的链接：咖啡机、机器人、可交互的铁路模型、音频设备，当然少不了流行的网络摄像头。[①]其中一些设备，如网络摄像头，并不支持真正的远程在场——我们可以看到远程位置的影像，但不能对其进行操作。而其他设备都是真正的远程在场链接，允许用户执行远程操作。

远程摄影机和《泰坦尼克号》中的远程巡航设备，都例证了在物理位置上远程"在场"的概念。同时，我们平时浏览网页的经验也在更加基本的层面上涉及了远程在场。通过超链接，用户从一个服务器"瞬间移动"到另一个服务器，从一个物理位置"瞬间移动"到另一个物理位置。如果

---

① http://www.yahoo.com.

我们仍然对《泰坦尼克号》中基于视频的远程在场心存迷恋，这只是因为我们还没有接受这一观念——在计算机文化中信息空间比物理空间更加重要。事实上，从一台服务器"瞬间移动"到另一台，在一个地点查看分布于世界各地的计算机中的文件，这些能力其实都比远程执行操作的能力更加重要。

本节进一步探讨远程在场更狭义的、更容易理解的含义：跨越一定的距离观看和作出行动的能力。我在前面完成了关于数字合成的考古学论述，在这里我想同样论述一条关于计算机远程在场的历史轨迹。数字合成与仿造现实的技术同步发展，这些技术包括时装和化妆、现实主义绘画、西洋景、军事诱饵和虚拟现实。远程在场可以看作一个用于可实施操作的再现技术，即允许观看者通过呈现画面来操纵现实。地图、建筑图纸和X射线也属于此类可实施操作的技术手段，它们都允许用户在一定距离之外采取行动。与传统的技术手段相比，远程在场有什么创新之处？这个问题将引出接下来关于远程在场的讨论。

我们看一下这个词本身，"远程在场"（telepresence）意味着在一定距离之外在场。但"在场"是在哪儿呢？交互媒体设计师、理论家布伦达·劳雷尔（Brenda Laurel）将远程在场定义为"一种媒介，让你可以把身体带到另一种环境中……你可以感觉系统中的某些部分带入到另一个环境中，这个环境可以是计算机生成的环境，也可以是真实拍摄的环境，或者可以是两者的组合"。[1] 根据这个定义，远程在场包含两种不同的情况：一种是"在场"于计算机生成的合成环境（通常被称为"虚拟现实"），另一种是借助实况视频影像远程"在场"于一个真实的物理位置。美国航空航天局埃姆斯虚拟环境工作站（NASA Ames Virtual Environment Workstation）是第一个现代虚拟现实系统，斯科特·费舍尔（Scott Fisher）是它的开发者之一。费舍尔并没有将计算机生成环境中的"在场"和真实物理位置中的远程"在场"区别开来。他这样描述埃姆斯

---

[1] Brenda Laurel, quoted in Rebecca Coyle, "The Genesis of Virtual Reality," in *Future Visions: New Technologies of the Screen*, ed. Philip Hayward and Tana Wollen (London: British Film Institute, 1993), 162.

系统："埃姆斯系统中的虚拟环境是三维计算机生成影像的合成结果，或者是由用户远程控制的立体摄影机配置进行远程检测的结果。"[1]费舍尔将"虚拟环境"当作一个涵盖一切的名词，而把"远程在场"用于第二种情况：在一个远程的物理位置"在场"。[2]本书将遵循他的用法。

大众媒体已经淡化了远程在场的概念，转而强调虚拟现实。比如说，埃姆斯系统的照片经常用来说明从物理空间逃逸到计算机生成的世界的想法。事实上，头戴式显示器也可以显示出远程物理位置的实况影像，但我们似乎从未提及这一点。

然而，从行动技术的历史这一角度来看，远程在场是一个比虚拟现实（或者一般意义上的计算机模拟）更加激进的技术。我们可以思考一下两者之间的区别。虚拟现实与之前的仿造现实技术一样，为主体提供了一个身处模拟世界中的幻觉。虚拟现实增加了一个新功能：主体可以主动改变这个世界。换句话说，赋予了主体对于仿造现实的控制能力。例如，建筑师可以修改建筑模型，化学家可以尝试不同的分子结构，坦克驾驶员可以轰炸坦克模型，等等。但是，在以上的情况中，用户实质上修改的只是计算机存储器中的数据而已！用户掌握着虚拟世界的大权，但虚拟世界只存在计算机之中。

远程在场中，主体不仅可以操纵模拟情景，而且可以改变现实本身。远程在场允许用户通过影像实时操纵远程的物理现实。远程操作员的身体可以实时"传输"到另一个地点，代表操作员本人来实施各种行动——修复空间站、开展水下发掘，或者轰炸位于某个伊拉克和南斯拉夫的军事基地。

因此，远程在场的实质在于，它是"反在场"（anti-presence）的。人们不必亲身来到一个地点，就可以改变该地点的现实状况。远程行动（teleaction）可能是一个更合适的名词——实时的、远距离实施行动。

---

[1] Fisher, 430 (emphasis mine).
[2] 费舍尔对远程在场的定义是"一种技术，它允许位于远程的操作者能够接受足够的感官反馈，来感受到他们的确身处一个遥远的距离之外，并且能够完成不同类型的任务。"见Scott Fisher, "Visual Interface Environments," in *The Art of Human-Computer Interface Design*, ed. Brenda Laurel (Reading, Mass.: Addison-Wesley, 1990), 427。

叶卡捷琳娜大帝曾经在几千米开外,将涂画过的外墙误认为真正的村庄。而今天,即使相隔千里之外,我们可以发送装有远程摄影机的导弹,以足够近的距离分辨目标和诱饵。我们可以根据远程摄影机传回的画面,控制导弹的飞行轨迹,精确地朝目标飞行,同时利用这些画面,精准地打击目标。所有要做的,仅仅是将计算机光标移到影像中正确的位置,然后按下按钮。

影像-工具[①]

将"影像"用作工具,这有什么创新之处?它是否源于远程在场?因为我们习惯于用幻觉来理解西方视觉呈现的历史,因此,使用影像进行实际操作的行动似乎是一种全新的现象。然而,法国哲学家、社会学家布鲁诺·拉图尔(Bruno Latour)提出,某些类型的影像一直都是具有控制力和权力的工具,这种权力的定义是跨越时间和空间调动和操纵资源的能力。

透视影像可以作为拉图尔所说的"影像-工具"的一个例子。透视建立起客体(对象)与其符号之间精确的、相互的关系。我们可以从具体客体产生出符号(二维呈现),也可以从符号复原出原来的三维物体。这种相互关系使得我们不仅能够呈现现实,而且可以控制现实。[②]例如,我们不能直接测量太空中的太阳,但我们只需要一个小尺子,就可以在照片(精确的透视影像)上进行测量。[③]即使我们有条件围绕太阳飞行一圈来实地测量,这种通过呈现图像进行研究的方法仍然是更好的选择,我们可以把太阳之旅中拍摄的图片带回来再研究,这样就有充裕的时间来测量、分析和编目。我们只需要移动代表研究对象的图片,就可以把研究对象从一个地点移动到另一个地点:"对于一座罗马教堂的图片,你可以在伦敦

[①] 感谢托马斯·埃尔赛瑟(Thomas Elsaesser)提出了"影像-工具"一词,也感谢他对"远程行动"一节提出的其他建议。
[②] Bruno Latour, "Visualization and Cognition: Thinking with Eyes and Hands," *Knowledge and Society: Studies in the Sociology of Culture Past and Present*, 6 (1986): 1–40.
[③] Ibid., 22.

重建一个类似的教堂来实现将它带到伦敦，你也可以回到罗马，修改那张图片。"另外，我们还可以呈现缺失的事物，通过呈现影像来设计实际空间中的行动："人们闻不到、听不到也摸不到萨哈林岛，如果派遣舰队去岛上的话，只需要看看地图就可以知道，你将在哪个方位看到陆地。"[①] 总而言之，透视图不仅仅是反映现实的符号系统——通过操纵其符号，人们可以对现实进行操纵。

透视图只是影像-工具的一个例子，任何一种系统性捕捉现实特征的呈现影像都可以用作工具。事实上，大多数游离于幻象历史之外的表现形式，例如图示和图表、地图和X射线、红外线和雷达影像，都属于另一条历史脉络，即用于操作行动工具的呈现影像。

远程通信

如果说影像一直被用来影响现实，那么远程在场又带来了什么创新呢？比如说，地图已具有了某种远程行动的特性：它可以被用来预测未来并改变未来。我要再次引用拉图尔的论述，"人们闻不到、听不到也摸不到萨哈林岛，但是只需要看着地图就可以知道，如果派遣舰队去岛上的话，你将在哪个方位看到陆地。"

在我看来，传统的影像-工具和远程在场有两个根本区别。第一个区别是，远程在场涉及视频影像的电子传输，创建呈现影像可以在即刻间完成；而制作透视影像或图表，拍摄照片或拍摄电影，都需要时间。我们可以使用远程摄影机实时捕捉影像，同步发送影像而不产生延迟。这样一来，我们能够监控到远程位置中发生的所有可见的变化（天气条件、军队的移动等），并相应调整自己的行动。根据所需要的信息不同，雷达有时可以代替摄影机发挥作用。在这两种情况下，实时屏幕中呈现的影像-工具都是实时形成的。

第二个区别与第一个直接相关。实时接收远程视觉信息的能力使我们

[①] Ibid., 8.

可以实时操纵远程的真实现实。根据拉图尔的理论，如果说远程操纵资源的能力是一种权力，那么远程行动提供了一个独特的新权力——实时的远程控制。我可以在相当遥远的距离之外，驾驶玩具车，维修空间站，进行水下发掘，为患者动手术，或者杀人。

是什么技术造就了这种新的权力？由于远程操作员通常根据直播的视频影像进行操作（例如，《泰坦尼克号》片头段落中的场景，操作员远程操作一台小设备），我们可能会以为这种新权力的是视频技术，或者更确切地说，能远程传输影像的电视技术为造就这种新权力提供了保证。在19世纪，电视（television）最初的含义是"一定距离之外的景象"（vision at a distance）。直到20世纪20年代以后，电视逐渐等同于广播，这层意义也逐渐消失。然而，在20世纪前50年（电视的研究始于19世纪70年代），电视工程师们主要致力于如何传输来自远程位置的连续影像，从而实现"千里眼"的能力。

影像以规律的间隔进行传输，如果这些间隔足够短，并且影像具有足够细节的话，观看者就可以获得足够的关于远程位置的可靠信息，然后就可以进行远程行动。早期的远程影像系统使用缓慢的机械化扫描，分辨率只有30行。在现代电视系统中，可见的现实以每秒60次、每秒几百行的分辨率完成扫描。这为绝大多数的远程在场任务提供了足够的信息。

我们可以看看肯·戈德堡（Ken Goldberg）和同事开发的一个项目：《远程花园》（Telegarden）。[①] 这是一个远程网络机器人项目，网络用户可以操作机械臂，在花园里进行播种。这个作品不会持续刷新视频，而是使用由用户拍摄的静态影像。影像以连接在机器人臂上的视频摄影机为视角，呈现花园的景象。当机械臂移动到一个新的位置时，一幅新的静态影像就传输过来。这些静态图像为项目中认定的远程行动——播种提供了足够的信息。

这个例子表明，即使没有视频，远程行动也可以实现。从更普遍的意义上讲，不同类别的远程行动需要不同的时间分辨率和空间分辨率。如果

---

① http://telegarden.aec.at.

操作者需要行动的即时反馈（在这里，远程操控的设备是一个再合适不过的例子），影像的频繁更新是绝对必要的。在使用远程机器手臂进行花园播种的情况中，用户远程拍摄的静态影像就足够了。

这里有远程在场的另一个例子。雷达通过数秒一次的扫描周边地形而获得雷达图像。现实被简化成一个点。雷达影像中不包含视频影像中所具备的形状、纹理、颜色等特质，它只记录对象的位置。然而，对于最基本的远程行动——摧毁一个物体来说，这种信息是绝对足够的。

在这种极端的远程行动的例子中，影像极简到极致，几乎不能称为一个影像。然而，对于实时远程行动而言，这种影像已然足够。在这里，最关键的是实时完成信息的传输。

如果我们把基于视频的远程在场和基于雷达的远程在场这两个例子放到一起，可以看到：它们的共同特性并不是视频，而是信号的电子传输。换言之，电子通信技术使得实时的远程行动成为可能，而电子通信技术的实现是以19世纪的电与电磁这两个重要发明为基础的。再加上提供实时控制的计算机，电子远程通信在实物与其符号之间建立了一种前所未有的全新关系。它不仅可以实现从实物到符号的即时性转化，而且也可以即时呈现反向的过程——即通过符号来操纵实物。

安伯托·艾柯（Umberto Eco）曾经提出符号可以用来撒谎。这个定义准确地描述了视觉呈现的一个功能——欺骗。但在电子通信时代，我们需要一个新的定义：符号可以用于远程行动。

距离与光晕

在上文中，我们从狭义、传统的层面上，探讨远程在场作为一种远程环境中的物理存在。现在，我们可以回到远程在场一词更广的含义上——跨越远程距离进行实时通信。这一含义适用于所有与"远程"相关的技术，从电视、广播、传真、电话到互联网超链接和网络聊天。我要再一次提出之前的问题：与传统的技术相比，现在的远程通信技术有什么不同？

为了说明这个问题，我并置讨论了两位理论家观点，他们是旧媒体的重要理论家瓦尔特·本雅明和新媒体的重要理论家保罗·维利里奥（Paul Virilio）。二者的观点分别来自本雅明著名的文章《机械复制时代的艺术作品》（1936）①和维利里奥的《大光学》（Big Optics，1992），两篇文章间相隔半个世纪。②本雅明和维利里奥的文章都关注同一主题：文化产品，尤其是全新的通信技术（本雅明探讨的是电影，维利里奥探讨的是远程通信）对于人类感知所造成的破坏，简言之，就是技术对人类本性的介入。但是，什么是人类本性？是什么技术？在20世纪，我们如何划分二者的界限？本雅明和维利里奥使用了同样的方法来解决这个问题，他们把自然看作观察者和观察对象之间的空间距离，把技术看作对于这个距离的破坏。因此我们发现，两位学者使用这两个假设，以非常类似的方法解释了他们各自时代最显著的新技术。

　　本雅明从著名的"光晕"（aura）概念谈起，光晕是指艺术作品、历史客体或自然客体的独特存在。我们可能会认为，某一物体必须近在咫尺，我们才能感受到其光晕。但本雅明的观点与此相反，他认为光晕是"由距离产生的独特现象"（224）。"假设，在一个夏日的午后休憩，你远望着地平线附近的山脉，或者一个树枝投射下的阴影，你就感受到了山的光晕和树枝的光晕。"（225）同样，本雅明写道，一个画家"在他的作品与现实之间保持着自然距离"（235）。对距离的尊重在人类的自然感知和绘画中很常见，但如今，大规模复制技术（如摄影和电影）正在破坏这种距离。本雅明认为，摄影师就像外科医生一样，"深深地刺入（现实）之网"（237）；镜头的变焦可以"窥探壳中之物"（225）。摄影机的自由运动在《持摄影机的人》中大放异彩，它无处不在，通过超凡的视觉能力，可以捕捉到任何事物的特写。本雅明写道，这些特写镜头，满足了大众"在空间上'更接近'对象，使对象更人性化"的愿望，从而"非常近距离地接近对象"（225）。当照片或摄影片段被集合到同一本杂志或同一部

---

① Benjamin, "The Work of Art in the Age of Mechanical Reproduction."
② Paul Virilio, "Big Optics," in On *Justifying the Hypothetical Nature of Art and the NonIdenticality within the Object World*, ed. Peter Weibel (Cologne, 1992). 维利里奥的观点也体现在他的其他文章中，见"Speed and Information: Cyberspace Alarm!" in *CTHEORY* (www.ctheory.com/a30-cyberspace_alarm.html) and *Open Sky*, trans. Julie Rose (London: Verso, 1997).

影片中，拍摄对象的大小和拍摄地点等特征就会被抹除——这回应了大众社会对于"一切事物统一平等"的要求。

在论述远程通信和远程在场的影响时，维利里奥也使用了距离这一概念。维利里奥认为，这些技术瓦解了物理距离，颠覆了我们熟悉的、奠定我们文化和政治基础的感知模式。维利里奥使用了"小光学"和"大光学"两个术语，来强调这种变化的急剧程度。"小光学"基于人类视觉以及绘画和电影中的几何透视，它包括远与近的区别，涉及物体和地平线之间的区别。而"大光学"是信息的实时电子化传输，"以光速流逝的时间主动光学"。

随着"小光学"被"大光学"取代，"小光学"时代的特征被抹除。如果来自不同地点的信息可以相同的速度传输，那么远近、地平线、距离和空间本身都不再有任何意义。因此，如果对于本雅明来说，工业时代使得每个事物都流离失所，那么对维利里奥来说，后工业时代完全消除了空间的维度。至少在理论上，从地球上的任意一个点出发，都可以实现对其他地点的即时访问。其结果是，"大光学"将我们锁闭在一个没有深度，也没有地平线的幽闭世界之中，地球成了监狱。

维利里奥使我们注意到，"陆地的地平线逐渐从现实中消失……波动光学的实时透视逐渐占据主导，取代了15世纪文艺复兴初期以来线性几何光学的实物空间。"① 他感伤于距离的破坏、地理的宏伟性和自然空间广袤性的消失殆尽。因为正是这种广袤性，保证了事件发生的时间与我们做出反应之间存在延迟，给我们适当的时间，做出批判性的反思，从而做出正确的决定。"大光学"规则将不可避免地带来实时政治，这种体制要求对光速传输的事件做出即时反应。最终，这一任务只能通过大量的计算机彼此响应来完成。

虽然本雅明和维利里奥对新技术的看法有着惊人的相似，但他们对自然与文化之间的界限有着不同的理解，哪些功能已经被同化到人类本性中，哪些仍是全新的和危险的。在1936年的文章中，本雅明以真实自然

---

① Virilio, "Big Optics," 90.

景观和绘画为例,说明了人类感知中什么是自然的。后来电影侵入这种自然的状态,距离丧失,一切事物都同样接近,光晕从而不复存在。半个世纪之后,维利里奥做出了完全不同的区分。对于本雅明来说,电影仍然是一个陌生的存在;对维利里奥而言,电影已经成了我们人类本性的一部分,成为自然景观的延续。维利里奥认为,人类的视觉、文艺复兴时期的透视、绘画和电影都属于几何透视中的"小光学",而即时电子化传输属于"大光学",二者形成对比。

维利里奥认为,在电影和远程通信之间,在"小光学"和"大光学"之间,都存在着历史性的断裂。如果使用现代化这一概念,我们可以从连续性的角度来解读从第一阶段到第二阶段的运动。现代化的过程伴随着物理空间和物质的瓦解,使得可互换的和可移动的符号居于原有对象及关系之上。艺术史学家乔纳森·克拉里(Jonathan Crary)借鉴了德勒兹(Deleuze)和加塔利(Guattari)的《反俄狄浦斯》(*Anti-Oedipus*)、马克思(Marx)的《政治经济学批判大纲》(*Grundrisse der Kritik der Politischen Ökonomie*),他说:"现代化是一个过程,资本主义利用现代化将根深蒂固的传统连根拔起,赋予其流动性,清除或摧毁流通过程中的阻碍,使得原来不可多得的东西变得可自由交换。"[1] 现代化这一概念适用于本雅明对电影的看法,同样适用于维利里奥对远程通信的看法。从实体对象转化为运动符号的连续性过程中,远程通信发展到了更高级的阶段。不同的物理空间曾经在一幅杂志页面或一部电影中相遇,而如今,它们在一面电子屏幕上相遇。当然,符号本身都是数字数据,这使得数据的传输和操作更加容易。此外,照片一经洗印就保持不变,与这种特性相比,计算机的再现方式使得每一个影像都具有内在的可变性——创建的符号不仅具有流动性,而且永远都是可变的。[2] 然而,这些变化虽然显著,但都是量变而非质变——只有一个例外。

从上述讨论可以看出,与摄影和电影相比,电子通信具有双向交流的

---

[1] Jonathan Crary, *Techniques of the Observer: On Vision and Modernity in the Nineteenth Century* (Cambridge, Mass.: MIT Press, 1990), 10.
[2] 这一点在该书中有相关论述:Mitchell, *The Reconfigured Eye*。

作用。用户不仅可以即时获取不同地点的影像，把它们放在同一个电子屏幕内，还可以借助远程在场，"亲临"这些地方。换句话说，用户可以跨越物理距离，对物质现实产生实时影响。

通过本雅明和维利里奥对于电影、远程通信与远程在场的分析，我们理解了这些技术的历史作用。两位学者将空间距离看作人类感知的基本条件，这个空间距离位于看的主体与被看的客体之间。而在技术发展的历史过程中，这一距离逐步衰减，最终彻底消失。这种对于视觉距离的读解具有一定的积极意义，强调距离是人类文化中的一个必要因素。现代思想中对距离的消极解读愈演愈烈，而这种解读提供了另一种思路，对整体的视觉感知进行抨击。距离造就了观看者和观看对象之间的罅隙，距离将主体和客体分离，距离将主体放置于优先的主导位置，赋予客体被动性，距离使得主体将他者看作客体。总之，距离使客体化成为可能。在成为著名的心理分析学家之前，年轻时的拉康（Lacan）曾经看着一个漂浮在海面上的沙丁鱼罐子，一位法国渔夫对他说了这样一席话，这席话能总结上面的论述："你看到了罐头？你看到了它吗？好吧，但它可没看到你！"①

在西方思想中，人们一直将视觉与触觉进行比较，来理解和讨论视觉。所以，对于视觉的诋毁（使用马丁·杰伊的术语）②导致了触觉地位的提升。因此，对于视觉的批判将会对触觉产生新的理论兴趣。例如，有观点认为，认为距离的缺失是触觉行为的特点，距离的缺失赋予了主体和客体之间形成一种不同的关系。本雅明和维利里奥都否定了这个看似有逻辑的论述，因为他们都强调触摸行为所隐含的侵略性。他们认为触摸行为并不是一种尊重的、体贴的接触或爱抚，而是对客体本身粗鲁的破坏和入侵。

这样一来，视觉和触觉的标准含义发生了反转。对于本雅明和维利里奥来说，视觉距离确保了一个物体的光晕和它在世界上的位置，而"接

---

① Jacques Lacan, *The Four Fundamental Concepts of Psycho-Analysis*, ed. Jacques-Alain Miller (New York: W. W. Norton, 1978), 95.
② Martin Jay, *Downcast Eyes: The Denigration of Vision in Twentieth-Century French Thought* (Berkeley: University of California Press, 1993).

近"的欲望实际上破坏了物体之间的关系，最终完全抹除了物质秩序，使得距离和空间的意义消失殆尽。因此，即使我们不同意两位理论家关于新技术的论证，质疑他们将自然秩序与距离等同起来的看法，我们仍然应该保留对于视觉-触觉对立的批评。的确，相对于有真实行动参与其中的传统呈现技术，实时影像工具让我们可以跨越距离触摸到对象，同时也可以破坏这些对象。这样看来，与视觉所隐含的侵犯性相比，电子化的触觉所带来的实际侵犯更为严重。

第 四 章

幻　觉

THE ILLUSIONS

宙克西斯（Zeuxis）是一位传奇的希腊画家，他生活在公元前5世纪。幻觉艺术在西方艺术史的绝大多数时期中都占据了主导地位，而宙克西斯与帕拉修斯（Parrhasius）比赛的故事就是关于幻觉的例子。故事中，宙克西斯妙笔描画的葡萄惟妙惟肖，引得小鸟飞来啄食画作中的葡萄藤。①

20世纪的最后10年里，硅图公司制造出了高性能图形计算机——RealityEngine。这一计算机有了进一步优化，可以生成实时的、交互式的、栩栩如生的三维图形，用来开发计算机游戏及电影和电视特效，还可以运行科学可视化模型和计算机辅助设计软件。更重要的是，RealityEngine已经成为运行高端虚拟现实环境的常规工具。这是西方艺术中最新的成就，其逼真性力图超越当年的宙克西斯。

就生成的图像而言，RealityEngine未必优于宙克西斯的画笔。然而，它具有希腊画家做不到的一些绝活。例如，它能使观众在虚拟的葡萄藤蔓周围活动，触摸葡萄，或者用自己的手掌托起葡萄。观众可以与呈现的图像互动，这与图像本身的真实性结合起来增强了总体的现实效果。RealityEngine成为宙克西斯的另一个强大对手。

到了20世纪，艺术在很大程度上拒绝以创造幻觉为目标，幻觉不再占据艺术的重要地位。因此，艺术也失去了民心。幻觉主义式的呈现方式进入大众文化和媒体技术（如摄影、电影和录像）的领域，人们开始使用光学仪器和电子器械来制造幻觉。

今天，计算机无处不在，成了新的数字幻觉生成器。幻觉主义式图像

---

① 对这个故事的详细分析，见 *The True Vine: On Western Representation and the Western Tradition* (Cambridge: Cambridge University Press, 1989)。

的生产变成了 PC 机（个人计算机）、苹果麦金塔计算机、Onyxes 计算机与 RealityEngine 计算机的专属领域。①

这种大规模的更新换代，是新媒体产业保持扩张的重要经济因素之一。因此，这些行业都极其迷恋视觉幻觉主义，这在计算机成像和动画领域表现得尤为强烈。一年一度的 SIGGRAPH 大会是工业领域中的宙克西斯与帕拉修斯之争：约四万人聚集在一个交易大厅中，周围是成千上万全新硬件和软件的展示，他们互相竞争，提供最佳的幻觉影像。计算机工业将各种技术创新应用于图像采集和呈现上，在计算机技术方面赶超模拟媒体技术的视觉逼真度。动画师和软件工程师密切合作，不断完善技术，将一系列照相现实主义般逼真的场景和真人演员的画面进行合成。至真至善地模拟现实的诉求，驱动着整个虚拟现实领域的发展。另一方面，人机交互界面设计师也关注幻觉。他们许多人认为，人机交互界面设计的主要目标是让计算机变得不可见，即构建一个完全"自然"的交互界面。（在现实中，他们所谓的"自然"通常仅仅是指发展成熟的、已经为人熟知的技术，例如办公室的文具和家具、汽车、录像机操作界面、电话。）

沿着自下而上的轨迹研究新媒体，我们现在来到了外观层面。尽管整个工业都有极其迷恋幻觉的倾向，幻觉主义并不是影响新媒体外观的唯一因素，但绝对是重要因素之一。本章聚焦幻觉主义，论述幻觉主义提出的几个问题：合成图像中的"现实效果"与光学媒介中的"现实效果"有何不同？计算机技术是否重新定义了我们以往在摄影、电影和视频方面由经验决定的幻觉主义标准？ 对于这些问题，"作为拼装的合成现实主义"（Synthetic Realism as Bricolage）和"合成图像及其主体"（The Synthetic Image and its Subject）提供了两种可能的答案。在以下部分中，通过比较基于镜头的成像技术和计算机成像技术，我探索了计算机幻觉主义式图像生成过程中新的"内在"逻辑。在第三节"幻觉、叙述和交互性"中，我思考了在虚拟世界、计算机游戏、军事模拟器以及企业交互性新媒体对象和交互界面中，视觉幻觉与交互性是如何协同运作（以及彼此抗衡）的。

① Onyx 是 RealityEngine 的更快版本，由同一家公司研发生产，见 www.sgi.com。

这些部分中的讨论并不能涵盖新媒体幻觉主义的所有话题。新媒体幻觉主义这一话题会衍生出很多有趣的问题，我在此列举三个问题。

第一，在20世纪70年代末到80年代初，计算机成像逐渐转向具象和照相现实主义（这是一个业内术语，指合成图像看起来跟传统摄影或电影拍摄的一样逼真），同一时期，在艺术领域也出现了类似的、向具象绘画和摄影的转向。我们可以直接将这两种转向进行平行比较。[①] 在艺术领域，我们看到了照相现实主义、新表现主义和后现代的"模拟"摄影。而同时期的计算机领域，我们可以注意到：用于照相现实主义三维图像合成的核心算法，例如补色渲染、纹理映射、凹凸贴图、反射贴图及投射阴影，有了快速发展；计算机领域的另一个发展是：自70年代中期出现了第一个允许手绘具象图像的绘图程序开始，到20世纪80年代末，Photoshop之类的绘图软件大量出现。与之形成对比的是，从20世纪60年代至70年代后期，主流计算机成像是抽象化的。其原因一方面是算法驱动，另一方面是将照片导入计算机的技术还是凤毛麟角。[②] 艺术界的情况也与之类似，这一时期，主导艺术界仍然是一系列非具象主义潮流，比如观念艺术、极简主义和行为艺术，或者以强烈的讽刺和距离感来指涉具象的潮流，如波普艺术。（我们会发现其实20世纪80年代的"模拟"艺术家也以讽刺的态度来"挪用"图像，但在他们看来，媒体和艺术家制作的图像在视觉上的差距变得非常小，甚至不存在）。

第二，在20世纪，静态摄影和电影影像逐渐主导了现代视觉文化。这类影像的特质包括线性透视、景深效果（即三维空间中只有一部分是位于焦点上的）、特定的色调和色域，以及动态模糊（快速运动物体看起来会模糊不清）。为了利用计算机模拟实现这些视觉效果，人们做了大量的基础性研究。即使有专门软件的辅助，设计师仍然要花费大量的时间，手动调整照片或电影的呈现效果。换句话说，计算机软件还不能在默认情况

[①] 感谢彼得·卢宁费尔德为我指出了这个联系。
[②] 有关计算机艺术早期历史的概述，以及关于"幻觉主义转向"的讨论，见 Frank Dietrich, "Visual Intelligence: The First Decade of Computer Art," in *IEEE Computer Graphics and Applications* 5, no. 7（July 1985）: 32–45.

下产生这种影像。数字视觉文化的悖论在于，虽然所有成像正在逐渐走向计算机化，摄影化和电影式效果的影像仍然占据主导地位；但这些图像并不是使用摄影和摄像技术直接的、"自然"的产物，而是计算机创建的。三维虚拟世界使用了大量的景深和运动模糊算法，而数字视频借助特殊的滤镜处理，来模仿胶片颗粒；这些都是计算机制作电影式影像的方法。

从外观上看，这些计算机生成或处理后的图像与传统摄影和电影画面是难以区分的。而在"材料"层面，两者有很大的不同——前者通过数学公式和算法表示，后者由像素构成。从图像使用的各类操作角度看，计算机影像也与摄影和电影画面完全不同。这些操作包括"复制和粘贴""添加""叠加""压缩"和"筛选"，它们首先属于计算机算法和人机交互界面的逻辑，其次才涉及人类内在感知中的意义维度。（事实上，我们可以认为这些操作及总体上的人机交互，是在计算机逻辑和人类逻辑的两极之间寻求平衡，这里的人类逻辑是指日常生活中的感知、认知、因果关系和动机——总之，指人类的日常存在。）

我们可以从新媒体的法则出发，推导出计算机图像其他方面的逻辑：参与合成和编辑计算机图像的操作大多是自动化的，计算机图像通常以多种版本存在，计算机图像中包含超链接，计算机图像可以充当交互界面（因此，我们常常期待进入一幅图像，而不是仅仅停留在图像表面），等等。总之，计算机时代的视觉文化在外观上是电影式的，在材料上是数字的，在逻辑上是与计算机有关的（即软件驱动）。这三个层面是否存在相互作用？我们是否可以预期，未来的电影式图像（这里指的电影式图像既包括传统的模拟图像，也包括计算机模拟的摄影和摄像）会被全然不同的图像所取代，那些图像的外观会更符合它们内部的计算机逻辑吗？

在我看来，答案是否定的。电影式图像的文化传播非常有效，因为它们共享自然感知中的许多特质，很容易被大脑处理。这些图像与"实物"的相似性，使得设计师可以激发观众的情绪，有效呈现出现实中并不存在的对象和场景。而且当计算机呈现对这些图像进行转换，变成独立的（像素）、模块化的（图层）数字编码数据，它们也会受到计算机化带来的影响——包括算法操作、自动化、多变性等。因此可以说，数字编码的电影式影像具有两个身份：一个满足了人类交际的需求，另一个适用于基于计算机的生产和分发实践。

第三，艺术与媒体中的幻觉涉及了一系列理论和历史，从贡布里希的《艺术与幻觉》(Art and Illusion)、安德烈·巴赞（André Bazin）的《"完整电影"的神话》(The Myth of Total Cinema) 到斯蒂芬·班恩（Stephen Bann）的《真正的葡萄树》(The True Vine)，这些作品只探讨了视觉维度。在我看来，这些理论大多数包含三个方面的论述，涉及三对关系——图像与物理现实，图像与自然感知，图像的现在与过去。

（1）幻觉主义式图像与呈现的物理现实具有某些同样的特征（例如，一个物体可以有多种被观看的视角）。

（2）幻觉主义式图像与人类视觉具有某些同样的特征（例如，线性透视）。

（3）每个时期都会出现新的"特征"，观众们认为与以往相比这些"特征"是一种"改进"（例如，电影从无声发展到有声、从黑白发展到彩色的进化史）。①

在计算机媒体到来之前，这些理论是足够的，因为人类模拟现实的愿望，只集中在视觉外观上（尽管视觉外观不是唯一的关注点——例如，自动机［automata］②的传统）。今天，使用传统理论来分析视觉幻觉主义仍然可行，但需要补充新的理论。因为在新媒体的许多领域中，图像的外观只是决定现实效果的一部分因素。新媒体中的一些领域，例如计算机游戏、运动模拟器、虚拟世界，尤其是虚拟现实，都证明了基于计算机的幻觉主义有不同的实现方式。它们并不以视觉逼真作为单一维度，而是在多

---

① André Bazin, *What is Cinema?* vol. 1 (Berkeley: University of California Press, 1967–71); Bann, *The True Vine*.
② 关于电影中幻觉的历史，见让-路易·科莫利（Jean-Louis Comolli）影响深远的理论分析文章：JeanLouis Comolli, "Machines of the Visible," The Cinematic Apparatus, ed. Teresa De Lauretis and Steven Heath (New York: St. Martin's Press), 1980。我在"合成现实主义及其不足"一节中更详细地讨论了科莫利的论点。

种维度中创建现实效果，视觉逼真度仅是其中的一个维度。这些新的维度包括：身体对于虚拟世界主动参与（例如，虚拟现实中的用户全身都可以运动）、视觉以外其他感官的参与（虚拟世界和游戏中的立体音效，虚拟现实中触觉的使用，带有力量反馈的游戏操纵杆，计算机游戏和运动游乐设施中专用的震动座椅和运动座椅）、对于物理对象、自然现象、拟人化的角色和人类模拟的精确程度。

值得一提的是，因为模拟方法和模拟主体的多样性，最后提到的精确性维度值得进一步分析。艺术和媒体的幻觉主义历史中，模拟的对象大多是事物的外观，而对于计算机模拟而言，外观只是许多目的中的一个。除了外观，新媒体中的模拟力图逼真地模仿对象和人类如何行动、反应、运动、成长、发展、思考和感觉。物理建模用于模拟无生命物体的行为和它们之间的相互作用，如一个球在地板上弹起，或玻璃粉碎。计算机游戏经常使用物理模型来模拟物体之间的碰撞和交通工具的运行——一辆汽车撞到赛车场的边壁反弹回来，或者飞机的运动。还有一些方法可被用来模拟自然现象，如瀑布和海浪，以及各类动物行为（鸟群结队而行，鱼群成簇行动），这些方法有人工生命、形式语法、分形几何，以及复杂性理论（通常被称为"混沌理论"）的各种应用等。模拟的另一个重要领域也依赖于各种不同的方法，这个领域就是虚拟人物和形象。这类模拟在电影、游戏、虚拟世界和人机交互界面等领域广泛使用，相关的例子包括《雷神之锤》中的敌人和怪物；《魔兽争霸》及同类游戏中的部队；*Creatures* 游戏及其他人工生命游戏和玩具中的类人生物；拟人化的交互界面，如 Windows 98 中的 Microsoft Office 助手——第一个动画角色，它定期出现在提供帮助和提示的小窗口中。人类模拟的目标也可以进一步细分成一系列不同的子目标：一种目标是模拟心理状态、人类行为、动机和情感。（因此，最终来看，如果想要完全"现实地"模拟人类，我们不仅需要实现最初的人工智能范式的图景，还需要进一步超越它——因为最初的人工智能仅需要模拟人类的感知和思维过程，并不需要模拟人类的情感和动机。）另一种目标是模拟由有机和非有机元素组成的整个系统的动态行为（例如，流行一时模拟游戏——分别模拟了一个城市的《模拟城市》

[*SimCity*]，还有一个蚁群的《模拟蚂蚁》[*SimAnts*]）。

新媒体的"现实引擎"与传统的幻觉手段共享了视觉这个维度，但两者之间有很大的不同。新媒体改变了我们对图像的理解，观众变成了主动的用户。其结果是，一幅幻觉主义式图像已经不仅仅是先由主体观看，然后被与记忆中现实图景进行比较进而判断其现实效果的客体。新媒体图像允许用户进入图像，用户可以放大图像，或者点击图像中包含超链接的某些部分（例如，网站上的 imagemaps 链接）。更重要的是，新媒体把图像转换成图像-交互界面和图像-工具。图像具有了交互性，成为用户与计算机或其他设备之间的交互界面。用户使用图像-交互界面来控制计算机，放大图像、打开另一幅图像、启动软件应用连接到互联网等。通过使用图像-工具，用户可以直接改变现实——远程控制机械臂运动、发射导弹、改变汽车的速度和设定温度等。用一个电影理论中常用的说法，新媒体将我们"从认同带入行动"。借助一幅画面，用户可以实施什么样的行为，这些行为是否容易完成，这些行为的范围——这些都是用户评估图像现实效果的重要参数。

合成现实主义及其不足

"现实主义"是伴随着三维计算机图形学的发展和同化而不可避免地出现的概念。在媒体、行业刊物和研究论文中,技术创新和研究往往被描述为一种现实主义的进步——对各类对象的模仿能力已经发展到了相当成熟的阶段,计算机图像与照片已经无法区分。同时,这种现实主义与基于光学的图像技术(摄影、摄像)有着极大不同,因为模拟现实与现实世界之间并不存在索引关系。这也是被不断提及的一点。

尽管存在这种差异,生成三维静态图像的能力并不代表着大众视觉表现历史上出现了一次根本性的、能与乔托(Giotto)相当的突破。文艺复兴时期的绘画和计算机图像采用同样的手段(一套统一的深度提示机制)来创建空间的幻觉,无论这个空间是真实存在的或者是想象的。真正的突破是动态的合成影像(包括交互式三维计算机图形和计算机动画)的采用。有了这些技术,观众就有了在模拟三维空间中移动的体验,而在幻觉主义绘画中,观众无法得到这样的体验。

为了更好地理解合成运动影像的"现实主义"特质,我们可以将其联系到另一种类似的动态影像实践——电影上。我将从电影理论中关于电影式现实主义的论述出发,来探讨三维计算机动画中的"现实主义"问题。

本节讨论的是预先创建完成，然后被直接使用在电影、电视节目、网站或计算机游戏中的三维计算机动画。而计算机实时生成的动画不仅依赖于可用的软件，还对硬件能力有所要求，因此，这类动画适用的是另一套逻辑。20 世纪 90 年代的计算机游戏是一种同时使用两种动画类型的新媒体对象。游戏的交互部分是实时动画，游戏也会不时地切换到"全动态影像"（full motion video）模式。"全动态影像"有时是一段数字视频，有时是一段预先渲染好的三维动画，因此，与实时生成的动画相比，其细节更出色，更有"现实感"。这种切换不仅出现在游戏中，它在许多交互新媒体对象中都很常见，本章将在最后一节"幻觉、叙述与交互性"中，思考这种时间切换如何影响新媒体对象的"现实感"。

电影中的技术与风格

说到电影中的现实主义，我们首先要谈到巴赞。巴赞认为，电影技术和风格正在走向"整体和完整的现实呈现"。[1] 在《"完整电影"的神话》中，巴赞认为，电影的观念早在电影这一媒介出现之前就已经存在，电影技术的发展"一点点将最初的神话变成了现实。"[2] 在他看来，电影这一现代技术实现了古代的"摹仿"神话，就像航空技术的发展实现了伊卡洛斯神话一样。在另一篇影响深远的文章《电影语言的演进》（The Evolution of the Language of Cinema）中，巴赞也使用类似的技术术语来解读电影风格的历史：在 20 世纪 30 年代末出现的景深及 20 世纪 40 年代随之兴起的意大利新现实主义创新之后，观众与图像之间可以产生比现实中更加亲密的关系。两篇文章有所区别，前一篇阐述电影技术，后一篇关注电影风格，而且，两篇文章使用了不同方法来分析现实主义问题。在第一篇文章中，现实主义意味着对现实的现象属性不断接近，"呈现一个声音、色彩、立体感等一应俱全的外在世界幻景"。[3] 在第二篇文章中，巴赞强调，现

---

[1] Bazin, *What Is Cinema?* 20.
[2] Ibid., 21.
[3] Ibid., 20.

实主义的呈现也应该接近于自然视野中的知觉和认知动态系统。对于巴赞而言，这个动态系统指的是对视觉现实的积极探索。因此，他认为景深的采用是走向现实主义的重要一步，这样一来，观众就可以自由探索电影画面的空间。①

与巴赞的"唯心主义"和进化论的观点不同，让-路易·科莫利提出了"唯物主义"论，以及关于电影技术史和风格史的非线性解读。科莫利告诉我们，电影"生而成为社会机器……在经济、意识形态和象征层面，它的社会效益是可预期的，也是可确定的。"②因此，科莫利提议，电影的技术史是技术、美学、社会和意识形态决断的交叉领域。然而，科莫利的分析明显地将电影的意识形态功能放在首位，认为意识形态功能是一种镜面反射，是对'真实'本身'客观'的复制"（133）。电影与其他呈现文化实践一道，无休止地重新复制可见的现实，从而维持这样一套幻觉：可感知的现象形式构成社会中的"真实"，而不是"不可见"的生产关系。为了实现这一功能，电影必须维持并不断更新其"现实主义"。科莫利使用了另外两个术语——增加与替换，来描述这一过程。

从技术发展角度来看，电影中现实主义的历史其实是一个"添加"的过程。首先，科莫利定义了电影式观看行为（cinematic spectatorship）的本质，为了维系电影否定性发展的进程，添加是必要的（132）。每一个新的技术发展（声音、全色胶片、色彩），都告诉观众以前的影像是多么"不真实"，也提醒观众，现在看到的画面即使再逼真，现在的技术也将在不久后的未来被取代——因此不断地维持着一种否定的状态。其次，由于电影与其他视觉媒体共同处在一个大结构之中，它必须跟上其他视觉媒体不断变化的现实主义水平。例如，20世纪20年代，色调层次更加丰富的摄影照片风靡一时，相比较之下电影画面显得粗糙。为了跟上照相写实主义的标准，电影业被迫改用全色胶片（131）。这个例子很好地说明了科莫利对阿尔都塞式（Althusserian）结构马克思主义的依赖：在经济上，这种转变对于电影业是无利可图的；在更抽象的意义上，这种转变对整个社

---

① Ibid., 36–37.

② Comolli, "Machines of the Visible," 122.

会结构来说是"有利可图的",因为它帮助维持了真实、可见的意识形态。

就电影风格而言,电影史中的现实主义历史也是电影技术的革新史。例如,全色胶片的使用增加了图像质量,但也带来了其他损失。早期的电影式现实主义是通过景深效果而实现的,而现在"景深(透视)不再具有重要性,而'现实效果'更加倚重阴影、色域和色彩"(131)。因此,从理论上而言,电影中的现实效果表现为恒定的总量,其中的变量历时性地发生变化,并具有相同的权重:如果"添加"了更多的阴影或颜色,透视就可能被"去掉"。在描述电影诞生头二十年中电影风格的发展时,科莫利也使用了类似的、替换与减法的逻辑:早期的电影画面使用了丰富的运动人物以及景深来宣告其真实性,后来,这些手法逐渐被消减,而其他手法如虚构逻辑、心理元素、叙述的时空连贯,逐渐接管了电影(130)。

对于巴赞而言,现实主义是一种观念(在黑格尔哲学的[Hegelian]意义上),对于科莫利而言,现实主义起到了意识形态的作用(在马克思主义的意义上);对于大卫·波德维尔(David Bordwell)和珍妮特·施泰格(Janet Staiger)而言,电影中的现实主义首先与电影的产业组织结构有关。换言之,巴赞从神话和乌托邦思想中得到了现实主义观念。对他来说,现实主义存在于现实和先验的观众之间的空间中。科莫利认为,现实主义是在影像和一代代观看者之间产生的效果,由意识形态决定的电影技术和手段不断增加和替换,从而维系了这种现实主义。波德维尔和施泰格将现实主义置于电影产业的体制话语中,这意味着现实主义是电影产业竞争中的一个理性而务实的工具。[①]波德维尔和施泰格强调电影产业与其他产业并无二致,认为电影技术的变化也受到现代产业的普遍因素(包括效率、产品差异化、质量标准的维持)的影响(247)。采用工业化模式作比喻的一个优点是,波德维尔和施泰格可以进一步考察具体的代理方——制造公司、供应公司和专业协会(250)。专业协会尤其重要,因为他们的话语(会议、贸易会谈、出版)明确界定了风格创新和技术创新的标准与目标。

---

① Bordwell and Staiger, "Technology, Style, and Mode of Production," 243–261.

波德维尔与施泰格同意科莫利的一个观点，电影技术的发展不是线性的，然而，他们认为这种发展也不是随机的，因为专业话语清晰阐述了技术研究的目标，并且为允许范围内的创新设置了限度（260）。波德维尔和施泰格指出，现实主义就是研究的主要目标之一。他们认为，这种现实主义的定义是好莱坞特有的：

> "表现力"（showmanship）、现实主义、"看不见的"，这些标准指导着电影工程师协会（Society of Motion Picture Engineers，以下简称 SMPE）成员们，使他们明确在技术创新中哪些是适用的，哪些是不适用的，而这些标准本身也成了目的。对于其他行业，工程师的目标可能是生产出更坚固的玻璃或更轻的合金。而在电影行业，目标不仅是效率的提高、经济性和灵活性的提升，还包括壮观的场面、隐瞒的技巧。用戈德史密斯（Goldsmith，1934 年的 SMPE 主席）的话说，就是"生产关于现实的、可接受的假象"（258）。

波德维尔和施泰格都同意戈德史密斯对现实主义的定义——"生产关于现实的、可接受的假象"。然而，这样一个普遍性的、永恒的定义，似乎对好莱坞并没有什么特别的意义，因此也不能真正解释技术创新的方向。此外，虽然他们成功将现实主义简化为理性的、功能性的概念，但实际上他们没有消除巴赞的唯心主义。在比较电影和其他行业的创新目标时，巴赞的唯心主义又重新出现了。航空业付出大量的努力，发展"更轻的合金"，这难道不会让我们再次想起伊卡洛斯的神话吗？而且，"牢不可破的玻璃"不也像神话和童话故事一般神秘吗？

计算机动画的技术与风格

这三种重要的电影现实主义论述是如何处理三维计算机动画中的现实问题呢？巴赞、科莫利、波德维尔与施泰格为我们提供了三种不同的策略和三个不同的出发点。巴赞的论述建立在比较的基础上，他比较了电影画面不断变化的画质与可视化现实的现象化表现。科莫利的分析提供了另一种策略——将计算机图形技术的历史以及风格惯例上的不断变化，理解为一系列更新换代的替换，这些替换维持了观众眼中的现实效果。波德维尔和施泰格使用的方法是分析计算机动画中的现实主义品质与计算机图形行业中特定的产业结构之间的关系。（例如，我们可以提出这样一个问题：硬件和软件的开发成本差异对现实主义品质有什么影响）。此外，我们也要关注电影领域的专业机构以及这些机构对于其研究目标的界定，包括"关于可准许的创新范围及其性质的忠告"（Brodwell and Staiger, 260）。我将依次分析这三种策略。

如果按照巴赞的方法，将三维计算机图形历史中的图像与自然现实的视觉感知进行比较，其结论似乎可以印证他的进化论叙述。在20世纪70年代和80年代，计算机图像逐渐向越来越丰富的现实幻觉发展——从有棱有角，发展到柔和的阴影、细致的纹理和俯瞰视角；从各种几何形状，发展到运动的动物和人物形象；从契马布埃（Cimabue）发展到乔托、莱奥纳尔多（Leonardo，即达·芬奇），乃至走得更远。巴赞认为，深焦摄影允许观众以更主动的姿态观看电影，从而使电影式感知更贴近现实生活的感知。这一观点在现代交互式计算机图形中也同样适用，用户可以不同视点，自由地探索虚拟空间。随着计算机图形技术向虚拟现实的拓展，巴赞"总体现实主义"的愿望似乎史无前例的即将实现，对于虚拟现实用户而言，"总体现实主义"在真正意义上触手可及。

我们还可以用另一种方式来观照计算机动画的风格与技术发展史。科莫利认为，现实主义媒体的历史可以看作一系列代码的取舍，一系列为实现现实效果而进行的替换，而不是向"现实"轴心靠拢的渐近线。科莫利对于电影风格史的阐释，首先建立在20世纪初到20年代电影风格转化的基础上，我在前文已经提到这个例子。早期电影通过一切可能的手段来实现深层次空间的呈现，以此来强调其真实性，这些手段包括深焦、运动影像、强调线性透视效果的画面构图。在20世纪20年代，随着全色胶片的采用，"景深（透视）不再具有重要性，而'现实效果'更加倚重阴影、色域和色彩"（Comolli, 131）。商业化的三维计算机动画出现于1980年左右,在其短暂的发展史中,我们同样可以看到对于规则的取舍。早先的动画是简略的、卡通式的,因为对象只能以线框方式或小平面着色的方式进行渲染。幻觉受限于对象的体积大小。为了补偿这种呈现中幻觉所存在的局限,20世纪80年代早期的计算机动画中无处不在地展示了深层空间。这种深度是通过强调线性透视(大多数情况下,通过过量地使用网格实现),也通过使动画快速地沿着垂直于屏幕的方向进行纵深运动而实现的。1982年发布的迪斯尼电影《创》中的计算机段落,就是一个关于这些策略的很好的例子。到20世纪80年代末,随着柔和阴影、纹理投射、阴影技术逐渐具有了商业方面的实用性,在动画中,对象的呈现越来越趋向更理想的照相现实主义风格。此时,早期用来象征深度空间的规则开始消失,动画开始采用浅近空间中的横向运动,来取代快速的纵深运动和提示深度的网格。

回顾三维计算机动画的历史中现实主义规则的更替,它似乎也证实了科莫利的说法。制造幻觉的新技术出现,而旧的技术手段被淘汰。科莫利认为,这是一个从观众的视角出发来维持现实效果的过程。从波德维尔与施泰格的方法看,我们可以从生产方的角度思考这些现象。对于生产企业来说,规则的不断更替是保持竞争力的必要手段。跟其他行业一样,计算机动画的生产方也通过产品的差异化来保持竞争力。为了吸引客户,他们必须不时提供一些新的特效和技术。但是为什么旧的技术手段会不断消失呢?计算机动画领域产业结构具有特殊性——它是由软件创新来驱动的(从这一点来看,与电影产业或者图形设计相比,计算机动画领域与总体上的计算机产业关系更近)。新的算法产生新的特效,并不断发展。为了保持竞争力,公司必须迅速将新的软件整合到他们的产品中。动画设计是用来展示最新算法的理想途径。因此,那些实现特效的旧算法就越来越不常用。业内人人都可以使用的技术就不能称之为"尖端技术"了。因此,在计算机动画史上规则的更替与竞争压力关系密切,这种压力来源于迅速将软件研究的最新成果投入使用。

虽然受商业公司雇用的程序员会改良那些已经公开发布的算法,以适应生产环境的要求。但开发这些算法的理论工作,主要由学术体系中的计算机科学系以及顶级计算机公司（如微软公司、硅图公司）的研究人员完成。为了进一步探索现实主义的问题，我们还需要思考研发工作的发展方向。这些计算机图形方面的研究人员是否拥有一个共同的目标？

波德维尔和施泰格对电影业中同样的问题进行了分析，他们称现实主义"被理性地理解为一个工程目标"（258）。他们试图在专业机构（如电影工程师协会）的话语中探索好莱坞现实主义概念的特殊性。计算机图形行业中，最专业的机构是SIGGRAPH。该机构的年度会议结合了贸易展、计算机动画节和一场学术会议，最好、最新的研究都会在这个会议上展示。会议也成为研究人员、工程师和商业设计师的聚集地。如果说计算机图形行业中存在一个共同的研究方向，那我们可以在SIGGRAPH的论文集中找到相关的阐述。

的确，有一篇研究论文中提到了现实主义是计算机图形领域学术研究的目标。例如，1987年，由三位知名科学家提交的一篇文章中提出了现实主义的定义：

> Reys渲染器是卢卡斯影业研发的图像渲染系统，目前由皮克斯公司使用。在设计Reys渲染器时，我们的目标是设计一套为快速、高品质渲染复杂动画场景而优化的架构。所谓的快速，指的是能够在一年左右的时间内完成一部渲染长片所需的计算量；而高品质，指的是画面的视觉效果与实景电影拍摄几乎没有区别；复杂的意思是视觉效果与真实场景一样丰富。[1]

根据这个定义，实现合成现实主义就是达到两个目标——对于传统摄影规则的模拟，和对于现实生活中物体和环境的感知特性的模拟。第一个目标，对于摄影规则的模拟，已经基本得到了解决，因为这些规则明确而且数量很少。目前所有的专业计算机动画系统都在虚拟摄像头中融合了可变焦镜头、景深效果、动态模糊，以及可控光线——这是对于传统摄影师

---

[1] R. Cook, L. Carpenter, and E. Catull, "The Reys Image Rendering Architecture," *Computer Graphics* 21.4 (1987): 95．（着重号为本书作者所加。）

布光的模拟。

　　第二个目标，模拟"真实场景"实际上更为复杂。想要为某个物体创建一个基于时间的计算机呈现，需要解决三个问题——物体形状的呈现、物体表面的光线效果及物体的运动模式。针对每个问题的解决方案，都需要精确模拟其中隐含的物理特性和过程——这是极其复杂棘手的数学难题。比如说，想要完全模拟一棵树的形状，涉及在数学上如何"长出"每一片树叶、每一个树枝、每一块树皮；想要完全模拟一棵树表面的颜色，程序员必须考虑到场景中的所有其他物体，从草地到云朵到其他树木。在实践中，计算机图形学的研究人员往往会具体问题具体分析，针对特定案例做出特定的解决，他们开发出大量互不相关的技术，去模拟特定类型的形状、材质、光线效果和运动。

　　这带来了一种极度不平衡的现实主义。当然，也有人指出，这并不是一个全新的发展，它早在20世纪的光学和电子化呈现技术中就有所体现，通过牺牲某些特征为代价，来更精细地传达可见现实的某些特征。例如，彩色胶片和彩色电视的色彩传达只是保证了自然的人类肤色，而不保证其他色差。然而，合成现实主义的局限性却有着质的不同。

　　在基于光学的呈现中，照相机记录的是存在的现实，一切存在的事物都可以被拍照记录。照相机的配置，如景深、胶片颗粒、有限的色调范围，都会影响到照片的整体效果。

　　三维计算机图形的情况就大不一样了。在使用虚拟摄影机拍摄现实之前，现实本身就从零开始创建。因此，想要模拟出照相现实主义一样逼真的"真实场景"，实际上是不可能的，因为商业动画制作使用的技术手段只能实现视觉现实中的特定部分。比如说，动画师使用特定的软件包，可以轻松地创建人脸的形状，但不能创建头发；材料上，动画师可以选择塑料或金属，但不能用布料或皮革；动画师可以创建鸟的飞行，但不能实现青蛙的跳跃。计算机动画的现实主义是极度不平衡的，其处理和解决问题的范围是有限的。

　　如何决定优先研究哪些问题呢？很大程度上，这是由研究的早期出资方——五角大楼和好莱坞决定的。在这里我并不想详细追溯这些赞助者的历史渊源，我所论述的重点是，来自军事行业的要求和娱乐行业的需求使得研究人员聚焦于视觉现实中某些特定内容的模拟，如地形景观和运动人物。

计算机图形学遵循照相现实主义的原始动机之一，是为了服务于飞行模拟器和其他训练手段。① 由于模拟器需要合成的自然景观，很多研究开始投入到云、崎岖地形、树木和空气透视等方面的呈现。因此，使用分形数学来表现自然形状（如山川）的精湛技术最早是波音公司（Boeing）开发的。② 格鲁曼航空航天公司（Grumman Aerospace Corporation）也研发了一些模拟自然场景和云的知名算法。③ 这一技术曾应用于飞行模拟器，也被用于跟踪导弹的图形识别研究。④

另一个主要出资方是娱乐行业，其赞助计算机图形学的动力是技术方面的研究可以降低电影及电视制作成本。1979 年，在乔治·卢卡斯的卢卡斯影业公司里，一个计算机动画研究部门成立了，它聘请了计算机领域最好的科学家来制作动画特效。在《星际迷航 2：可汗怒吼》(*Star Trek II: The Wrath of Khan*，尼古拉斯·迈耶［Nicholas Meyer］导演，派拉蒙影业，特效由工业光魔公司制作，1982）和《星球大战 3：绝地归来》(*Return of the Jedi*，理查德·马昆德［Richard Marquand］导演，卢卡斯影业，特效由工业光魔公司制作，1983）等电影中，特效的研发工作带来了一些重要算法的发展和广泛应用。⑤

除了为电影制作星际空间和爆炸场面等特效外，大量的研究活动也致力于研发运动人形与合成演员。这并不出人所料——因为商业电影和视频制作都是以人类角色为中心的。重要的是，计算机动画在故事片中的首次运用就是创建一个女演员的三维模型，这部电影是迈克

---

① Cynthia Goodman, *Digital Visions* (New York: Harry N. Abrams, 1987), 22, 102.
② L. Carpenter, A. Fournier, and D. Fussell, "Fractal Surfaces," *Communications of the ACM*, 1981.
③ Geoffrey Y. Gardner, "Simulation of Natural Scenes Using Textured Quadric Surfaces," *Computer Graphics* 18.3 (1984): 21–30.Geoffrey Y. Gardner, "Visual Simulation of Clouds," *Computer Graphics* 19.3 (1985): 297–304..
④ Gardner, "Simulation of Natural Scenes," 19.
⑤ William T. Reeves, "Particle Systems—A Technique for Modeling a Class of Fuzzy Objects," *ACM Transactions on Graphics* 2.3 (1983): 91–108.

尔·克莱顿（Michael Crichton）导演的《神秘美人局》（*Looker*，华纳兄弟，1981）。早期模拟人类的面部表情的实验中，最著名的是模仿玛丽莲·梦露（Marilyn Monroe）和亨弗莱·鲍嘉（Humphrey Bogart）的合成模型。[1]1988年，克莱泽-沃扎克公司（Kleiser-Wolczak Construction Company）制作了一名"合成演员工会主席候选人"——Nestor Sextone，这段三维动画在当时广受赞誉。

实际上，创建全合成人类演员比原先预期的更为复杂，研究人员还在继续研究这个问题。例如，1992年，SIGGRAPH会议的一场分会探讨了"人类和服装"，其中最具代表性的一篇论文是《为动画合成演员穿上复杂的可变形服装》（Dressing Animated Synthetic Actors with Complex Deformable Clothes）[2]和《提取头发自然美感的简单方法》（A Simple Method for Extracting the Natural Beauty of Hair）。[3]在同一时期，好莱坞开发出了一个电影的新类型（如《终结者2》《侏罗纪公园》《鬼马小精灵》[*Casper*]、《飞天法宝》[*Flubber*]等），这类电影围绕数字演员模拟的"尖端技术"（state of the art）展开。计算机图形学中，创建神奇超常的对象仍然比模拟普通的人类活动更加容易。因此，这类影片都围绕着一个不同寻常的角色展开，实际上，这个角色由一系列的特效组成——变形为不同的形状，爆炸成一个个碎片，等等。

前面的分析适用于从20世纪70年代中期到90年代中期。这段时期中，三维动画技术仍在不断发展。到了这一时期的最后阶段，软件工具变得相对稳定，同时，硬件成本显著降低，使得复杂动画的渲染时间大大缩短。也就是说，动画师们现在能够使用更复杂的几何模型和渲染模型，来实现更好的现实效果。例如《泰坦尼克号》（1997）中数以百计的计算机动画合成的"群众演员"，《幽灵的威胁》（1999）中95%的内容都是在计

---

[1] Nadia Magnenat-Thalmann, and Daniel Thalmann, "The Direction of Synthetic Actors in the Film Rendezvous in Montreal," *IEEE Computer Graphics and Applications*, December 1987.

[2] M. Carignan, "Dressing Animated Synthetic Actors with Complex Deformable Clothes," *Computer Graphics* 26.2 (1992): 99–104.

[3] K. Anjyo, Y. Usami, and T. Kurihara, "A Simple Method for Extracting the Natural Beauty of Hair," *Computer Graphics* 26.2 (1992): 111–120.

算机上完成的。然而，在新媒体的新领域——计算机游戏和虚拟世界（如VRML 中的和 Active Worlds 中的虚拟现实场景）中，早期预渲染计算机动画中一个显著特性——采用实时生成的三维计算机图形——又出现了。在这里，巴赞所谓的走向越来越全面的电影现实主义进化论，以越来越快的速度，在 20 世纪 70 年代和 80 年代的计算机动画的发展演变中再次上演。随着中央处理器和显卡的速度不断提高，计算机游戏从最早的《毁灭战士》（1993）中的平面阴影，发展到《虚幻》（*Unreal*，Epic Games 游戏公司开发，1997）中具有阴影、镜像和透明度的更精细的游戏世界。而针对普通计算机（没有配备专业的图形加速器）设计的虚拟世界领域，发展的步伐则缓慢得多。

摹仿的图标

虽然某些领域获得以优先研究的起因是出资方的需求，但出于种种原因，也有些领域得到了一致的关注。为了支持计算机图形学向现实主义发展，研究人员优先选择了一些具有大量幻觉主义文化意味的研究对象。

从历史上看，幻觉主义观念与成功呈现某些事物有着千丝万缕的联系。我前面引用过，在西方绘画的初创阶段就有宙克西斯与帕拉修斯之争的故事。宙克西斯所画的葡萄，标志着他具有高超的绘画技艺，为无生命的绘画创造出活灵活现的生命力。艺术史上还有一些例子，画家以高超的模拟技术，成功模拟了另一种代表鲜活自然的符号——人类的身体。在计算机动画的历史中，人类形象的模拟一直以来都是整个领域发展的重要标杆。

绘画自有其独特的图像学，其中隐含摹仿的主题，而运动影像媒体则表现另一套不同的主题。史蒂芬·尼尔（Steven Neale）描述了早期电影如何通过表现自然的运动来证明影像的真实性："（摄影图片中）缺乏的是风，风代表了非常真实、自然的运动。因此当代艺术所迷恋的不仅仅是运动，也不仅仅是画作的规模，还有水波与海浪、烟雾与水雾。"[1] 计算机

---

[1] Steve Neale, Cinema and Technology (Bloomington: Indiana University Press, 1985), 52.

图形研究者通过表现这类主题，来表现动画的真实感。SIGGRAPH 会议上展映的《运动的自然》（Moving Nature）中包含了关于烟、火、海浪、风吹草动的动画。[1] 这些获得特殊关注的现实主义符号，实际上是计算机图形研究人员对于无法完全模拟"真实场景"的过度补偿。

总之，电影现实主义与合成现实主义之间的区别首先在本体论的层面。新的现实主义是局部和不均匀的，而不是模拟和统一的。使用三维计算机图形的确可以模仿出人造现实，但从根本上看这类人造现实是不完整的，其中充满了漏洞和白色斑点。

在模拟世界中，谁来决定哪些漏洞会被填补，哪些漏洞会被保留呢？我曾指出，现有的计算机图形技术反映了军事和娱乐工业集团的特殊需要，因为他们负担了研发费用。某些主题中暗含的幻觉主义，也使得研究人员开始更多的关注整个视觉版图上的某些领域，而忽略另一些领域。此外，随着计算机图形技术从专业市场向大众消费者转移，它们也在另一方面表现出偏见。

在计算机中，从头开始创建虚拟现实需要大量的工作，因此，人们倾向于使用软件制造商提供的快捷现成品，如预先组装的、标准化的对象、角色和行为，包括分形景观、棋盘状地板、完整的人物，等等。"选择"一章中曾提到，每个程序都附带现成的模型、特效或甚至完整的动画库。例如，使用 Dynamation 程序（Alias|Wavefront 三维软件的一个部分）的用户只需要轻点鼠标，就可以获取完整的一套预先组合好的动画，包括动态的头发、雨、彗星的尾巴或烟雾。连专业设计师都会使用现成的对象和动画，互联网虚拟世界的大多数用户通常不具备图形或者编程技巧，他们更是没有其他的选择。因此，大多数虚拟现实技术软件公司和网络虚拟世界提供商，都鼓励用户从三维对象库和三维人物形象的资料库中进行

---

[1] 以下是几篇经典文章，都出自那些致力于该领域的研究项目：Nelson Max, "Vectorized Procedure Models for Natural Terrain: Waves and Islands in the Sunset," *Computer Graphics* 15.3 (1981); Ken Perlin, "An Image Synthesizer," *Computer Graphics* 19.3 (1985): 287–296; William T. Reeves, "Particle Systems—A Technique for Modeling a Class of Fuzzy Objects"; William T. Reeves and Ricki Blau, "Approximate and Probabilistic Algorithms for Shading and Rendering Structured Particle Systems," *Computer Graphics* 19.3 (1985): 313–32.

选择。

虚拟世界公司（Worlds Inc.）开发了一个能创建在线三维虚拟聊天环境的 Active Worlds 软件，为用户提供了 100 个三维形象的数据库。①Active Worlds 提供了"互联网上的三维社区环境"，上百万用户（1999 年 4 月的数据）可以从一千多个不同的虚拟世界中进行选择，一部分虚拟世界由开发公司提供，另一些由用户自己创建。②

随着这些虚拟世界越来越复杂，我们可以预计一个整体市场即将出现，其中有细节丰富的虚拟场景，具有可编程行为的人物，甚至完整的虚拟环境（有顾客的酒吧、城市广场、著名的历史事件等），用户可以组合成自己"独一无二"的虚拟世界。尽管 Active Worlds 等公司为终端用户提供了相关软件，帮助用户快速建立和快速自定义他们自己的虚拟住宅、虚拟形象和整个虚拟宇宙，但所有的创造都必须遵循公司制定的标准。因此，表面的自由背后，隐藏着更深层面的标准化。而一百年前，柯达相机的用户能做的只有按下一个按钮，但他们可以自由地将相机对准任何事物。在现在，"你按下按钮，其余的交给我们做"已经变成"你按下按钮，我们创造你的世界"。

通过本节的论述，我力图证明电影理论中发展出来的、关于现实主义的理论，同样适用于论述新媒体中的现实主义。但是这并不意味着计算机现实主义的问题已经解决了。在 20 世纪，呈现与模拟技术的更新换代越来越快，因此在技术体验和技术理解之间总是存在一定的滞后性。运动影像的现实效果就是一个典型的例子。虽然电影学者对电影现实主义的研究越来越深入，电影本身已经被三维计算机动画瓦解。我们可以思考这样一个历史发展年表。

巴赞的《电影语言的演进》(Evolution of the Language of Cinema) 是 1952 年到 1955 年间三篇文章的汇编。1951 年，在风靡一时的电视节目《现在请看》(See it Now) 中，观众第一次看到了计算机图形画面，这是由麻省理工学院使用 1949 年生产的"旋风"(Whirlwind) 计算机生成的。

---

① http://www.worlds.com.

② http://www.activeworlds.com.

一个动画是跳动的球，另一个是火箭的轨迹。①

科莫利的《可见的机器》（Machines of the Visible）最早作为一篇会议论文发表于1978年一场关于电影设备的重要会议上。同年，这篇对于计算机图形学研究史举足轻重的文章正式发表。文章提出了一种模拟凹凸纹理的方法，这是合成照相现实主义最强大的技术之一。②

波德维尔与施泰格的文章《技术、风格和生产方式》（Technology, Style, and Mode of Production）是1985年出版的《经典好莱坞电影：1960年之前的电影风格和生产方式》（The Classical Hollywood Cinema: Film Style and Mode of Production to 1960）中的一个章节。到这一年，大多数重要的照相现实主义技术已经出现，现成可用的计算机动画系统已经被媒体制作公司广泛采用。

随着三维合成影像在当代视觉文化中的应用越来越广泛，人们开始重新研究现实主义的问题。虽然随着电影发展而衍生的许多理论对于合成影像仍然适用，我们并不能因此想当然地认为任何概念或模型都适用。新媒体重新定义了呈现、幻觉及模拟的概念，促使我们以全新的方式来理解视觉现实的运作规律。

---

① Goodman, *Digital Visions*, 18–19.
② J. F. Blinn, "Simulation of Wrinkled Surfaces," *Computer Graphics* 12, no. 3 (August 1978): 286–92.

合成图像及其主体

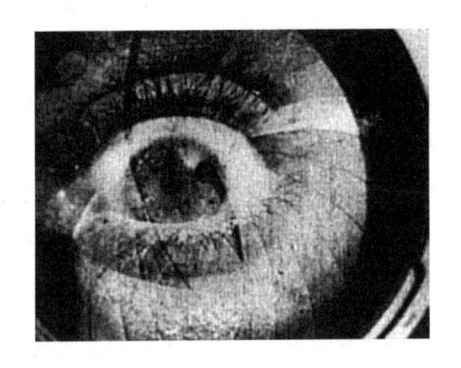

　　正如我们所见，实现照相现实主义是计算机图形学领域研究的主要目标。这一领域将照相现实主义定义为高水平的模拟能力，力图让计算机图像达到与照片难以区分的真实水平。自从这一目标在20世纪70年代末第一次提出以来，我们不断探索，取得了重大进展：例如，将电影《创》（1982）与《幽灵的威胁》（1999）中的计算机图像进行比较，我们可以发现巨大的进步。虽然，许多人仍认为计算机图形生成的合成三维影像，还没有（或许将永远不会）像镜头拍摄的影像一样"真实"地呈现视觉现实。在本节中，我会论述这个观点是错误的。这种合成照片已经比传统照片更"真实"了。事实上，它们过于真实了。

　　我们可以把关于照相现实主义的思考放置到一个更大的历史框架中。如果不仅考虑当下和近来（分别对应着计算机成像和模拟胶片）的情况，而且联系到视觉幻觉主义更遥远的过去和未来，那么这个看似自相矛盾的论述就显得不那么奇怪了。因为，虽然计算机图形学领域一心想要复制出20世纪电影技术拍摄出的某些类型的画面，但这些画面仅能代表视觉文化悠久历史中的一小段。我们不能由此认为，随着35毫米的胶片投射到银幕上，幻觉的历史也告一段落。即使胶片摄影机被计算机软件取代，电影放映机被数字投影仪取代,电影胶片被通过计算机网络传输的数据所取代,幻觉的历史仍在向前发展。

乔治·梅里埃,计算机图形学之父

将来的历史学家写到20世纪90年代电影的计算机化时,《终结者2》和《侏罗纪公园》这类电影将被重点介绍。与其他类似作品一道,詹姆斯·卡梅隆和斯蒂文·斯皮尔伯格的这些电影标志着好莱坞的转向:从20世纪90年代初对计算机动画的极端怀疑,到90年代中期的全面接受。这两部电影及随后大批追随者戏剧性地突显出:完全的合成现实主义似乎指日可待。然而,这些影片也证明:伪造视觉现实起初看似即将成为一项杰出的技术成就,但最后却是微不足道的。因为仿造出来的不是现实,而是摄影的现实,是通过摄影机镜头看到的现实。换句话说,计算机图形学已经(几乎)实现的不是现实主义,只是照相现实主义。它没有仿造出我们感知中的现实和身体所经验的现实,而只是关于现实的摄影影像。[①] 这种影像存在于我们意识之外的屏幕上———一个大小有限的窗口,它呈现出关于外在现实的一个静止印迹,现实经一个景深有限的镜头过滤,然后又经过胶片的颗粒和有限的色调范围过滤,最后被呈现出来。计算机图形技术所模拟的就是这种基于胶片的影像。我们之所以认为计算机图形学已经成功仿造现实,是因为在过去一百五十年中,我们逐渐接受了将摄影和电影画面作为现实的做法。

因此,我们仿造的只是胶片上的影像。一旦人们逐渐接受了将摄影影像作为现实,未来的模拟就按照这种方式开始发展。剩下的就是具体的发展细节:数字电子计算机的开发(20世纪40年代初),紧接着是透视生成算法(20世纪60年代初),然后研究如何制作带有阴影、反射和纹理的模拟物体实体(20世纪70年代),到最后模拟镜头的失真效果,例如运动模糊和景深(20世纪80年代初)。所以,虽然从1960年左右的第一

---

① 关于虚拟现实的研究力图超越屏幕图像,模拟感知现实和关于现实的身体体验。

批计算机图形影像到 90 年代《侏罗纪公园》中的合成恐龙实现了巨大的发展，但我们却不必太过震惊。从概念上讲，照相现实主义的计算机图形学已经出现在 19 世纪 40 年代费利克斯·纳达尔（Félix Nadar）的摄影照片中，以及在 19 世纪 90 年代乔治·梅里埃的早期电影中。实际上，他们才是照相现实主义三维计算机图形学的发明者。

我这样说，并不是否定今天最终实现的计算机生成特效背后人类所付出的聪明才智和巨大劳动。的确，如果说我们的文明中有任何可以与中世纪大教堂相比的成就，那就是好莱坞电影的特效。无论是从规模上来说，还是从对细节的关注上来说，二者都是真正的史诗。每一部影片都需经过成千上万个能工巧匠多年组建才能完成，因此每部电影都是当今集体工艺的终极呈现。中世纪大师留下的是受到宗教的信仰所激发的对石头和玻璃的精雕细琢，今天我们的工匠所留下的是投射到电影院银幕或在计算机显示器上播放的一组组像素的集合，那是由光组成的无形教堂。而且，在某种程度上，这"无形教堂"仍带有宗教性的所指，这种宗教性既表现在故事层面上（例如，《幽灵的威胁》中的基督教渊源——主角天行者是在没有父亲的情况下孕育的，等等），也表现在其视觉场景的宏大感与超越性上。

《侏罗纪公园》与社会主义现实主义

现在我们来分析一下其中的一座"无形教堂"：《侏罗纪公园》。在当今世界上为故事片制作专业计算机动画的公司中，工业光魔是首屈一指的。公司的数十名设计师、动画师和程序员花费了超过两年的时间，才实现了计算机模拟的成功。因为几秒钟的计算机动画往往需要成年累月的工作，只有好莱坞大片的巨大预算可以负担《侏罗纪公园》中大量的高精度计算机生成场景。当下的绝大多数三维计算机动画制作在逼真水平上较低，而且就像我在前面的部分中指出的一样，逼真的水平是参差不齐的，某些特定的对象逼真度更高，某些较低。即使是对于工业光魔公司来说，计算机动画的最终目标——像照相现实主义一样逼真地模拟人类——仍然是不可能的。（1997年《泰坦尼克号》中有几个场景中包含了成百上千个的合成人类形象，然而他们只出现了几秒钟，而且因为是远景镜头，所以每个人身形都很小。）

三维计算机图形产生的图像经常呈现出几何形状，而且显示出一种不自然的干净和高锐度。当这些图像与正常的照片并置时，其局限性尤其突显。因此，《侏罗纪公园》的标志性成就之一是电影胶片的真实场景与计算机模拟对象实现了无缝融合。为了实现这一融合，计算机生成的图像必须被降低质量，其完美程度必须被稀释，以匹配胶片所具有的缺陷——颗粒性。

首先，动画师要弄清楚，需要以多大的分辨率来呈现计算机图形元素。如果分辨率太高，计算机图像会比电影影像有更多的细节，其人工痕迹会变得更加明显。就像中世纪的绘画大师都会保守他们绘画的秘密一样，业内领先的计算机图形公司也会小心地保密其模拟图像的分辨率。

想要将计算机生成图像与电影影像相结合，我们还需要使用其他的技巧，来削弱计算机图像的完美性。特殊的算法用来软化计算机生成对象的直线边缘。画面中添加了一些几乎不可见的噪点，来混合计算机和电影元素。有些时候，场景设定在某些特殊的场地中，例如《终结者2》中的两个主人公的最后一战，场景在一个烟雾朦胧的工厂。因此，用来融合胶片影像和合成元素而添加的烟雾效果，就具有了合理性。

所以，我们通常认为使用计算机图形制作的合成照片居于真实照片之下，但事实上，它们过于完美了。我们也可以反过来说，它们过于真实了。

合成图像不受人类视觉和摄影机镜头的局限，它可以有无限的分辨率和无限的精细度。光学镜头不可避免会受到景深的限制，而合成影像则完全不会，所以一切都是准焦的。在电影胶片和人类感知作用下，一般图像上通常会产生一层噪点，但合成影像没有这种颗粒感，它的色彩更加饱和，高锐度的线条勾勒出规整的几何形状。从人类视觉的角度来看，它是超现实的，但又是完全真实的。合成图像是另一种视觉的结果，这种视觉比人类更完美。

这是谁的视觉？这是计算机、赛博格、自动化导弹的视觉，是未来人类视觉的现实主义呈现。在未来，计算机图形技术将大大增强这种呈现能力，并可以清除现实中的噪点。这是数字网格化的视觉。合成的计算机影像并不是低于现实生活的呈现，而是对于另一个现实的现实主义化的呈现。

按照同样的逻辑，我们不应该认为三维计算机动画中干净的、无肌理的、过度灵活或者动作卡顿的人物形象是不真实的，也不应该把它们看作是接近真实事物（人类身体）的不完美的产物。它们是未来赛博格身体的极其逼真的呈现，未来的世界将简化为一个个几何形状，用几何模型就能有效地呈现它，这将成为未来现实的基础。合成图像所代表的就是未来。换句话说，传统照片总是指向过去，而合成照片指向的是未来。

这是一个全新的状况吗？是否早已存在这样一种始终如一指向未来的美学？为了帮助我们找到这种审美的历史定位，在这里我要提到一幅画，作者是苏联概念艺术家科马尔（Komar）和梅拉米德（Melamid）。这幅画叫作《布尔什维克在游行之后回到家》（*Bolsheviks Returning Home after a Demonstration*，1981～1982），描绘了两个工人，其中一个人扛着一面红旗，他遇到了一只小小的恐龙，它比人手还小，站在雪地里。这幅绘画属于"怀旧社会主义现实主义"系列的一部分，画作完成几年后，画家就到了美国，当时的好莱坞还没有全面接纳计算机生成的视觉效果。但是，这幅画似乎为《侏罗纪公园》这类电影以及整个好莱坞添加了注脚，将好莱坞式的虚构与关于苏联历史的虚构联系了起来。关于苏联历史的虚构用的都是社会主义现实主义风格——这是20世纪30年代初到20世纪50年代末苏联艺术的官方风格。

在这幅画中，我们可以一窥《侏罗纪公园》的美学特征。这是一种属于苏联社会主义现实主义的审美。社会主义现实主义力图在当下展示未来的图景，将未来社会主义社会的完美世界投射到当下大众熟悉的视觉现实中，这些现实中有街道、室内和20世纪中叶该国常见的面孔，而这些面孔是劳累的、饥饿的、害怕的、因恐惧而筋疲力尽的、披头散发的和面如死灰的。社会主义现实主义必须在保留大量日常现实同时，展示出这一现实在未来会呈现的样貌：每个人都有健康的身体，结实的肌肉，街道都变得现代化，每一张脸都被共产主义意识形态精神所改造。这是社会主义现实主义作品与纯科幻小说的区别，后者不需要将当今的现实特征搬到未来。相比之下，社会主义现实主义必须将未来叠加到当下的现实之上，将未来共产主义理想投射到观众所熟悉的现实中。重要的是，社会主义现实主义从不直接描绘这一未来，也就是说，没有一个社会主义现实主义的艺术作品是设定在未来的。从20世纪30年代初直到斯大林的去世，苏联一直没有科幻小说这一类型。社会主义现实主义的目标，并不是让工人们在不完美的现实中闭上眼睛去梦见完美的未来，而是让他们在周围现实中看到这一未来的种种迹象。这是维尔托夫"对世界进行共产主义解码"观念背后的一个意义。以这种方式解码世界，意味着要在身边的现实中辨识出未来。

将未来叠加到现实的做法同样发生在《侏罗纪公园》中。电影试图展示未来的景象——完美的赛博格视觉、无噪点画面和对无穷细节的展现。原始的计算机图形影像在与电影胶片影像混合之前，都属于这一完美的视觉体系。但是，社会主义现实主义绘画将未来的完美与现实的不完美混合起来，同样，《侏罗纪公园》也将未来计算机图形的超常视野与我们熟悉的胶片影像混合起来。《侏罗纪公园》中，计算机影像屈就于电影胶片影像，制作者通过各种可能的手段来增加计算机影像的不完美，并借助电影的内容来掩盖计算机影像的完美。前面已经讨论过，最初的计算机生成影像画质干净、锐度高、没有焦点和颗粒，现在，它需要通过各种方式来降低画质：降低分辨率、边缘模糊、添加景深，以及人工添加的颗粒效果。此外，电影的内容是苏醒过来的史前恐龙，这可以看作掩盖人类对于赛博格未来的潜在不安的另一种方式。恐龙现身说法告诉我们，计算机影像属于消逝已久的过往——但我们更有理由相信，这些影像是来自未来的使者。

在这一点上，《侏罗纪公园》和《终结者2》是相反的。《侏罗纪公园》中恐龙的功能是说服我们相信计算机影像属于过去，而《终结者2》中的终结者更加"诚实"。他是来自未来的使者——一个具有人类外观的赛博格，他的真实形态是某种未来的合金。与这一逻辑完美契合的是：这种合金形式通过计算机图形呈现出来。他的身体完美地映照出周围的现实，这些映像从本质上向我们展示了未来的人类和机器的景象：具有高锐度，无噪点，而且没有任何模糊。映像映射算法生成了这些外观样貌，而这一算法是实现照相现实主义逼真度的标准手段之一。因此，为了呈现来自未来的终结者，设计师使用了标准计算机图形技术，并没有刻意降低画质。相比之下，《侏罗纪公园》中来自过去的恐龙，是被系统化降格处理的计算机影像。当然在这部电影里，电影胶片媒介本身就代表了过去，包括电影式的颗粒、电影式的景深、电影式的运动模糊和电影式的低分辨率。

这就是照相现实主义三维计算机动画的悖论：其图像并不逊色于传统摄影，它们是完美的真实，但又过于真实了。

204

幻觉、叙述与交互性

前文从制作的视角分析了计算机幻觉主义，并且从视觉幻觉的整个发展史出发对此进行了观照，现在我想从另一个角度来讨论这个问题。现有的幻觉主义理论认为，主体只充当观众。然而新媒体更多时候是将主体转化为用户，期待主体与呈现对象进行交互，比如点击菜单或图像、做出选择和决定等。交互性对于图像的现实效果有什么影响呢？对于一个再现对象的现实性而言，什么是更重要的？是忠实地模拟物理定律和人类动机，还是准确地模拟现实的视觉表象？例如，两个赛车游戏，一个采用精确的碰撞模型但视觉效果较差，另一个采用更丰富的影像效果但模型不太精确，两个相比哪个更具有真实感？或者说，模拟维度和视觉维度之间是否是相辅相成的，需要相加起来才能构成总体效果？

本节聚焦总体交互式计算机对象的幻觉生产中一个特定的方面，它与时间密切相关。网站、虚拟世界、计算机游戏以及许多其他类型的超媒体应用程序，都具有一个特定的时间性动态——在幻觉和悬念之间持续地、重复地来回切换。这些新媒体对象不断地提醒我们，它们具有人工性、不完全性，以及被建构性。它们呈现出完美的幻觉，结果却同时暴露出潜在的机制。

20世纪90年代的网上冲浪是一个完美的例子。用户一边看网页，一边需要花同样长的时间等待下一个页面的载入。在等待的过程中，以比特为单位通过网络传输这一传播行为本身就成了讯息。期间，用户不断地检查网络连接是否正常，在动画图标和状态栏之间来回扫视。用罗曼·雅各布森的传播功能模型来看，我们可以说，通过接触或交际功能，传播逐渐占据了主导——它以物理渠道为中心，关注发件人和收件人之间的连接行为。[1]

雅各布森写道，两个通过语言进行交流的人，为了检查沟通渠道是否有效，会跟对方说"你听到了吗？""你懂了吗？"来确认。但在网络通信中，没有人类发件人，只有一台机器。所以当用户不断地检查信息的加载传达情况时，实际上是在对机器说话。更确切地说，是机器在对用户说话。这台机器彰显自身（主体性），提醒用户注意到机器的存在——不只是因为用户被迫等待，还因为用户被迫见证信息是如何随着时间的推移而建构起来的。在网页中，信息由上到下，一个部分一个部分被载入整个屏幕中；文本先于图像载入，而图像先以低分辨率载入，然后逐步清晰。最后，所有元素加载完成，构成一个流畅完整的图像。随着鼠标的下一次点击，图像又会瞬间消失。

与三维虚拟世界的互动也具有同样的时间性动态特点。比如所谓的"间离"或"细节层次"技术手段，多年来一直应用于虚拟现实模拟，后来转用于三维游戏和 VRML 的场景中。具体做法是：当用户在虚拟空间内运动时，各个模型以较粗糙的方式渲染呈现；当用户停下来，细节就逐渐填充进来。这一技术手段还有另一个变种：为同一对象创建多个模型，各个模型之间的细节程度逐渐降低。当虚拟摄影机接近对象时，使用细节丰富的模型；如果对象在很远的地方，就替换使用一个细节较少的版本，以节省不必要的计算机运算过程。

采用这些技术手段的虚拟世界具有一种流动的本体论，它受用户操作的影响。随着用户在空间中的导航，对象的呈现会在黯淡的简图与充实的

---

[1] 见 Roman Jakobson, "Closing Statement: Linguistics and Poetics," in *Style in Language*, ed. Thomas Sebeok (Cambridge, Mass.: MIT Press, 1960).

幻觉之间来回切换。为了保证完整的幻觉，主体必须固定不动，任何轻微的小动作都会打破幻觉。

Quicktime 虚拟现实影片中的导航也有类似的动态特点。Quicktime 虚拟现实与 19 世纪全景画中逼真的模拟不同，它在不断解构幻觉。当你开始在场景中运动时，画质就会变得粗糙。当你放大图片，得到的只是放大的像素点。呈现机制不断地隐藏和显示自身的存在。

传统电影或现实主义戏剧的目的是在表演过程中不惜一切代价地维持幻觉的连续性。新媒体美学与这种总体现实主义不同，而是跟 20 世纪左翼先锋美学有着惊人的相似。剧作家贝托尔特·布莱希特（Bertold Brecht）的策略是揭示出制造幻觉的各种条件，这与许多左翼艺术家不谋而合，而这种策略已经深入到硬件和软件中。同样，本雅明的"心不在焉时的感知"[①]概念已经完美地得以实现。机制的定期重现，传播渠道在信息中的持续在场，使主体不会过长时间地沉溺于幻觉的梦幻世界，让主体在全情投入与超然独立的两个状态之间轮换。

虚拟机制本身已经扮演了一个先锋派导演的角色，而游戏、DVD 影片、交互式电影和交互式电视节目等交互媒体的设计师经常有意识地尝试，将主体的时间性体验设计为一系列定期切换的结构，强迫主体在观看者和用户这两个角色之间来回切换，在感知与行动之间来回切换，在跟随故事脉络与积极参与故事之间来回切换。在某一段落中，观众正在计算机屏幕上观看一段有趣的电影故事。突然间，影像暂停，菜单和图标出现，观众被迫采取行动——做出选择，点击鼠标，按下按钮。计算机游戏中（如《银河飞将》[Wing Commander] 系列游戏）就有这种用户体验的周期性切换结构——在全动态影像（full motion video）段落与需要用户输入的段落之间切换。来自莫斯科的媒体理论家阿纳托利·普罗霍罗夫（Anatoly Prokhorov）用"透明的和不透明的"来描述这类计算机屏幕在两种不同身份之间的切换。屏幕不断地从透明切换到不透明，从一个窗口变成虚构的三维宇宙，再变成一个布满菜单、控件、文本和图标的实体平

[①] Benjamin, "The Work of Art in the Age of Mechanical Reproduction."

面。① 三维的空间变成平面，照片变成图表，角色变成图标。借用"文化交互界面"一节中呈现与控制的说法，我们可以说屏幕不断在呈现与控制两个维度之间交替切换。在某一时刻，一个虚构的宇宙变成了一组按钮，等待人们采取行动。

这些切换带来的结果并不是启蒙和解放。现代主义先锋派戏剧和电影导演，都在作品中刻意强调参与生产幻觉和维持幻觉的机制和惯例。例如，让演员直接对观众讲话，或者镜头向后拉开，呈现出剧组人员和布景。然而计算机对象、应用程序、交互界面所做出的系统化"自动解构"，似乎并没有将观众的注意力从现实效果的沉浸中分散出来。这种幻觉与打破幻觉之间的来回切换既不会让观众分心，但也不会让观众聚精会神。我们可以将这些时间性的切换与电影中的正反打镜头做比较，将其理解为一种新的缝合机制。观众积极主动地定期参与到互动文本中，从而使主体被插入到文本中。因此，用缝合理论来说，幻觉与暂停之间的来回切换，是主体充分参与到幻觉中的必要条件。②

显然，我们所研究的问题已经超越了模拟时代旧式的现实主义。我们可以把这个新的现实主义称为元现实主义（metarealism），因为它包含了对于自身的内部批判。这种新现实主义的出现与总体文化的变迁息息相关。旧的现实主义对应着现代社会中意识形态的运作，将符号领域、"虚假意识"和完整幻觉融为一体。但今天的意识形态以全然不同的方式发挥作用：它巧妙地不断解构本身，巧妙地为主体展现大量"丑闻"和"调查"。20世纪中叶的领导人都呈现为不可战胜的形象——比如永远站在真理的一边，比如斯大林和希特勒永远是正确的，是真正的圣人，永远不会犯人类的错误。今天，我们对于领导人的丑闻并不会感到意外，而这些丑闻也并不会损害他们的名誉。同样，现在的电视广告经常开自己或者其他广告的玩笑，这也并不会妨碍他们继续推销广告中的商品。自我批判、丑闻、揭秘内部机制，这些成为现代意识形态的全新组成结构。例如，在

---

① Private communication, September 1995, St. Petersburg.
② 关于缝合理论与电影的关系，见该书第 5 章：Kaja Silverman, *The Subject of Semiotics* (New York: Oxford University Press, 1983).

1998年，MTV在自己网站上制造了被黑客攻击的假象。[①] 意识形态不再要求主体像20世纪早期那样盲目地相信一切。反之，它赋予主体一个主导地位，让主体清楚地知道自己被愚弄了，但仍然慷慨地放任自己被愚弄。例如，每个人都知道，从那些商业化大批量生产的风格中创建出自己独一无二的身份是毫无意义的一件事，但无论如何还是会买昂贵的时尚服饰，从"军装风格""波希米亚风格""佩花嬉皮士风格""内城贫民区风格""夜店风格"等菜单中进行选择。前文中描述的"交互媒体中幻觉与暂停的来回切换"可以看作这一现象的另一个案例。古典现实主义与古典的意识形态一样，只要幻觉存在，主体就要完全接受幻觉。与此相反的是，新的元现实主义建立在幻觉与打破幻觉之间的来回切换中，时而将观众沉浸在幻觉中，时而直接对观众讲话。事实上，当"解构"商业广告、丑闻报纸报道及传统的非交互式媒体时，用户前所未有的处在掌控位置上。正是因为被赋予了控制权，用户在幻觉中会更加投入。

人们可能会反驳，认为交互性和幻觉之间的来回切换不过是当前技术的限制带来的结果，随着硬件的进步，这种切换将会消失。如果我的分析是正确的，那么这种反驳可能就是无效的。这里所说的切换并不是计算机技术的产物，而是现代社会的结构特征，它不仅表现在交互媒体中，也出现在众多其他社会领域和不同层面上。

这也许可以解释交互媒体中时间性动态随处可见的原因，但它不能解决另一个问题：这种时间性动态具有审美性吗？布莱希特和好莱坞能互相结合吗？基于这种感知和行动之间的周期性变化，是否可能创建一种新的时间美学，甚至创建一种语言呢？在我看来，这种美学已经存在，最成功例子是军事模拟器，这是交互式叙述的一种成熟样式。军事模拟器将感知与行动、电影现实主义和计算机菜单完美地结合起来。屏幕为主体呈现出视觉幻觉主义的虚拟世界，同时定期地要求用户进行快速行动——射击敌

[①] 1998年，在MTV颁奖典礼之前，MTV故意黑了自己的网站，在网页上留下了涂鸦"JF到此一游"，当时，英国黑客JF正在因为攻击网站的行为接受警方调查。后来MTV承认这次所谓的"被黑"是一个公关活动，为了宣传一名即将在颁奖典礼亮相的在线虚拟角色"Johnny Fame"。——译者注

人、改变车辆方向等。在这一艺术形式中，观众和行动者这两个角色完美地融为一体——但是要付出一定的代价。叙述围绕着一个单一的、明确的目标进行，那就是要保持（用户的角色）活着。

模拟器衍生出一系列游戏，这些游戏都大获成功。最先出现的是第一人称射击游戏，例如《毁灭战士》《雷神之锤》和《古墓丽影》，后来出现了飞机和赛车模拟游戏。在《银河飞将》《神秘岛》《迷雾岛》(*Riven*)《中途岛的糟糕一日》(*Bad Day on the Midway*)这类交互性叙述游戏中，会有两种不同状态之间的周期性来回切换——一种状态是非交互性的电影式场景段落，另一种是交互式的游戏段落。与以上交互性叙述游戏不同的是，第一人称射击游戏中，以上两种状态是共存的，不仅两种主体状态（感知和行动）是共存的，而且两个屏幕（透明的和不透明的）也是共存的。人物跑过走廊向敌人射击时，或者驾驶车辆在跑道上飞驰时，用户也需要留意各项数值、了解人物的"健康值"、车辆的损害程度、弹药的余量等。

作为结论，我想对新媒体中的时间性切换做出一个不同的解释，我想将新媒体中的时间性切换与新媒体之外的社会领域联系起来，而不是与计算机文化中的其他类似特效联系起来。这种幻觉部分和交互部分之间的来回切换，强制用户在不同的心理定式之间，即不同的认知活动之间进行切换。这些切换是现代计算机应用的典型特征。前一秒用户可能还在分析定量数据，而下一秒，就开始使用搜索引擎，打开一个新的应用程序，或者在计算机游戏中自行导航穿过游戏空间，然后，用户又会开始使用搜索引擎，等等。事实上，现代人机交互允许用户在同一时间运行一系列程序，并保持多个窗口在屏幕上同时打开，这说明多任务处理逐渐成为社会和认知的规范。这种多任务处理要求用户进行"认知多任务处理"，在各种各样的注意力、解决问题技能和其他的认知技能之间迅速切换。总之，现代运算要求用户具有发达的解决问题能力、系统的实验能力和快速学习新任务的能力。

从比喻上和实际上两个方面看，软件应用程序都嵌入在操作系统的框架内；同样，新媒体也将电影风格的幻觉嵌入到交互式控制平台的框架内。幻觉服从于行动，深度被平面替代，视窗发展为想象的宇宙，再进一步发展为控制面板。作为20世纪最卓越的幻觉机器和治疗机器，电影影像曾经在黑暗的影院中主宰一切，现在成为计算机屏幕上的一个小小窗口，成为网络中的众多数据流中的一条，成为硬盘里众多文件中的一个。

第 五 章

形 式

THE FORMS

1999年8月5日,我坐在睿域(Razorfish Studios)公司的大厅中。1998年,《广告周刊》(Adweek)将睿域评为1998年世界十大互动机构之一,[①]它的故事是纽约"硅巷"(Silicon Alley)[②]的又一个传奇:1995年,两名合伙人在纽约东村的一间Loft中成立了这家公司,到1997年,它共有45名员工,到了1999年,员工人数上升到600人(包括睿域公司在世界各地收购的一些企业)。睿域公司涉及的项目多种多样,从屏幕保护程序到嘉信理财(Charles Schwab)在线交易网站。在我访问睿域公司的那个年代,公司位于纽约苏荷区百老汇大街与默瑟大街之间的格朗大街上,占据了一栋建筑中的两层楼,与普拉达(Prada)、雨果博斯(Hugo Boss)等名牌商店仅有几个街区之隔。大型、开放的公司空间中,松散地分布着二十几个员工的工作空间(我注意到一个年轻的程序员正在忙碌着,他看起来还不到18岁)。这种空间的设计(有意为之)可以看作对于计算机文化核心主题的一种隐喻,即交互性、无层级、模块化。一般传统办公建筑的接待区是访客来到公司的一个入口,与此不同的是,这里的前台看起来更像是设立在入口附近的一个工作站。一进到公司里,你可以去前台,也可以直接自行前往该楼层的任何一个工作站。衣着时髦的年轻男女员工们不断在电梯间进进出出。这里非常安静,只有计算机保存和检索文件时发出的微弱噪音。一位30岁出头的联合创始人带着我快速游览了整个公司。虽然睿域公司是计算机屏幕和网络虚拟世界的设计先驱,我们的这次游览主要还是在现实世界中进行的。他自豪地指出,无论员工的工作头衔是什么,他们都自由地散坐于公司的开放空间中,程序员、交互界面设计

---

① http://www.adweek.com.
② 指美国纽约市以曼哈顿区为中心的高科技企业集中地区。——编者注

师、网页设计师通常比肩而坐。他还指出，接待区由一张桌子和两个半圆形的沙发组成，这一形状模仿了睿域公司的标志。谈到睿域公司打算涉足产品设计领域的计划时，他说："我们的目标是提供一种完整的用户体验。现在客户一般的思路是：当需要设计一个屏幕上的按钮时，就找到睿域公司，但当他需要真正的按钮时，他会去找另一家公司。我们想要改变这一点。"

在20世纪70年代，早期的图形用户交互界面范式模仿了我们熟悉的各类物理现实的交互界面，如文件柜、桌子、垃圾桶、控制面板。离开睿域公司之后，我来到了设计师帕特里夏·菲尔德（Patricia Field）开的维纳斯（Venus）商店，在这家位于西百老汇大街上的时尚小店里，我买了一个橙蓝相间的钱包，钱包盖子上面有两个塑料按钮，模仿的正是网页浏览器上前进与退后的按键。按钮没有任何实际功能（至少目前我还没发现），它们只是表示这是一台"计算机"。在20年中，文化转了一圈，又回到起点。图形用户交互界面的使用，使现实环境转移到了计算机屏幕上；而现在图形用户交互界面上的各种惯例，又使计算机屏幕转移回现实世界中。计算机媒体的其他惯例和形式也有着同样的轨迹。文档的集合和可导航空间，是两种组织数据和人类体验世界的经典方式，现在已经适用于新媒体的大多数领域。第一种形式是数据库，用于存储各种类型的数据——从财务记录到数字电影剪辑片段；第二种形式是虚拟交互三维空间，用于计算机游戏、运动游乐设施、虚拟现实、计算机动画和人机交互界面。数据库与可导航空间转换到计算机环境的过程中，也发生了一些变化：它们融入了结合计算机构造和访问数据的特殊技术，例如模块化，它们也融入了计算机编程的基本逻辑之中。例如，计算机数据库与传统的集合文档完全不同：它允许人们快速存取、排序和重组数百万条记录；它可以包含不同的媒体类型，并假设数据有多重索引，因为每条记录除了包含数据本身之外，还包含了许多具有用户定义值的字段。

今天，不论是在实际意义上还是概念上，这两种基于计算机的形式已经借助"跨码"融入总体文化中。事实上，不管是图书馆还是博物馆，任何一个文化数据的集合体，都被计算机数据库所取代。与此同时，计算机数据库成为一种新的隐喻，它把个体和集体文化记忆、文件或实物的集合体，以及各种现象和经验进行概念化处理。同样，计算机文化采用了三维可导航空间，将各种类型的数据——分子、历史记录、计算机中的文件、互联网整体以及人类语言的语义（例如，Plumb Design 开发的软件将一部英文辞书呈现为一个三维空间中的结构体）——进行可视化处理。① 而在许多计算机游戏中，人类的世间体验和叙述本身都呈现为空间中不断地导航（例如，《古墓丽影》游戏）。总之，计算机数据库和基于计算机的三维虚拟空间已经成为真正的文化形式，可以普遍性地呈现人类经验、世界和世界中的人类存在。

在计算机文化中，为什么这两种方式被特别强调？② 我们可能会将第一种类型与工作（"信息处理"这一后工业时代的劳动）联系起来，将第二种类型与休闲娱乐（计算机游戏）联系起来，然而这种区别在计算机文化中不再有效。我在"交互界面"一章的前言部分指出，越来越多相同的隐喻和交互界面被同时用于工作和家庭、商务和娱乐中。例如，不论是工作（分析科学数据）还是游戏（在《雷神之锤》中杀死敌人），用户都在虚拟空间中进行导航。

通过分析这两种形式如何应用在新媒体设计中，我们可以找到一个更好的解释。从一个角度来看，所有新媒体设计都可以归纳为这两种方式。也就是说，我们可以这样理解新媒体中的创造性工作：一种是为多媒体数据库创建的交互界面，另一种是通过空间化的呈现来定义导航的路径。第一种方法通常应用于独立自主的超媒体和网站，简单说，其主要目的是为数据提供交互界面。第二种方法应用在许多计算机游戏和虚拟世界中。其中的逻辑是什么呢？网站和超媒体程序通常致力于为用户提供有效的信息获取途径，而游戏和虚拟世界的目标是从心理上把用户"沉浸"于假想世界中。可以说，数据库已经成为前一个目标实现的完美途径，而可导航空

---

① http://www.plumbdesign.com/thesaurus/.
② 据珍妮特·穆雷（Janet Murray）的论述，数字化环境有四种本质属性：程序性、参与性、空间性和百科全书性。显然，空间性和百科全书性可以联系到我在这里描述的两种形式——可导航空间和数据库上，见 Janet Murray, *Hamlet on the Holodeck—The Future of Narrative in Cyberspace* (Cambridge, Mass.: MIT Press, 1997), 73。

间满足了第二个目标的需求，实现了那些以往文学和电影式的叙述所产生的效果。

有时，获取信息和想象世界的心理化参与，这两个目标中的任意一个，就可以决定新媒体对象的设计。搜索引擎网站可以看作前者的例子，例如《迷雾岛》或《虚幻》这样的游戏可以被看作后者的例子。然而，这两个目标应视作关于一个整体概念的两种极端情况。这种所谓"真正"以信息为导向的产品包括雅虎、HotBot 搜索引擎和其他搜索网站，它们使用户"沉浸"在网站空间中，防止用户转去其他网站。而这种所谓纯粹的"心理沉浸"产品，例如《迷雾岛》《虚幻》，都具有功能强大的"信息处理"区域，使用户玩游戏更像在阅读侦探小说或下棋，而不是将用户带入类似传统文学和电影的虚构叙述之中。玩家需要收集线索和宝物，不断更新游戏世界的心理地图，包括路线的位置、门、需要躲避的地方等，跟踪记录某一角色的战术手段、身体状况和其他水平。如此看来，计算机游戏的种种特点，都与计算机文化中具有代表性的"信息处理"任务相一致（"信息处理"任务包括网上搜索、浏览新闻、从数据库中提取记录、使用电子表格，或者在大量的数据存储中进行数据挖掘等等）。

通常情况下，信息获取和心理参与这两个目标，在同一新媒体对象中往往有竞争和偏重。随着表层与深度的逐渐对立，客观信息与"浸入"也出现对立，这可以看作新媒体所特有的、在行动和表现两方面的、更为普遍的对立。与表层和深度的对立相同，这种竞争的结果往往带来尴尬和不稳定。例如，如果一张图像本身嵌入了大量超链接，那么这张图既不提供真实的心理"浸入"，也不提供导航，因为用户必须先要找出这些超链接。在追求成为真正的互动电影体验的游戏，如《非常任务》（*Johnny Mnemonic*，SONY，1995）中，超链接和菜单完全不出现，交互控制全部通过键盘完成。

叙述学是现代文学理论中致力于叙述理论的一个分支，它将叙述与描写区分开来。叙述是故事中推进剧情发展的部分，描写是无关剧情发展的部分。描写的例子包括描述风景、城市、或人物居所的段落。总之，用信息时代的语言来说，描写段落为读者呈现出描述性信息。叙述学正如名本身的意义一样，最关注的是叙述而非描写。在信息时代，叙述和描写的角色已经发生改变。传统文化为人们提供了意义明确的叙述（神话，宗教）和微乎其微的"独立"信息。时至今日，我们拥有太多的信息，却没有足够的叙述将这些信息整合到一起。不管是好是坏，获取信息已成为计算机时代的一项重要活动。因此，我们需要一种可以称为"信息美学"的东西——它包括对信息存取美学进行理论分析，以及创作出新媒体对象来实现信息处理的"美学化"。在当前这个时代，所有的设计都已成为"信息设计"。套用建筑史学家西格弗里德·吉迪翁（Sigfried Giedion）著作的书名《机械统领一切》(*Mechanization Takes Command*)[①]，我们可以说，"搜索引擎统领一切"（search engine takes command）——信息存取不仅是一种重要的工作形式，也是一个全新且重要的文化范畴。因此，我们应该从理论、美学和象征层面对其予以观照。

---

① Sigfried Giedion, *Mechanization Takes Command, a Contribution to Anonymous History* (New York: Oxford University Press, 1948).

数据库

数据库逻辑

　　小说和随后出现的电影都强调叙述,并且都把叙述作为现代文化表达的主要形式。而计算机时代带来了一个与计算机密切相关的概念——数据库。许多新媒体对象并不讲故事,它们没有开端或结局。事实上,它们没有任何从主题上、形式上或其他方式,将一系列元素组织成序列的发展脉络。相反,它们是诸多单个项目的集合,每个项目都具有同等的重要性。

　　为什么新媒体倾向于数据库的形式而不是其他形式?我们是否可以通过分析计算机编程和数字化媒介的特性来解释这一趋势流行的原因?数据库和另一种传统上主导人类文化的形式——叙述——之间的关系是什么?这些是我将在本节中讨论的问题。

　　在开始之前,我需要对"数据库"一词的使用进行说明。在计算机科学中,数据库被定义为数据的结构化集合。为了实现快速存取和检索,计算机对存储在数据库中的数据进行组织,因此,数据库绝对不是一系列材料的简单集合。不同类型的数据库——层级数据库(树状数据库)、网络数据库(网状)、关系数据库和面向对象型数据库——分别使用不同模型来组织数据。例如，层次数据库用一个树型结构组织库来记录材料。面向对象型数据库中存储着复杂的数据结构，它们被称为"对象"，这些对象通过不同级别的层次进行组织，并且可以继承同一链条中更高层级对象的某些特性。①

新媒体对象可能会采用这些高度结构化的数据库模型，也可能不会。然而，从用户体验来看，其中的大多数数据库，实际上都是宽泛意义上的数据库——它们呈现为一系列材料的集合，用户可以执行各种操作，包括查看、导航、搜索。因此，这种计算机化的集合带给用户的体验，与读故事、看电影或参观一栋建筑的体验截然不同。同样，文学或电影的叙述、建筑项目的策划，与数据库相比，分别呈现了关于世界样貌的不同模型。这种数据库本身所具有的文化形式意义，正是我想在这里深入讨论的问题。艺术史家欧文·帕诺夫斯基（Ervin Panofsky）认为线性透视是现代化时代的"符号形式"，继他之后，我们把数据库称为计算机时代（或者用哲学家让-弗朗索瓦·利奥塔尔 [Jean-François Lyotard] 在其1979年的著作《后现代状况》[The Postmodern Condition] 中所提出的说法——"计算化的社会"）② 的一个新的符号形式，一种构建自身体验和世界体验的全新方式。事实上，随着"上帝已死"（尼采），启蒙运动的宏大叙述终结（利奥塔尔），以及网络的到来（蒂姆·伯纳斯-李 [Tim Berners-Lee]），在我们看来，世界已经成为一个包含图像、文本和其他数据记录的无限度、无结构的集合，我们进一步将其建模为数据库的行为，其实是一个适当的，也是唯一的选择。因此，我们也应该继续探索这个数据库的诗学、美学和道德。

首先，我们需要证明数据库形式在新媒体中的主导地位。最明显的例子是流行的多媒体百科全书、各种主题的文集，以及商业只读光盘（或

---

① "Database," *Encyclopædia Britannica Online*, http://www.eb.com:180/cgi-bin/g?DocF=micro/160/23.html.
② Jean-François Lyotard, *The Postmodern Condition: A Report on Knowledge*, trans. Geoff Bennington and Brian Massumi (Minneapolis: University of Minnesota Press, 1984), 3.

DVD）商品（其内容包括菜谱辑、引文辑、摄影辑作品等）。[1] 只读光盘作为存储媒介的身份被投射到另一个屏幕平面上，使得只读光盘本身成为一种文化形式。含有"文化"内容的多媒体作品似乎特别青睐数据库形式。举个例子，让我们思考一下"虚拟博物馆"这个类型——一张带领用户进行博物馆之旅的只读光盘。博物馆变成了一个图像数据库，每幅图像都代表博物馆的实际馆藏，用户可以采用不同的方式，按时间顺序、按国别，或按艺术家分类来访问数据库。这类博物馆只读光盘也常常会模拟传统博物馆的体验，用户可以连续性地从一个展厅进入下一个展厅，与只读光盘其他的存取方式相比，这种叙述式的访问方法并没有特别被突出或被强调。因此，叙述只是众多的数据访问方法中的一种。数据库形式的另一个例子是多媒体类型，多媒体这一类型在传统媒体中没有对应物，这是一类专门呈现某一文化形象（如著名的建筑师、电影导演或者作家）的只读光盘。我们看到的不是一个叙述性人物传记，而是一个包含图像、录音、视频剪辑和文本的数据库，我们可以通过多种方式浏览这些数据（在这些数据中导航）。

实践证明，只读光盘和其他的数字存储媒介特别容易接受那些已经具有数据库结构的传统形式（如相册）。它们也激发了新的数据库类型作品，如数据库人物传记。数据库形式真正的蓬勃发展体现在互联网的兴起。按照最初的 HTML 定义，网页是一系列独立元素按特定顺序构成的列表，包括文本框、图像、数字化视频剪辑以及其他网页的链接。我们随时都可以在列表中添加新元素，需要做的就是打开一个文件，添加新的一行（代码）。其结果是，大多数的网页都成为一系列独立元素（文本、图像、其他页面或网站链接）的集合。主页就像一本个人照片集，一个搜索引擎的网站就是通往其他网站链接的集合（当然，搜索引擎的网站同时具有搜索功能）。网络电视台或广播电台的网站在为用户提供一组视频或音频节目的同时，也提供收听当前广播的选项，但当前节目只是存储在网站上的许

---

[1] 早在 1985 年，Grolier 公司就发行了一个全文本格式的美国学术百科全书光盘。最早的多媒体百科全书是《康普顿多媒体百科全书》（*Compton's MultiMedia Encyclopedia*），出版于 1989 年。

多节目之一。以前的广播仅能提供实时传输的节目,而现在,实时广播成为一系列选项中的一个元素。与只读光盘媒介相似,网络也为已经存在的数据库类型提供了肥沃的生产土壤(例如,参考文献书目),同时也激发了许多新的创作,例如专门为一个人或一个现象(如麦当娜、美国内战、新媒体理论等)设立的网站,即使这些网站包含很多一手材料,它们还是会以一系列关于此人或者此现象的其他网页链接为中心。

作为一种媒介,网页具有开放性(网页是可以不断编辑的计算机文件),这意味着网站永远不必是最终完成态的,而且,很少有网站是完成态的,它们总是在成长。新的链接不断加入到现有的网站中。不论是将新元素添加到列表的末尾还是插入在列表中间,这都是轻而易举的操作。所有这一切都进一步推进了网络的反叙述逻辑。随着时间的推移不断添加新元素,得到的将是一个集合,而不是一个故事。事实上,随着材料的不断变化,我们很难维持一个连贯的叙述或一条发展轨迹。

商业制作方已经开始了各种实验,探索新媒体本身具有的数据库形式,试验品有多媒体百科全书,有软件集,也有色情图片集。许多艺术家则背道而驰,在刚开始使用新媒体时不加批判地接受了数据库形式,因此,他们成了数据库逻辑的盲目受害者。许多艺术家的网站是多媒体元素的集合,用以记录艺术家使用其他媒体创作的作品。同样,许多早期艺术家制作的只读光盘中,也倾向于用各种不同的材料(主要作品、文档、相关文本、以往作品等)填补可存储的空间。

到了 20 世纪 90 年代,越来越多的艺术家开始更具批判性地看待数据库。[①] 研究数据库政治和可能美学的项目例子有克里斯·马克(Chris Marker)的《IMMEMOR》、奥利亚·利亚丽娜的《安娜·卡列尼娜上天堂》(Anna Karenina Goes to Paradise)[②]、斯蒂芬·芒贝的《数字希区柯克》(Digital Hitchcock),以及法比安·瓦格米斯特(Fabian Wagmister)的《两个、三个、许多个格瓦拉》(... two, three, many Guevaras)。艺术家乔

---

① 见 *AI and Society* 13.3, a special issue on database aesthetics, ed. Victoria Vesna (http://arts.ucsb.edu/~vesna/AI_Society/); *SWITCH* 5, no. 3, "The Database Issue" (http://switch.sjsu.edu/)。
② http://www.teleportacia.org/anna。

治·莱格拉迪对于数据库的诸多可能性做了最具系统性的探索。在一系列的交互性多媒体作品中——1994年的《The Anecdoted Archive》、1994年的《[the clearing]》、1996年的《Slippey Traces》、1998年的《Tracing》，他用不同类型的数据库创建了"一种按多个主题连接来组织故事或事物的信息结构"。[1]

数据与算法

当然，并非所有的新媒体对象都是一目了然的数据库。例如，计算机游戏是由玩家来扮演叙述者角色去体验的。在游戏中，玩家被赋予了一个明确的任务——赢得比赛，在竞赛中拔得头筹，闯过最后一关，或者得到最高分。正是这种任务让玩家觉得游戏体验就是一个故事。对玩家来说，游戏中所发生的一切，所遇到的所有人物和物体，要么会帮助自己更接近目标，要么会起到相反的作用。因此，和游戏比起来，只读光盘和网页数据库总是显得更随性，因为用户知道可以在不修改逻辑的情况下添加额外的内容。而在游戏中，从用户的角度来看，所有的元素都是具有动机的（即他们的存在都是合理的）。[2]

通常，游戏的叙述外壳（"你是一个受过专门训练的突击队员，刚刚降落在月球基地，你的任务就是设法攻入敌方占据的总部……"）掩盖了简单的算法，而这种讲故事的方式可以更好地适应玩家的需求——杀掉目前这一关中的所有敌人，同时集齐所有宝物。到了新一关，玩家还是以同样的玩法再来一遍，直至到达最后一关。不同的游戏有不同的算法。比如说，经典游戏俄罗斯方块的算法是这样的：当一个新的方块出现时，玩家

---

[1] George Legrady, personal communication, 16 September 1998.
[2] 波德维尔和汤普森这样定义电影中的动机："因为电影是人类的建构之物，所以我们有理由相信电影的任何一个元素存在都是有原因的。这个原因就是该元素的动机。"他们提到了一些动机的例子："当汤姆（狗）从气球上跳下来追逐一只猫时，我们会根据一些关于狗狗在猫出现时如何反应的固有观念来为它的行为找到动机"，"一个角色在房间中的运动可能会促使摄影机跟随人物的行动而运动，从而将人物保持在取景框之内"。见 Bordwell and Thompson, Film Art, 5th ed., 80。

需要把它旋转调整到一个合适的角度，当方块填满位于屏幕下方的一系列方块的顶排，这一排就被消除了。玩家所期望的玩法和计算机算法之间有着不可思议的相似性。虽说计算机游戏没有遵从数据库的逻辑，但它似乎被另一种算法逻辑所支配。按照游戏要求，玩家只有执行算法，才能赢得游戏。

从另一种意义上看，算法也是游戏的一个关键。随着游戏的进展，玩家会逐渐了解这个游戏世界中建立的运行规则，进而了解到隐藏的逻辑——简而言之，就是它的算法。因此，在一些游戏中，游戏玩法虽然违背了遵循算法的原则，玩家仍然会换一种方式来遵循算法：玩家破解了游戏本身的算法。这一说法既是一个比喻，又是一个事实。例如，在《雷神之锤》这类第一人称射击游戏中，玩家会逐渐注意到，在一些特定的条件下，敌人会出现在左边——也就是说，实际上玩家会对一部分负责游戏的算法进行重构。我们也可以换个表达，著名的模拟游戏设计师威尔·赖特（Will Wright）曾有这样一个奇特的想法："玩游戏是用户（查看结果、输入决策）与计算机（计算结果、将结果呈现给用户）之间的一个循环语句。用户正试图为计算机模型建立一个心理模型"。①

这是第一章中讨论的跨码性法则的另一个例子——计算机本体在文化本身上的投射。在物理学意义上，世界由原子组成；在遗传学意义上，世界由基因组成。计算机编程也用自己的逻辑将世界封装起来。在计算机编程中，世界被简化为两种相互补充的软件对象——**数据结构**和**算法**。所有的运行过程或任务可以归为一个算法，即计算机根据给定的任务，执行一系列简单操作，得到最终结果的序列。世间所有对象——无论是一个城市的人口、一整个世纪的天气情况、一把椅子或者人类的大脑——都可以被建模为数据结构，即以特定方式组织的数据，以便进行有效的搜索和检索。② 数据结构的例子有数组、链表和图表。算法和数据结构之间有一种共生关系。计算机程序的数据结构越复杂，所需要的算法越简单，反之亦

---

① McGowan and McCullaugh, *Entertainment in the Cyber Zone*, 71.
② 这对于过程式程序设计范式来说是正确的。在以 Java 和 C++ 等计算机语言为代表的面向对象程序设计范式中，算法和数据结构都被建模为对象。

然。数据结构和算法共同构成了计算机世界本体的两个部分。

数据结构和算法成为计算机软件乃至计算机独特本体的两个基本组成部分，文化的计算机化与它们在文化领域的投射密切相关。如果说只读光盘和网络数据库是计算机本体中数据结构的文化表现形式，那么计算机游戏就是算法的表现形式。游戏（运动、国际象棋、扑克牌等）是一种文化形式，需要玩家进行类似于算法的行为。许多传统游戏很快就在计算机上被模拟出来了。与此同时，计算机游戏的新类型，如第一人称射击游戏，应运而生。因此，与数据库类型一样，计算机游戏既模仿了已经存在的游戏，也创造出新的游戏类型。

我们的第一印象通常是：数据是被动的，算法是主动的。这其实是人类文明特别爱用的"主动-被动"二元对立的理解方式。一个程序通过读取数据，执行算法，最后得出新的数据。我们可以回顾，在"计算机科学"和"软件工程"得以命名之前，计算机领域的这种行为被称为"数据处理"。在计算机主要用于处理数据的计算行为的几十年间，人们一直都在使用这一叫法。但是，用主动和被动做出区别并不准确，因为数据不仅只是存在，还必须被生成。数据的生产者必须收集数据并组织数据，或者从头开始创建数据。文本需要被写入，照片需要被拍摄，视频和音频材料需要被录制。它们有时还需要进行数字化处理，脱离原有的媒体形式。在20世纪90年代，当计算机具有了通用媒体机器这一全新身份的时候，计算机化的社会进入了数字化狂热时期。所有现存的书籍、录像带、照片和录音，都在以越来越快的速度转制到计算机中。电影导演史蒂文·斯皮尔伯格创建了关于反省纳粹屠杀的浩劫基金会（Shoah Foundation），先后录制和数字化处理了大量大屠杀幸存者的采访素材，要看完所有的影像材料需要花四十年的时间。*Mediamatic* 杂志的编辑们曾经就"存储狂热"这一主题做了一期特刊（1994年夏季），其中写道："越来越多的机构正在开启一系列雄心勃勃的项目。一切东西都开始被收集：文明、小行星、DNA图样、信用记录、电话交流记录。这一切其实毫无意义。"[1]1996年，

---

[1] *Mediamatic* 8, no. 1 (Summer 1994), 1860.

一家金融公司——美国普信集团（T. Rowe Price）——存储了八十万兆的数据，而到了1999年秋天，这个数字上升到一千万兆。[①]

实现了数字化之后，数据必须被清理、组织、建立索引。计算机时代带来了一个全新的文化领域的算法：现实→媒体→数据→数据库。网络这一庞大而不断变化的数据库的兴起，给数以百万计的人们提供了一个新的爱好或职业——资料检索。几乎所有网站上，都有十余个其他网站的链接。因此，每个网站都是一个数据库。而且，随着互联网电子商务的兴起，许多大型的商业网站也成为真正的数据库，或者说成为该公司数据库的前端。例如，在1998年秋天，亚马逊网上书店的数据库有三百万册图书；商业数据库的领头羊甲骨文公司（Oracle）已经推出了Oracle 8i 数据库，它可以与互联网整合，具有无限存储容量，支持各类语言的查询，并支持所有的多媒体数据类型。[②]豪尔赫·路易斯·博尔赫斯（Jorge Luis Borges）曾在小说中描写过一个尺寸等同于实际地理版图大小的地图，现在，这个故事被改写为一个索引项等同于对应的索引数据的故事。不过，现在的地图变得比实际的地理版图更大，甚至有时要大得多。色情网站以一种极端的方式呈现出网站的逻辑，它们不断地重复使用一批来源于其他色情网站的、一模一样的照片。只有少数网站具有原创内容。在某个特定日期，十几张同样的图像会出现在成千上万的网站中。因此，相同的数据会产生比数据元素本身数量更多的索引。

数据库与叙述

作为一种文化形式，数据库将世界呈现为一个项目列表，并拒绝为这个列表排序。与此相反，叙述是在一系列看似无序的项目（事件）中创造出一个因果轨迹。因此，数据库和叙述是天敌，它们争夺人类文化的同一领域，每一方都声称拥有在世界上创造意义的专属权利。

[①] Bob Laird, "Information Age Losing Memory," *USA Today*, 25 October 1999.
[②] http://www.amazon.com/exec/obidos/subst/misc/company-info.html/, http://www.oracle.com/database/oracle8i/.

与游戏不同，大多数故事并不需要从读者那里获得类似算法的行为。然而，在叙述和游戏中，用户都需要在阅读或玩游戏的过程中揭示其中隐含的逻辑——即其中的算法。就像游戏玩家一样，小说的读者也在逐渐重建作者用来创建场景、人物和事件的那套"算法"（这里我说的算法是个比喻）。从这个角度来看，我可以对先前关于计算机本体的两个部分及其对应的文化形式进行重新论述。数据结构和算法催生了不同形式的计算机文化：只读光盘、网站及其他组织为数据库形式的新媒体对象，它们所对应的是数据结构；而叙述，包括计算机游戏，对应的是算法。

在计算机程序设计中，数据结构和算法相辅相成，对于程序的运行具有同样的重要性。在文化领域的情况如何呢？数据库和叙述在计算机文化中有同等重要的地位吗？

有的媒体对象在结构上具有鲜明的数据库逻辑，有的则没有。但透过表面看实质，它们实际都是数据库。总体而言，在新媒体中创造一个作品，可以理解成在数据库中创建一个交互界面。举个最简单的例子，交互界面提供了访问数据库的途径。例如，图像数据库可呈现为一个包含许多微缩图像的页面，点击其中一个微缩图像，就可以检索出相应的记录。如果数据库太大，无法一下子把所有记录都显示出来，用户可以使用搜索引擎来搜索特定的记录。交互界面也可以将背后隐藏的数据库转化成一个全然不同的用户体验。用户可以在字母组成的三维虚拟城市中自由穿行，如邵志飞的互动装置《可读的城市》（Legible City）；[①] 在哈伍德（Harwood）的光盘作品《记忆的彩排》（Rehearsal of Memory）中，用户可以阅览一张黑白的裸体照片，用点击来激活嵌入在裸体皮肤中的文本片段、声音和视频；[②] 在斯科特·费舍尔（Scott Fisher）等人的虚拟现实装置作品《小小动物园》（Menagerie）中，用户可以调戏虚拟动物——随着用户的运动，这些动物时而接近，时而跑远。[③] 虽然这些

[①] http://artnetweb.com/guggenheim/mediascape/shaw.html.
[②] Harwood, *Rehearsal of Memory*, CD-ROM (London: Artec and Bookworks, 1996.)
[③] http://www.telepresence.com/MENAGERIE.

作品中，用户并没有直接在数据库的记录数据中检索，而是参与到了一系列行为和认知活动中，但实际上这些作品都是数据库。《可读的城市》中，组成城市的立体发光字母是数据库。《记忆的彩排》中，文本、音频、视频片段是一个数据库，通过图像中的身体交互界面进行存取。《小小动物园》中的虚拟动物，包括它们的形状、运动和行为，都构成一个数据库。

在计算机时代，数据库成为创意过程的中心。在历史上，艺术家都是在某一特定媒介中创作作品。因此，交互界面和作品实际是一回事。换句话说，交互界面这个层面并不存在。在新媒体中，作品的内容和交互界面分离。因此，为同一个材料创建不同交互界面就具有了可能性。这些交互界面可以呈现出同一作品的不同版本，例如大卫·布莱尔的《蜡网》，[1]也可以是彼此完全不同的作品，如在奥利亚·利亚丽娜的《最后一个真正的网络艺术博物馆》(Last Real Net Art Museum)。[2]这些作品体现了新媒体的多变性法则，而现在我们可以重新阐述这一原理。新媒体作品包括一个或多个通往多媒体材料数据库的交互界面。如果只有一个交互界面，其结果将类似于传统的艺术作品，但这种单一交互界面的新媒体作品通常只是例外，多交互界面才是常态。

这种阐述从一个全新的角度看待了数据库和叙事之间的对立，从而重新定义了叙述这一概念。故事的"用户"根据数据库创建者所建立的数据记录之间的联系，纵览整个数据库。因此，交互式叙述（类比超文本的话，我们可以称之为超叙述）可以看成是浏览数据库的多个轨迹的总和。传统的线性叙述是许多轨迹中的一种，也就是说，是在一个超叙述中做出的特定选择。传统的文化对象现在可以看作是新媒体作品的一个特例（即，具有单一交互界面的新媒体对象），传统的线性叙述可以看作超叙述的一个特例。

这种对于叙述定义的"技术性"变化或"物质性"变化，并不意味着任意一段数据库记录序列都能成为叙述。要成为一段叙述，文化对象

---

[1] http://jefferson.village.virginia.edu/wax/.
[2] http://myboyfriendcamebackfromth.ewar.ru.

必须满足一系列标准，其中文艺理论家米克·巴尔（Mieke Bal）做出了如下定义：叙述应包含一个演员和一个叙述者；它也应该包含文本、故事和素材（fabula）这三个不同层次；它的"内容"应该是"一系列由演员引发的或经历的相互连接的事件"。① 很显然，不是所有的文化对象都是叙述。然而，在新媒体的世界里，叙述这个词往往被看作一个包罗万象的词语，这种做法掩盖了这样的一个事实——我们还没有发展出一种能描述这些新奇事物的语言。叙述一词通常会跟另一个被滥用的词——"交互"搭配使用。因此，一系列数据库记录连接在一起，这使得多种轨迹成为可能，这种情况也被当成了"交互式叙述"。然而，仅仅创建这些轨迹当然是不够的，作者还必须掌握好元素的语义和连接的逻辑，以使得对象满足上述叙述的标准。另一个常见的错误想法是，通过创建自己的路径（即按照一个特定的顺序从数据库中选取数据记录），用户可以构建自己独特的叙述。但是，如果用户只是按照随机的顺序，一个接一个地访问不同的元素，我们不能想当然地认为这些元素会形成一个叙述。用户随意构建的一个由数据库记录组成的序列，怎么可能成为"一系列由演员引起的或经历的相连事件"呢？

综上所述，数据库和叙述在计算机文化中的地位并不平等。在数据库与叙述的对比中，数据库是一个无标记的名词。② 不管新媒体对象把自己说成线性叙述、互动叙述、数据库，还是其他什么东西，透过叙述的表层，从材料组织的层面上讲，它们都是数据库。在新媒体中，数据库支持各种各样的文化形式，从直接转换（即保持数据库形态的数据库）到叙述。值得一提的是，叙述形式本身的逻辑，与构成叙述形式的材料所遵循的逻辑其实是恰恰相反的。更确切地说，一个数据库可以支持叙述，但媒介本身的逻辑中并没有任何会促进叙述生成的东西。因此，我们不难理解在新媒体领域，数据库之所以会占据最显著的地位。更令人惊讶的是，位

---

① Mieke Bal, *Narratology: Introduction to the Theory of Narrative* (Toronto: University of Toronto Press, 1985), 8.
② 标记理论最初是由布拉格学派的语言学家根据音位学发展出来的，后来被用于语言分析的各个层面。例如，rooster 是一个有标记的名词，chicken 一个无标记的名词。rooster 只用于雄性，而 chicken 适用于雄性和雌性。

于光谱另一端的叙述本身，仍然存在于新媒体之中。

聚合与组合

数据库和叙述之间存在的张力并不是新媒体中的独特现象。数字化图像的结构和当代视觉文化语言之间的关系也具有类似的动力。按照计算机软件的定义，数字图像由多个独立的图层构成，每个图层都含有特定的视觉元素。在整个生产过程中，艺术家和设计师对每个图层分别进行处理，他们也会删除或增加新的图层。将不同元素作为一个单独的图层，这保证了图像的内容和组合方式可以被任意修改，例如删除背景、替换人物、将两个人移近、模糊某个物体等。如果所有图层融合到一起，图像会呈现出什么样貌呢？如果将不同图层中的元素并置呈现，其结果就是一幅蒙太奇图像。蒙太奇是用于图像合成处理的一种默认的视觉语言。然而，正如数据库既支持数据库的形式，也支持与其对立的叙述，同样，合成图像在物质性层面上（以及在操作层面上的合成软件）也支持两种对立的视觉语言：一种是现代主义的音乐短片蒙太奇，它将视觉元素在二维空间内进行并置，现实中的不可能性给人们带来视觉震撼；另一种是由摄影机拍摄的、我们熟悉的现实场景呈现（或者计算机模拟画面，如三维图形）。在20世纪80年代和90年代，图像制作技术全部实现了计算机化，所以图像全部转换成了合成图像。与此同时，蒙太奇在视觉文化、印刷、广播设计和新媒体中开始复兴。这并不令人意外，毕竟，蒙太奇是合成的视觉语言。我需要特别说明的是，为什么照相写实图像继续在计算机视觉文化中占据着重要的空间。

当然，如果照相现实主义的图像突然完全消失，这也会很奇怪。文化的历史中并没有这种突然的断裂。同样，我们也不期望新媒体以数据库完全取代叙述。新媒体并不是从根本上与过去决裂；相反，它在文化的各类范畴中分配不同的权重，将曾经处于背景的内容凸现出来，或者将曾经的前景放到背景中。弗雷德里克·詹姆森在分析从现代主义到后现代主义的转向时写道："时代之间的断裂，一般不会是全然决裂的变化，而是对已有的某些元素进行重建:比如,曾经在一个体系中处于从属位置的特征变成主导,而已经占主导地位的特征可能再度居于从属位置。"①

数据库与叙述对立是一个很好的例子。为了进一步理解计算机文化如何重新分配这两个词的权重,我将引入符号学理论中的组合(syntagm)与聚合(paradigm)。这个模型最初由索绪尔(Ferdinand de Soussure)提出,是用来描述自然语言(如英语)的,后来,罗兰·巴特等人拓展了这个模型的使用范围,将其应用到其他的符号系统中(叙述、时尚、食品等)。根据这个模型,一个系统内的元素可以在两个维度上产生联系——聚合和组合。罗兰·巴特是这样定义的:"组合是一系列符号的结合,并以空间作为支撑。"② 用自然语言作为一个例子来看,说话者通过一串元素,一个接一个地以线性顺序进行表达,这就是组合的维度。而在聚合的维度中,回到用户使用语言的例子中,每一个新的元素都是从一组相关元素中选择的。例如,所有的名词构成一组,某个名词的所有同义词构成另一组。在索绪尔最初的构想中"具有共同点的单位元素在理论上是相互连接的,由此在它们形成的组群中,可以有多种多样的连接关系"。③ 这是聚合的维度。

在组合维度,元素与"在场"(praesentia)相关联;而在聚合维度,元素与"缺席"(absentia)相关。例如,在一个写好的句子中,构成句子的词语真实地存在于一张纸上,而在聚合中,这些词语仅仅存在于作者和读者的脑中。同样,对于一件时尚套装来说,构成套装的元素,例如裙子、衬衫、外套都存在于现实中,而其他可能存在的套装构成方式——其他的裙子、衬衣、外套,只存在于观众的想象中。因此,组合是显性的,而聚合是隐性的;组合是真实的,而聚合是想象的。

文学和电影式叙述具有同样的工作原理。构成叙述的特定词语、句子、镜头和场景具有物质存在;而那些构成作者的想象世界或特定文学和电影风格的元素,往往只存在于无形中。换句话说,建构叙述(聚合)的

---

① Fredric Jameson, "Postmodernism and Consumer Society," in *The Anti-Aesthetic: Essays on Postmodern Culture*, ed. Hal Foster (Seattle: Bay Press, 1983), 123.
② Barthes, *Elements of Semiology*, 58.
③ Quoted in ibid., 58.

数据库是隐性的，而实际的叙述（组合）是显性的。

新媒体改变了这种关系。数据库（聚合）具有了物质存在，而叙述（组合）开始去物质化。聚合被突出强调，而组合被淡化处理。聚合是真实的，而组合是虚拟的。我们可以通过分析新媒体的设计过程来理解这一变化。新媒体对象的设计的开端是将可能使用的元素聚集成一个数据库。Macromedia Director 把这种数据库叫作"演员"（cast），Adobe Premiere 称之为"项目"（project），ProTools 则称之为"会话"（session），其中的原理是一样的。这个数据库是设计过程的中心。它通常由原始材料和库存材料（如按钮、图像、视频和音频段落、三维对象、行为等）组合而成。整个设计过程中，新元素被不断添加到数据库中，而已经存在的元素也不断被修改。通过特定的顺序把数据库中的元素连接起来，就是设计出一条从一个元素到另一个元素的轨迹，这就构成了叙述。在物质层面，叙述只是一组链接，元素本身仍存储在数据库中。因此，这样的叙述是虚拟的，而数据库是真正存在的。

在交互性对象中，聚合以另外一种方式超越了组合。聚合为用户提供若干选项——这也是典型交互性式界面常见的现象。例如，屏幕上可能有几个图标，用户每点击一个图标，就会被引导到不同的屏幕画面。就单个屏幕而言，这些选择形成了一个聚合，显性地呈现给用户；就整个对象而言，用户会意识到自己只是在众多轨迹中选择了一种可能的轨迹。换句话说，用户是在一系列预先定义的轨迹聚合中选择一个轨迹。

还有一类交互式界面，它们为用户呈现出一个罗列所有可用选项的菜单，这使聚合表现得更为明确。在这样的交互界面中，所有的类别都始终可用，只需用户进行鼠标点击即可。完整的聚合全然呈现在用户面前，其中的各个元素在菜单中整齐排列。这是另外一个例子，它说明新媒体怎样使文化交流所涉及的心理过程变得明确。其他的例子还包括，（我们在前文中已经讨论过的）从创建到选择的转变（这将创作者内心世界中由文化元素所构成的数据库进行外化和整理），以及交互式链接这类特殊的现象。正如我在第一章中指出的，新媒体从字面上理解"交互"一词，将它严格地等同于用户和计算机之间的物理交互，而牺牲了心理交互。理解任何文化文本的认知过程,被错误地等同于一个客观存在的交互式链接结构。

　　交互式界面将聚合维度凸显出来,并且常常生成明确的聚合集,但这些聚合集仍然是在组合维度上进行组织的。虽然用户在每一个新出现的屏幕内容上都会做出选择,但最终的结果是他一路走来浏览过的所有屏幕的线性序列。这是典型的组合体验。事实上,我们可以借助"使用自然语言造句"这一例子来理解。语言的使用者从词语聚合中选取一个个词语来造一个句子,同样,新媒体的用户在每个屏幕上点击各种图标,创建了一个屏幕序列。显然,这两种情况之间有很大差异。例如,一般的交互界面中不存在语法,聚合的规模也通常很小。然而,这两种情况中基本体验的相似性是相当有趣的,两种情况中,基本体验都以组合的维度呈现。

　　为什么新媒体要坚持这种类似语言的排序?我的猜想是,新媒体遵循了20世纪占据主导地位的符号学,尤其是电影符号学的秩序。我将在下一章中详细讨论,电影叙述用连续性叙述取代了所有其他模式的叙述,银幕上的镜头就像在装配流水线上一样被组装起来。几个世纪以来,将所有图像同时呈现的空间化叙述占据了欧洲视觉文化的主导地位。到了20世纪,它被降级为"未成年人"的文化形式,如漫画或说明性插图。20世纪"真正的"文化是线性的,这与工业社会的流水线和后工业时代的图灵机不谋而合。新媒体延续了这种模式,用一屏接一屏的方式给用户提供信息。至少,当它试图成为"真正的"文化(互动叙述、游戏)时,它大大方方地将大量的信息一次性呈现在屏幕上,无论是表格、文件、下拉菜单,还是列表。我们要特别提到用户填写在线表格这一行为,这可以与"前电影"时期的空间化叙述相提并论:在这两种情况下,用户都会面对一系列同时呈现的元素序列。

数据库情结

　　数据库形式在多大程度上是现代存储介质固有的?例如,一张音乐只读光盘实际上是许多独立乐曲的组合。这种建立数据库的想法也推动了历史上许多摄影作品的产生,从威廉·亨利·福克斯·塔尔博特(William

Henry Fox Talbot)的《自然之笔》(Pencil of Nature),到奥古斯特·桑德尔(August Sander)具有划时代意义的类型学摄影作品——关于德国现代社会的《时代的面孔》(Face of Our Time),再到贝恩德·贝歇(Bernd)和希拉·贝歇(Hilla Becher)这对夫妇沉迷的水塔"编目"拍摄项目。然而,存储媒介和数据库形式之间的关系并不具有统一样式,电影就是一个重要的例外。在电影中,存储媒介支持了叙述想象。[1]那么,为什么在摄影的存储媒介中,技术只是数据库的支持,而在电影中,技术产生了一种非常优秀的现代叙述形式?这是否与媒介的存取方法有关?我们是否能够得出这样的结论:可随机存取的媒体,例如计算机存储形式(硬盘驱动器、可移动磁盘、光盘、DVD),更倾向于数据库。而按特定顺序存取的媒体,如电影,更倾向于叙述?这么说也不对。例如,一本书,无疑是一个随机存取媒介,但它既支持相册之类的数据库形式,又支持小说之类的叙述形式。

我不再试图将数据库和叙述形式与现代媒介和信息技术相关联,也不想再从技术上进行总结归纳,我更愿意认为它们是两种相互竞争的想象力、两种基本的创作冲动、两种对于世界的基本回应。这两种形式在现代媒介产生之前就早已存在。古希腊人写出了长篇叙述,如荷马(Homer)的史诗《伊利亚特》(The Iliad)和《奥德赛》(The Odyssey);同时,他们还制作百科全书。现存最早的希腊百科全书片段是柏拉图的侄子斯珀西波斯(Speusippus)的作品。狄德罗一边写小说,一边主持18世纪最大的出版项目——鸿篇巨制《百科全书》(Encyclopédie)。总之,数据库与叙述竞相从世界中创造意义,并产生了无尽的混合体。我们很难找到一本纯粹的、没有任何叙述痕迹的百科全书,反之亦然。例如,在按字母顺序排列的组织方式在几个世纪前流行开来,此前许多百科全书都是按主题组织的,其中的文章以特定的顺序进行排列(最常用的方式是根据七个艺术门类)。同样,在很多叙述作品中,如塞万提斯(Cervantes)和乔纳森·斯威夫特(Jonathan Swift)的小说,甚至荷马史诗等等这些西方传

---

[1] Christian Metz, "The Fiction Film and Its Spectator: A Metapsychological Study," in *Apparatus*, ed. Theresa Hak Kyung Cha (New York: Tanam Press, 1980), p. 402.

统的奠基叙述之作中,都包含着一部虚构的百科全书。

现代媒体成为数据库和叙述的新竞技场。我们不妨用一种戏剧化的方式来回顾一下这场竞争的历史。首先,摄影这一视觉记录媒介采用了编目、分类和列表形式。随着现代小说走向繁盛,整个19世纪的学院派还在继续创作关于历史叙述的绘画,而在摄影领衔的科技图像领域,数据库已经开始发挥作用。接下来诞生的视觉记录媒介电影开始使用叙述。除了极少数例外,几乎所有的虚构电影都是叙述作品。磁带(录像带)的加入,并没有为影像界带来任何实质性的变化。随后,计算机控制的数字化存储设备这一存储介质,再次让数据库发扬光大。这种使用包括多媒体百科全书、虚拟博物馆、色情作品、艺术家的个人光盘、图书馆数据库、网络索引,当然也包括网络本身。总而言之,数据库比以往任何时候都更流行。

数字计算机成为数据库形式的完美媒介。数据库像病毒一样,侵占了CD光盘、硬盘驱动器、服务器和网站。我们是否可以说,数据库是一种以计算机为特色的文化形式?在一篇关于录像艺术最负盛名的文章——发表于1978年的《视频:自恋的美学》(Video: The Aesthetics of Narcissism)中,艺术史家罗莎琳德·克劳斯(Rosalind Krauss)认为:视频不是一种物理媒介,而是一种心理媒介。她分析道:"视频的真实媒介是一种心理状况,是一种从外部对象——他者中撤回注意力,并转而投注于自我的过程。"[1] 简言之,录像艺术是支持着自恋心理状态。[2] 新媒体是否也同样催生某种可能称其为"数据库情结"的心理状态?从这方面来看,数据库想象从计算机技术诞生之初就随之而来。在20世纪60年代,

---

[1] Rosalind Krauss, "Video: The Aesthetics of Narcissism," in John Hanhardt, ed. Video Culture (Rochester: Visual Studies Workshop, 1987), 184.
[2] 这种分析还可以应用到许多交互式计算机装置上。使用这类装置时,用户可以看到自己的镜像,并可以利用这些镜像,来观察自己的行为会如何触发的各种效果。从另一种意义上来说,不管新媒体是否给用户提供其自身的镜像,大多数新媒体都激发了自恋心理,因为用户的行为和行为带来的结果都被呈现出来。换言之,新媒体是一面全新的镜子,它不仅反映了人类的镜像,而且反映了人类活动。这是一种全然不同的自恋——不是被动的沉思,而是行动。用户在屏幕上移动光标、点击图标、敲击键盘等,而计算机屏幕成为这些活动的镜子。通常,这面镜子并不仅仅反映,而且极大地放大了用户的操作,这是新型自恋与传统自恋的另一个差异。例如,点击文件夹图标可以激活一个动态效果,同时伴有声音;按下游戏键盘上的按钮可以驱动游戏中的人物去爬山,诸如此类等。但即使没有这种增强效果,现代图形用户界面也起到了镜子的功能,在屏幕上移动的光标是用户的镜像。

使用计算机进行创作的艺术家们通过编写程序，系统性地探索各种视觉元素的组合。在某种程度上，他们紧跟着艺术世界的趋势，如极简主义。极简主义艺术家根据预先制订的计划来创作艺术作品，他们还通过系统地改变某个参数来创建一系列的图像或对象。所以，极简艺术家索尔·勒维特（Sol LeWitt）将艺术家的点子比作"生产作品的机器"，用计算机取代执行这个点子的人类，是合乎逻辑的。[1] 与此同时，因为用计算机制作图片的唯一方法是编写计算机程序，计算机编程本身的逻辑也促使计算机艺术家选择同样的方向。因此，艺术家弗里德尔·纳克（Frieder Nake）认为，计算机是一个"通用的图像生成器"，能够将现有的图像元素和色彩组合，生产出任意一幅图像。[2] 1967 年，他发表了一个作品集，其中包括 12 幅通过不断复制一个方形矩阵得到的图像。另一位早期的计算机艺术家曼弗雷德·摩尔（Manfred Mohr）创作了一系列图像，这些图像记录一个立方体各种各样的变形。

另一位令人瞩目的计算机电影制作先锋约翰·惠特尼用电影作品，《置换》（Permutations，1967）、《阿拉伯式花纹》（Arabesque，1975）等，系统地探索了如何通过编辑初等数学函数而得到各种几何形式的变换，他用连续不断累积起来的视觉效果取代了叙述、图形甚至形式推导，向观众展示了视觉效果数据库。这一创造理念在惠特尼的早期电影，用模拟计算机制作而成《目录》（Catalog）中达到极致。批评家基恩·扬布拉德（Gene Youngblood）的著作《扩延电影》（Expanded Cinema，1970）是 20 世纪 60 年代探讨电影新形式的重要作品，书中这样描述这部非凡的电影："实际上，惠特尼从未用模拟计算机创作出完整、连贯的电影，因为他将这部机器用于制作商业作品的同时，还在不断开发和改进这部机器……不过，经过多年的完善，惠特尼最终做成了一套视觉效果的编目目录。这部电影就直接叫作《目录》，它完成于 1961 年，具有惊人的美感。

---

[1] Quoted in Sam Hunter and John Jacobus, *Modern Art: Painting, Sculpture, and Architecture*, 3d ed. (New York: Abrams, 1992), 326.
[2] Frank Dietrich, "Visual Intelligence: The First Decade of Computer Art (1965–1975)," *IEEE Computer Graphics and Applications* (July 1985), 39.

因此，与惠特尼的数字计算机电影相比，人们还是更喜欢惠特尼的模拟作品。"[1]有人甚至认为《目录》标志着新媒体的开端。在"选择"一节我曾论述过，今天所有的媒体制作软件都配套有大量的"插件"——一个插件就是一个效果库，用户随便输入点东西，再按下按钮，就能生成好玩的图像。同时，计算机视觉文化的美学在很大程度上是由效果驱动的，尤其是在一个新的技术流派（计算机动画、多媒体、网站）建立之初。例如，各式各样的音乐短片是惠特尼《目录》的某种变体，唯一不同的是，那些特效被应用于人类表演者的形象上。这是计算机逻辑如何成为文化逻辑的又一个例子——计算机可以产出无穷无尽的元素变化，充当"筛选器"，将输入转化为一个新的输出。

数据库电影：格里纳韦与维尔托夫

尽管新媒体本身固有数据库形式，但是种种创建"交互式叙述"的尝试证明，人们并不满足于计算机仅仅充当百科全书或视觉效果目录的这类角色。我们期待新媒体可以进行叙述，我们希望新媒体叙述与以往看过的或读过的叙述方式有所不同。事实上，虽然我们在公开场合一再重复，所谓媒介特殊性（"每种媒体都应该发展出一套独特的语言"）的现代主义概念已经过时了，但我们又的确希望，计算机叙述能够展示出在数字计算机产生之前从未出现的全新的审美可能性。总之，我们希望这些新的美学是新媒体所特有的。考虑到数据库在计算机软件中的主导地位，以及在基于计算机的设计过程中起到的关键作用，也许我们可以换个角度，聚焦于叙述与数据库如何协作从而形成新的叙述。叙述如何处理组织在一个数据库中的各类元素？存储大量数据、自动分类、索引、链接、搜索、快速检索的这类新能力如何带来新的叙述？

彼得·格里纳韦是少数几位致力于拓展电影语言的著名电影导演之一，他曾抱怨说"线性叙述成了电影的标准格式，每个故事都得按照时间顺序

---

[1] Gene Youngblood, *Expanded Cinema* (New York: E. P. Dutton and Co., 1970), 210.

讲述。"他指出，在对于叙述的实验探索方面，电影远远滞后于现代文学，他问道："乔伊斯（Joyce）、艾略特（Eliot）、博尔赫斯和佩雷克（Perec）早已到达终点，我们就别还在路上徘徊了好吗？"[1] 虽然格里纳韦是正确的，电影工作者可以直接学习更新颖的文学叙述，但研究数据库问题的新媒体艺术家也可以借鉴电影"本身"。因为电影本来已经存在于数据库和叙述的交叉领域之中。我们可以把所有拍摄过程中积累的素材形成一个数据库——因为拍摄日程通常不会按照电影的叙述顺序进行，而是由影片制作的合理性逻辑所决定的。在剪辑过程中，剪辑师从这个数据库中构建了一个电影叙述，实际也是在一个存在各种可能的电影理念空间中创造出一条独特的叙述轨迹。从这个角度来看，每一个电影工作者在每一部电影中都在处理数据库-叙述的问题，虽然只有少数人自觉地意识到这一点。

格里纳韦是一个例外。在他的整个职业生涯中，一直致力于研究如何调和数据库形式和叙述形式的关系问题。他的许多电影都不厌其烦地讲述一系列名词，或者一个没有任何内在顺序的目录列表（例如，《魔法师的宝典》[Prospero's Books]中不同的书）。格里纳韦致力于在线性叙述之外建构各种可能性，使用不同体系来组织电影。他这样论述自己的方法："使用数字或字母顺序的颜色编码系统时，其实是故意把它作为一个策略和一种建构，用来抵消、稀释、增加或补充以往聚焦于叙述的电影，那种普遍迷恋于情节、叙述、'我要好好给你讲个故事'的一类电影制作流派。"[2] 他最喜欢使用的体系就是数字。数字序列作为一个叙述外壳，可以"说服"观众认为自己在看一个故事。而在现实中，一个个连接起来的场景并没有逻辑关系。通过使用数字，格里纳韦为数据库做了一个极简的叙述"包装"。虽然格里纳韦的数据库逻辑已经存在于他的"先锋"电影中，如《崩溃》（*The Falls*，1980），他也将数据库逻辑用来结构"商业"电影。《绘图师的合约》（1982）围绕着绘图师绘制12幅绘画的过程展开，这几幅绘画不构

---

[1] Peter Greenaway, *The Stairs—Munich—Projection 2* (London: Merrell Holberton Publishers, 1995), 21.
[2] Quoted in David Pascoe, *Peter Greenaway: Museums and Moving Images* (London: Reaktion Books, 1997), 9–10.

成任何顺序，格里纳韦通过拍摄绘图师在同一时间内绘制几张绘画来强调了这一点。最终，格里纳韦"让电影突破电影的局限"的愿望，在 20 世纪 90 年代催生出了一系列装置作品和博物馆展览。构成数据库的各类元素不必再拘泥于电影的线性媒介，而是在博物馆，甚至在整个城市中实现了空间化。此举可以解读为一种数据库最纯粹的形式——一组不以任何方式排序的元素。如果元素存在于一维世界中（电影的时间，书页上的列表），它们将不可避免地被排序。因此，建立一个纯粹数据库的唯一方法就是空间化，将元素分布在空间中。这正是格里纳韦采取的路径。1992 年的装置作品《100 个代表世界的物品》(100 Objects to Represent the World) 就设置在一个不具有内在叙述逻辑的三维空间中，正如其名字所指出的，我们应该通过一个目录来理解世界，而不是通过一个故事。与此同时，格里纳韦并没有放弃叙述。他继续研究如何实现数据库和叙述的结合。在创作了《100 个代表世界的物品》装置作品之后，格里纳韦进一步把它变成一部歌剧。在剧中，讲述者 Thrope 使用这 100 个物品引导亚当和夏娃走过了整个人类文明，从而把这 100 个物品编织成一个按时序连接的故事。① 在另一个装置作品《楼梯：慕尼黑放映》(The Stairs: Munich Projection, 1995) 中，格里纳韦在慕尼黑城市的各处设置了一百块银幕，每块银幕代表电影史上的一年。格里纳韦再一次给我们带来了一个空间化的数据库，同时也带来了一种叙述。从一块银幕走到另一块银幕，人们可以了解电影的历史。这一项目采用了格里纳韦最喜欢的数字组织原则，并将它推到了极致：每一块银幕上没有任何图像，只有数字。银幕上的数字从 1895 到 1995②，每一块银幕代表电影史上的一年。除了数字，格里纳韦还使用了另一条发展线索：每块银幕投影的颜色都有细微的差别。③ 一百个不同颜色的方形本身就形成了一套抽象的叙述，与电影史的线性叙述并行展开。最后，格里纳韦又增加了第三条叙述脉络，将电影史划分为五个部分，每个部分在城市的不同地区上演。在这个项目中，代表电影史一百年的一百个数字的基

---

① http://www.tem-nanterre.com/greenaway-100objects/.
② 原文如此。——编者注
③ Greenaway, *The Stairs*, Munich, Projection 2, 47–53.

本叙述看似琐碎，实际上是一种对叙述的"中和"，迫使观众专注于投射的光影本身，而这些光影实际才是这个项目的真正主题。

与格里纳韦一样，吉加·维尔托夫是 20 世纪"数据库电影工作者"的代表。《持摄影机的人》或许是现代媒体艺术中最能体现数据库想象力的作品。其中有一个重要的镜头在影片中反复几次出现，镜头中有一个剪辑室，里面陈列着许多用于保存和整理拍摄素材的架子。架上标有"机器""俱乐部""城市的运动""体育锻炼""魔术师"等标签。这是拍摄素材的数据库。在影片中，维尔托夫的妻子伊丽莎白·斯维洛娃（Elizaveta Svilova）是剪辑师，她正做着与数据库有关的工作——检索电影胶卷、归档使用过的电影胶卷、添加新的胶卷。

我在前文中已经指出，电影剪辑可以比喻为在一个数据库中创建一条叙述轨迹，在《持摄影机的人》中，这种比喻构成了整个影片的方法。电影的主题是导演试图在诸多观察到的现象中揭示（社会）结构，这是对经验主义认识论的大胆尝试。经验主义认识论以知觉为唯一工具，而影片的目的就是纯粹通过肉眼可见的表象来解码世界（当然，摄影机增强了人类的视觉）。这部电影的另一位作者米哈伊尔·考夫曼（Mikhail Kaufman）是这样描述的：

> 一个普通人发现自己身处某种环境下，在不计其数的现象中迷失，从一个制高点来观察这些现象。他可以很好地理解一个现象，然后理解第二个和第三个，但无法确定这些现象最终通向何方……但《持摄影机的人》被赋予了具体的想法——他实际上是在替其他人观看这个世界。你可以明白吗？他与来自其他地方的人一起参与到这些现象中，而这些人甚至有可能没有被他拍摄到。他就像一个学者，能够在一个又一个地点搜集实证观察。这实际上是人类理解世界的方式。[①]

因此，这种剪辑方式与标准的电影剪辑不同。标准的电影剪辑会按照

---

① Mikhail Kaufman, "An Interview," *October* 11 (Winter 1979): 65.

预先编写的脚本，选择、排列之前拍摄好的素材。而《持摄影机的人》将镜头相互关联、排序和重新排序，以发现世界的隐藏秩序。《持摄影机的人》以特定顺序穿越数据库，建构出一个论点。素材从数据库中提取出来，以特定的顺序被安排组合，构成了现代生活的一幅图景。同时，这也是对这种生活的质疑，是对于我们每天、每秒所遇到的这类画面的真实意义的另一种阐释。①

这个大胆的尝试成功了吗？整个电影的结构非常复杂，并且乍一看似乎与数据库毫无关系。正如新媒体中存在不同层级一样（交互界面-内容，操作系统-应用，网页-HTML 代码，高级语言-汇编语言-机器语言），维尔托夫的电影至少包含三层内容：第一层是摄影师拍摄电影素材的经历，第二层是观众在剧场中观看电影的镜头，第三层是电影本身，包括记录着莫斯科、基辅、里加风貌的镜头，并按照一天的进程（起床-工作-休闲活动）将这些镜头组织起来。如果第三层是一个文本，前两层可以视为其元文本。② 维尔托夫在三个层面的内容之间来回穿梭，在文本及其元文本之间来回穿梭——在电影的制作、电影的接受和电影本身之间不断转换。但是，如果我们仅仅关注电影内部（即，文本的层面），并忽略拍摄许多镜头时用到的特效，我们得到的基本上是一系列线性的资料，也就是说，是一个数据库——一系列展示各种机器的镜头，随后是一系列工作活动的镜头，随后是一系列休闲生活的镜头……聚合被投影到组合之上，其结果是 20 世纪 20 年代城市生活中可以看到的平淡无奇的机械化目录：运行的电车、城市长椅、电影院、工厂……

当然，观看《持摄影机的人》绝不是一场平淡无奇的体验。即使放在 20 世纪 90 年代，当设计师和视频创作者们已经系统性地使用各种先锋派手法时，这部作品仍然引人注目。吸引人的并不是影片中的各种对象，也

---

① 也可以说，维尔托夫使用了"库里肖夫效应"——通过将数据库中的记录按照特定的顺序排列，从而赋予其意义。
② 语言学、符号学和哲学中都使用元语言这一概念。元语言是一种用于分析一个对象语言的语言。因此，一种元语言可以看作关于另一种语言的语言。一个元文本就是使用元语言构成的文本，这一文本是关于一个使用对象语言构成文本的文本。例如，某时尚杂志中的一篇文章是关于服装文本的元文本。一个 HTML 文件是一个描述网页中文本的元文本。

不是维尔托夫试图在各个对象之间建构的一系列体现"共产主义者对于世界的解码",而是影片中令人叹为观止的电影技巧目录。淡出和叠印、定格、加速、分屏、各式各样的节奏和交切镜头、变化多样的蒙太奇技术。[1] 电影学者安妮特·迈克尔逊(Annette Michelson)称其为"无声电影各类资源和技术的总和"。[2] 当然,由于这部电影大量不同寻常的"建构主义"视点被串联在一起,我们不能简单地为电影贴上"先锋"标签。"常规的"先锋电影通常会提出一套与主流电影不同的电影语言,即一套重复使用的新技术,然而《持摄影机的人》并未形成一套明确的语言体系。相反,它提供了一系列无拘无束,而且似乎无穷无尽的技术手段,构建出新的电影话语方式。在当代语言中,这些技术手段被称为"特效"。

传统上,个人的艺术语言、一组文化事物或一个时期的风格,都需要稳定的聚合关系,以及在特定情况下聚合性集合中的元素共同呈现出的一致性的预期。例如,在经典好莱坞风格中,观众可能期望一个场景会以定场镜头开始,或某种特定的布光方法(如高调或低调)贯穿整部影片。(大卫·波德维尔将各种范式按照其可能性排列,给好莱坞风格下了定义。)[3]

计算机软件提供了无尽的可能性,是全新的电影语言的希望所在。但同时,它们也阻止了全新电影语言的形成。(我会使用电影的例子,但同样的逻辑也适用于基于计算机的视觉文化中所有其他方面。)由于每个软件自带各种各样的转换器、二维滤镜、三维变形及其他特效和"插件",因此艺术家,尤其是初学者,都倾向于在同一个作品中大量使用这些效果。在这种情况下,聚合变成了组合,艺术家曾经是在各种技术中(或者用形式主义者的话来说,在各种可能的手段[devices]中)选取某一个,然后在整个作品中不断重复这种技术手段(例如,仅仅使用切镜头,或仅

---

[1] 我们应该记住,各式各样的时间性蒙太奇技术在20世纪20年代仍属新奇;对于当时的观众而言,这类蒙太奇跟现在的三维角色一样,都是"特效"。维尔托夫影片的早期观众可能把影片理解为一个很长的特效段落。

[2] Ibid., 55.

[3] David Bordwell, "Classical Hollywood Film," in Philip Rosen, ed., *Narrative, Apparatus, Ideology: Film Theory Reader* (New York: Columbia University Press, 1987).

仅使用交叉融接转场）。而现在，艺术家在同一个作品中有多重选择。最终，数字电影成为一个接一个的不同效果的集合。惠特尼的作品《目录》就是这种逻辑的极端表现。

随着时间的推移，建立稳定性的新语言的可能，被层出不穷的新技术所颠覆。因此，新媒体的范式不仅比传统媒体的范式包含更多的选择，其数量还在保持增长。时尚逻辑统治下的文化要求不断创新，艺术家们往往会采取新的可用选项，丢弃用过的熟悉选项。每一年，每一月，媒体作品中都会出现新的特效，这些新的特效取代了以前占据主导的元素，并随时准备好颠覆观众刚要开始形成的、对稳定性的期待。

这就是维尔托夫的电影与新媒体的特殊关系所在，它证实"特效"可以被转化为有意义的艺术语言。为什么约翰·惠特尼的计算机动画和音乐短片中的特效仅仅是特效，而到了维尔托夫手中，特效就可以获得意义？因为在维尔托夫的电影中，这些特效背后有着特定的理论支持，即新的获取图像和操纵图像的技术（维尔托夫用"电影眼"来概括它们）可以用来解码这个世界。随着电影的发展，原始影像让位于被处理过的影像，全新的技术不断涌现，形成跌宕起伏之势——这是电影的终结，也是一场真正的电影狂欢。维尔托夫为我们重现了他对"电影眼"的发现，我们也与他一道渐渐意识到摄影机的所有可能性。维尔托夫试图吸引我们进入他的观看方式和思考模式，与我们共享他的激情，因为他发现了电影的新语言。这种循序渐进的发现过程成为电影的主要叙述线索，叙述也是在一系列的发现中完成的。因此，在维尔托夫手中，"静止"且"客观"的数据库具有了无穷活力和自主性。更重要的是，维尔托夫实现了当前新媒体设计师和艺术家仍在学习的东西——如何将数据库和叙述融合到一种全新的艺术形式中。

可导航空间

《毁灭战士》与《神秘岛》

回头审视新媒体的第一个十年——20世纪90年代，我们可以找到很多包含新媒体可能性的新媒体对象，它们体现了新媒体产生真正原创的、空前的审美形式的潜力。其中，有两个对象最具代表性，它们都是计算机游戏，都在1993年发布，而且都成了现象级产品，其受欢迎程度已经超出硬核游戏社区，蔓延到游戏续集、书籍、电视、电影、时装和设计方面。这两个游戏分别是《毁灭战士》（id Software公司，1993）和《神秘岛》（Broderbund公司，1993），它们共同定义了一个全新领域和其局限性。

在许多方面，《毁灭战士》和《神秘岛》是完全不同的。《毁灭战士》是快节奏的，而《神秘岛》是缓慢的。在《毁灭战士》中，玩家跑过一个个通道，追求用最快的速度完成一关，然后开始下一关；在《神秘岛》中，玩家在游戏世界中一步一步移动，解开沿途的故事。《毁灭战士》游戏中的各个角落里都潜伏了各式各样的恶魔，随时准备攻击；《神秘岛》中玩家完全没有对手。《毁灭战士》的世界遵循几十个关卡组成的计算机游戏惯例；虽然《神秘岛》也包含四个独立的世界，但每个世界更像是一个自足的宇宙，而不是传统计算机游戏的关卡。在许多游戏中，各类关卡在结构和样式上都很相似，但《神秘岛》中的各个世界是完全不同的。

另一个不同之处在于导航系统的美学。《毁灭战士》中，在玩家眼前展开的世界呈矩形，玩家沿直线运动，转弯时会突然绕过一个直角，进入一个新的通道。在《神秘岛》中，导航的形式更自由。玩家，或者更准确地说，游客会慢慢地探索环境：他可以顾盼左右，绕圈行走，也可以一遍一遍地回到同一个地点，仿佛一场精心设计的舞蹈表演。

另外，两个游戏体现了两种不同的文化经济类型。以《毁灭战士》为标志，id Software 公司开创了一种新经济，计算机游戏批评家 J. C. 赫茨（J. C. Herz）概括如下："一种全新的观念已经到来：公司首先通过共享渠道、互联网和在线服务发布免费的精简版游戏，然后将游戏包装一新，以注册零售版的形式进行销售。"第一代《毁灭战士》游戏曾在世界各地被广泛下载，下载量达到 1500 万次。①id Software 公司还发布了关于游戏不同格式的详细说明和一个游戏编辑器，鼓励玩家进一步开发拓展游戏，创造新的关卡。因此，破解游戏和添加游戏内容成为游戏的一个重要部分，任何人都可以通过互联网下载新的游戏关卡。这超越了我们通常所说的生产者和消费者的关系，也超越了"战略"和"战术"（米歇尔·德塞都语）的关系，形成了一种新的文化经济：生产者先定义了对象的基本结构，并发布了几个样例和工具，供消费者创建自己的版本并与其他消费者共享。与《毁灭战士》相比，《神秘岛》的开发者遵循了旧的文化经济模式。因此，《神秘岛》是一个软件，更像一件传统的艺术品，供人们注视、仰慕，而不能被人拆解和修改。用软件行业的术语来说，《神秘岛》是一个封闭的系统，或者说是一个专有系统，只有最初的创建者可以修改它。

虽然在宇宙观、游戏玩法及其隐含的经济模式等诸多方面，这两个游戏都有差异，它们在一个重要方面具有相似性：两个游戏都是空间之旅。三维空间中的导航是游戏玩法中最核心的、最重要的组成部分。《毁灭战

---

① J. C. Hertz, *Joystick Nation*, 90, 84.

士》和《神秘岛》为用户呈现出一个可以穿越的空间，玩家穿行其中，获得整个游戏的图景。在两个游戏的开始，玩家都降落在游戏世界中的某一地点。在到达游戏故事的结尾之前，玩家需要探访许多的游戏设计地点，找出各个地点的几何形状和拓扑结构，解开游戏的逻辑和各种机密。在《毁灭战士》《神秘岛》及许多计算机游戏中，叙述和时间本身就等同于穿越三维空间的运动，等同于穿过不同游戏房间、通过一级级游戏关卡或游戏语词。现代文学、戏剧和电影通常围绕着心理空间中人物和运动之间的心理张力而展开，而这些计算机游戏与此不同，带我们回到古老的叙述方式，故事情节由主人公在空间中行动所驱动，比如前往遥远国度去拯救公主、寻找宝藏、打败恶兽等。赫茨这样描写基于文本的经典历险游戏《魔域》（Zork）的游戏体验："你逐渐破解了故事中的游戏世界，随着游戏世界的边际逐渐消解，你也慢慢到达了故事的结局。"① 这些故事剥除了内心世界、心理学，以及其他 19 世纪现代主义发明的表象，它们都属于早先古希腊意义上的叙述，正如米歇尔·德塞都所提示我们的："在希腊语中，叙述被称为'diegesis'（叙述引导）：它建立了一条路线（它'引导'着），然后经历并完成了这条路线（它'超越'疆界）。"②

在本章的前言部分，我引述了叙述学中叙述与描写的对立关系。米克·巴尔认为，叙述学标准的理论前提是"描写中断了素材线。"③ 在我看来，将叙述与描写对立，对描写作出的缺乏叙述性的负面定义，是存在问题的。这一比较会自动赋予某些类型的叙述（神话、童话故事、侦探小说、经典好莱坞电影）更高的地位，而更容易忽略一些人物行动没有主导叙述的其他形式（例如，安德烈·塔可夫斯基［Andrey Tarkovskiy］的电影，或者是枝裕和的电影，如《幻之光》《下一站，天

---

① Ibid., 150.
② Michel de Certeau, *The Practice of Everyday Life*, trans. Steven Rendall (Berkeley: University of California Press, 1984), 129.
③ Bal, *Narratology*, 130. 巴尔将素材定义为"由主人公引发或经历的，一系列在逻辑上和时间上相关联的事件"。

国》）。① 通过第一人称视角在游戏空间中的导航而架构起来的一类游戏，进一步挑战了这种叙述与描写的对立。

在思考游戏时，我们可以不使用叙述和描写，也许用"叙述动作"（narrative actions）与"探索"（exploration）两个术语会更合适。玩家本身并不是被叙述的对象，而是实施动作的主体，推动故事向前发展——在游戏世界中，游戏人物与遇到的其他角色交谈，捡起各种宝物，与对手战斗，等等。如果玩家什么也不做，叙述就停止了。从这个角度看，游戏世界中的运动成为最主要的叙述动作之一。此外，这种运动也服务于自给自足的探索目标。在《神秘岛》之类的游戏中，取得胜利很重要，在游戏世界中的探索、仔细探究每一个细节、欣赏每一个游戏画面、一步一步完成故事也同样重要。因此，从这个角度看，游戏叙述与经典叙述是一致的，它们都围绕空间中的运动展开；从另一个角度看，它们是完全相反的。穿过空间的运动允许玩家按照叙述一步一步进行游戏，但这种穿过空间的运动本身也是很有价值的。这是玩家去探索环境的一种方式。

叙述学中关于描写的分析，为我们思考计算机游戏和其他新媒体对象中的空间探索提供了一个起点。巴尔指出，小说中，描写性段落通常由对话、观看和行动驱动。由观看驱动的描写性段落往往是这样的："某个人物看见了某个对象，描写段落是对所见景象的呈现。"由行动驱动的描写性段落往往是这样的："某个人物对某个对象做了某事。接下来，描写性段落会做出充分的描述"。这方面的一个例子是法国作家左拉（Zola）在《人面兽心》（La Bête）中写到的一个场景——主人公雅克擦亮了（抚摸了）他心爱的火车头的每一个部件。②

---

① 在《理解漫画》（Understanding Comics）一书中，斯科特·麦克劳德（Scott McLoud）指出，与西方漫画相比，日本漫画将更多的时间花在"描写"上，这些描写与故事的发展没有直接的关系。经典好莱坞电影和许多来自"东方"的电影语言之间，有着类似的对立，比如塔可夫斯基和是枝裕和的作品。虽然我承认这里存在一概而论的泛化危险，但这的确是一种很有诱惑力的论述：它将描写与叙述的对立与东西方的不同存在方式以及东西方的哲学差异联系起来——西方世界的主体以认识外部世界乃至征服外部世界为驱动，而东方佛教则强调冥想和静思。见 Scott McLoud, Understanding Comics: The Invisible Art (Harper Perennial, 1994)。

② Bal, Narratology, 130–132.

与现代小说不同，游戏是以动作为导向的，它没有那么多对话，观看和行动才是玩家进行的主要活动。另外，现代小说中，观看和行动通常是分开的，而在游戏中，观看和行动往往同时发生。当玩家遇到一扇通往新关卡的大门、新通道、新机枪弹药、新敌人，或补血的"健康药水"时，就会立即对这些对象采取行动——打开门，捡起弹药或"健康药水"，向敌人开火。因此，叙述动作和探索是紧密地联系在一起的。

空间导航既是叙述工具，又是探索工具，其核心作用被游戏设计师们广为认同。罗宾·米勒（Robyn Miller）——《神秘岛》的两位代码设计师之一，说："我们只创造一个环境，供人们在里面闲逛。人们称其为游戏，因为没有别的更好的叫法，而我们也时不时地把它称为游戏。但是，它实际上并不是游戏；它是一个世界。"① 理查德·盖瑞特（Richard Garriott）是角色扮演（又称RPG）经典游戏《创世纪》（*Ultima*）系列的设计师，他将游戏设计和小说写作进行了对比："他们（小说作家）中的很多人通过细节来发展人物，在开篇就指出他们的问题，在结尾说明人物通过成长而学到的东西。这不是我的方法……我自己建构世界和各种信息，然后建构用来支撑世界和承载信息的人物。"②

通过空间中的导航来构建游戏，是各类游戏的一个共同特征。包括冒险游戏（例如《魔域》《第七关》[*7th Level*]、《时间旅人》[*The Journeyman Project*]、《古墓丽影》《神秘岛》）、战略游戏（例如《命令与征服》）、角色扮演游戏（例如《暗黑破坏神》[*Diablo*]、《最终幻想》[*Final Fantasy*]）、飞行游戏、驾驶游戏，以及其他模拟器游戏（微软模拟飞行）；动作游戏（例如《毁灭巫师》[*Hexen*]、《超级马里奥》），当然，还有《毁灭战士》之类的第一人称射击游戏（例如《雷神之锤》《虚幻》）。不同的游戏类型有着不同的惯例。在冒险游戏中，用户在宇宙中探索，收集各种资源。在策略游戏中，用户进行分配资源、移动资源、进行风险管理。在角色扮演游戏中，用户塑造一个角色，并逐渐获得各种技能，叙述是自我完善起来的。这些游戏中，不同类型的惯例本身并

---

① McGoman and McCullaugh, *Entertainment in the Cyber Zone*, 120.
② Quoted in J. C. Hertz, *Joystick Nation*, 155–156.

不需要使用在空间中导航的交互界面。但实际上,这些游戏都不约而同地采用了导航交互界面,因此我认为,可导航空间代表着一种范围更大的文化形式。换句话说,它超越了计算机游戏。而且后来事实证明,它也超越了计算机文化。可导航空间与数据库一样,在计算机出现之前就早已存在,而计算机成了最合适的媒介。

事实上,可导航空间的使用体现在新媒体的各个方面。在20世纪80年代,在大量的三维计算机动画中,都有一台单一的、不间断的摄影机,穿行于复杂而广袤的场景中,将场景组织起来。我们常常能看到这类经典动画场景,摄影机飞越山川,或穿过一系列房间,或者在几何形状中运动。跟古代神话和计算机游戏相比,这段旅程没有目标,也没有目的地。总之,没有任何叙述。就好像一部终极版本的"公路电影",在空间中穿行本身就已经足够了。

在20世纪90年代,这些三维飞行已经形成了后计算机(postcomputer)时代的电影和基于位置的线下娱乐的一种新类型——运动模拟器。[1]运动模拟器使用第一人称视角,让观众所在的平台运动与虚拟摄影机运动达到同步,创建出一种全新的驾驶体验。回顾运动模拟器在历史中的先例,我们会发现可导航的空间已经出现在一些地方。例如,1904年,在圣路易斯世博会首次亮相的一个电影展馆中放映了《黑尔带你游世界》(*Hale's Tours and Scenes of the World*)。其他例子还有过山车、飞机、车辆和军事模拟器(自20世纪30年代初开始,这类模拟器就开始使用活动基座)。案例中还有库布里克(Kubrick)导演的《2001太空漫游》(*2001: A Space Odyssey*, 1968)和卢卡斯(Lucas)导演的《星球大战》(*Star Wars*, 1977)中的飞越段落。其中,《2001太空漫游》起到了重要的作用。道格拉斯·特朗布尔(Douglas Trumbull)是运动模拟器兴起的关键人物,20世纪80年代后期以来,他制造了一些最有名的运动模拟器。而

---

[1] 对于运动模拟器现象的关键分析,见 Erkki Huhtamo, "Phantom Train to Technopia," in Minna Tarkka, ed., *ISEA '94: The 5th International Symposium on Electronic Art Catalogue* (Helsinki: University of Art and Design, 1994); "Encapsulated Bodies in Motion: Simulators and the Quest for Total Immersion," in Simon Penny, ed., *Critical Issues in Electronic Media*。

他的职业生涯的开端就是在《2001太空漫游》中制作了太空旅行的段落。

除了为新媒体美学提供了重要基础，可导航空间也成为新的劳动工具。在当下，可导航空间成为数据可视化和数据工作的普遍方式。从科学可视化到建筑设计的虚拟观摩，从股票市场表现模型到统计数据集，三维虚拟空间与摄影机模型的结合，成为公认的信息可视化处理方法。在计算机文化中，可导航空间就像印刷文化中的表格和图形一样，得到了广泛运用。①

由于可导航空间既可以呈现物理空间，也可以呈现抽象的信息空间，因此，它理所当然地成为人机交互界面中的一个重要范式。的确，在某种程度上，人机交互界面可以看作数据可视化的一个特例：数据不再是分子、建筑模型或者股市数据，而是计算机文件。三维可导航空间交互界面的例子包括：施乐帕克中心推出的Information Visualizer，使用三维渲染的房间和平台取代了平面的计算机桌面；②ART+COM工作室推出的T-Vision，使用可导航的三维地球作为交互界面；③硅图公司推出的The Information Landscape，让用户飞越在一个数据密布的平台之上。④

赛博空间的最初版本（即20世纪80年代的版本）设想人类用户可以穿梭于信息的三维空间中，威廉·吉布森（William Gibson）把这些用户叫作"数据牛仔"（data cowboy）。⑤在威廉·吉布森关于赛博空间的小说发表之前，赛博空间就已经在迪斯尼推出的电影《创》（1982）中有了可视化呈现。尽管《创》的故事是在一台计算机而不是一个网络中发生的，但用户在由光线构成的非物质空间中"换台"的景象，与吉布森小说中所表达的非常相似。出版于1991年的文集《赛博空间：开始》（Cyberspace: First Steps）中收录了马科斯·诺瓦克的一篇文章，其中他仍然将赛博空

---

① 见 www.cybergeography.com。
② Stuart Card, George Robertson, and Jock Mackingly, "The Information Visualizer, an Information Workplace," in CHI ' 91: *Human Factors in Computing Systems Conference Proceedings* (New York: ACM, 1991), 181–186; available online at http://www.acm.org/pubs/articles/proceedings/chi/108844/p181-card/p181-card.pdf.
③ http://www.artcom.de/projects/t_vision/.
④ http://www.acm.org/sigchi/chi95/proceedings/panels/km_bdy.htm.
⑤ William Gibson, Neuromancer (New York: Ace Books, 1984).

间定义为:"全球信息处理系统中所有信息的空间化形象处理。"[1]在20世纪90年代前期,这一思路在VRML的早期设计中得以延续。在设计该语言时,设计者们力图"在整个互联网上(相当于万维网上)创造一个统一的空间概念。"[2]他们把VRML看作网络从抽象数据网络进化到"可认知"(perceptualized)的互联网中一个自然阶段,信息可以"被感知"(sensualized),即在三维空间中呈现出来。[3]

赛博空间(cyberspace)这一术语,来源于另一个术语"控制论"(cybernetics)。1947年,数学家诺伯特·维纳(Norbert Wiener)在著作《控制论》(Cybernetics)中将这个词定义为"控制动物和机械,与其交流的科学。"维纳在第二次世界大战期间构思出了控制论,当时他正在研究与炮火控制和自动导弹制导相关的问题。他使用的cybernetics一词来源于古希腊文字kybernetika,意指舵手的艺术,可翻译为"善于驾驶"。因此,可导航空间的思想早在计算机的初始时代就已经存在。舵手驾驶船舶、导弹瞄准目标穿越空间飞行,这些都带来一系列新的人物形象——威廉·吉布森小说中的主人公——在广袤的赛博空间穿越驰骋的"数据牛仔";运动模拟器的"驾驶者";在科学数据集和计算机数据结构、分子和基因、地球大气层和人体中穿行导航的计算机用户;还有最后一类,也是最重要的一类人:计算机游戏中,如《毁灭战士》《神秘岛》和大量的类似游戏中的玩家。

从一个角度来看,可导航空间理所应当被视为数据库交互界面的一个类型,也许我们没必要予以特别的关注。但是,我更愿意把可导航空间看作一种文化形式,不仅因为它在新媒体景观中的突出地位(正如我们未来将会看到的),以及它在新媒体历史上的持久性,还因为它不仅是一个数据库,更是一种新媒体独具的新形式。当然,空间的组织形式及其呈现或表现事物的功能,一直以来都是人类文化中基本的组成部分。建筑与古老

---

[1] Marcos Novak, "Liquid Architecture in Cyberspace," in Michael Benedikt, ed., Cyberspace: First Steps (Cambridge, Mass.: MIT Press, 1991), 225–254.
[2] Mark Pesce, Peter Kennard, and Anthony Parisi, "Cyberspace," 1994, http://www.hyperreal.org/~mpesce/www.html.
[3] Ibid.

的记忆术[1],城市规划和示意图,几何和拓扑结构,这些都是通过充分利用空间的象征性资源和经济资本而发展出的原理和手段。[2] 新媒体的空间结构利用了所有这些传统,但同时又在一个重要的方面有着根本的不同:空间头一次成为一种媒体类型。与音频、视频、静止图像和文本等其他媒体类型一样,空间现在也可以实时传送、存储和检索,空间也可以被压缩、重新设定格式、变成信息流、被筛选、计算、编程,并实现交互。换言之,媒体转化为计算机数据之后,所有适用于媒体的操作,现在也适用于所有的三维空间事物。

近年来,文化理论越来越重视空间范畴。例如,亨利·列斐伏尔(Henri Lefebvre)关于日常空间的人类学和政治学论著,米歇尔·福柯(Michel Foucault)将圆形监狱的结构作为现代主体性模型的分析,弗雷德里克·詹姆森和大卫·哈维(David Harvey)关于全球资本主义的后现代空间的论述,以及爱德华·苏贾(Edward Soja)的政治地理学分析。[3] 同时,新媒体理论家和实践者也提出种种关于赛博空间应该如何构建,以及基于计算机的空间化形象有什么新用途的设想。[4] 然而,在文化理论和新媒介理论中,穿越空间的导航作为一个特定类别,一直不被关注。而且,这种可导航空间正是新媒体存在的独有特性,换句话说,新媒体的空间就是导航空间。同时,我将在本节继续论述,这一类别也恰好符合了其他文化领域——如人类学领域和建筑领域的新发展。

---

[1] 古希腊和古罗马发展出了空间记忆法,例如"罗马家居法",根据家居的位置联想记住相关的事物。例如"记忆宫殿"记忆法,把自己熟悉的、能够轻易地想起来的地方当作记忆宫殿,把要记住的事物与自己熟悉的环境进行联想挂钩,在需要的时候解取出。——译者注
[2] 迈克尔·贝内迪克特(Michael Benedikt)在他的开创性文集《赛博空间:开始》(*Cyberspace: First Steps*)的前言部分,探讨了这些与赛博空间概念相关的学科分支之间的关联,这本书仍然是关于赛博空间最好的论述之一。
[3] Henri Lefebvre, *The Production of Space* (Oxford: Blackwell, 1991); Michel Foucault, *Discipline and Punish: The Birth of the Prison* (New York: Pantheon Books, 1977); Fredric Jameson, *The Geopolitical Aesthetic: Cinema and Space in the World System* (Bloomington: Indiana University Press, 1992); David Harvey, *The Condition of Postmodernity* (Oxford: Blackwell, 1989); Edward Soja, *Postmodern Geographies: The Reassertion of Space in Critical Social Theory* (London: Verso, 1989).
[4] 见 Benedikt, *Cyberspace: First Steps* and the articles of Marcos Novak (http://www.aud.ucla.edu/~marcos).

总之，除了数据库之外，可导航空间是新媒体的另一种重要形式。可导航空间已经成为一种与其他类型数据进行交互的普遍方式，成为计算机游戏和运动模拟器中常见的交互界面，也成为几乎所有计算机实践的普遍形式。为什么计算机文化对所有具象和经验进行了空间化（为什么图书馆被网络空间取代？为什么叙述等同于穿越空间的航行？为什么通过计算机可视化处理，所有数据具有了三维呈现）？我们是否应该反对这种空间化（即如何处理新媒体中的时间性）？最后，穿越虚拟空间的导航，其美学何在？

计算机空间

第一个投币街机游戏恰好就叫《计算机空间》（Computer Space），这个游戏模拟了宇宙飞船和飞碟的空战。1962 年，在麻省理工学院的一台 PDP-1 小型计算机上，第一个计算机游戏——《空间大战》（Spacewar）问世。《计算机空间》是它的重制版，发布于 1971 年。[①] 这两个经典游戏的名字中都带有"空间"（space）二字，而且这种用法非常恰当，因为在这两个游戏中，空间都是主要特征之一。在原版《空间大战》中，两名玩家分别驾驶各自的宇宙飞船，在屏幕上朝对方的飞船发射炮弹。玩家还必须小心操纵飞船，控制飞船摆脱恒星的引力，以确保它们不会过于靠近位于屏幕中心的恒星。因此玩家要一边控制飞船，一边与游戏空间本身进行互动。虽然，与《2001 太空漫游》《星球大战》和《创》这类电影相比，《空间大战》和《计算机空间》游戏中的空间并没有导航功能，即玩家不能在其中移动穿越，但重力模拟使得空间具有了真正的主动性。玩家不仅需要与其他飞船交战，也需要与空间本身交战。

在新媒体中，这种赋予空间主动性的做法并不是一种规则，而是一个例外。虽然新媒体对象都支持将空间用于各种形式的事物，但在大多数情况下，虚拟空间是一系列独立对象的集合，而不是真正的空间。或者说，

---

① http://icwhen.com/the70s/1971.html.

我们可以提出一个口号："赛博空间中并没有空间"。

为了进一步探讨这个论点，我们可以参考艺术史学家在 21 世纪初发展出的几个范畴。现代艺术史的奠基人，比如阿洛伊斯·李格尔（Alois Riegl）、海因里希·沃尔夫林（Heinrich Wölfflin）和欧文·帕诺夫斯基，他们将自己研究的领域定义为空间呈现的历史。在文化循环发展的范式内，他们将艺术中的空间呈现与整个时代精神、文明和种族联系起来。李格尔在 1901 年的《罗马晚期的工艺美术》(*Die Spätrömische Kunstindustrie*) 中，将人类文化发展描述为两种空间理解方式（他称为"触觉"[haptic] 和"视觉"[optic]）之间的来回摇摆。触觉感知将对象作为一个独立的整体区隔开来，而视觉感知将对象统一为空间上的连续体。与李格尔同时代的学者海因里希·沃尔夫林也提出：一个时代的气质或一个民族的气质，表现为一种观看和呈现空间的特定方式。在出版于 1913 的《艺术史原理》(*Principles of Art History*) 中，沃尔夫林使用了五对概念描述了文艺复兴风格和巴洛克风格之间的差异：线条与块面、平面与纵深、封闭形式与开放形式、多重性与整体性、清晰与不清晰。① 欧文·帕诺夫斯基，现代艺术史的另一位创始人，在他的名作《作为象征形式的透视法》(*Perspective as Symbolic Form*, 1924～1925) 中，将希腊的"集聚性的"(aggregate) 空间与意大利文艺复兴时期的"系统性的"(systematic) 空间做了对比。② 帕诺夫斯基在空间呈现史与抽象思维的演变史之间建立了一种平行关系。空间呈现的历史从古代的个体对象空间，发展到了现代具有连续性和系统性的空间，相应地，抽象思维的演变从古代哲学观点中物质世界的间断性和"集聚性"，发展到后文艺复兴时期对于空间的新理解：空间是无限的、均质的、同方向的，并将物质的本体论放在首位——总之，空间是系统性的。

我们不必为了有效地保留这些范畴，而把宏大的进化机制奉为圭臬。

---

① Heinrich Wölfflin, *Principles of Art History*, trans. M. D. Hottinger (New York: Dover Publications, 1950).
② Erwin Panofsky, Perspective as Symbolic Form, trans. Christopher S. Wood (New York: Zone Books, 1991).

什么样的空间是虚拟空间？乍一看，三维计算机图形技术很好地例证了帕诺夫斯基的"系统性的"空间这一理念，即系统性的空间先于空间中的对象而存在。事实上，笛卡尔坐标系是内置于计算机图形软件中的，通常也会内置于硬件本身中。[①]当设计师启动建模程序时，展现在他们眼前的通常是一个用网格呈现的空白空间，这个空间将会被设计师创建的各种对象逐渐填满。打个比方，音乐合成器的内置信息是正弦波，而计算机图形学的内置世界可以被看作一个空白的文艺复兴空间——坐标系本身。

然而，与视觉性和系统性相比，计算机生成的世界更具有触觉性和集聚性。多边形建模是一种最常用的创建三维世界的计算机图形技术。使用这种技术创建的虚拟世界是一个真空空间，它包含一系列相互之间有严格边界的独立对象。计算机空间中缺失的是媒介意义上的空间，即物体所嵌入的环境，以及这些物体相互间的作用，苏联作家和艺术家称媒介意义上的空间为空间环境（prostranstvennaya sreda）。在20世纪20年代早期，著名的哲学家和艺术史学家帕维尔·弗洛伦斯基（Pavel Florensky）是这样描述空间环境的："空间-媒介是映射到空间中的物体……我们已经认识到了事物和空间的不可分性，以及事物和空间自我再现的不可能性。"[②]这种空间认识也描述了现代绘画的一个特定传统。从修拉到贾科梅蒂（Giacometti）和德库宁（de Kooning），这些画家试图消除特定对象和空白空间之类的概念，他们描绘出一片密集的区域，其中偶尔出现一处强化的地方，我们可以将这个地方理解为一个物体。吉尔·德勒兹将电影看作一种像哲学一样阐明新概念的活动。[③]同样，我们也可以认为，属于这一传统体系的现代画家，也试图通过他们的绘画来阐述某种特定的哲学概念——即空间-媒介。这个概念是主流计算机图形学仍然需要发现的。

创建虚拟世界中另一项基本技术也会带来集聚性的空间。这一技术就是将动画人物、静止图像、数字电影，以及其他元素叠加在一个独立的背

---

① 见我的文章"Mapping Space: Perspective, Radar, and Computer Graph"。
② 引用自Quoted in Alla Efimova and Lev Manovich, "Object, Space, Culture: Introduction," in *Tekstura: Russian Essays on Visual Culture*, eds. Alla Efimova and Lev Manovich (Chicago: University of Chicago Press, 1993), xxvi.
③ Gilles Deleuze, *Cinema* (Minneapolis: University of Minnesota Press, 1986–1989).

景上。过去，这种技术一直用在视频和计算机游戏上。由于当时计算机的限制，早期的游戏设计师需要将动画放置于屏幕上的一小块区域中。绘制在静态背景之上的平面动画物体和人物被称为"Sprite"。例如，在《太空侵入者》(Space Invaders) 游戏中，代表入侵者的抽象图形会飞过一片空白背景；而在《吃豆人》游戏中，吃豆子的 Sprite 会在整个迷宫的画面中运动。从本质上看，Sprite 就是悬浮在背景图像上，随着游戏进展而飞来飞去的平面图案，它们与背景之间没有真正的互动。20 世纪 90 年代后半期出现了更快的处理器和三维显卡，游戏可以做到实时地进行三维渲染。这实现了对事物与所在空间之间的视觉交互（例如物体在空间中的镜像和阴影）进行建模。由此，游戏空间变成了一个连贯的、真实的三维空间，而不再是一组彼此无关的二维平面。然而，几十年前的局限性又出现在了另一个新媒体领域——在线虚拟世界中。由于 20 世纪 90 年代互联网的带宽有限，虚拟世界的设计师必须应对一系列限制，与二十年前的游戏设计师所面临的问题相比，有些限制有过之而无不及。在线虚拟世界中，一个典型的场景里可能有一个实时响应用户命令的动画人物。这一人物被叠加在一幅房间的图片上，与视频游戏中将 Sprite 叠加在背景上使用的是同一种方式。人物由用户控制，而房间的图像由虚拟世界运营商提供。因为元素的来源不同，当它们被实时放置在一起时，形成的结果还是一系列二维平面的叠加，而不是真实的三维环境。虽然影像描绘了一个三维空间中的人物，但是由于背景和人物无法彼此"识别"，它们之间无法产生互动。

　　从历史上看，我们可以将背景上叠加动画 Sprite 的技术与传统的赛璐珞动画联系起来。为了节省人工，动画师采用类似的方法，将一幅影像分割为静态背景和动画人物。事实上，计算机游戏的 Sprite 可以被看作是动画角色的化身。虽然这种技术得到了广泛使用，弗莱舍（Fleischer）动画工作室和迪斯尼公司的动画师仍然认为，空间是一种空间-媒介（用弗洛伦斯基的术语来说），他们坚持使用一种与现代画家全然不同的方式来创造这个空间-媒介（因此，虽然大众逐渐远离那些严肃"艰深"的抽象艺术，转而去欣赏有趣的、具象化的卡通画，但他们实际看到的与贾科梅蒂和德库宁画布上的抽象画面没有什么不同。）虽然在卡通中，各个主体都有明确的界线，但卡通宇宙中的整体拟人化打破了主客体之间的区别及主体和空间之间的区别。所有事物都服从同样的延伸法则和挤压规律，所有事物都可以一样地运动与扭曲，所有事物都同样栩栩如生。似乎所有一切——包括角色的身体、椅子、墙壁、平面、食品、汽车等——都是由同一种生物材料制成的。卡通世界的这种一元论与计算机世界的二元本体论截然不同，在计算机实践中，空间和Sprite（或角色）是由两种根本不同的物质构成的。

综上所述，虽然三维计算机生成的虚拟世界通常是以线性视角呈现的，但这些虚拟世界实际上是一组相互无关的对象的集合，而且这些对象彼此之间并无关联。鉴于此，"三维计算机模拟带我们回到文艺复兴时期的透视视角，从20世纪抽象主义的角度来看，这种回归是一种退化"的说法实际上是不成立的。如果我们将帕诺夫斯基的进化范式应用到虚拟计算机空间的历史上，我们得出的结论是，它尚未达到文艺复兴的阶段，仍然处于古希腊时期——它无法将空间理解为一个整体。

从另一种意义上看，计算机空间也具有集聚性。在前面提到《毁灭战士》时我已经指出，传统上，一个计算机游戏并不是具有连续性的空间，而是一个个关卡的集合。此外，每个关卡内部也不具有连续性的，是游戏设计师设计的一个个房间、通道或者竞技场的集合。因此，玩家不是将空间看作一个整体，而是在处理一个由不同的地点组成的集合。这种设置关卡的惯例是非常稳定的，它适用于不同游戏种类和各类计算机平台。

如果说万维网和最初的VRML呈现出某种迹象，我们实际上没有朝着系统性的空间发展。相反，我们正在将集聚性的空间（在隐喻层面上，也在实际层面上）接纳为一种新的规范。本质上看，网络空间并不是一个连贯的整体：它是大量文件的集合，这些文件通过超链接被连接起来，但没有一个统一的视角能将这些文件联系成一个整体。互联网上的三维空间也是如此。由VRML文件定义的三维场景是一个由独立的对象组成的列表，这些对象由不同的作者或不同的程序创建，可能存在于互联网上的任何地方。用户可以很容易地添加或删除对象，不必考虑场景的整体结构。[1]正如数据库的情况一样，叙述被一系列对象所取代，一个连贯的三维场景成为一系列独立对象的组合。

网络中导航和家园的比喻，让人想起美国的西部荒野。借助 VRML（这也是美国西部加利福尼亚州的产物）设想出的空间化网络，反映了美国总体文化中对待空间的态度——当一个区域没有得到功能性的开发，就无人关注。私人房屋、企业用地和公园之间的边缘地区无人问津。通过软件标准和软件工具的默认设置建构起来的整个 VRML 体系，将这一趋势推向极端：空间不复存在，存在的只有属于不同个体的对象。显然，用户可以修改默认设置，并使用工具去创建与默认设置背道而驰的设置。事实上，建立在网络上的真正的多用户空间，可以看作是对美国社会的反公有化和分散性的一种回应。这也是一种尝试：通过建立虚拟社区来弥补传统社区的消失——这是个一度被人们热议的话题。（当然，如果我们按照 19 世纪社会学家斐迪南·滕尼斯［Ferdinand Tönnies］的观点来看，传统严密的大规模社区向现代化客观社会的转变，在 19 世纪早已发生，这是社会发展中一个不可避免的副产品，而且是现代化的前提。）[2] 然而，重要的是，由软件本身定义的虚拟空间在根本上是集聚性的，是一组没有统一视角的物体。

一直以来，艺术史家、文学研究者和电影学者都认为分析文化对象的结构反映了更大的文化模式（例如，帕诺夫斯基对于透视的理解）。而在分析新媒体时，我们不仅应该考察最终的完成品，首先应该思考软件工具，以及这些软件工具的组织结构和默认设置。[3] 这一点非常重要，因为新媒体中生产工具和媒体对象之间具有连续性的关系。事实上，工具与对象的边界往往很难界定。因此，我们或许可以将美国民主意识形态中对于等级和集权统治的焦虑，与网络的扁平结构联想在一起：网络中的每个页面都具有同等的重要性，通过超链接连接的任意两个数据源也具有同等的

---

[1] John Hartman and Josie Wernecke, *The VRML 2.0 Handbook*.
[2] 见 Ferdinand Tönnies, *Community and Society*, trans. Charles P. Loomis (East Lansing: Michigan State University Press, 1957).
[3] 其中，20 世纪 70 年代电影理论家提出的"机器理论"（apparatus theory）是一个重要的例外。

258　重要性。同样，整个美国文化中都缺乏一个统一的视角——不论是在城市的空间中，还是在日益分散化的公共话语空间中，美国的网络虚拟三维空间也不例外。这种统一视角的缺乏，其根源可以追溯到 VRML 的设计上——VRML 用一系列对象的集合来取代一个统一的空间。

导航的诗学

为了分析三维空间的计算机呈现，我使用了早期艺术史中的一些理论。当然，在其他领域，也有一些可用的理论。然而，穿越空间的导航是一个完全不同的问题。虽然艺术史、地理学、人类学、社会学等学科已经提出了许多方法，把空间作为一个静态的、客观存在的结构进行分析，但我们没有同样丰富的理论概念来思考关于穿越空间导航的诗学。而且，如果说计算机空间的主要特征是可导航性，我们需要从理论上确认这一特征。

我们可以从一些经典的可导航计算机空间开始论述。1978 年，由尼古拉斯·尼葛洛庞帝（Nicholas Negroponte）领衔的麻省理工学院的建筑机械小组（这一研究小组后来扩展成为麻省理工学院媒体实验室）开发的《阿斯彭电影地图》(Aspen Movie Map)项目是公认的第一个交互式虚拟可导航空间，并且也是第一个公开发布的超媒体程序。在这一程序中，用户可以"驱车"穿越科罗拉多州的阿斯彭市。每到一个路口，用户都可以使用操纵杆选择新的前进方向。在这个应用程序的制作过程中，麻省理工学院的研究团队驱车穿越阿斯彭，每隔三米拍摄一张照片，然后将照片储存在一组影像光盘中。根据操纵杆传递的信息，屏幕上会呈现出相应的影像或影像段落。《阿斯彭电影地图》受到以色列突击队使用的实物模型的启发。以色列突击队曾将这一模型用于 1973 年解救恩德培机场人质行动的突袭训练中。《阿斯彭电影地图》也是一个模拟器，其导航过程模拟了驾驶汽车的真实体验（虽然仍有种种限制）。[①] 同时，《阿斯彭电影地图》

[①] Stewart Brand, *The Media Lab* (New York: Penguin Books, 1988), 141.

的现实主义也开启了一套全新的审美可能。然而遗憾的是，后来的可导航空间设计师们并没有做出进一步探索。他们仍然使用交互式三维计算机图形来创建空间。《阿斯彭电影地图》的不同之处在于，设计师使用的是一组摄影影像。此外，由于影像是每隔三米拍摄的，最后的结果是一份有趣的对三维空间的采样。虽然到了 20 世纪 90 年代，苹果公司的 QuickTime 虚拟现实技术使得这一技术具有了可行性，但是以照片或真实空间视频为基础来创建大型虚拟空间的想法，再也没有得到进一步系统性的尝试，尽管它展现了一种三维计算机图形所无法提供的、独特的审美可能性。

邵志飞的作品《可读的城市》(1988～1991)，也是一个以真实城市为基础的计算机可导航空间，这个作品非常有名，而且带来了深远影响。[①]与《阿斯彭电影地图》一样，《可读的城市》中的导航系统模拟了真实的现实环境，用户通过骑自行车完成导航过程。然而，《可读的城市》中，虚拟空间并没有完全模拟现实世界，而是通过三维字母建立起一个想象的城市。许多可导航空间都是随意选取参数的，而在《可读的城市》(阿姆斯特丹版本和卡尔斯鲁厄版本)中，虚拟空间中的每个值，都是根据真实存在的现实空间测量得出的。虚拟城市中的每个三维字母，都对应着现实城市中的一栋建筑，字母的大小、颜色和位置也根据对应的建筑物特征而得来。通过穿越空间的导航，用户读取到由字母组成的文本，而这些文本援引自描述城市历史的档案文件。通过这种映射，邵志飞强调了，或者用更准确的一个词说，"展现"(stage)了新媒体与整个计算机时代最基本问题之一，即虚拟与真实之间的关系。在其他作品中，邵志飞系统性地"展现"了新媒体的另外几个重要环节，如观众和影像的互动，以及基于计算机呈现内容所具有的离散性。对于《可读的城市》来说，作品本身不仅是一个独特的可导航虚拟空间，也对其他可导航空间做出了注释。它表明，在创建一个与真实的现实空间毫无关联的虚拟空间，以及根据城镇或商场这类真实存在的构造（这也适用于许多商业化的虚拟世界和虚拟现实作品）仿制的空间中间，我们还可以选择第三条路线。在《可读的城

[①] Manuela Abel, ed., *Jeffrey Shaw—A User's Manual* (Karlsruhe, Germany: ZKM, 1997), 127–129.《可读的城市》有三个版本，分别是曼哈顿、阿姆斯特丹和卡尔斯鲁厄。

市》中，关于城市的记忆得以精心的保存，而非迷失在幻觉主义中；而虚拟的呈现内容不仅仅停留在城市的表面，而是对城市深层结构中的遗传密码进行编码。通过这种映射，邵志飞提出了虚拟技术的道德规范。他认为，虚拟至少可以保存它所取代的真实记忆，用一种新的形式编码它的结构（如果不是编码它的光晕的话）。

《可读的城市》是一个里程碑式的作品，它呈现了一个象征性的、而非幻觉主义式的空间。然而，在许多方面，《可读的城市》的视觉外观所反映的是 SGI 工作站默认的实时图形处理能力：笼罩在一片雾气之中的平面阴影形状。Softimage 公司的查尔·戴维斯（Char Davies）和她的开发团队有意识地研究这个问题，他们在交互性模拟现实装置 Osmose（1994～1995）中力图创建一个全然不同的、更具有绘画特征的审美性的可导航空间。[①] 从现代艺术史的角度来看，这个空间并没有什么创新之处。Osmose 只不过使用更柔和、更有气氛的、雷诺阿式的，或者说晚期莫奈式的方法，在环境描绘中使用了半透明的纹理与流动的颗粒，取代了三维计算机图形中常见的硬边、多角形和塞尚式的外观。然而，在三维虚拟世界的语境中，这是一个重要的进展。Osmose 的"软性"审美也体现在，其中十几个"世界"之间的切换是通过电影式的缓慢溶接而实现的。与《阿斯彭电影地图》和《可读的城市》一样，Osmose 的导航也仿照了一种现实生活的经验，那就是潜水。"沉浸者"（immersant）通过呼吸进行导航：吸气使身体上升，呼气使身体下降。根据设计人员的设想，这种装置带来的体验是漂浮，而不是飞行或驾驶，这后来也成为虚拟世界中的一种经典样式。Osmose 导航的另一个重要方面是它的集体参与性。虽然一次只有一个人可以"沉浸"，其他观众可以通过大屏幕上的投影，看到整个穿越虚拟世界的旅程。在另一个相同大小的半透明的屏幕中，观众可以看到"体验者"身体姿态的轮廓。因此，在某种意义上，"沉浸者"成为一位船长，带领观众一起踏上旅程，同时，"沉浸者"也像船长一样，占据了一个显眼的且具有标志性的位置，负责保证观众的审美体验。

[①] http://www.softimage.com/Projects/Osmose/.

陶马什·瓦利茨基的《森林》(1993)将虚拟摄影机从模拟人类现有导航方式（例如行走、开车、骑自行车、潜水等）的束缚中解放出来。《森林》以一系列复杂而忧郁的动作，在无穷无尽的黑白森林中滑行。如果说以音乐短片为代表的现代视觉文化可以视为电影中风格主义的舞台——日臻完美的摄影技术、场面调度和剪辑技术都在其中自觉地展示和炫耀自己，那么瓦利茨基的电影对于早已远去的经典时期电影做出了另一种回应。在这种元电影中，摄影机不再仅仅是电影器材的一部分，而是成为主角（在这方面，我们可以把瓦利茨基的代表作《森林》与另一部元电影《持摄影机的人》联系起来）。初看上去，摄影机运动的逻辑可以看作一个人试图从森林中逃出的行为（在现实中，影片只是一遍又一遍地重复一幅照片中的一棵树）。与奎氏兄弟（Brothers Quay）的一些动画片如《鳄鱼街》(*The Street of Crocodiles*)一样，《森林》中的虚拟摄影机既没有模拟自然化的感知，也没有遵循电影镜头的标准语法。相反，它建立起自己独特的体系。在《鳄鱼街》中，摄影机可以突然起飞，在影像平面的上方快速地平行运动，就好像安装在某种机械臂上一样，它也会突然停下来拍摄空间中的某个角落。这些运动的逻辑完全是非人化的，更像是外星生物的视野。《森林》的摄影与此不同，在《森林》中摄影机从未停止，整部影片呈现为一个不间断的摄影机运动轨迹。《森林》中的摄影体系可以理解为对计算机空间模糊性本质的一个注解：一方面，虽然计算机空间没有一一对应于物理现实或人类身体，但计算机空间是均质的。人类空间中，身体的垂直方向和地平线的方向是两个主要维度，计算机空间与此相反，它不强调任何特定的轴线。从这一角度看，埃尔·李西茨基的作品《普朗》(*Prouns*)系列和卡济米尔·马列维奇（Kazimir Malevich）的至上主义（suprematist）构图——一个不受任何地球引力或人体重量限制的抽象宇宙。（从这种意义来看，《空间大战》游戏中对于引力的模拟真是一步错棋！）。威廉·吉布森在小说中用"矩阵"(matrix)这一术语来指代赛博空间，这一点很好地把握了空间的均质特征。但是，在另一方面，计算机空间也是人类居民的空间，一个可供用户使用和穿越的空间，用户带来了人类知识框架中的水平维度和垂直维度。《森林》中的摄像体系强调了计算机空间的这种双重性。虽然没有人物或角色出现在影片中，我们也没有看见地面或者天空，整个空间围绕着一个人类主体的替身———一棵树而展开。整个电影中，摄影机沿着垂直维度持续不断运动，时而越来越接近我们想象中地平面的位置，时而又向天空（同样，天空从来没有被真正地呈现出来）运动。这种运动既有水平面所具备的地平线维度，又有人类身体所具备的垂直维度和水平维度，它可以被解释为一种试图在均质空间和人类的人类学空间（human anthropology）之间进行协调的尝试。因此，《森林》中的可导航空间在人类主体性和计算机"他者"之间进行了调解——在我们这个时代，计算机逻辑所具备的差异性和异化，已经构成了一个无所不在的终极"他者"。

到目前为止，我们讨论的所有作品都与创建可导航虚拟空间相关，而乔治·莱格拉迪的交互式计算机装置《过渡空间》（Transitional Spaces, 1999）则从虚拟世界回到现实世界之中。莱格拉迪找到了一个现实中存在的可导航建筑空间（位于慕尼黑的西门子总部大楼），使之成为控制三个电影放映的"发动机"。当公司员工和访客进入大楼主入口，然后穿过次级入口或出口通道时，他们的动作被摄影机拍摄下来并用于控制放映。莱格拉迪在装置阐述中写道：

> 空间中的速度、位置、时间和个体的数量决定了投影段落的顺序和时间长度，因此，观众获得了在系统中"玩一把"的机会——他们有意识地与摄影机的感测互动，以控制装置的叙述流。
>
> 这三个投影都对"过渡空间"和叙述发展的观念做出说明。影像段落会呈现出过渡的状态：从有噪点到清晰，从空白到充满，从开放到闭合，从黑暗到明亮，从失焦到对焦。[1]

莱格拉迪的装置进一步探索了可导航空间"字母表"构成的"词汇"，发现了一个新的元素——从一个状态到另一个状态过渡的"词汇"。并

---

[1] George Legrady, *Transitional Spaces* (Munich: Siemens Kultur Programm, 1999), 5.

（这个字母表中的其他元素包括：运动轨迹的特征；用户运动的样式，例如，《毁灭战士》中快速的几何运动、《神秘岛》中的漫游；用户与空间之间的交互，例如，在瓦利茨基的《花园》[1992]中，人物角色扮演了透视的中心；空间本身的架构。）我在前文中引用了巴尔对叙述的定义，对于新媒体而言，这个定义就显得捉襟见肘。莱格拉迪引用了由文学理论家茨维坦·托多罗夫提出的另一个更广泛的定义。托多罗夫认为最小化叙述涉及从"一个均衡到另一个均衡"的过程（或者换一种说法，从一个状态到另一个状态）。莱格拉迪的装置表明，事物的运动可以看作从空间中一个"稳定"的点到另一个点的运动（例如，人从大厅移动到一座楼里，再移动到一间办公室），这种移动就像叙述一样。同理，一个新媒体对象从一个状态到另一个状态的转变也可以理解为一个最小化叙述（例如，从有噪点图像到无噪点图像）。对于我来说，第二个类比比第一个更成问题。因为，与文学叙述相比，很难说究竟是什么构成了新媒体对象的"平衡状态"。然而，我们并不是要得出结论说莱格拉迪的装置并没有真正形成叙述，而是应该认识到，在新媒体艺术家对于新媒体叙述所需的最简条件的探索实验中，这是一个重要的案例。

从《阿斯彭电影地图》到《森林》，前文提到的每个计算机空间都建立起了一套独特的美学。但绝大多数可导航虚拟空间都是在模拟真实存在的现实，并没有提出一以贯之的美学程序。可导航空间的设计师是否可以运用某些艺术传统和理论传统，使这些空间变得更加有趣呢？很明显，现代建筑是个很好的例子。从梅尔尼科夫（Melnikov）、勒·柯布西耶（Le Corbusier）和弗兰克·劳埃德·赖特（Frank Lloyd Wright）到建筑电讯派（Archigram）小组和伯纳德·屈米（Bernard Tschumi），现代建筑师们已经制定出各式各样的设计方案，对空间进行结构化和概念化处理，用户可以在其中导航。比如，梅尔尼科夫设计的1925年巴黎世博会的苏联馆、勒·柯布西耶设计的萨伏伊别墅、建筑电讯派的"行走的城市"项目和屈米设计的拉维列特公园。① "建筑纸模型"（paper architecture）流派是一

---

① 从基于计算机的虚拟空间角度探讨建筑电讯派的著作，见 Hans-Peter Schwarz, *Media-Art-History: Media Museum* (Munich: Prestel, 1997), 74–76。

个更有代表性的案例，因为这些设计图纸并没有打算真正付诸实践，因此设计师不会拘泥于材料、重力和预算的限制。① 另一个高度相关的案例是电影架构（film architecture）。② 根据"文化交互界面的语言"一节中的论述，计算机空间的交互界面使用了模拟摄影机，而模拟摄影机模拟的是胶片摄影机，而不是人类的视觉。毕竟，电影架构是为胶片摄影机的导航和探索所设计的。

除了各类建筑传统，可导航空间的设计师也在现代艺术中找到了大量相关理念。例如，他们认为位于艺术和建筑之间的现代艺术家的作品，例如建筑纸模型项目，体现了天马行空的空间化想象，而且不受实用性和预算的局限。这些作品包括让·杜布菲（Jean Dubuffet）作品中变形的世界、亚历山大·考尔德（Alexander Calder）的动态雕塑、罗伯特·史密森（Robert Smithson）的大地艺术作品、珍妮·霍尔泽（Jenny Holzer）的一系列充满运动文字的空间。虽然许多现代艺术家致力于在现实空间中创造三维结构，也有许多艺术家满足于描绘虚拟世界的图景：例如乔治·德基里科（Giorgio de Chirico）的忧郁的城市图景、伊夫·唐吉（Yves Tanguy）充满各种生物形态的世界、阿尔贝托·贾科梅蒂精简的线框结构雕塑，以及安塞姆·基弗（Anselm Kiefer）作品中的存在主义景观。现代绘画为我们提供了大量富有想象力的空间（这些空间既有抽象的也有具象的），与虚拟可导航空间的设计有两种密切联系。第一，新媒体与绘画相似，也是通过一个矩形框被人们所感知，而虚拟建筑师可以研究画家如何在矩形空间的约束下进行空间的组织建构。第二，一类我称之为"空间-媒介传统"派的现代画家认为，空间是一个均质的、密集的场域，其组成元素都是同样的"材料"——这与建筑师的工作形成了鲜明的对比，建筑师总是将建成结构与空白空间进行一分为二的处理。未来的虚拟空间接受了与物体实质与物间空白之间的二分法（Osmose 是个例外），在物

---

① 见 *Visionary Architects: Boullee, Ledoux, Lequeu* (Houston: University of St. Thomas, 1968); Heinrich Klotz, ed., *Paper Architecture: New Projects from the Soviet Union* (Frankfurt: Deutsches Architekturmuseum, 1988).

② 见 Dietrich Neumann, ed., *Film Architecture: Set Designs from Metropolis to Blade Runner* (Munich: Prestel, 1996).

质结构的层面，虚拟空间本质上与现代画家，例如马塔（Matta）、贾科梅蒂、波洛克的一元本体论有着内在的联系，因为他们作品中所有内容都是由相同的材料构成的——在外观的层面，都由像素构成；在三维具象的层面，都由多边形或三维像素构成。因此，与建筑结构相比，虚拟计算机空间的结构更接近现代绘画，而不是建筑。

除了绘画，还有一种与可导航虚拟空间设计密切相关的现代艺术种类——装置艺术。在新媒体的语境中，许多装置作品都可以看作密集的多媒体信息空间，将图片、视频、文本、图形和三维元素整合到同一个空间布局之中。许多装置都赋予观众自主权，让观众决定"信息存取"的排序。其中最知名的装置艺术家之一伊利亚·卡巴科夫（Ilya Kabakov），阐述了一套建构观众在空间中导航的方法。[1] 卡巴科夫认为，许多装置中"观众是完全自由的，因为观众和装置所处的空间与装置本身保持着各自的独立性"。[2] 为了与此做出区别，卡巴科夫在博物馆或展览的空间中另辟一个独立、封闭的空间，精心设计空间的大小、颜色和照明，力图将观众完全"沉浸"在装置作品中，他把这类装置称为"总体装置"（total installation）。

对于卡巴科夫而言，"总体"装置具有双重身份。一方面，它属于造型艺术，供观看者在静止不动的状态下欣赏，就像绘画、雕塑、建筑那样；另一方面，它也属于时间艺术，如戏剧和电影。这种看法同样适用于可导航虚拟空间。卡巴科夫还有一个直接用于虚拟空间设计的概念，他对装置的空间结构及其戏剧性之间进行区分，这里的戏剧性，指的是观众穿过装置的行动所创建的时空结构。[3] 卡巴科夫的剧场论（dramaturgy）策略是指，将一个装置的总体空间分成两个或多个相互联系的空间，他精心设计一条穿越空间的路径，这既不影响观众自行探索，又可以有效防止观众在空间中迷路或者感到无聊。为了设计这样的路径，卡巴科夫在装置中建造了各种各样的走廊和出人意料的出口；他还在某些奇怪的地方放置物

---

[1] Ilya Kabakov, *On the "Total Installation"* (Bonn: Cantz Verlag, 1995).
[2] Ibid., 125. 本句和下一句是我对于卡巴科夫俄语原文的翻译。
[3] Ibid., 200.

体来阻挡通道。"总体装置"的另一个策略是选用特定的叙述,叙述过程甚至叙述本身都会形成空间化的趋势。围绕着主要事件发生的叙述会成为装置的中心:"(装置的)开始部分通往(叙述的)主要事件,而装置的最后一部分位于主要事件发生之后。"另一个策略是将文本放置在装置空间中,文字引导了观众的注意力,为观众的行进导航。例如,在空间中的特定地点放置两到三页的文本,这会在整体的导航节奏中形成有意的停顿。[1] 另外,卡巴科夫"引导"观众的注意力,使得观众时而聚焦装置的具体细节,时而关注装置的整体。对于这两种不同的空间注意力(我们可以联系到李格尔及其他理论家提出的触觉感知和视觉感知),他做了如下描述:"一种是空间中漫无目的、总体的(俄语为 summarnaia)的探寻定位;另一种是主动、目标精准地'领会'局部的、微小的、意料之外的内容。"[2]

所有这些策略可以直接应用到虚拟可导航空间(以及交互式多媒体)的设计之中。特别要指出的是,在观众观看作品时,卡巴科夫的确成功地引导了观众仔细阅读装置作品中出现的大量文本——这一点对于新媒体设计师而言,一直都是个挑战。卡巴科夫非常关注观众的注意力,以及观众看到不同事物时产生的不同反应:"观众穿过装置作品的运动过程中产生的反应才是设计师的主要关注点……失去了观众的注意力,装置作品也就结束了。"[3] 对于新媒体设计师而言,关注观众是非常重要的,他们不是在设计一个作品,而是在设计观众在时空中的经验。

我特意使用"策略"(strategy)这个词来指代卡巴科夫的方法,这个词让人联想起米歇尔·德塞都在《日常生活的实践》(*The Practice of Everyday Life*)中使用的术语。卡巴科夫使用"策略"将空间、时间、经验和意义交织成一个整体矩阵,对观众产生影响;而观众也进一步使用具体的"手段"(tactics,这是德塞都实际在《日常生活的实践》中使用的词),在这个矩阵中创建自己的行动轨迹。如果说卡巴科夫是可导航空间

---

[1] Ibid., 200–208.

[2] Ibid., 162.

[3] Ibid., 162.

最有成就的建筑师，那么德塞都很可能就是可导航空间建筑师们最好的理论家。像卡巴科夫一样，德赛都从来没有直接接触过计算机媒体，但《日常生活的实践》中的许多观点都直接适用于新媒体。德赛都认为，用户使用各种"手段"在别人设计的空间中创建自己特定的导航路线（这既是一种隐喻的说法，也在空间手段上真实发生），这种思考方式有助于探索计算机用户在计算机空间（这些空间也不是用户设计的）中的导航。

虽然各种轨迹中包含了既定语言（电视、报纸、各种秩序的集合）的词汇，虽然各种轨迹也服从于特定的语法形式（时刻表的时间模式、空间的集合顺序等），但不同轨迹勾勒出了不同人群的兴趣与欲望，而发展出这些轨迹的整体系统既不能决定这些轨迹，也无法捕捉这些轨迹。①

导航员与探险家

为什么可导航空间在新媒体中如此流行？这一形式的历史渊源是什么？有什么先例？

1863 年，夏尔·波德莱尔（Charles Baudelaire）在一篇著名的文章《现代生活的画家》（The Painter of Modern Life）中，描绘出一个全新的现代都市男性形象——漫游者（flâneur）。②（近年来，视觉文化、电影理论、文化史以及赛博文化领域的诸多著作中出现了大量的漫游者形象，我在此再次启用这个形象，以新的方式进行诠释。）漫游者通常无名无姓，他们四处观察，穿过巴黎熙熙攘攘的人群，在心里即时记录又随即抹除路人的面孔和形象。他的目光不时地与路过女性的目光相遇，在一瞬间与她发生一场虚拟的风流韵事，又很快地背叛她，接着与下一个路过女性的目光再相遇。漫游者最擅长的事情，就是在人群中穿梭。波德莱尔写道：

---

① De Certeau, *The Practice of Everyday Life*, xviii.
② Charles Baudelaire, "The Painter of Modern Life," in *My Heart Laid Bare and Other Prose Writings* (London: Soho Book Company, 1986).

"对于理想的旁观者,即热情洋溢的观察者来说,寄身于数字之中,栖身于起伏和运动、稍纵即逝和恒久不变之中,这是一个巨大的愉悦……远离家乡,四海为家,但又好像从未远离;注视世界,身在其中,但仍然绝世独立。"这里隐藏着可导航虚拟空间的理论,我们可以用本雅明的理论来阐明。本雅明认为,漫游者的导航行为改造了城市空间:"人群就像是一层面纱,通过人群,熟悉的城市就像一场千变万化的魅影秀,引诱着漫游者。在人群中,城市成了一道风景,一个房间。"[1]因此,可导航空间是一个主观化的空间,其结构呼应着主体的运动和情感。当漫游者穿越现实中的城市时,这种主观化的改造只发生在漫游者的感知中、在漫游者穿越虚拟空间的导航中,空间可以真正发生改变,成为折射用户主体性的一面镜子。瓦利茨基的《花园》,以及普罗亚斯(Proyas)的商业片《移魂都市》(Dark City,1998),都按照这一原则建立了虚拟空间。

在欧洲传统中,漫游者的主体性是由其自身与某个群体的互动所确定的,这个群体可能只是一群陌生人。过去小规模的传统社会(礼俗社会)中那种联系紧密的社区,被现代社会(法理社会)中的匿名关联所取代。[2]漫游者的行为可以解读为对这一历史转变的回应。漫游者试图通过将自己置于匿名的人群中,来弥补自己与群体之间所缺失的密切关系。因此,这个例子说明了从礼俗社会向法理社会的历史转变,漫游者只有身处陌生人之中才觉得舒适自在,这实际是实现现代化所付出的心理代价。本质上看,漫游者的主体性是主体间性,是漫游者与他人之间的眼神的短暂交流。

19世纪美国作家的小说,例如詹姆斯·费尼莫尔·库柏(James Fenimore Cooper,1789～1851)和马克·吐温(Mark Twain,1835～1910)的作品,描绘了另一番关于穿越空间的导航及主体性的景象。库珀小说的主人公,别名"皮袜子"的野外侦查员纳蒂·邦波在大自然的空间中导

---

[1] Walter Benjamin, "Paris, Capital of the Nineteenth Century," in *Reflections* (New York: Schocken Books, 1986), 156.
[2] 礼俗社会(Gemeinschaft)和法理社会(Gesellshaft)的区别见斐迪南·滕尼斯的《共同体与社会》(*Community and Society*)。

航。同样，马克·吐温的《哈克贝利·费恩历险记》(Huckleberry Finn)中，故事围绕着两个主人公男孩沿密西西比河的一路航行而展开。与巴黎漫游者所处的密集城市人群的环境不同，美国小说中的主人公远离城市，置身荒野，四海为家。他们穿越森林，跨过河流，克服险阻，英勇斗敌。在这里，主体性是在主体与自然、主体与敌人之间的冲突中形成的，而不是在某个群组内的人际关系中而形成的。这种结构在西部片以及西部片的主人公身上得到了最极致的体现。西部片是一种独特的美式产物，西部片中的主人公——牛仔，是孤独的探险家，他们偶尔会在小镇上出现，只是为了小酌一杯。对于漫游者而言，小镇就是家；而对于牛仔来说，小镇不仅不能提供家的概念，而且是一个充满敌意的地方——这里充满冲突，一场不可避免的对决最终将爆发。

漫游者和探险家在不同于新媒体用户的主体位置上，或不同的显型中找到了自己的表达。媒体理论家、社会活动人士希尔特·罗文客（Geert Lovink）这样描绘当下新媒体用户和网络冲浪者的形象——"数据花花公子"（the Data Dandy）。虽然罗文客引用的是奥斯卡·王尔德（Oscar Wilde），而非波德莱尔发明的说法，但"数据花花公子"表现出的行为，也符合"数据漫游者"（Data Flâneur）的称谓。"网络对于电子世界的花花公子们而言，就像是大都市的街道对于花花公子一样。"[①] 数据花花公子是绝对的唯美主义者，他们乐于向其他网络用户披露自己的隐私，以及一系列毫不相关的数据集。"这些新式的花花公子，置身于最好物件和最没有意义的小玩意之中，他们脱离了'信息=金钱'的时间经济的管制……大街上匿名的人群可以看作曾经大街上花花公子的观众，同样，登录的网络用户就是数据花花公子的观众。"[②]"数据花花公子"虽然看起来非常时髦，但他并不想居于众人之上。他们更像波德莱尔笔下的漫游者——想要在大众中隐匿自己，在大众媒体的符号、主题和趋势的各种语义向量中随波逐流。罗文客指出，数据花花公子"只能以无主体的身份在网络规则中生存。在分化的时代，独具一格意味着什么？……数据时尚生而叛逆，

---

① Adilkno, *The Media Archive* (Brooklyn, New York: Autonomedia, 1998), 99.
② Ibid., 100.

自我流放为自身的亚文化。"① 虽然罗文客认为数据花花公子仅仅存在于数据空间之中（"古龙香水和粉红色的丝袜已经被珍贵的英特尔处理器所取代"），但数据花花公子确实具有独特的着装风格。这类着装风格在 20 世纪 90 年代的新媒体艺术家中非常流行，没有标签，没有明显的设计，没有鲜艳的色彩和奢华的造型——无身份被标榜为一种风格，而且这种无身份其实也是被精心设计和建构的（这些都是 1997 年的时候，我在柏林与俄罗斯网络艺术家阿列克谢·舒利戈尔金［Alexei Shulgin］购物时了解到的）。20 世纪 90 年代，将这种风格发挥得最好的设计品牌包括雨果博斯和普拉达。他们所具有的内敛的、无风格的风格，与范思哲（Versace）和古奇（Gucci）的繁复形成了强烈对比，后者是 20 世纪 80 年代——过剩时代的明星。这种无身份的全新风格正好呼应了网络的兴起，网络中有无穷无尽的邮件组、新闻组和网站，有各种各样虚幻的主题、影像或观点，"在网络上，大规模出现的只有信息本身……今天的一个新主题，明天就可以构成 23 个新闻组"。②

网络冲浪者们不断地在邮件组和新闻组中发帖，积累无穷无尽的资料，他们就像是波德莱尔笔下漫游者的现代化身。而穿越虚拟空间导航的用户扮演了库珀或马克·吐温小说中的人物——19 世纪探险家的角色。这一点对于计算机游戏中的可导航空间尤其适用。空间探索类游戏逐渐占据主导地位，再次印证了经典美国神话——个人在空间变化中逐渐发现自己的身份，塑造起自己的人格。与此相对应的是，在许多美国小说和短篇故事（比如，欧·亨利［O. Henry］、海明威［Hemingway］的作品）中，叙述是由外部空间中的人物行为所驱动的。相比之下，19 世纪的欧洲小说没有在物理空间中的大量行为，因为许多行动发生在心理空间。从这个角度看，大多数计算机游戏所遵循的是美式叙述逻辑，而不是欧式叙述逻辑：主人公一开始是不成熟的，其心理状况也没有完全表现出来。但随着这些主人公穿越空间，击败敌人，获取资源，而且更重要的是，获取技能，他们逐渐"塑造出性格"。这在角色扮演游戏中表现

---

① Ibid.
② Ibid.

得尤为明显，整个故事就是一个自我完善过程。还有一类游戏（动作游戏、冒险游戏、模拟器游戏）也有类似的特征，用户可以自行操控游戏角色（《毁灭战士》《超级马里奥》《古墓丽影》）。随着游戏角色在游戏中的发展，玩家逐渐获得新的技能和知识——比如，在《毁灭战士》中学会了以智取胜，打败潜伏在各个关卡中的怪物；在《古墓丽影》中，用几个短踢就可以打败敌人；在《超级马里奥》中，解开游戏世界中千奇百怪的机关秘密，等等。①

在穿越空间的行为中塑造人物性格，这是美国边疆神话一个主题。另一个主题是探索和"开发"未知空间，这在计算机游戏的结构中也有所体现。游戏的开场往往是一个巨大而未知空间。在游戏过程中，玩家一步步探索这个空间，摸清整个地形，解开其中的秘密。有的游戏分成一个个独立的关卡，如《毁灭战士》，玩家需要系统地探索出一个关卡中的所有空间，然后才可以进入下一关。有的游戏发生在一片广袤的疆域上，游戏玩法是一步一步探索，逐渐开拓出这片疆域上更广阔的领域（例如《冒险》[Adventure]，《魔兽争霸》）。

虽然我在本节集中探讨的是空间导航的本义，即，穿越三维虚拟空间的运动，但这个概念也是新媒体概念化过程中的一个非常重要的比喻。从20世纪80年代赛博空间的概念，到20世纪90年代的软件，如网景公司的导航员浏览器，计算机化的数据和媒体的交互一直是以空间角度来构建的。计算机科学家也采用了这种比喻：他们使用"导航"一词来指称组织和访问超媒体的不同方法，即使三维虚拟空间交互界面根本不是最常用的方法。例如，彼得·格罗（Peter Gloor）在《超媒体设计元素》(*Elements of Hypermedia Design*) 一书中列出了"在数据空间导航的七项设计概念"：链接、搜索、排序、层级、相似性、绘图、指南和代理。② 因此，"互联网中的导航"包括使用超链接，使用网站提供的菜单，以及使用搜索引擎。如果我们接受这个空间隐喻的话，无论是19世纪欧洲的漫游者

---

① 这种关于成熟的叙述也可以被看作是一种特殊的成年礼（initiation ceremony），每个人类社会都有其传统的成年礼。
② Peter Gloor, *Elements of Hypermedia Design* (Boston: Birkhäuser, 1997).

还是美国的探险家，都会在网上冲浪者身上发现自己的身影。我们甚至可以用两个最流行的网页浏览器名称对应两种历史形象：波德莱尔的漫游者对应了导航员（网景公司开发的浏览器）；库珀、马克·吐温和海明威小说中的探险家对应了网络探险家（Internet Explorer，即微软公司开发的浏览器，俗称IE浏览器）。当然，虽然名字不同，这两款浏览器在功能上是非常相似的。然而，由于两种浏览器都聚焦于单一用户在网站中的导航体验，并不关注多人的共同体验，如新闻组、邮件组、文字聊天，以及IRC聊天，我们可以说，在探险家和漫游者之间，浏览器更侧重于探险家，即一个用户，而不是一群人（即使这群人互不相识），在一个未知的领域中进行导航。随着软件解决方案的发展，网络导航变得越来越像社交体验，例如，远程用户们被允许在同时浏览同一网站，用户们可以看到谁已经访问过某个特定文档。然而，在"无历史记录"的数据中进行个人化导航，仍然是20世纪90年代末的常态。

"电影眼"与模拟器

前文提出了两条历史发展轨迹：一条是从漫游者到网上冲浪者的发展轨迹，另一条是从19世纪美国探险家到可导航虚拟空间探索者的发展轨迹。在这里，我们还能构建第三条轨迹：从巴黎漫游到可导航计算机空间的发展轨迹。在《橱窗购物：电影与后现代》（*Window Shopping: Cinema and the Postmodern*）中，电影史学家安妮·弗里德伯格提出了一种感知模式的考古学，她认为这种感知模式是现代电影式文化、远视的（televisual）文化及赛博文化的特征。她把这种模式称为"运动的虚拟凝视"（mobilized virtual gaze）。① 这种凝视中包含两个条件："通过再现引发的感知"，以及穿越"想象性的地点和想象性时间的一次虚拟漫游"。② 据弗里德伯格的考古学研究，这一感知模式的出现，伴随着19世纪一项新的虚拟呈现技术——摄影的出现，并与旅游业、都市购物、城市漫游中

---

① Friedberg, *Window Shopping*, 2.
② Ibid.

运动的凝视融为一体。① 可以发现，弗里德伯格将波德莱尔的漫游者与一系列现代行为联系起来："漫游者穿过拱廊，穿过人行道，他们鞋履越磨越薄，在同样的欲望驱使下，顾客在百货商店漫步购物，旅游者四处观看展览，观众来到全景画博物馆、西洋景、蜡像馆和电影院。"② 在19世纪的各种主体形象中，漫游者脱颖而出，因为这个形象最强烈地体现了将感知与空间运动结合起来的愿望。为了实现"运动的虚拟凝视"，还需要将这种感知进行虚拟化处理，在19世纪的最后十年，电影最终完成了这种虚拟化。

弗里德伯格的论述以远视结束，并没有考虑新媒体；但可导航虚拟空间这一形式非常符合弗里德伯格所论述的历史脉络。无论在计算机游戏、运动模拟器、数据可视化还是三维人机交互界面中，穿越虚拟空间的导航都遵循了"虚拟的运动凝视"逻辑。虚拟漫游者所面对的不是巴黎的街道、商场橱窗和一张张路人面孔，虚拟漫游者穿过的是虚拟街道、虚拟高速公路和数据平台。虚拟漫游者与异性路人目光交接瞬间发产生的电光火石，现在变成定位并打开某个文件或放大观看某个虚拟对象时所带来的兴奋。与波德莱尔的漫游者一样，虚拟漫游者最快乐的时光发生在运动中：使用鼠标一个一个地点击打开不同的对象，从一个游戏房间穿到另一个房间，从一个游戏关卡打到下一个关卡，从一个数据集到另一个数据集。

因此，数据库的形式可以看作"数据库情结"的一种表达方式，一种想要保留和储存一切的非理性欲望。而可导航空间也不仅是一个纯粹的功能性交互界面，它也是一种心理愿望的表达和满足、一种生存状态、一个主体的地位，或者说，一个主体的发展轨迹。现代社会的主体可以在一幅绘画（后来还有电影影像）的静态构图中，体味到稳定和平衡，从而从现实世界的纷扰中寻觅一处庇护。而信息社会的主体穿梭于无垠的信息旷野，点击鼠标选定某一块小信息，或者在文件系统和网络上选定目标，在这些知识中，他们找到内心的平静和满足。他们不是在以往的形状和颜色的平衡中得到安慰，而是在自主控制多种多样的数据操作中获得满足。

---

① Ibid., 184.
② Ibid., 94.

这是否意味着我们已经走到了弗里德伯格所描述的历史轨迹的尽头？尽管一直以来，漫游者都在计算机文化中享有特殊地位，但现在它已经是明日黄花了。在这里，我们可以把漫游者与图形用户交互界面的历史做一个类比。20 世纪 70 年代，施乐帕克中心开发出了图形用户交互界面。在 20 世纪 80 年代初，苹果公司实现了图形用户交互界面的商业化。一般而言，用户的硬盘中会有几十个或者上百个文件，在这种情况下，图形用户交互界面仍然是适用的。但是在接下来一个阶段中，计算机纷纷联网，用户在网络中会访问数以百万计的文件，图形用户交互界面就显得捉襟见肘。[①]用户不再关注图像化呈现文件和浏览文件的能力，转而采用基于文本的搜索引擎。同样，与早先趋于静态化的数据组织和存取方法（静态图像、文本、目录、图书馆）相比，弗里德伯格提出的"运动的虚拟凝视"是一个重大的进步，然而到了信息时代，它的"带宽"显得十分有限。更重要的是，穿越物理空间运动的模拟，击败了计算机的数据存取和操纵能力。因此，对于虚拟漫游者而言，计算机中的搜索、分割、超链接、可视化和数据挖掘等操作，比穿越模拟物理空间的导航更能满足需求。

在 20 世纪 20 年代，吉加·维尔托夫已经很好地理解了这一点。从波德莱尔的漫游者，到《阿斯彭电影地图》，到《毁灭战士》游戏，再到其他 VRML 所建构的空间，在这一历史发展的脉络中，《持摄影机的人》占据着重要的一环。《持摄影机的人》的重要性，不仅是因为影片围绕着摄影机对城市空间的积极探索，也不仅是因为影片对于摄影机运动特性的痴迷。维尔托夫想要通过空间来突破人类视觉和人类运动的极限，从而实现更加有效的数据存取方式。但是，他所使用的数据都是原汁原味的现实图景，而不是对现实进行数字化、以数字的形式存储在计算机中的数据。同样，他使用的交互界面是摄影机，是对人类视觉的拟人化模拟，而不是计算机算法。因此，维尔托夫介于波德莱尔的"漫游者"和今天的计算机用户之间：他不再仅仅是一个走在街上的路人，但也尚未成为吉布森所

[①] 见 Don Gentner and Jakob Nielson, "The Anti-Mac Interface," *Communications of the ACM* 39, no. 8 (August 1996): 70–82. Available online at http://www.acm.org/cacm/AUG96/ antimac.htm.

谓的利用数据挖掘运算程序而实现的纯数字化"数据牛仔"。

在研究哪些对象可以成为"'电影眼'交互界面"的过程中，维尔托夫系统地尝试了不同的方法，来突破他所认为的人类视觉的极限。比如将摄影机架在高楼顶上，或者架在行驶的汽车上；使用升格拍摄或降格拍摄；在时间和空间上将大量影像叠加在一起（时间蒙太奇和单一镜头内部的蒙太奇）。《持摄影机的人》不仅是一个展现 20 世纪 20 年代城市生活的数据库、一个集合了各类电影技术的数据库和一个呈现视觉认识论全新操作手段的数据库，更是一个包含了各种各样全新交互界面操作的数据库，这些交互界面操作力图在穿越物理空间的简单导航行为之上，实现更进一步的发展。

从 19 世纪城市的导航空间到虚拟的可导航计算机空间，历史发展的脉络中，除了《持摄影机的人》以外，另一个关键的节点是飞行模拟器的发明。在维尔托夫研究电影的同时，年轻的美国工程师 E. A. 林克（E. A. Link）研发出第一台商业飞行模拟器。值得我们注意的是，1930 年，林克为模拟器申请了专利，称这一模拟器是"飞行员训练与娱乐设备的结合"。① 因此，飞行模拟器技术被运用在 20 世纪 90 年代的消费娱乐中并不是什么后见之明，早在发明之初，它的娱乐功效就被纳入了发明者的设想中。林克的设计是对于飞行员驾驶舱的模拟，其中包含驾驶舱中的所有操控系统。然而，与现代模拟器相比，它没有可视化设备。也就是说，它只是一个运动座椅，并没有供模拟器运动其中的配套场景。20 世纪 60 年代，通过采用新的视频技术，视觉效果加入其中。一台摄影机被安装在运动摇臂上，架设在一个房间大小的机场模型上方。摄影机的运动与模拟器同步，拍摄到的影像传输到驾驶舱的视频监视器上。这种方法虽然实用，但相对受限，因为它还是一个基于物理现实的场景模型。我们在"合成"一节中曾指出，与打造实体建筑相比，使用经过处理的影像是一种更好的模拟手段。在交互式三维计算机图形技术问世后不久，就被研发者用来为模拟器制作视觉效果，一切都那么理所当然。1968 年，伊万·萨瑟兰——

---

① Benjamin Wooley, *Virtual Worlds* (Oxford: Blackwell, 1992), 39, 43.

著名的交互计算机辅助设计（1962年研发的"几何画板"程序）和虚拟现实（1967年）的先驱，成立了一家公司来生产基于计算机的模拟器。在20世纪70年代和80年代，模拟器成为实时三维计算机图形技术的主要应用之一，从而在很大程度上决定了这一技术的发展方向。举例来说，飞行员视角中的某些特定景观成了重要的研究问题，如平原、高山、多云的天空、雾气。[1] 将图形交互用于模拟器的应用，也影响了研究人员对于如何使用这项技术的想象。一个特定的习语由此形成——飞越（flying through）模拟空间环境。

因此，当下计算机文化中最常见的导航形式之一是飞越数据空间，这一历史可以追溯到20世纪70年代的军事模拟器上。这条轨迹从波德莱尔的漫游者在真实街道上漫步，到维尔托夫安装在运动车辆上的摄影机，然后发展到使用模拟器上的虚拟摄影机来代替军事飞行员的视点。冷战的终结（虽然不是唯一的因素）对于军事化的感知方式扩展到总体文化领域发挥了重要作用。直到1990年，伊万和萨瑟兰（Evans and Sutherland）公司、波音公司、洛克希德（Lockheed）公司还在致力于开发百万美元级别的模拟器；但随着军事订单越来越少，他们不得不转而寻找这类技术的消费型应用。20世纪90年代，这些公司把他们昂贵的模拟器转换成街机游戏、运动游乐设施，以及其他各类放置在实体地点的娱乐方式。到了90年代末，伊万和萨瑟兰公司的产品种类包括：用于军事和航空模拟器的图像生成器，用于远程监视的虚拟场景技术，"网络战斗机"（Cyber Fighter）——以联网军事模拟器为基础而研发的联网游戏系统，以及虚拟滑翔器（Virtual Glider）——沉浸式的实体娱乐设备。[2] 随着军事预算的减少及娱乐产业预算的飙升，娱乐业和军方开始共享一些相同的技术，并采用相同的视觉形式。在新媒体中，技术和想象力在军事和民用部门之间的周期性迁移，最生动的例子就是《毁灭战士》。1993年，id software公司开发了《毁灭战争》，该公司在互联网上发布了这款游戏，并将它定位

---

[1] 关于三维计算机图形的历史，详见我的文章"Mapping Space: Perspective, Radar, and Computer Graphics"。

[2] http://www.es.com/product_index.html。

为面向消费者的游戏。后来，这款游戏很快被美国的海军陆战队采用，定制为用于群组作战训练的军事模拟器。① 现在，军方可以放弃百万级预算的模拟器，转而借用售价五十美元的游戏来训练士兵。海军陆战队参与了游戏的改良，后来，海军陆战队专门成立了自己的公司，向市场推出了自己的商业游戏——定制版《毁灭战士》。

说到可导航空间形式的军事起源，必须提及保罗·维利里奥的开创性著作。在 1984 年的巨著《战争与电影》(*War and Cinema*) 中，维利里奥论证了 20 世纪军事文化和电影文化之间的众多相似之处，其中就包括穿越空间的运动摄影机在军事的空中监视和电影的摄影这两方面的使用。② 维利里奥进一步论述道，空间是 19 世纪的主要范畴，而时间是 20 世纪的主要范畴。前文中曾经提到过，对于维利里奥来说，远程通信技术消除了空间范畴，因为远程通信可以让人类轻松到达地球上的任意一个点——至少在理论上。这种技术也带来了实时政治，重大事件以光速传达，要求政治家们做出即时回应。最终而言，这种实时政治需要极高的效率，只能通过计算机彼此响应而快速完成，而不需人为干预。从后冷战的角度来看，维利里奥的理论可以作为另一个证明想象力正在从军事转移到民用部门的例子。在这种情况下，两个超级大国之间通过冷战核制衡，可以在任何时间打击地球的任意地点，这种技术-政治可以看作文化发展的一个全新阶段——实时对于空间的胜利。

虽然维利里奥没有讨论计算机交互界面，但他论述的逻辑表明，实时政治文化中，理想的计算机交互界面，也许会类似于库布里克导演的《奇爱博士》(*Dr. Strangelove or: How I Learned to Stop Worrying and Love the Bomb*, 1964) 中的作战室——将军和飞行员之间直接通讯而发号施令；也许会像 DOS 命令行——具有军事化的快速命令和响应，但不会发展成 VRML 所建构的，虽然视觉效果惊艳但效率较低的世界。虽然可导航空间既不经济，效率又低，但它仍然在新媒体的各个领域流行开来。我们如

---

① Elizabeth Sikorovsky, "Training Spells Doom for Marines," Federal Computer Week, 15 July 1996, available online at http://www.fcm.com/pubs/fcw/0715/guide.htm.

② Paul Virilio, *War and Cinema* (London: Verso, 1989).

何解释这种流行的原因呢？难道仅仅是文化惰性的结果？亦或 19 世纪的遗产？这是通过在巴黎漫游者的身上叠加抽象数据，赋予计算机空间以人格化特征，最终实现计算机异度空间与人类兼容的方法吗？还是冷战文化的遗迹呢？

虽然所有这些答案都是有意义的，但是把可导航空间看作历史发展的终点，还是不足以让人信服。实际上，它也是一个新的开始。这里讨论的一些计算机空间也指出了可导航空间形式的某些审美可能性，有更多的可能性还体现在现代画家、装置艺术家和建筑师的作品之中。同时，在理论上，可导航空间也代表着一个全新的挑战。我们不仅需要考虑拓扑结构、几何形状和静态空间的逻辑，还需要考虑空间在计算机文化中的新功能——呈现为一条可以供主体穿越的轨迹，而不是呈现为一个区域。但是，计算机文化并不是可导航空间唯一适用的领域。接下来我将简要地讨论另外两个领域——人类学和建筑，我们会发现更多关于"可导航空间的想象"的例子。

法国人类学家马克·奥热（Marc Auge）在《非地方：超现代性的人类学导论》(*Non-places: Introduction to an Anthropology of Supermodernity*) 中提出了这样的假设："超现代性带来了非地方，这意味着某些地方并不是人类学的地方，而且不同于波德莱尔的现代性，这些地方也不属于早先存在的地方。"[1] 地方是人类学家的传统研究对象，它的特点是稳定性，并且为稳定的身份、人际关系和历史提供了支持。[2] 奥热关于地方与空间、地方与非地方的区分，主要来源于米歇尔·德塞都的理论——"对他（德塞都）来说，空间是一个'常见的地方'，是'人类运动的交叉路口'：是行人把一条街道转化为一个地方（城市规划师从几何意义上把街道定义为一个地方）"。空间是由人类的运动形成的关于地方的动作。[3] 因此，从一个角度来看，我们可以把地方理解为文化生产者的产物，而非

---

[1] Marc Auge, *Non-places: Introduction to an Anthropology of Supermodernity*, trans. John Howe (London: Verso, 1995), 78.

[2] Ibid., 53–53.

[3] Ibid., 79–80.

地方是由用户创建的产物。换句话说，非地方是个体穿越某个地方的一条轨迹。从另一个角度看，在超现代性中，传统的地方都被制度化的非地方取代，成为一个暂时性的过渡建筑：连锁酒店与寮屋（squats）、度假俱乐部和难民营、超市、机场和高速公路。非地方成为一种新的常态，一种新的存在方式。

有趣的是，奥热选择使用飞机乘客这一对应着飞行员或者飞行模拟器使用者的形象，来作为超现代性状况的例证。"许多非地方的用户个体与非地方之间存在着契约关系。"这种契约将个人从其他的身份因素中解脱出来。"他所成为的，只不过是他作为乘客、顾客或司机所做或所经历的事情而已。"[①] 奥热总结道："就像人类学意义上的地方创建了有机的社会性一样，非地方创建了孤立的契约性。"这与传统社会学研究的对象完全相反："试想一下对戴高乐机场中转休息室进行涂尔干（Durkheimian）式的社会学理论分析！"[②]

从定义上讲，建筑站在秩序、社会和规则的一边。因此，它和社会学有着呼应关系，因为社会学同样涉及规则、规范和"战略"（德塞都的术语）。然而，对这些建筑基础假设的认识，使得许多当代建筑师把注意力放在用户行为上，这些用户通过他们的"言语行为"，"重新解释这些经由社会文化生产技术组织起来的空间"（德塞都）。[③] 建筑师逐渐接受了这样的观点：使用者的活动将对他们设计的建筑进行修改，而且这些修改成为建筑的重要组成部分。他们还承担起对"戴高乐机场中转休息室进行涂尔干式的社会学理论分析"这一挑战，把大量精力和想象力投注于这类非地方的设计，如机场（伦佐·皮亚诺［Renzo Piano］设计的大阪关西国际机场），火车站（尼古拉斯·格里姆肖［Nicholas Grimshaw］设计的伦敦滑铁卢火车站）和高速公路控制站（渐近线建筑事务所［Asymptote Architecture］设计的洛杉矶西海岸高速入口，又称"钢铁之云"）。[④] 面积

---

① Ibid., 101, 103.
② Ibid., 94.
③ De Certeau, The Practice of Everyday Life, xiv.
④ Jean-Claude Dubost and Jean-François Gonthier, eds., *Architecture for the Future* (Paris: Éditions Pierre Terrail, 1996), 171.

达一百万平方米的欧洲里尔项目（Euralille）可以称得上非地方建筑的终极形式。这一项目重新定义了法国城市里尔，使之成为欧洲大陆和伦敦之间的中转站。该项目吸引了一群最有趣的当代建筑师，雷姆·库哈斯（Rem Koolhaas）做了总体设计规划，让·努维尔（Jean Nouvel）设计建造了欧洲里尔商业中心——该中心包括购物中心、学校、宾馆，以及火车站旁边的公寓。城市中心是海底隧道的入口，这里有连接起欧洲大陆和英国的地下汽车隧道，还有通往里尔、伦敦、布鲁塞尔和巴黎的高速列车站，欧洲里尔是一个最典型的导航空间，一个巨型的非地方。欧洲里尔的居民在火车和汽车上进进出出，就像《毁灭战士》的网络玩家一样，临时居住在行动轨迹所形成的区域中，一个"只是在其中漫游"（罗宾·米勒语）的环境里，"一个物体运动的交叉路口"（德塞都语）。

两个作品：《拓展的虚拟环境》与《地点》

自从游戏《空间大战》（1962）和《计算机空间》（1971）以来，我们已经走过了很长的路——至少在图形发展的方面。与后来的游戏《雷神之锤》（1996）和《虚幻》（1997）中照相现实主义般逼真的渲染效果相比，这些早期计算机游戏中的图像似乎更像马列维奇和蒙德里安的抽象画。这种图形的演进是否伴随着概念上的进化是另外一个话题。艺术家、建筑师、电影工作者、艺术史学家和人类学家提出了大量关于空间的现代观念，与此相比，我们的计算机空间还有很长的路要走。

通常来讲，前进亦是回顾。正如本节所提出的，虚拟空间的设计师通过回顾20世纪的艺术、建筑、电影和其他艺术，联想到了丰富的理念。同样，在最早的计算机空间中，如《空间大战》游戏和《阿斯彭电影地图》中，也包含着许多有待发掘的审美可能性。在本章的最后，我将探讨邵志飞的另外两个作品。与其他新媒体艺术家相比，邵志飞更为系统地借鉴了空间建构与空间呈现的各种文化传统。

弗里德伯格的"虚拟的运动凝视"概念让我们看到了各类技术与空间导航实践（如全景画、电影院和购物）的联系，但它也会导致我们忽略二者的重要区别。相比之下，邵志飞的《拓展的虚拟环境》系列（*Extended Virtual Environment*，1993～）以及《地点：用户手册》（*Place: A User's Manual*，1995）同时关注了各类导航技术的相同点和差异。① 在这些作品中，邵志飞使用了全景画、电影、视频和虚拟现实中的导航方法。但是，他没有把各类技术拆解然后融合，而是将它们"层层"叠放；也就是说，他将一个技术的交互界面附加到另一个技术的交互界面之中。例如，在《拓展的虚拟环境》中，游客置身于一个巨大半球里，这让人想起 19 世纪的全景画体验。位于半球中间的投影仪在半球形的内侧表面投影出矩形图像。通过这种方式，电影的交互界面（由矩形框包围的图像）被放入全景画交互界面（半球形的封闭空间）之中。《地点：用户手册》中呈现的是另一种"层叠"方式：全景画交互界面被置于一个典型的计算机空间交互界面中。用户使用主观视角（这种视角是虚拟现实、计算机游戏和计算机导航空间所特有的）在虚拟景观中进行导航。在虚拟景观中，有十一个带有照片的圆柱体。当用户在这些圆柱体中运动时，他就会切换到全景画式的感知模式中。

邵志飞将不同技术的交互界面并置在一个作品中，强调了观看的独特逻辑、访问空间的方式，以及每种交互界面对应的用户行为特征，实现了有框图像的欣赏传统与"总体"模拟体验（或"沉浸"体验）传统的结合，在前者中，各类呈现方式（绘画、电影、计算机屏幕）与观众共存于一个容纳着观众的物理空间中，而在后者中，观众被模拟空间（全景、虚拟现实）纳入其中。

邵志飞为我们呈现出了另一种历史二分法——它介于屏幕艺术的集体观看和个体观赏之间。集体观看的传统从魔灯秀发展到 20 世纪的电影，个体观赏的传统从电影暗箱、立体视镜、供个人观看的活动电影放映机，发展到头戴式的虚拟现实显示器。两者都各有不足。在第一种传统中，个人的主体性可能会被消解在大众反应之中。在第二种传统中，主体性通过被孤立的主体与客体的交互而建立，但主体间对话的可能就被牺牲了。正

---

① Abel, *Jeffrey Shaw*, 138–139, 142–145.

如我在讨论 Osmose 的时候注意到的那样，在观众与计算机装置互动的案例中，一个全新的现象开始出现，即个体观赏和集体观赏的结合。一个观众与作品的交互行为（经由操纵杆、鼠标或头戴式传感器）本身，也被呈现在了这件作品的剧场中，会成为被其他观众观看的一个新的文本。这会影响到该观众的行为，因为他代表了其他观众的欲望，观众既面向作品，又面向其他观众。

《拓展的虚拟环境》预演了西方整个模拟的历史，它所呈现的恰恰与"柏拉图的洞穴"相反：游客从现实世界进入模拟空间，他们看到的不再仅仅是影子，而是带有增强技术（立体声）的影像，这比普通的感知更加真实。① 同时，《拓展的虚拟环境》中的封闭圆形造型将我们带回到最基本的现代欲望中——构建一个完美的、自给自足的乌托邦，无论是在视觉上（如 19 世纪全景画一般）还是在真实社会中。（举例来说，1917 年，建筑师 G. I. 吉多尼［G. I. Gidoni］设计了一座革命纪念碑，这是一个半透明球体，可以容纳数千名观众。）而且，进入《拓展的虚拟环境》空间参观的游客会发现，他们面对的并不是一个与现实世界毫无关系的模拟世界（例如典型的虚拟现实），《拓展的虚拟环境》中的设备所呈现出的，正是他们留在球体之外的现实。更重要的是，参观者并没有被融入一个集体性的视野（整体艺术［Gesamtkunstwerk］、电影、大众社会），他们面对的是一个主观的、局部的视图。其他参观者看到的，是经由一个戴着头戴式传感器的人通过选择而展示给他们的内容，也就是说，他们实际上受限于这个人的视角。此外，他们看到的不是一个 360 度的视角，而是一个小小的长方形图像——这仅仅是外面世界的一个样本。因此那个头戴传感器的参观者，实际上充当了其他观众的眼睛，同时占据了几个不同的位置——首先，他是主体，为观众决定哪些值得看；其次他（同时）也是客体，成为其他观众与外部现实的交互界面，即其他人的工具；同时，他还集投影仪、光源和反光板三者于一身。

在探讨了新媒体的两个主要形式——数据库和可导航空间之后，我们

---

① 我在这里描述的是 1995 年 5 月在德国卡尔斯鲁厄的"Multimediale 4"展览中展出的《拓展的虚拟环境》。

倾向于将它们在计算机文化中的特殊作用视为一场更大范围文化变革的标志。如使用奥热（Auge）对现代性和超现代性的区分方法，我们可以建立起下面的体系：

（1）现代性——"超现代性"
（2）叙述（＝等级）——数据库、超媒体、网络（＝等级的扁平化）
（3）客体空间——导航空间（穿过空间的轨迹）
（4）静态建筑——"流动建筑"
（5）以几何和拓扑作为文化和社会分析的理论模型——以轨迹、矢量和信息流作为理论范畴①

从以上的比较体系可以看出，数据库和可导航空间这两个"超现代"的形式，对于现代性的形式所产生的影响是互补的。一方面，叙述被"扁平化"到数据库中。一条穿过事件和（或）时间的轨迹成了一个扁平的空间。另一方面，建筑或拓扑结构的扁平空间被处理成叙述，为不同用户形成个性化的轨迹提供了支持。

但是这仅仅是一种可能性。很明显，我们已经离开现代性，进入下一个阶段，而我们仍在寻找合适的称谓来形容这个新阶段。虽然，我们已经想出了"超现代性""跨现代性""第二现代"这些术语，但它们似乎都反映出这个新阶段对旧阶段的延续。20世纪80年代的"后现代主义"概念蕴含着与现代性的决裂，我们现在似乎更愿意把文化历史看作一条穿过单一概念和审美空间的连续性轨迹。经历20世纪之后，我们清楚地知道，"与过去决裂""从零开始""创新"和其他类似的主张所需要付出的人类代价（无论这些主张是涉及美学、道德还是社会制度的）。"新媒体就应该是全新的"的主张就是这类主张中的一个。

连续性轨迹的观念与人类学和现象学更为符合。这就像一个人的身体会以连续的轨迹运动穿过物理空间一样，同样，与其说时代更迭之间存在

---

① See Novak, "Liquid Architectures in Cyberspace."

认识论断裂或范式转变,我更愿意把历史看作一条连续性的轨迹。在 20 世纪 60 年代,米歇尔·福柯和托马斯·库恩提出了这一概念,与我们探讨的以合成、变形、导航空间为例的连续性美学相比,这一理念更适用于爱森斯坦和戈达尔的现代主义蒙太奇美学。①

这些思想家似乎也将自己所处时代的创伤性的共时分裂——即资本主义西方与共产主义东方之间的分裂,投射到历史的历时性层面上。但随着这种分裂在 20 世纪 90 年代的正式(虽然不一定是实际的)结束,我们已经看到,历史如何再一次毅然决然地、以强大而危险的方式实现了连续性。民族主义和宗教的回归,抹除与共产主义政权有关的一切印迹并回到过去(1917 年之前的俄国和 1945 年之前的东欧)的欲望,这些都只不过是该进程中一些更引人注目的迹象。与过去彻底决裂需要付出代价。尽管历史轨迹受到了干扰,但它不断积聚势能,以期在未来使用新的力量来重申自我,冲入无边界的地带,同时粉碎任何在此期间创造的新事物。

在这本书中,我选择了强调新媒体和旧媒体之间的连续性,历史的重复和创新之间的相互作用。我想说明新媒体如何借用了其他媒体(尤其是电影)的传统形式和惯例。文化史就像一条河流,它不能突然改变航向;文化史运动是一条光滑的曲线,而不是将一个个散点连接起来的折线。总之,我想在文化史的空间中建立一系列轨迹,新媒体就位于这条轨迹上,它立足于历史之上,是发展轨迹上的一环。

---

① 另一个属于这种非连续范式的概念是勒内·托姆(René Thom)的突变理论,见 *Structural Stability and Morphogenesis* (Reading, Mass.: W. A. Benjamin, 1975)。

第 六 章

电影是什么

WHAT IS CINEMA?

我们应该在两个走向上思考电影与新媒体的关系。第一个方向是从电影到新媒体，这构成了本书的主干。第一章到第五章使用了电影史和电影理论勾勒出推动新媒体技术发展和风格演变的逻辑。我也追溯了电影语言在新媒体交互界面中的重要作用——这些交互界面既包括传统的人机交互界面（操作系统和软件应用程序的交互界面），也包括所谓的"文化交互界面"，即人类用户与文化数据之间的交互界面。

第二个方向则相反——从计算机到电影。计算机化如何影响了我们对于运动影像的定义？它是否为电影语言提供新的可能性？它会带来电影的新形式吗？最后一章聚焦于以上这些问题。有些部分我在"合成"和"幻觉"部分中有所提及。这一章的主要内容集中阐述计算机生成影像的全新身份，所以，我们也将运动影像纳入了研究中。

在开始讨论之前，我想展示两个列表。第一个列表总结了计算机化（computerization）对电影的影响：

（1）计算机技术在传统电影制作中的使用：

（1.1）三维计算机动画与数字合成。例子：詹姆斯·卡梅隆导演的《泰坦尼克号》，马克·卡罗（Marc Caro）和 J. P. 热内（J. P. Jeunet）执导的《童梦失魂夜》(*The City of Lost Children*，1995）

（1.2）数字绘景。例子：罗伯特·泽米吉斯（Robert Zemeckis）导演的《阿甘正传》(*Forrest Gump*，1994）。

（1.3）虚拟场景。例子：林恩·赫士曼（Lynn Hershman）导演的《孕育阿达》(*Ada*，1997）。

（1.4）虚拟演员与动作捕捉。例子：《泰坦尼克号》。

（2）基于计算机的电影新形式：

（2.1）运动游乐设施（motion ride）与实体线下娱乐（location-based entertainment）[①]。例子：道格拉斯·特朗布尔设计的游乐设施。

（2.2）运动图形，或者我称之为"文字版面电影"（typographic cinema）：电影+平面设计+文字版面设计。例子：电影中的标题段落。

（2.3）网络电影（Net.cinema）——专为互联网传播而设计的电影。例子：新聚点（New Venue）——它是第一批专门展示数字短片的在线网站之一。在1998年，它只能播放5Mb以内的QuickTime格式的文件。

（2.4）电影的超媒体交互界面，允许不同规模的非线性访问。例如：大卫·布莱尔的《蜡网》（1994～1999）、斯蒂芬·芒贝根据希区柯克的《惊魂记》制作的数据库交互界面（1996～）。

（2.5）围绕类似于电影段落制作的交互电影和交互游戏。其中类似于电影的段落可以使用传统的电影技术来拍摄（例如：《非常任务》游戏）或使用计算机动画来制作。例子：《银翼杀手》游戏。交互式电影的先驱是实验电影工作者格雷厄姆·魏因布伦，他的激光光盘作品《奏鸣曲》（*Sonata*）和《魔王》（*The Erl King*）是这类新式交互式电影中的绝对经典。需要注意的是，许多游戏可能不使用传统胶片电影的段落，但仍然在结构上遵循电影语言的惯例，所以我们很难在交互式电影与这类游戏之间做出严格区分。从这个角度来看，20世纪90年代绝大多数的计算机游戏实际可以算作交互式电影。

（2.6）在制作中使用了电影语言，出现在人机交互界面、网站、计算机游戏和新媒体其他领域中的动画段落、电影段落、模拟段落或混合段落。例子：《神秘岛》中的转场和QuickTime格式的电影、《古墓丽影》和许多游戏中都有的全动态影像（full motion video，简称FMV）开场。

[①] 集中了大量实体设施的线下娱乐场所，如主题乐园、水上乐园、赌场、虚拟现实体验馆等。——编者注

（3）面对电影在后期制作中越来越依赖计算机技术的现象，电影工作者的回应之作：

（3.1）道格玛95运动的电影。例子：托马斯·温特伯格（Thomas Vinterberg）导演的《家族庆典》（*The Celebration*，1998）。

（3.2）使用平价数字DV摄影机拍摄、带来全新可能性的电影。例子：迈克·菲吉斯（Mike Figgis）的《时间码》（*Time Code*，2000）

（4）对新媒体的惯例，电影工作者的回应之作：

（4.1）计算机屏幕的惯例。例子：彼得·格里纳韦导演的《魔法师的宝典》（*1991*）。

（4.2）游戏叙述的惯例。例子：汤姆·提克威导演的《罗拉快跑》（*Run, Lola, Run*，1999）、彼得·休伊特导演的《滑动门》（*Sliding Doors*，1998）。

本章的第一节"数字电影和运动影像的历史"将集中探讨第1.1～1.3点。第二节"电影的新语言"将探讨2.3～2.6点中的案例。[①]

需要读者注意的是，我没有把新的分发技术（如数字电影放映或网络电影分发）放在列表中——好莱坞早在1999年就已经在试行这类新技术了，我也没有提到越来越多的网站开始从事电影分发（发行）。[②]虽然所有这些事物的发展必将对电影制作和分发的总体产业状况产生重要的影响，但似乎并没有直接影响电影语言，而电影语言才是我关注的首要重点。

第二个列表总结了计算机影像的一些特质，还很不成熟。这一列表将目前为止本书的所有论点集中在一起。第一章中我就提到，我们不仅要关注计算机影像的新属性（这些新属性可以从计算机影像全新的"物质"状态中推导出来），而且还要关注这些影像在计算机文化中的实际使用情况。

[①] 芬兰新媒体理论家和历史学家埃尔基·胡赫塔莫（Erkki Huhtamo）曾仔细分析过运动游乐设施的现象。

[②] 这类网站的列表见（截至1999年10月）"Small-Screen Multiplex"，Wired 7.10 (October 1999), http://www.wired.com/archive/7.10/multiplex.html。

因此这一列表中，数字形式并不会带来新的"本质"属性，各种各样的属性反映的是影像的不同用途。正如导论中总结的一样，我们也有理由认为，某些属性恰好是其对立属性的结果，反映了呈现的内涵：

（1）计算机影像是离散的，因为它可以拆分成像素。这一点使得计算机影像更像一种人类语言（但并不是符号学意义上的人类语言，符号学意义上的人类语言具有不同的意义单位）。

（2）基于计算机的影像是模块化的，因为它通常是由若干层组成，每层的内容通常对应着影像中有意义的部分。

（3）基于计算机的影像包括两个层面，表层外观和底层代码（可以是像素值、数学函数或 HTML 代码）。就其"表层"而言，影像参与了跟其他文化对象的对话。就其代码而言，影像与其他计算机对象一样，都存在于观念层面。（表层-代码的关系可以联系到多种关系：能指-所指、基础-上层建筑、无意识-有意识。所以，一种语言中，一个能指可以跟其他能指共存一个结构中；同样在一种文化中，影像的"表面"，即影像的"内容"，可以与文化中的其他影像进行对话。）

（4）基于计算机的影像通常采用有损压缩技术（如 JPEG 格式）进行压缩。因此，噪点的存在（从不良的人工痕迹和原始信息折损的意义上看）是其本质属性，而不是偶然现象。

（5）影像具有了新的功能——交互界面（例如，网站上的图像地图，或在图形用户交互界面中作为一个整体的桌面图像）。因此，影像成为影像-交互界面。在这一角色中，它的功能是进入到另一个世界的一扇门户，就像中世纪的圣像，或现代文学和电影中的镜子。我们并不满足于停留在它的表面，而是期望"进入"到影像中。实际上，每个计算机用户都成了卡罗尔（Carroll）笔下梦游奇境的爱丽丝。影像可以作为一个交互界面，因为它可以"连线"到编程代码：点击影像，就可以激活计算机程序（或程序的某个部分）。

（6）作为影像-交互界面的新功能，影像与其作为呈现的旧功能进行着对抗。因此，从概念上讲，计算机影像位于对立的两极之间——一边是通往虚构宇宙的幻觉窗口，一边是计算机操控的工具窗口。新媒体设计与新媒体艺术的全新任务，是尝试如何将影像的这两种相互矛盾的功能结合起来。

（7）视觉上，这一概念的对立，转化成了深度和表面的对立，成了通往虚构宇宙的窗口与控制面板之间的对立。

（8）计算机影像除了具有影像-交互界面的功能，还具有影像-工具的功能。影像-交互界面功能可以操控计算机，而影像-工具功能允许用户对远程的物理现实产生实时影响。这种能力不仅能够发生作用（行动），而且能够"远程发生作用"（远程行动），这一点把基于计算机的新影像-工具与它的前身区分开来。此外，地图类的早期影像-工具与绘画类的幻觉主义图像有着明确的区分，而计算机影像通常将这二者的功能结合起来。

（9）计算机影像经常被超链接连接到影像、文本及其他媒体元素上。计算机影像不是一个自我封闭的实体，它有所指向，带领和引导外部用户通往别处。运动影像中也可能包括超链接（例如，在QuickTime格式中就有超链接）。我们可以说，超链接的影像与超媒体"外化"了皮尔斯（Pierce）的"无限衍义"（infinite semiosis）观念，以及德里达"意义的无限延宕"（infinite deferral of meaning）概念——尽管这并不意味着这种"外化"自动地使这类概念实现了合法化。我们并不是要歌颂"批评理论与技术的融合"，我们应该以新媒体技术为契机，质疑一些公认的批评概念和模型。

（10）多变性和自动化，这些新媒体的法则也适用于影像。例如，设计人员可以使用计算机程序自动生成同一影像的无限版本，这些版本具有不同的大小、分辨率、颜色、构图，等等。

（11）我们从使用代表某一早先时期"文化单位"的单张影像，发展到了使用影像数据库。在米开朗琪罗·安东尼奥尼（Michaelangelo Antonioni）的《放大》（*Blow-Up*，1966）中，主人公在一张单独的摄影照片中寻找真相，而计算机时代相应的做法是在一整个数据库中的大量影像中，进行搜索和对比。（虽然许多当代电影中都有影像搜索的场景，但没有一部电影像《放大》中那样，把放大一张照片作为主题。从这个角度看，《放大》15 年之后才诞生的《银翼杀手》却仍然在计算机影像上使用"旧"的电影逻辑。《银翼杀手》中一个著名的场景中，主人公使用语音命令来操控一台未来主义风格的计算机设备，在计算机上移动和缩放一幅影像。在现实中，自 20 世纪 50 年代以来，军方已经采用了各式各样的以数据库影像为基础的计算机技术，在单一影像中自动识别对象，检测影像随时间产生的变化，等等。)[①] 你所需要的任何影像都有可能在互联网上或某些数据库中找到。正如我在前文中所述，今天的问题不再是如何创建一幅影像，而是如何找到已经存在的那幅影像。

　　与先前的模拟影像一样，计算机运动影像也只是一连串静止影像的序列，因此计算机运动影像也适用于所有这些属性。为了描绘计算机静止影像的特质，我将其与以往常用的其他类型的现代影像（素描、地图、绘画，尤其是静态照片）进行了比较。对于计算机运动影像的探讨，也涉及计算机运动影像与两种最常见的运动影像（电影影像和动画影像）的关系，后来计算机运动影像逐渐取代了这两种影像。在第一节"数字电影与运动影像的历史"中，我主要想解决这个问题。我论证的问题是，基于计算机的呈现形式和生产过程的转变，如何重新定义了运动影像和电影与动画之间的关系。这一节还论述了基于计算机的幻觉主义，思考它与动画、模拟电影和数字电影的关系。之后的一节"电影的新语言"提出了一些有关电影语言新方向（更宏观地说，运动影像语言的新方向）的例子，这些新的方向都由计算所开启。我使用的例子来自计算机运动影像的不同应用领域——数字电影、网络电影、独立的超媒体和网站。

[①] 关于计算机图像分析的发展历程，见我的文章 "Automation of Sight from Photography to Computer Vision"。

数字电影与运动影像的历史

电影，索引的艺术

大多数关于计算机时代电影的探讨，都集中在探索交互叙述结构的可能性上。其中的原因不难理解：因为大多数观众和批评家将电影等同于讲故事，计算机媒体被理解成使用电影讲述故事的全新方式。虽然观众参与到故事中，在叙述空间中选择不同的路径，与人物进行互动的想法的确令人兴奋，但它只说明了电影的叙述性这一个方面——我们都知道，这个方面既不是电影独具的，也不是它最核心的。

计算机媒体对电影带来的挑战远远超出了叙述这一领域。计算机媒体重新定义了电影的身份。在1996年春天的一次好莱坞研讨会上，一位参会者做了煽动性的比喻，将电影戏称为"平面"，将人类演员称为"有机物"和"软绒毛"。[1] 这些术语明确指出，电影曾经的一些规定特征，现

---

[1] Scott Billups, presentation during the "Casting from Forest Lawn (Future of Performers)" panel at "The Artists Rights Digital Technology Symposium '96," Los Angeles, Directors Guild of America, 16 February 1996. 比卢普斯（Billups）是一名重要人物，在20世纪80年代末和90年代初，他用美国电影学会的苹果实验室和先进技术项目（Apple Laboratory and Advanced Technologies Programs）将好莱坞和硅谷连接起来。见Paula Parisi, "The New Hollywood Silicon Stars," *Wired* 3.12 (December 1995), 142–145, 202–210.

在只是默认选项,并且同时有许多其他的备选。现在,人们可以"进入"虚拟的三维立体空间,观看投射在屏幕上的平面影像已经不再是唯一的选择。在时间和金钱允许的条件下,几乎所有的东西都可以通过计算机实现模拟。拍摄现实场景,只是诸多可能性中的一种。

这种电影身份的"危机"也影响到了一些曾用于电影理论的术语和范畴。法国电影理论家克里斯蒂安·麦茨(Christian Metz)在20世纪70年代写道:"现在拍摄的大多数影片,好的或坏的,原创的或非原创的,'商业的'或非商业的,都有一个共同的特点:都在讲述一个故事。从这个衡量标准来看,它们都属于同一个类型,这其实是一种'超类型'。"① 麦茨认同了虚构电影是20世纪电影的一种"超类型",但并没有进一步提及该类型的另一个特点,因为在当时看来,这个特点过于显而易见:虚构电影都是真人实拍电影。也就是说,虚构电影很大程度上由未经修改的摄影片段组成,这些片段记录了现实空间中发生的真实事件。到了今天,照相现实主义的三维计算机动画和数字合成时代已经来临,我们再次提出关于实拍的讨论,这对于定义20世纪电影的特性具有重要意义。从未来的视觉文化史学家视角来看,经典好莱坞电影、欧洲艺术电影、先锋电影(除了抽象主义先锋电影)之间的差异,可能会被它们重要的共同特点所掩盖——这些影片都以基于镜头拍摄的现实记录为基础。本节关注计算化对电影"超类型"(即虚构的实拍电影)的影响。②

在电影史中,随着电影技术的常规项目(照明、美术设计,不同的电影胶片和镜头的使用等)逐渐发展,人们可以对电影设备拍摄的胶片影像进行修改。然而在一些极具风格的电影画面背后,我们仍可以看到19世纪早期照片中的朴实、单调和平庸。无论电影的风格创新如何复杂,电影已经在现实的沉淀中发现了自身本质,每一帧影像都是在有条不紊和平淡的过程中拍摄的。电影产生了一种冲动,这种冲动是与催生出自然主义、

---

① Christian Metz, "The Fiction Film and Its Spectator," 402.
② 电影是被"超类型"(super-genre)所定义的——虚构的、真人拍摄的电影。这类电影属于媒体艺术。不同于传统艺术,媒体艺术以对现实的记录作为基础。"录制艺术"(recording arts)这一名词不像"媒体艺术"(media arts)那么流行,但也许更精确。关于这一名词的讨论,见James Monaco, *How to Read a Film*, rev. ed. (New York: Oxford University Press, 1981), 7.

法庭速记和蜡像馆同样的冲动。电影是索引的艺术，它试图将一个脚印变为艺术。

甚至对于卓越的"电影画家"（film-painter）安德烈·塔科夫斯基（Andrey Tarkovsky）而言，电影的本质还是在于记录现实的能力。20世纪70年代，在莫斯科举办的一次公共讨论中，当他被问到是否对拍摄抽象电影感兴趣时，他回答说，可能没有抽象电影这种东西。电影的基本姿势是：打开快门，开始拍摄，记录发生在镜头前的所有事物。因此，对于塔可夫斯基而言，抽象电影是不存在的。

但是，我们现在可以完全使用三维计算机动画在计算机上生成照相现实主义场景，可以使用数字画图程序修改单幅影像或整个场景，可以对数字电影影像进行剪辑、弯曲、拉伸、缝合，使其具有完美的摄影般逼真的可信度，而完全不需要真正的拍摄行为从来没有发生。在这种情况下，电影的索引性会发生什么变化呢？

这一节将从运动影像的宏大文化史角度，来说明这些变化在电影制作过程中的意义。从这种语境中看，在数字电影中手动修改画面的行为，反映了一种向19世纪"前电影"实践的回归——当时，人们都是手绘图像，手工绘制动画。在19世纪和20世纪之交，电影将这些手工技法归为动画范畴，并将电影定义为一种记录媒介。随着电影进入数字化时代，手动修改画面的技术再次成为电影制作过程中的常见技术。因此，电影与动画之间不再具有明确的区分。电影不再是一种索引性的媒体技术，而成为绘画的一个亚类型。

这一论述将分为两个部分。我首先会沿着历史发展轨迹，从19世纪创建运动影像的技术，论述到20世纪的电影与动画。接下来，我将从目前正在取代传统电影胶片技术的各种计算机软件和硬件中，抽象出共同的特征与交互界面隐喻，从而提出数字电影的定义。总体来看，这些特征和隐喻提出了数字化运动影像的全新逻辑。在这一逻辑中，摄影与电影从属于绘画和图形，电影作为媒体艺术的身份被消解。在下一节"电影的新语言"开端，我将考察那些使用了数字运动影像的不同生产语境，包括好莱坞电影、音乐短片、光盘游戏和其他的单机超媒体等，进而思考这种逻辑是否已经开始显现。

运动影像考古简史

电影早期的各种名称（活动电影放映机、电影摄影、运动图片）都可以证实，从诞生开始，电影就被看作运动的艺术，最后，它成功地建立了一套反映动态现实的、令人信服的幻觉。如果我们用这种方式理解电影（而不是把电影看作视听叙述的艺术，或投影图像的艺术，或集体观看的艺术，等等），我们可以发现电影如何一步一步取代了早期的运动影像制作技术和呈现技术。

这些早期技术具有一些共同特点。首先，图像都是手工上色或手工绘制的。直到19世纪50年代，许多"前电影"设备——费纳奇镜（phenakistiscope）、幻影转盘（Thaumatrope）、走马盘、观动镜（Praxinoscope）、连环幻灯镜（Choreutoscope）等——使用的还都是手绘图像。甚至在19世纪80年代，埃德沃德·迈布里奇（Eadweard Muybridge）在宣传著名的走马镜时，走马镜里使用的也不是真实的照片，而是根据照片绘制的彩色图片。[1]

图像不仅是手动绘制的，而且是借助手动才成为动画的。1799年，罗伯逊（Robertson，真名 Étienne-Gaspard Robert）的魅影秀举办了首演，在表演中，操纵灯影的人要在银幕后移动，使投影的图像呈现出前进和后退的效果。[2] 通常，操作人员只需要用手操作就可以使图像运动起来，而不需要移动整个身体。有一种动画技术需要使用包含许多图层的机械幻灯片，操作人员需要一层层滑动幻灯片，从而实现画面的运动。[3] 另一种技术是：将一条包含许多独立图像的幻灯片长卷，在魔术灯笼的镜头前慢慢移动。在19世纪，面向家庭的光学玩具也需要手动操作来实现运动效果——幻影转盘需要玩家捻动绳子，走马灯需要玩家转动圆筒，拟真镜

---

[1] Musser, The Emergence of Cinema, 49–50.
[2] Musser, The Emergence of Cinema, 25.
[3] C. W. Ceram, Archeology of the Cinema, 44–45.

(Viviscope)需要玩家转动手柄。

直到19世纪的最后十年,图像的自动生成和自动投影才最终实现了结合。机械眼睛配上了机械心脏,摄影与动力相遇。因此,电影这一独特的视觉呈现最终诞生。在运动影像的放映过程中,不规则性、非均匀性、偶发性和其他人工痕迹曾经都是不可避免的,现在,机器视觉的均匀性使以上的痕迹不复存在。① 机器就像一套传输带,生产出大量相同外观和相同大小的图片,它们以相同的速度移动,就像一队行进的士兵。

电影还消除了空间和运动影像的分离。在电影诞生之前,移动元素与静态背景在视觉上是分离的,例如机械幻灯片放映或埃米尔·雷诺(Émile Reynaud)的观动镜剧场(1892)。② 运动本身在范围上是有局限的,整个画面不会运动,只有某个清晰的形象可以运动。因此,典型的运动包括弹跳的球、举起的手或睁开的眼睛,一群孩子追着一只蝴蝶,蝴蝶在孩子们头上飞来飞去——这些都是绘制在静止区域的简单向量。

这些电影的前身设备还有另外一个共同特征。19世纪,随着人们对于运动影像越来越痴迷,能动态显示多张图片的设备变得越来越受欢迎。所有设备——走马盘、音镜(Phonoscope)、快速视镜和活动电影放映机——都是以循环为基础的图片序列。它们能展现出可重复播放的完整动作。经过19世纪的发展之后,循环的周期逐步加长。在幻影转盘(1825)中,一张圆盘的两面上画着两种不同图像,使用者捻动系在圆盘两端的线,使圆盘快速旋转。从本质上说,这是循环的一种最小形式——两种元素连续地互相替换。在走马盘(1867)和其他类似的形式中,一个圆筒的内沿上,大约可以排列十几个图像。③ 19世纪90年代在

---

① 电影在19世纪90年代诞生时,伴随着一个有趣的转型:作为电影生产者的人的身体消失了,同时,人的身体也成了电影的新主题。事实上,爱迪生早期电影重要主题之一就是人体运动——一个人打喷嚏、著名的健美运动员桑多(Sandow)展示他的肌肉、运动员表演翻跟头、女人跳舞。拳击比赛的影片在活动电影放映机的商业发展中起到重要作用。见 Musser, *The Emergence of Cinema*, 72–79, 以及 David Robinson, *From Peep Show to Palace: The Birth of American Film* (New York: Columbia University Press, 1996), 44–48.
② Robinson, *From Peep Show to Palace*, 12.
③ 这种做法曾被用于灯影秀中,阿塔纳修斯·基歇尔曾在出版于1671年的《光影的伟大艺术》第二版中描述过这种做法。见 Musser, *The Emergence of Cinema*, 21–22.

美国风靡一时的妙透镜（Mutoscope）以圆筒为中心轴，以放射状排列更多的图像，来增加每个循环的持续时间。[1] 就连爱迪生的活动电影放映机（1892～1896）——第一台采用胶片的现代电影机器，也仍然将图像排列在一个循环中。[2]50英尺（约15.24米）长的胶片大概可以放映约21秒。这一特征后来没有继续发展，因为电影采用了一种更长的叙述形式。

从动画到电影

一旦电影作为一种技术的定位稳定下来，它就巧妙地与所有关于起源的参考物一刀两断了。20世纪之前运动影像的特点，例如手工制作的图像、循环动作，以及空间和运动的离散性质等，都成了动画的特征。动画成了电影的私生子、电影的补充和电影的影子。电影抛弃了19世纪的某些特质，而20世纪的动画成了19世纪运动影像技术的储藏室。

动画风格与电影风格的对立，决定了20世纪的运动影像文化。动画强调了人工特性，公开承认动画形象仅仅是再现性的。动画的视觉语言更接近图形而不是照片。动画是离散的、非连续的（而且这种非连续性是有意为之的）；动画在细节丰富的静态背景中，呈现出质感粗糙的运动人物；动画中，人物运动的采样是粗疏而没有规律的（我在这里说动画的采样没有规律，这是相对于电影采样而言的，电影摄影机能对运动进行均匀的采样——让-吕克·戈达尔对电影做出的定义是"每秒24格的真理"），动画最后使用不同的影像图层建构起空间。

与动画相反，电影努力清除生产过程中的痕迹——我们看到的影像都不是被简单地记录下来的，而可能是被制作出来的，电影要确保的就是人们看不出一丝制作的痕迹。电影否认自己呈现的现实在电影影像之外通常并不存在，而这些影像本来就是通过拍摄一个不存在的空间而获得的。某些影像内部综合使用了模型、镜子和遮片绘景，随后，这类影像借助光学印片，与其他影像结合为一体。但电影否认以上的事实，它对观众，也

---

[1] Ceram, *Archeology of the Cinema*, 140.
[2] Musser, *The Emergence of Cinema*, 78.

对自身假装是对现实的直接记录。[①] 在电影的公众印象中，电影强调用胶片"捕捉"到现实光晕，因此这意味着电影拍摄的是摄影机镜头前存在的东西，而不是创造"幻想国度"的特效。[②] 包括背投和蓝幕摄影、遮片绘景和同期接景、镜子和微缩模型、底片增感、光学效果等在内的一系列技术，使电影工作者可以创造和修改运动影像。事实昭然若揭：电影从业者、历史学者和批评家们将动画赶到了电影领域的边缘，然而，电影和动画并没有本质上的不同。[③]

到了 20 世纪 90 年代，随着电影转向了计算机媒体，边缘化的技术逐渐走向中心。

重新定义电影

这一转变有一个明显迹象：到了 20 世纪 90 年代，计算机生成特效在

[①] 安迪·沃霍尔 20 世纪 60 年代早期制作的电影证明了这一谎言的严重程度——这也许是唯一一次在没有语言的情况下创造电影的真正尝试。

[②] 我从这本书中借用了特效的定义：David Samuelson, *Motion Picture Camera Techniques* (London: Focal Press, 1978)。

[③] 下面的例子说明了人们对于特效的视而不见（当然我们也很容易找到其他的例子）。第一个例子取自大众对电影的讨论。肯尼思·W. 利什（Kenneth W. Leish）在《电影》(*Cinema*, New York: Newsweek Books, 1974) 一书的"电影制作"一节中，介绍了电影产业史中的几个短篇故事。这些故事的主人公有演员、导演和制片人，但故事中只有一次提到了特效艺术家。第二个例子来源于学术界。权威性的《电影美学》(*Aesthetics of Film*) 的几位作者指出："我们写这本书的目的是从综合的、教学的角度总结那些试图对经验概念（那些从电影技术人员的词汇中得出的术语）进行检验的各种理论尝试，包括：构图与镜头、来自制作人员口中的术语、批判词汇产生的认同概念等。"文中从来没有提到特效技术，这反映了电影学者对于这一主题缺乏历史兴趣或理论热情。波德维尔和汤普森的《电影艺术：形式与风格》(*Film Art: An Introduction*) 是本科电影类课程的标准教材书。这本书做得稍微好了一些，在 500 多页的书中，只有 3 页提到了特效。另外，根据相关的统计，在加州大学圣迭戈分校的图书馆，"运动影像"的分类下收录了 4273 本书，而在"特效摄影"的分类下只收录了 16 本书。电影理论家对于特效的文化意义所做的论述少之甚少，请参阅的薇薇安·索布恰克的作品和斯科特·布卡塔曼（Scott Bukatman）的作品。诺曼·克莱因（Norman Klein）目前正在研究特效环境的历史。见 Kenneth W. Leish, *Cinema* (New York: Newsweek Books, 1974); Jacques Aumont, Alain Bergala, Michel Marie, and Marc Vernet, *Aesthetics of Film*, trans. Richard Neupert (Austin: University of Texas Press, 1992), 7; Bordwell and Thompson, *Film Art*; Vivian Sobchack, *Screening Space: The American Science Fiction Film*, 2d ed. (New York: Ungar, 1987); Scott Bukatman, "The Artificial Infinite," in *Visual Display*, eds. Lynne Cooke and Peter Wollen (Seattle: Bay Press, 1995).

好莱坞电影产业中发挥了新的作用,很多大片都使用了大量特效。因为特效的流行,好莱坞甚至催生了一类"关于……的制作幕后"的作品,这些视频和书籍揭示了特效是怎么做出来的。

我将使用 20 世纪 90 年代的好莱坞电影特效为例,探讨数字电影制作的一些可能性。到了 20 世纪 90 年代末,只有好莱坞电影公司拥有足够的资金,可以购买制作工具(软件),以及支付数字特效工作者的薪水。然而,向数字媒体的转变不仅影响了好莱坞,而且影响了整个电影制作行业。数字技术整体取代了传统的胶片拍摄技术,正在重新定义电影制作过程的逻辑。我在下文中将进一步论述数字电影制作的几条新法则,这些法则适用于个人的电影制作,也适用于集体的电影制作,无论他们使用最昂贵的专业硬件和软件,还是使用业余的同类产品。

我认为,数字电影制作具有以下法则:

(1)不一定非要实拍现实,现在,我们可以使用三维计算机动画,直接在计算机中生成电影般的场景。因此,真人拍摄镜头不再是构成电影的唯一材料。

(2)一旦真人拍摄镜头被数字化(或直接以数字格式录制),它就失去了与"前电影式"现实之间特有的索引关系。计算机无法区分摄影镜头拍摄的影像、在画图程序中创建的影像,以及使用三维图形包合成的影像,因为这些影像都是由相同的材料——像素组成的。而像素,不管其最初来源是什么,都可以很容易地被修改和替换。真人拍摄镜头因此被简化为图形,与人工创建的图像相比,它不再有任何不同。①

(3)如果说,传统电影拍摄中,真人拍摄镜头都会被完整保留下来,那么现在,实拍镜头成了原材料,用于下一步的合成、动画制作和变形处理中。这样一来,电影在保留摄影过程中独特的视觉现实主义同时,也具有了以往只能在绘画或动画中实现的可塑性。借用一个图形变形软件的名

---

① 关于将摄影纳入图形,作为图形的一个子类的论述,见 Peter Lunenfeld, "Art Post-History: Digital Photography and Electronic Semiotics," *Photography after Photography*, eds. Hubertus von Amelunxen, Stefan Iglhaut, and Florian Rötzer, 58–66 (Munich: Verlag der Kunst, 1995)。

字来说，数字电影工作者的工作是处理"弹性的现实"（elastic reality）。例如，在罗伯特·泽米吉斯导演的《阿甘正传》（派拉蒙电影公司出品，特效由工业光魔公司制作，1994）的开场镜头中，镜头追踪着一根羽毛，跟拍了一段漫长而复杂的飞行轨迹。为了拍摄这个镜头，一根真实的羽毛被摆放在蓝幕前面，不断变换着位置。随后，这段实拍素材经过动画处理，与风景等背景镜头合成在一起。① 这带来了一种全新的现实主义，我们可以将其描述为"看起来好像发生过，但实际上没有发生过"。

（4）在传统的电影制作中，剪辑和特效是严格分开的两项活动。剪辑师的工作是将影像片段进行排序，特效专家完成对于影像的任何改动。计算机抹除了这种区别，使用画图程序或图像处理的算法程序，人们可以很容易地实现影像操作和处理。因此，制作特效变得跟按时间顺序排列影像段落一样容易：两者都只需要"剪切和粘贴"。这种基本计算机命令充分体现出，数字影像（或其他数字数据）的修改对时空区别或影像大小的差异并不敏感。所以，在时间上将影像段落进行重新排列，在空间上将不同影像进行合成，对某一影像的部分进行修改，以及更改单个像素——这些都成为同一种操作，无论是在概念上还是在实践上。

鉴于上述法则，我们可以这样定义数字电影：

数字电影＝实拍素材＋绘画＋图像处理＋合成＋二维计算机动画＋三维计算机动画

真人拍摄素材既可以记录在胶片或录像带上，也可以直接存储为数字格式。② 绘图、图像处理和计算机动画是指修改现有的图像，以及创建新

---

① 工业光魔公司中参与这一影片的工作人员名单，见 SIGGRAPH '94 Visual Proceedings (New York: ACM SIGGRAPH, 1994), 19.
② 从这一方面来看，1995年可以称为数字媒体的末年。1995年，在美国广播公司协会大会上，Avid展示了一台正在开发中的数码摄像机的模型，其拍摄内容不是录制在一盒录像带上，而是直接刻录在硬盘上。随着数码摄像机的使用越来越广泛，我们也不再会有任何谈论数字媒体的理由，因为数字化的过程将不复存在。

图像的过程。事实上，创建和修改之间的区别，在基于胶片的媒介（比如摄影与暗房洗印过程的区别、拍摄与电影后期制作的区别）中非常明显，但已经不再适用于数字电影。因为在数字电影中，每一个影像不论来源，在最后组成一部电影之前都会经历一系列的操作程序。①

我们可以总结出这些原则。真人拍摄镜头只是原材料，有待经过手工动画的修改、与三维计算机生成的场景进行融合，然后被重新绘制出来。最终的影像从种种元素中经人工组合而成的，这些元素要么是无中生有的，要么是经过手工修改的。现在我们终于可以回答"数字电影是什么？"这个问题了。数字电影是动画的一个特例，在数字电影中，真人拍摄素材只是动画所包含的诸多元素之一。

由此我们可以重新解读前文中勾勒的运动影像历史。人工制作的影像和动画处理的影像催生了电影，而自己却走向边缘……后来，它们又作为数字电影的基础，再现江湖。运动影像的历史从而构成了一个完整的循环。电影自动画中诞生，将动画推向电影的边缘，最终电影又成为动画中的一个特例。

"正常"电影制作与特效之间的关系也反转了。因为特效涉及人类对机器拍摄内容的干预，因此，特效一直在电影史中处于边缘，而现在成了数字电影制作的规范。

相同的逻辑也适用于拍摄和后期制作之间的关系。从传统上讲，电影使用布景、模型、美术设计、摄影等，对现实进行精心布置，构成影片的大多数内容记录了电影镜头前所呈现的现实。偶尔的、对于拍摄段落的修改（例如，通过光学印片）显得微不足道。在数字电影拍摄中，实拍镜头不再是最终的成果，仅仅是有待计算机上进一步处理的原材料。在计算机上，真正的场景创作才会开始。总之，拍摄变成了后期制作的第一个

---

① 这里有另一个更为激进的定义：数字电影＝f(x, y, t)。这一定义将受到抽象动画支持者的热情欢迎。因为计算机将每一幅图像分解成像素，我们可以将一部完整的电影看作一个函数，我们给每个像素的水平位置、垂直位置和时间位置，函数的返回值就是色彩。这实际上是计算机如何再现一部电影的过程，这种再现与某些著名的、具有先锋性的电影段落有着惊人的相似！对于计算机而言，一部电影是由一系列色彩随时间变化抽象排列而成的，而不是由"镜头""叙事""演员"等结构而成的。

阶段。

　　下面的例子阐释了这种电影制作过程中不同阶段之间的新关系。在卢卡斯执导的《幽灵的威胁》（1999）中，传统的片场拍摄在65天内就完成了。然而后期制作长达两年之久，因为电影的95%（在影片的2200个镜头中，大约有2000个镜头）是在计算机上完成的。①

　　这里还有两个例子，可以进一步说明这种"从重新排列现实到重新排列现实的影像"的转变。让我们先来看看模拟时代：在拍摄《扎布里斯基角》（Zabriskie Point，1970）中的一个场景时，米开朗琪罗·安东尼奥尼为了实现一种特别饱和的颜色，下令将一片草地染色。我们再来看看数字时代：为了制作霍华德执导的《阿波罗13号》（Apollo 13，1995，特效由数字王国公司［Digital Domain］制作）中的发射场景，剧组在当年的火箭发射地点卡纳维拉尔角拍摄了一些片段。数字王国的艺术家扫描了电影胶片，然后在计算机工作站上进行修改，删除近年新增的建筑，在发射平台上添加了青草，并绘制出天空，让画面更有戏剧性。修改之后的电影胶片重新映射到三维平面上，创建出一个虚拟场景，这个场景经过动画化处理，从而匹配拍摄火箭升空画面的运动摄影机所做的180度运动。②

　　第二个例子给我们带来了数字电影的另一个概念——绘画。在威廉·米切尔关于数字摄影的研究中，他引导我们注意到数字影像本身固有的易变性："数字信息的本质特征是可以被计算机轻松、快速地操作。这只是一个用新数字替代旧数字的问题……计算工具可以转换、融合、修改和分析图像，对于数字艺术家而言，这些计算工具就像画家的画笔和颜料一样重要。"③米切尔指出，这个固有的易变性抹除了照片和绘画的区别。因为一部电影就是一组照片，所以，我们也可以将米切尔的论述沿用到数字电影上。艺术家很容易就能处理数字化素材——或者作为一个整体处理，或者一帧一帧进行，这样一来，一般意义上的电影就变成了一系列的

---

① Paula Parisi, "Grand Illusion," *Wired* 7.05 (May 1999), 137.
② 见 Barbara Robertson, "Digital Magic: Apollo 13," *Computer Graphics World* (August 1995), 20.
③ Mitchell, *The Reconfigured Eye*, 7.

绘画作品。①

计算机实现了对数字电影图像进行手绘的可能，这也许是电影的新形式中最具戏剧性的一个例子。电影不再被牢牢锁闭在摄影中，而是对绘画开放。数字手绘也是一个最为明显的例子，证明了电影向19世纪起源的回归——例如灯影秀、费纳奇镜和走马盘中手工制作的影像。

我们通常把计算机化等同于自动化，而现在结果恰恰相反：曾经使用相机自动记录下来的内容，现在需要被一帧一帧地画出来。19世纪时只需画出十几二十张图像，而现在则需要画成千上万张。我们还可以进行另一个比较：在过去，电影的每一帧画面都得手工着色，根据不同场景的气氛涂上不同的颜色，这是早期默片中常见的做法。②而今天，如果想要实现视觉效果极其复杂的数字特效，人们通常也要使用相同的方法：通过手工操作，精心修改数以千计的电影画面。电影画面被重新绘制，这种做法有的用来创建遮片（称为"手绘遮片抠像"），有的用来直接改变图像。例如，制作《阿甘正传》中肯尼迪总统讲话的片段时，特效工作者一帧一帧地调整嘴唇形状，来实现让他讲出新台词的效果。③本质上说，只要时间和资金充裕，他们一定可以创造出终极的数字电影：全片12.96万帧（90分钟）画面完全是从无到有地经过手绘完成，但影片看起来与实景拍摄的影片毫无差别。

我们也可以用另一种方式阐述数字电影作为绘画的这一概念。我想将以下两个转向进行平行比较：从模拟到数字电影的转向，以及从壁画和蛋彩画到文艺复兴早期油画的转向。制作壁画的画家需要在有限的时间内完成壁画，一旦颜料干燥后，就不能修改图像了。同样，影片一旦记录在胶片上，传统的电影导演只能在有限的手段内修改影像。我们可以将电影在模拟时期的特效方法比作中世纪的蛋彩画。画师使用蛋彩颜料作画时，可以修改和重新加工画像，但这一进程任务艰巨且进展缓慢。中世纪和文艺

---

① 早在爱迪生最早的电影设备中，就有将时间映射到二维空间的呈现。现在，这种优势完全显示出来：人们把画帧当成一张张单独的画面，逐帧作画，从而修改时间线上的整个事件。
② 见 Robinson, *From Peep Show to Palace*, 165。
③ 见 "Industrial Light and Magic Alters history with MATADOR," promotion material by Parallax Software, SIGGRAPH 95 Conference, Los Angeles, August 1995。

复兴早期的大师们需要花费长达六个月的时间，才能完成一幅几英尺高的绘画。油性颜料的使用极大解放了画家，他们可以快速地创作尺幅更大的作品（比如，委罗内塞［Veronese］和提香［Titian］的作品），还可以在必要时进行修改。这一绘画技术的变化使得文艺复兴时期画家创造出各种新的构图、新的图案空间和新的叙述方式。同样，数字技术使得导演可以像处理油画一样修改电影图像，因此，数字技术重新定义了电影的可能性。

如果数字合成和数字绘画可以看作赛璐珞动画技术的延伸（合成图像是平行叠放在一起的，就像动画摄影台上一层层叠加的赛璐珞片一样），计算机后期制作的最新方法又一次使得电影成为动画的子集。在这种最新的方法中，真人拍摄的摄影剧照或图形元素都放置于三维虚拟空间中，导演能够自由移动虚拟摄影机，以推拉摇移等各种方式穿过这个空间。由此，摄影属于三维计算机动画。我们也可以把这种方法看作多平面动画摄影机的延伸。多平面工作站上安装的摄影机曾经只能垂直于图像移动，现在，它可以按照任意轨迹来运动。这一全新的方法，没准哪一天可能会成为电影制作的标准（因为它赋予导演最大的灵活性），迪斯尼出品的商业电影《阿拉丁》（Aladdin）就使用了这一方法。还有一部独立电影作品，瓦利茨基的《森林》也脱离了传统的电影现实主义，全面探索这一方法的全新审美可能性。

在"合成"一节中我曾指出，数字合成可以看作二维图像和三维计算机呈现形式之间的中间步骤。上面提到的后期制作的全新方法代表了下一个步骤——完全由计算机制作的三维内容。与二维空间"传统的"合成不同，我们现在是把运动影像的各个图层放置在虚拟的三维空间中。

读者们在阅读了我对数字电影全新可能性的分析之后，可能想知道为什么我一直强调数字电影与19世纪的"前电影"技术之间存在的相似之处，而并没有提及20世纪的先锋电影制作。先锋派的电影工作者难道不是早已探索出许多全新的可能性了吗？用电影即绘画的概念来看，抽象主义动画的先驱者之一雷恩·莱（Len Lye）早在1935年就直接在胶片上进行绘画了。他的追随者是诺曼·麦克拉伦（Norman McLaren）和斯坦·布拉克黑奇（Stan Brakhage），布拉克黑奇在拍摄的胶片素材上面覆盖各式各样的东西：圆点、刮擦、泼溅的颜料、涂痕和各类线条，试图把他的电影变成类似于抽象表现主义绘画的作品。更广泛地说，从莱热到戈达尔，所有先锋电影制作的主要冲动之一就是把电影、绘画和图形结合起来，比如在一部电影甚至是一帧画面里同时加入真人拍摄镜头和动画，用各种各样的方法对素材进行修改，或者将印刷文字与拍摄的影像并置。

当先锋电影工作者将多个图像拼合到一帧画面中，或者使用手绘和刮擦胶片技术，或者以其他方式来挑战电影的索引性时，他们实际是在抵制"正常"的电影制作程序和电影技术的预期用途。（比如说，电影胶片在设计之初并不是用来手绘的）。因此，不仅在美学上还是在技术上，他们都处于商业电影的边缘。

数字化革命的一个主要结果，是把先锋美学策略纳入计算机软件的指令和交互界面隐喻中。① 简而言之，先锋性在计算机中得以实现。数字摄影技术是一个恰当的例子。拼贴艺术作为一种先锋手法，现在以"剪切-复制"命令的方式再次出现，而这一命令是处理数据的最基本操作之一。手绘胶片的先锋技巧变成了电影剪辑软件中的绘图功能。先锋艺术中将动画、印刷文本和真人拍摄段落进行融合的做法，在集合了动画、标题生成、绘图、影像合成以及剪辑系统的一体化包装程序中再次得到应用。还有一点，先锋电影将一系列电影影像拼贴在一帧画面中（例如，莱热［Leger］1924年的作品《机械芭蕾》［Ballet Mechanique］中、《持摄影机的人》中）的做法也在技术上获得认可，因为所有的编辑软件（包括 Photoshop、Premiere、After Effects、Flame 和 Cineon）都默认这一形式——一幅数字图像中，包含着若干个独立的图层。总之，在传统电影中属于特例的制作手段，现在已经成为数字电影制作中常规的、有意使用

---

① 见我的文章"Avant-Garde as Software"（http://visarts.ucsd.edu/~manovich）。

的技术手段，纳入技术设计之中。①

从"电影眼"到"电影画笔"

在 20 世纪，电影扮演了两个角色。电影作为一种媒体技术，其作用是捕捉和存储可见的现实。影像一旦被录制下来，修改就十分困难，这一点赋予了电影作为记录的价值，保证了电影的真实性。同样，这一僵化的特性也将电影限制为一种以真人实景实拍进行叙述"超级类型"。虽然电影本身包括各种风格——当然这种多样化的风格也是许多导演、场景设计师和摄影师努力的结果——但这些风格都具有极强的家族相似性。它们都使用镜头进行录制，按特定规律地对时间进行取样，都是摄影媒体，都属于机器的视觉。

数字化数据的易变性削弱了电影记录现实的价值。回想起来，我们可以发现自动记录视觉现实的结果——20 世纪电影的视觉现实主义，其实是个例外，实际上，这是视觉呈现历史上的一个孤立事件，因为视觉呈现的历史始终涉及人工构建，也最终回归了影像的人工构建。电影成为绘画的一个特殊分支，电影是一种实时的绘画。电影不再是"电影眼"，而是"电影画笔"。②

在数字电影中，人工处理图像发挥了重要的作用，在电影向"前电影"时代运动影像技术的回归的发展趋势中，这实际上是一个案例。虽然这些技术在 20 世纪处于真人拍摄和叙述电影的边缘，被划归动画和特效领域，但这些技术现在重新成为数字电影制作的基础。曾经是电影的补

---

① 关于雷恩·莱、诺曼·麦克拉伦、斯坦·布拉克黑奇在胶片上进行绘画的实验，见 Robert Russett and Cecile Starr, *Experimental Animation* (New York: Van Nostrand Reinhold, 1976), 65–71, 117–128; P. Adams Smith, *Visionary Film*, 2d ed. (Oxford: Oxford University Press), 230, 136–227.

② 在20世纪20年代，吉加·维尔托夫创造了"电影眼"一词，来描述电影设备"将生活现象的种种特征记录下来，并组织为一个整体、一种本质和一项结论"的能力。对于维尔托夫而言，正是基于实物的电影"事实"的呈现，定义了电影的本质。见 *Kino-Eye: The Writings of Dziga Vertov*, ed. Annette Michelson, trans. Kevin O'Brien (Berkeley: University of California Press, 1984). 上文中的引文出自 "Artistic Drama and Kino-Eye," originally published in 1924, 47–49, 47。

充，现在成为电影的规范，曾经位于电影的边缘，现在进入中心……计算机媒体将那些一度在电影中被边缘化的技术又带了回来。

　　本节中的例子表明，在20世纪之交，电影主导了现代运动影像的文化，某些发展方向的大门被关闭，而现在，这些大门重新开启。运动影像的文化正在被重新定义。电影现实主义曾占据主导地位，而现在，它成了诸多的选择之一。

电影的新语言

电影式与图形式：影图

在商业电影中，三维动画、合成、映射、绘图修饰等全新技术主要用于解决技术问题（比如，通过手绘抹除拍摄时演员身上的威亚，在风景中添加一群鸟，往城市街道中填充模拟的人群），而传统的电影语言仍然保持不变。虽然现在很多好莱坞电影都涉及数字处理的场景，但计算机总是小心翼翼地隐藏人工痕迹。[1] 因此，好莱坞用来模拟传统电影语言的做法获得了一个名称——"隐形的特效"（invisible effects），它指的是"经过计算机处理而提升效果的场景，使观众误以为所有镜头都是真实演员的真人拍摄，但实际上，这些场景是数字影像与真人拍摄的合成"。[2]

商业化叙述电影延续了经典现实主义风格，电影画面对镜头前发生

---

[1] 1995年12月，在《连线》杂志的一篇报道中，帕里西写道："十年前，只有以乔治·卢卡斯为首的工业光魔公司等少数勇敢的电影工作者在从事高质量数字电影拍摄。现在计算机成像技术已经被公认为所有类型的电影制作——无论是小规模制作还是大型的视觉盛宴——不可或缺的生产工具。"见Parisi, "The New Hollywood Silicon Stars," 144。
[2] Mark Frauenfelder, "Hollywood's Head Case," *Wired* 7.08 (August 1999), 112.

的事件进行不加修饰的摄影记录。所以当好莱坞电影使用计算机来创造神奇而不存在的现实时，同时引入了各种非人类角色，如外星人、变种人和机器人。我们从来没有特别注意到一些非常随意的设定，比如这些角色五彩缤纷的变异身体，从眼睛中射出的能量光束，从翅膀中发散出的粒子旋涡，因为在感知上，这些都与影片的设定完全符合。也就是说，它们看起来就像某种可能存在于三维空间中的事物，因此，它们可以被拍摄下来。

但电影工作者如何合理化地将我们熟悉的现实（如人体或风景）变成现实世界中完全不可能存在的场景？这种转变是由影片的叙述所推动的。在《终结者2》(Terminator 2)中，终结者光泽的金属身体是成立的，因为终结者是来自未来的赛博格。金·凯瑞（Jim Carrey）在查克·拉塞尔（Chuck Russell）导演的《变相怪杰》(The Mask，1994)中伸缩自如的身体也是成立的，因为角色所戴的面具拥有神奇的力量。同样，文森特·沃德（Vincent Ward）导演的《美梦成真》(What Dreams May Come，特效由Mass.Illusions公司制作，1998)中，男主角死后所去的天堂，正是他妻子在作品中使用旋涡笔触勾画出的美妙场景，而这段叙述也是由该地点所具有的独特意义所推动的。

电影一方面接受了计算机作为一种生产力工具，但另一方面，电影仍然不愿放弃自身独特的电影效果，根据克里斯蒂安·麦茨20世纪70年代的精辟分析，这种独特的电影效果取决于叙述形态、现实效果及电影结构的共同作用。[①] 在文章的结尾，麦茨思考了未来是否会出现越来越多的非叙述电影。如果那样的话，他认为，电影将不再需要制造现实效果。电子化和数字媒体已经带来了这种转变。从20世纪80年代开始，我们看到了许多新的非线性叙述电影形式，它们大多出现在电视或者计算机，而不是在电影院中——并且，这些新形式舍弃了电影式的现实主义。

这些形式是什么呢？我首先要提到的就是音乐短片。音乐短片的出现并非偶然，它正是在电子视频效果设备被引进到剪辑室的时候出现的。重要的是，音乐短片经常将叙述纳入其中，但音乐短片中的叙述，不是从开

---

① Metz, "The Fiction Film and Its Spectator."

始到结束的线性叙述。音乐短片中的叙述以电影（或视频）影像为基础，但会对影像做出修改，让影像脱离传统电影现实主义的规范。通过手绘和图像处理对图像进行修改，这是好莱坞电影中隐藏的技术，而这一技术后来却在电视屏幕上得以公开呈现。同样，音乐短片也不再遵循照相写实主义的准则，使用来源不同的影像这一做法变成了一种美学策略。音乐短片这一类型成为一个实验场，供人们探索使用计算机处理摄影图像的各种可能性——在二维与三维、摄影与绘画、照相现实主义和拼贴之间存在着无数可能的空间。总之，音乐短片成为一本生机勃勃的、不断拓展的数字电影教科书。

音乐短片中影像（或更普遍地说，电子时代的广播图形）的演化值得另作一篇文章进行专门的分析，我在这里不再继续论述。我将讨论另一种全新的非叙述电影形式——光盘游戏，与音乐短片相比，从诞生之日起，其存储和分发就一直依赖于计算机。游戏光盘设计师与音乐短片的设计师不同，后者一直有意识地推动传统电影或视频影像向新的方向发展，而前者一直都在模仿传统电影，在模仿过程中，不经意地发现了一种新的视觉语言。

在 20 世纪 80 年代末，苹果公司开始推广计算机多媒体的概念，并于 1991 年发布了 QuickTime 软件，用户在普通的个人计算机上就可以播放电影。在最初的几年间，计算机没有很好地发挥这项新用途。首先，光盘的容量无法承载标准影院放映长度的影片。其次，计算机无法顺畅地播放任何一部比邮票大的电影。而且，电影必须被压缩，这降低了电影的视觉呈现效果。只有在图像静止时，计算机才能全屏显示那些栩栩如生的细节。

由于这些硬件的局限，光盘设计师发明了一套不同的电影语言，它包含一系列方法，如离散运动、循环和叠加。这些曾经在 19 世纪的运动影像演示、20 世纪的动画及先锋派的图形电影传统中使用的方法，现在应用于摄影图片和合成图像中。这种语言综合了电影幻觉和图形拼贴的美学，以异质性和间断性为特色。当电影和动画分道扬镳时，摄影式（photographic）和图形式（graphic）也随之各走各路，如今，它们又在计算机屏幕上重新相遇。

图形式也与电影式（cinematic）结合了。光盘设计师有意使用了 20 世纪摄影和电影的剪辑技术，但同时他们也不得不与交互格式和硬件限制相适应。因此，现代电影技术与 19 世纪运动影像融合成一种新的混合语言，我们可以称之为"影图"（cinegratography）。

让我们通过分析几个著名的游戏光盘，来回顾这一语言的发展脉络。畅销游戏《神秘岛》的开场是静止图像，然后从图像展开叙述，这不禁让我们回想起 19 世纪的幻灯秀（以及克里斯·马克 [Chris Marker] 的《堤》[*La Jetée*]）中的情景。① 但《神秘岛》另一方面也依赖 20 世纪的电影技术。例如，游戏使用模拟摄影机，从一幅画面切换到下一幅。它还采用了电影剪辑的基本手法，主观化地加快或减慢时间。在游戏的进程中，用户通过点击鼠标在一个虚构的岛屿上行动。每次单击都会推动虚拟摄像头向前运动，展现出新的三维环境视图。当用户走进地下房间时，两个连续影像之间的空间距离急剧减少。在之前，用户只需要点击几下鼠标就能够跨越整个岛屿，现在需要十几次点击才能走到楼梯底部！换句话说，与传统电影一样，《神秘岛》通过放慢时间来制造悬疑和紧张。

在《神秘岛》中，有些小型的动画嵌入到静止图像中。在后来的畅销游戏光盘《第七访客》中（*Virgin Games*, 1993）用户可以看到，制作方在三维计算机图形创建的静态背景上，叠加了真人演员的动态视频。这些视频循环播放，运动的人物形象在背景中棱角分明。这两个特点都将《第七访客》中的视觉语言与 19 世纪的"前电影"设备及 20 世纪的动画联系起来，与电影的逼真性关系不大。同时，像《神秘岛》一样，《第七访客》也很容易使人联想到现代的电影式符码：使用广角镜头渲染所有动作发生的环境（一个房子的内部）；从一个画面移到下一个画面时，摄影机仿佛安装在虚拟移动摄影上，走过一条复杂的曲线。

接下来，我们可以思考一下《非常任务》的游戏光盘（Sony Imagesoft，1995）。《非常任务》游戏是对同名电影的补充，在营销推广时，制作公司

---

① 这部影片拍摄于 1962 年。它几乎完全由静止画面构成，长度为 28 分钟。相关的文献记载，见 Chris Marker, *La Jetée: Ciné-roman* (New York: Zone Books, 1992)。

强调其不是一个"游戏"而是一部"互动电影",在游戏的整个过程中全屏视频贯穿始终。《非常任务》比以前的光盘游戏更加接近电影现实主义——但它仍然与电影现实主义不是一回事。所有的动作镜头都先在绿幕前拍摄,然后与图形背景进行合成,这种视觉风格处于电影和拼贴之间。

当然,如果将数字运动影像短暂的历史发展,看作一百年之前电影诞生史的重播,这也有其合理性。事实上,随着计算机运算速度的不断提高,光盘设计师已经从幻灯片形式,发展到在静态背景上小范围的叠加运动元素,最后发展到全屏幕的运动影像。这种演变重复了19世纪的进程——从静止的图像序列(灯影秀演示)到静态背景上运动的人物(例如,雷诺的观动镜剧场),发展到全运动影像(卢米埃尔兄弟的电影)。此外,1991年QuickTime的出现可以跟1892年活动电影放映机的出现相提并论:二者都用于呈现较短的循环段落,都以大约2～3英寸大小的影像为特色,都适合个人观看而不是集体观影。这两种技术甚至在文化中都扮演着类似角色。在19世纪80年代早期,活动电影放映机的顾客从窥视孔中看到机器呈现出的奇迹——小幅的运动影像排列成片段循环播放,而一百年后,Quicktime将计算机变成了电影放映机,虽然影像并不完美,计算机用户同样为QuickTime小影片着迷。[①] 最后一点,在1895年卢米埃尔兄弟的第一次电影放映中,巨幅运动影像震惊四座,在1995年的游戏光盘中,运动影像也终于填满了整个计算机屏幕(例如《非常任务》)。因此,在电影正式"诞生"的整整一百年之后,它又一次在计算机屏幕上重新诞生。

但这只是其中一种理解。我们不再认为电影的历史是走向一种语言的直线前进,或者说是一个向精确逼真发展的进程。相反,我们逐渐认识到,电影的历史是一连串不同的、同样富于表现力的语言集合,每一种语言都有独特的审美变量,每个新语言的产生都否定了之前语言的某些可能性——这一文化逻辑这与库恩关于科学范式的分析如出一辙。[②] 同样,以

---

① 我曾经详细地分析过这一类比,见"Little Movies"(http://visarts.ucsd.edu/~manovich/little-movies)。
② Kuhn, *The Structure of Scientific Revolutions*.

往我们会将早期多媒体作品的视觉策略看作技术限制的结果，现在我们不妨将它们看作传统电影式幻觉主义的另一条路径，看作数字电影新语言的开端。

对于计算机产业和娱乐产业而言，这些策略只是临时的限制，是一种有待克服的、不受待见的缺点。19世纪末的情况与20世纪末的情况有一个重要区别：当时的电影正在朝一个开放的、具有诸多可能性的前景发展，而现在，商业多媒体的发展以及相关计算机硬件的发展（压缩卡板，以及DVD等存储格式），由一个明确的目标——电影现实主义的精确复制——所驱动。所以说，计算机屏幕越来越多地模拟电影的银幕，这并不是偶然的，这是计算机和娱乐产业有意规划的结果。但是，正如"文化交互界面"一节中所描述的，无论是新媒体努力模仿经典的电影语言，还是将电影技术编码到软件交互界面和硬件中，都只是新媒体诸多发展方向中的一个方向。接下来，我将研究另一些新媒体和旧媒体对象，它们指向了另外的历史发展轨迹。

新的时间性：作为叙述引擎的循环

本书的基本假设之一是：通过回溯视觉文化与媒介的历史，特别是电影的历史，我们可以找到许多与新媒体设计有关的策略和技术。换一种说法，为了发展一套新媒体的新美学，我们不仅应该关注计算机在生成、组织、处理和分发数据方面所独具的全新可能性，同样也应该关注文化史。

在我们回顾文化史（其中包括迄今为止的新媒体历史），下面三种情况尤为重要：

- 某种曾一度被抛弃或被迫"转入地下"、没有充分发挥潜力的有趣的策略或技术。
- 因为技术限制而产生的策略，其面临的技术限制与新媒体所面临的技术限制相似。（这里，我特意使用了"限制"[constrains]这个更技术性的名词，而避免使用"局限"[limitations]这一具有意识形态色彩的名词。）
- 其使用情景与新媒体设计师所面临的情景极为相似的策略。例如，蒙太奇既是一种用于处理电影模块化的策略（如何将不同的镜头连接起来），也是协调不同媒体类型（如画面和声音）的策略。新媒体设计师也需要再一次面对这两种情景。

在讨论19世纪"前电影"时代的技术与新媒体语言之间的相似时，我已经使用过以上这些法则，这些法则也启发我思考将动画（20世纪电影的"地下"部分）作为数字电影的基础。现在，我将通过比较早期电影技术与新媒体技术的相似性，来探讨另一项用于新媒体的古老手段——循环。许多新媒体对象，不管是文化对象（如游戏）还是软件（以QuickTime播放器为代表的各种媒体播放器），在产品设计中都使用到了循环，并将循环看作一种暂时的技术限制。但我想从另一角度出发，来思考循环作为新媒体的一种全新可能性的来源。①

前一节中我已经提到，在爱迪生的活动电影放映机出现之前，19世纪"前电影"时期的所有设备都以短循环为基础。随着"第七艺术"走向成熟，循环被放逐到教学电影、色情窥视秀和动画片这类通俗艺术领域。相比之下，叙事电影避免重复，它采取了类似于现代西方小说的形式，提出人类的存在是由众多独立事件组成的线性过程。

电影诞生于循环形式，这在电影史上至少重演了一次。在《持摄影机的人》的一个片段中，维尔托夫向我们展现了一名摄影师站在行驶汽车上的画面：他一边随着汽车向前运动，一边摇动摄影机手柄。手柄的运动形成了循环和重复，进而产生了一系列事件——摄影机穿越空间，拍摄下沿途发生的一切。这是一种非常基本的叙述方式，也具有典型的现代意义。这些镜头与火车行驶的镜头剪辑在一起，似乎是对电影诞生之初的"火车进站"场景的指涉。维尔托夫甚至重新上演了卢米埃尔兄弟电影故意惊吓观众的场景——他将摄影机安置在火车轨道上，列车一次次地从我们的视

---

① 我曾在"Little Movies"这篇文章中比较了数字电影美学，比较了19世纪80年代早期电影、20世纪60年代结构主义电影和20世纪90年代新媒体的相似性。

角上碾压而过，带给我们一次又一次的震惊体验。

早期的数字电影与 19 世纪的"前电影"设备存在一个同样的问题，即有限的存储空间。这可能解释了为什么循环重放功能位于 QuickTime 的交互界面上，与录像机上类似的"播放"键具有同等重要的功能。所以，跟电影及录影带不同，QuickTime 影片本来就是按照顺序播放、回放或者循环播放设计的。计算机游戏也极度依赖循环。由于无法对每个人物进行实时动画处理，设计师存储了几个人物运动的短小循环——例如，敌方士兵或怪物的来回行走——这类场景在游戏中随处可见。互联网色情作品也极其依赖循环。很多网站以各式各样的"频道"为特色，这些频道本来应该播放正片长度的影片或"现场直播"。而实际上，它们通常只是一遍一遍地播放短小的循环片段（一分钟左右）。有时几部电影会切分成许多较短的循环片段，从而可以为成百上千个频道提供内容。①

新媒体的历史告诉我们，硬件的限制永远不会消失：它们会从某一领域消失，但还会在另一个领域重新出现。我已经注意到的一个例子是 20 世纪 80 年代三维计算机动画领域的硬件限制。在 20 世纪 90 年代，这种限制重新出现在一个新的领域——基于互联网的实时虚拟世界。曾经的限制是 CPU 速度慢，后来的限制是网络带宽有限。因此，20 世纪 90 年代的 VRML 世界正像是十年前预渲染动画的重新呈现。

对于循环而言，也存在相同的发展逻辑。早期的 QuickTime 电影和计算机游戏极度依赖循环。随着 CPU 速度增加，以及更大的存储媒介如只读光盘、DVD 的出现，独立的超媒体逐渐减少了对循环段落的使用。然而，Active Worlds 之类的在线虚拟世界中开始大量的使用循环，它们使用了一种较为便宜（就带宽和计算量方面而言）的手段，将一些"生命"迹象添加到几何形状的环境中。② 同样，我们可以预期，当数字视频出现在手机、掌上计算机（如 Palm Pilot）之类的个人信息管理器或无线通信设备的小型显示屏上时，由于带宽、存储或 CPU 限制，短循环的形式会再一次出现。

---

① http://www.danni.com.
② http://www.activeworlds.com.

这种循环是否会成为适用于计算机时代的全新叙述方式？[1]值得回顾的是，循环不仅催生了电影，也催生了计算机编程。编程通过一系列控制结构，例如"if/then""repeat/while"，来改变数据的线性流动，而循环语句是最基本的一种控制结构。大多数计算机程序都基于一系列步骤的重复，这种重复是由程序的主循环所控制的。所以如果我们除去计算机交互界面，直接观看计算机执行某个程序的过程，计算机将呈现为另一个版本的福特汽车工厂，而循环语句就像是流水作业的传送带。

计算机编程的实践表明，循环语句和顺序进程并非完全互斥。计算机程序的运行自始至终都伴随着一系列循环语句的执行。循环语句和顺序进程这两种时间形式如何协同工作？我们可以从一个例子来理解：荷兰UNSTUDIO建筑事务所的本·范贝克尔（Ben van Berkel）与卡罗琳·博斯（Caroline Bos）设计的"莫比乌斯之家"（Möbius House）。[2]在这个住宅里，大量功能不同的区域，按照莫比乌斯环的形式一个接一个连接起来，从而形成一个循环。随着一天之内各项活动的顺序变化，居住者从一个区域移动到另一个区域。

同样，传统赛璐珞动画也将叙述和循环结合起来。为了节省劳动力，动画师将许多动作编辑成短循环，一遍又一遍地重复，如运动人物的腿、眼睛和胳膊。因此，我在上一节中已经提到，在20世纪的卡通动画中，很大一部分的动作都包含循环段落。这一原理在雷布琴斯基的短片《探戈》中有了极致的体现。雷布琴斯基按照动画的逻辑编辑，将真人拍摄的每个人物穿过房间的运动轨迹作为一个循环片段。这些循环被进一步组合，形成一个错综复杂的、基于时间的结构。同时，这一结构的总体"形状"是由一系列叙述所决定的。电影的开始是一个空荡荡的房间，接下来是一个角色在这个房间里的循环轨迹，人物一个接一个地出现。电影的结尾呼应了开端部分，按照人物出场的相反顺序一个一个"删除"循环。这

---

[1] 纳塔利娅·布克金（Natalie Bookchin）的光盘作品 *Databank of the Everyday*（1996）研究了作为日常生活结构的循环。我在这个项目中承担了主要摄影工作和一些界面设计工作，因此本书没有进一步讨论这一作品。
[2] Riley, *The Un-private House*.

可以说是一个人生命历程的隐喻（我们生来就独自一人，逐渐形成与其他人的关系，最终孤独的死去），这种隐喻也得到了另外一种叙述的支持：房间里出现的第一个人物，是一个小男孩，最后离开房间的，是一位老太太。

以循环作为"引擎"将叙述付诸实践的概念，成为著名的交互式电视节目《水族馆》（Akvaario）的理论基础，这一电视节目由赫尔辛基艺术与设计大学的几位研究生制作完成（指导教师为泰约·佩利宁［Teijo Pellinen］，1999）。① 许多新媒体对象都将电影、印刷品与人机交互界面相结合，而《水族馆》与此不同，在力图保存传统电影流畅性的同时，在其中增加了交互性。新媒体作品大多都以非交互片段和交互部分交替切换为基础，打破这种套路的案例有早期的游戏《非常任务》（SONY，1995），以及格雷厄姆·魏因布伦在20世纪80年代创作的、具有先驱意义的交互激光光盘计算机装置，还有《水族馆》这个罕见的新媒体叙述案例。

这一节目使用了人们熟悉的游戏惯例——诸如电子宠物（1996～）这类游戏的惯例，要求电视观众"负责照顾"一个虚构的人类角色。② 大多数镜头展示了这一人物在公寓中从事不同的活动——吃晚饭、看书、发呆。镜头的衔接遵循了电影和电视剪辑的标准惯例。得到的结果乍看起来是一部常规的电影，虽然显得有点过长（这一项目计划在数月中每天播放三个小时），其不同之处是：所有镜头都是由计算机程序从数百个镜头组成的数据库中实时选择出来的。

观众通过在屏幕底部的四个按钮中选择，可以控制角色的运动。当观众按下一个按钮时，计算机程序会选择一段影像，在当前的片段结束之后播放。由于标准剪辑中不同片段之间本来就存在视觉、空间和参照系统的间断性，观众会把这种切换解读为传统的叙述。电影或电视的观众并不期待两个连续镜头一定会呈现相同的空间或相继的时间。因此在《水族馆》中，计算机程序可以通过从数据库中选择镜头，来"编织"无数条叙述脉

---

① http://www.mlab.uiah.fi/.
② 我的分析以1999年10月见到项目原型为基础。最终完成的项目中预期将有一位男性角色和一位女性角色。

络。所有的镜头共享一个主人公，这保证了生成的"叙述"具有足够的连续性。

在前面的部分中，我论述了"数据库叙述"，而《水族馆》就是第一批"数据库叙述"的例子。换句话说，《水族馆》是一种叙述，充分利用了数据的数据库结构特征。人类具备按照不同维度将数据库记录进行分类的能力，以及整理数据库记录、快速检索记录，连续地传输大量不同记录的能力，而数据库叙述就是以这类能力为基础而实现的。

在《水族馆》中，循环成为连接线性叙述和交互控制的桥梁。在游戏开始时，几个镜头一个接一个，在一个循环中不断播放。观众按下按钮选择人物的动机，随后，循环便转为叙述。镜头停止重复，开始显示一系列新的画面。如果观众不按任何按钮，叙述又会变回一个循环。也就是说，几个镜头又开始一遍一遍地重复。在《水族馆》中，叙述从一个循环而来，又将返回到下一个循环中去。历史上，现代虚构电影诞生于循环，循环又是电影作为一种交互形式重生的条件之一。在《水族馆》中，循环的使用不是陈旧的历史残余物，也不是对电影发展的抵抗，而是为基于计算机的电影提供了一种全新的时间美学。

让-路易·布瓦西耶（Jean-Louis Boissier）的作品《植物群》（*Flora petrinsularis*）以另一种方式实现了循环中包含的可能。① 这一作品以卢梭（Rousseau）的《忏悔录》（*Confessions*）为基础。作品开始时是一个白色屏幕，上面有一个编号列表。点击任一项目，我们会转到另一屏，其中有两个并排的窗口。两个窗口中显示两段相同、由几个镜头组成的视频。两个视频播放速度是不同步的，因此出现在左侧窗口的图像，过一会儿会在右侧窗口出现，反之亦然，仿佛一条看不见的波状运动正在穿过屏幕。这一波形很快就变得具体化——当我们点击窗口，我们会转到新的一屏，还是有两个窗口，每个窗口都显示着一段水面涟漪有节奏地波动的循环视频。水面的循环可以看作两个正弦波在相位上的偏移。这种结构，成为第一屏画面结构的元文本。换句话说，水面的循环成为示意图，展现了第

---

① Flora petrinsularis (1993) is included in the compilation CD-ROM, Artintact 1 (Karlsruhe, Germany: ZKM/Center for Art and Media, 1994). 其他的 ZKM 出版物可见于 http://www.zkm.de。

屏画面中控制镜头关系的循环结构的示意图。这就像20世纪初，艾蒂安-朱尔·马雷和吉布森夫妇（Gibsons）在对电影的研究中制作出的人类运动的示意图。

每次鼠标的点击，都会打开一个新的循环，观众成了剪辑师，但不是传统意义上的剪辑师。观众不会像传统剪辑师那样，在创建一个特定叙述顺序的同时弃用一些素材，而是一个一个地将许多层看似同时发生的循环动作呈现出来，将大量独立但共存的时间性展现出来。观众不是在剪辑，而是在重新洗牌。维尔托夫的电影使用循环生成了叙述，而在《植物群》中，情况与此相反，在观众试图创建一个叙述时，一个循环就会生成。

我们可以使用蒙太奇理论来分析《植物群》的循环结构。从这个角度来看，在两个相邻窗口中图像的重复可以解释为爱森斯坦所谓的"节奏蒙太奇"（rhythmical montage）。也就是说，布瓦西耶将蒙太奇分解开来。在传统的时间蒙太奇中，镜头在时间中是相连的，而在这个作品中，镜头在空间中是相邻的。此外，以往的蒙太奇由剪辑师按照某种结构"硬连接"（hard-wired）起来，而在这里，用户在窗口间移动鼠标，可以激活许多镜头组合的方式。

在这一作品中，我们也可以找到传统的时间蒙太奇的例子——从第一屏中一个女人的特写镜头，转到第二屏中的水面，再转回到第一屏，我们可以将其解释为传统的平行剪辑。在电影中，平行剪辑是指两个主体交替出现，例如，在追逐段落中，镜头可能在前后两辆车之间来回切换。然而，在这个例子中，水的影像一直存在于女人特写镜头的"下面"。所以这里的逻辑依然是共存的，而不是替换的。

《植物群》中多个层面的循环结构，成为人类欲望永远无法实现的隐喻。它还可以解读为一种关于电影现实主义的评论。如果想要创造一种现实的印象，最小的必要条件是什么？如布瓦西耶所示，一片草地、一棵植物或水流的特写，只需要几段循环影像，就足以产生真实生活和线性时间的幻觉。

斯蒂芬·尼尔描述了早期电影如何通过表现自然的运动来证明其真实性："（在摄影中）所缺乏的是风，一种真实的、自然运动的所指。因此人们不仅迷恋运动、迷恋画幅的大小，也迷恋海波与浪花、迷恋烟与雾。"① 早期电影曾经以忠实地记录自然运动为最大的自豪和成就，而到了布瓦西耶的作品中，这成了一种讽刺和忧郁的模拟。随着计算画面的反复循环播放，我们看到绿草的叶子轻轻地前后摇曳，有节奏地回应着不存在的风，仿佛是计算机在光盘上读取数据的噪音。

也许是无心之举，但《植物群》还模拟了其他的对象。在观看光盘的时候，计算机会时不时地卡顿，不能保持稳定一致的数据流速率。因此，屏幕上的图像运动忽快忽慢，像人类的行为一样有着轻重缓急。这样看来，为运动影像带来生命的仿佛不是数字计算机，而是一个半世纪之前某位转动着走马盘手柄的人类操作员……

空间蒙太奇和巨观电影

《植物群》不仅是一个循环，还可以看作向（我所谓的）空间蒙太奇迈出的重要一步。布瓦西耶没有像传统的电影那样一帧一帧的呈现画面，而是将两个画面并置，这可以看作空间蒙太奇的一个最简单的例子。一般情况下，空间蒙太奇可能涉及一系列图像，它们大小不同，所占的比例各异，在同一时间出现在屏幕上。当然，这种并置本身不会产生蒙太奇，它需要导演来建立起逻辑关系——决定哪些图像组合在一起呈现，它们何时一起出现，以及相互之间形成什么样的关系。

不同于电影中传统的时间蒙太奇，空间蒙太奇另辟蹊径，以空间序列的模式取代传统的时间序列。福特的流水生产线对生产流程进行分解，使之成为一套简单、重复的序列活动。计算机编程也是如此：计算机程序将一项任务分解为一系列基本操作，并逐一执行。电影也遵循这一工业化生产逻辑，使用顺序叙述取代所有的叙述模式，在屏幕上逐一展示流水线式组接起来的镜头。然而，在欧洲视觉文化史中，空间叙述占据重要的位置，这种空间叙述与前面描述的时间叙述全然不同。从乔托为位于意

---

① Neale, *Cinema and Technology*, 52.

大利帕多瓦市斯克罗维尼礼拜堂所作的壁画系列，到库尔贝的《奥尔南的葬礼》(A Burial at Ornans)，艺术家在一个空间中呈现了众多的独立事件，这一空间是绘画中的虚拟空间，也是观众眼中的真实空间。在乔托的壁画系列作品和其他画家的壁画圣像系列作品中，每个叙述事件都是单独框起的一幅画，但放眼望去，这些画作可以组合在一起观赏。还有一类例子是：画家将不同的事件呈现在同一个图像空间中。有时，形成一个叙述的不同事件发生在不同时间，它们也都被描绘在同一幅图画中。更多情况下，一幅画的主题成为展示一系列独立的"微型故事"（例如，荷兰画家希罗尼穆斯·博斯［Hiëronymous Bosch］和彼得·勃鲁盖尔［Peter Bruegel］的作品）的借口。总之，与电影按时间顺序排列的镜头组织方式不同，空间叙述中所有的"镜头"都可以同时呈现给观众。像19世纪的动画一样，空间叙述在20世纪并没有完全消失，而是被归入了西方文化中另一种次要的艺术形式——漫画。

空间叙述的边缘化，顺序叙述模式的盛行，都与人类科学中历史范式的兴起不谋而合，这种巧合并不是偶然的。文化地理学家爱德华·苏贾认为，19世纪后半期历史的崛起，伴随着空间想象力的下降，以及社会分析中空间模式的衰落。① 苏贾认为，在20世纪最后几十年，这种模式卷土重来，体现在"地缘政治"和"全球化"这两个日益重要的概念上，空间分析在后现代主义理论中起到了关键作用。事实上，虽然20世纪中一些最优秀的思想家，包括弗洛伊德、帕诺夫斯基和福柯，都能够在他们的理论中将历史模式和空间模式的分析结合起来，但他们通常是例外，而不是常态。这也同样适用于电影理论，从20世纪20年代的爱森斯坦到20世纪80年代的德勒兹，电影理论关注的更多是时间结构，而不是空间结构。

20世纪的电影实践通过在时间中将不同画面彼此替换，阐明了蒙太奇的复杂技术，然而，并置图像的"空间蒙太奇"尚未得到系统性的探讨。（因此，电影也倾向于牺牲空间想象来实现历史想象）。值得我们瞩目

---

① Edward Soja, keynote lecture at the "History and Space" conference, University of Turku, Turku, Finland, October 2, 1999.

的是一些例外的情况：20世纪20年代阿贝尔·冈斯在电影《拿破仑》中使用了分割银幕；20世纪60年代美国实验电影工作者斯坦·范德比克（Stan Van der Beek）也使用了分割银幕；20世纪60年代"延伸的电影"（expanded cinema）运动中的一些作品，或确切地说，一些事件；1967年世博会捷克馆中展览的具有重要意义的多图像多媒体演示。埃米尔·拉多克（Emil Radok）的作品《Diapolyeran》由112个独立的立方体组成，每一个立方体上可以投射160种不同图像。拉多克能够单独"导演"每个立方体上的画面。据我所知，从此以后再也没有人尝试使用任何技术重建这种复杂的空间蒙太奇。

传统电影技术和视频技术的最初设计就是用一个画面填满整个银幕（屏幕）。因此，为了进一步探索空间蒙太奇，电影工作者不得不跟技术"对着干"。这在某种程度上解释了为什么很少有人尝试空间蒙太奇。然而，在20世纪70年代，当银幕（屏幕）变成比特映像（bit-mapped）的计算机显示屏，每个像素对应着一个计算机程序可以动态更新的内存位置，一个画面对应一个银幕（屏幕）的逻辑被打破了。施乐帕克研究中心在Alto工作站上取得进展之后，图形用户交互界面开始使用多视窗。由此推断，以运动影像为基础的文化形式最终也会采用类似的做法。在20世纪90年代的一些计算机游戏中，如《黄金眼》（任天堂与RARE工作室合作，1997）中，已经使用多个窗口，以不同视角同时呈现某一动作。可以预期，基于计算机技术的电影最终也将殊途同归，采用同样的惯例——尤其是随着数据传输不再受带宽限制，显示器分辨率大幅提升，从2000年普遍的1～2K到未来的4K、8K乃至更高。我相信下一代电影（宽带电影或巨观电影）将把多视窗纳入电影语言。当这种情况发生时，被20世纪电影所压抑的空间叙事传统将重现人间。

关于空间叙述如何进一步在计算机上发展，现代视觉文化和艺术为我们提供了许多想法，那么空间蒙太奇呢？换句话说，如果我们将两个不同的文化传统——文艺复兴和巴洛克时期画家作品中信息密集的视觉叙述，与20世纪电影导演作品中"需要全神贯注"的镜头并置——相结合，会发生什么碰撞呢？来自莫斯科的青年艺术家奥利亚·利亚丽娜制作的网页作品《我的男朋友从战场回来了！》(*My boyfriend came back from war!*)可以理解为对这个方向的探索。[1] 利亚丽娜使用 HTML 在框架之内建构框架，引导我们观赏一个故事。故事从单屏开始，随着观众点击不同的链接，这一屏幕逐渐被分割为越来越多个画面。自始至终，屏幕的左边部分一直显示着这对情侣的画面和一个不断闪烁的窗口。在用户与作品交互的过程中，屏幕右边的文字与图像不断变化，屏幕左边的两个画面与屏幕右边的文字与图像不断形成新的组合。随着叙述激活了屏幕的不同部分，时间蒙太奇让位给了空间蒙太奇。换一种说法，我们可以说蒙太奇获得了一个新的空间维度。除了电影（画面内容、构图和运动的差异）已经探索出的蒙太奇的维度以外，我们还拥有了一个新的维度——在空间中电影画面之间的位置关系。此外，片中的画面并没有像电影中的镜头一样彼此取代，而是在整个电影的过程中一直留存在屏幕上。每个新出现的画面与在它之前的画面以及所有的其他画面一起，并置呈现在屏幕上。

电影特色的替换逻辑，让位给了加法逻辑和共存逻辑。时间变得空间化，分布于屏幕的表面。在空间蒙太奇中，什么都不需要忘记，什么也不会被删除。就像我们使用计算机积累无穷无尽的文本、消息、注释和数据一样，就像一个人走过自己的人生，慢慢积累起越来越多的回忆，过去所累积的重量逐渐超过未来一样，空间蒙太奇可以在叙述的过程中积累事件和影像。电影银幕主要记录的是感知，与此相比，计算机屏幕记录的是记忆。

我已经提出，空间蒙太奇也可以看作一种适用于多任务、多窗口的图形用户交互界面的美学。米歇尔·福柯在他的演讲《论异度空间》(Of other spaces)中提到："我们身处在一个同时性的时代：这是一个并置的年代，是远近相交、内容并置的年代，是星罗散布的年代……我们对世界的体验与其说是在时间中发展的漫长生命，不如说是一个点与点相联系、各种联系相互交叉的网络……"[2] 在20世纪70年代早期发表这篇文字

---

[1] http://www.telepolis.de/tp/deutsch/kunst/3040?1.html。利亚丽娜的其他网络艺术作品，见 http://www.teleportacia.org。

[2] Michel Foucault, *Dits et ecrits: Selections*, vol. 1 (New York: New Press, 1997).

的时候，福柯所预示的不仅是网络社会，例如互联网（"联系着不同点与点的网络"），还有图形用户交互界面（"同时性的时代……内容并置的年代"）。图形用户交互界面允许用户在同一时间运行大量的软件应用程序，它使用多窗口重叠的方式来呈现数据和控件。桌面为用户同时呈现了多个图标，而且这些图标是持续"激活的"（因为用户随时都可以点击这些图标），这种桌面的设计也遵循着类似的"同时性"和"并置"的逻辑。在计算机编程层面上，这种逻辑对应于面向对象的程序设计。在类似福特的流水装配线上，程序一次执行一个语句。面向对象的范式与此不同，它以一系列对象相互发送信息为特点。这些对象都是同时处于激活状态。面向对象的范式与图形用户交互界面的多个窗口协同工作。事实上，面向对象的方法曾被用于最早的麦金塔计算机图形用户交互界面的编程，它用多窗口和多图标的同时性逻辑取代了"一次一个命令"的 DOS 逻辑。

《我的男朋友从战场回来了！》中的空间蒙太奇遵循了现代图形用户交互界面的同时性逻辑。图形用户交互界面中同时激活的多个图标和窗口，成了这个网页艺术作品中同时激活的多个画面和超链接。在图形用户交互界面中，用户可以在任何时间点击任何图标，从而改变计算机环境的整体"状态"。同样，利亚丽娜的网站用户可以激活各种同时存在的超链接。一个动作要么会更改某一个画面中的内容，要么会创建一个或几个新的画面。这两种情况中的任一种都会影响到整个屏幕的"状态"。结果是得到了一种全新的电影，其历时性维度不再优先于共时性维度、时间不再优先于空间、顺序排列不再优先于同时发生、时间蒙太奇不再优先于单一镜头中的蒙太奇。

电影作为信息空间

正如前面讨论的，电影语言最初是发生在三维空间中故事的交互界面，现在正在成为所有类型的计算机数据和媒体的交互界面。我举例说明了这种语言中的元素，如矩形取景框、运动摄影机、图像过渡、时间蒙太奇和单一影像内部的蒙太奇等，是如何在人机交互界面、软件应用交互界面和文化交互界面中再次出现的。

另一种思考新媒体交互界面与电影之间关系的方法,就是把电影阐释为信息空间。如果说人机交互界面是通往计算机数据的交互界面,一本书是通往文本的交互界面,那么电影可谓通往发生在三维空间事件的交互界面。正如之前的绘画一样,电影呈现出可见的现实中我们熟悉的影像——室内陈设、风景地貌及人物性格,并将这些安置在矩形画框中。从大量留白到高度密集,不同的画面布局形成不同的美学风格。大量留白的例子包括莫兰迪(Morandi)的绘画和《晚春》(小津安二郎,1949)中的镜头。高度密集的例子包括博斯和勃鲁盖尔的绘画(以及很多北欧文艺复兴时期画家的绘画),以及《持摄影机的人》中的许多镜头。[1] 其中,高密度的"影像陈列"很容易与当代信息密集化的陈列方式联系起来,例如包含大量超链接的门户网站,以及流行的软件包交互界面(它们为用户提供的大量命令选项)。当代信息设计师是否借鉴了过去的信息陈列方式,特别是电影、绘画和其他遵循密度美学的视觉形式呢?

进行这种比较联系的时候,我再一次借鉴了艺术史学家斯韦特兰娜·阿尔珀斯的研究,她认为意大利文艺复兴时期的绘画主要关注叙述,而17世纪的荷兰绘画侧重于描写。[2] 意大利文艺复兴的画家将细节置于叙事动作之后,敦促观众关注一个主要事件。而荷兰绘画特别关注细节,因此观众的注意力更均匀地分布在整个画面上。荷兰绘画是一扇通往幻觉空间的窗口,也是一个贴心的目录,其中包含不同对象,不同的材料表面,以及画中微小细节的光线效果(例如,维米尔的作品)。这些画作密集的表面很容易让人联想到当代的各种交互界面。此外,它们还可以联系到未来巨观电影的美学,到那个时候,数字显示器的分辨率将远远超出模拟电视和电影的分辨率。

---

[1] 安妮·霍兰德(Anne Hollander)在《运动图像》(*Moving Pictures*)中介绍了绘画和电影共享的组合策略和布景策略,这是一个有用的资源,我们可以依此进一步思考这些共享的策略如何成为当代信息设计的前身,见 Anne Hollander, *Moving Pictures*, reprint edition (Cambridge, Mass.: Harvard University Press, 1991). 另一本系统性比较研究了这两种媒介中的组合策略和布景策略的书,见 Jacques Aumont, *The Image*, trans. Claire Pajackowska (London: British Film Institute, 1997)。

[2] Alpers, *The Art of Describing*.

来自巴黎的电影工作者克里斯蒂安·布斯塔尼（Christian Boustani）所拍摄的计算机电影三部曲（图形和计算机效果由阿兰·埃斯卡勒［Alain Escale］制作）进一步发展了这种密度美学。布斯塔尼从文艺复兴时期的荷兰绘画以及古典日本艺术中汲取灵感，使用数字合成在电影中实现了前所未有的密集信息。虽然这种密集性在他所借鉴的传统中是典型存在的，但以前从来没有在电影中实现。在《布鲁日》（*Brugge*，1995）中，布斯塔尼重现了17世纪荷兰绘画中典型的冬日景观。他随后的一部电影《一次航行》（*A Viagem*，1998）中，实现了更高的信息密度，这部电影中的某些镜头使用了多达1600个独立图层。

这种全新的电影式密度美学似乎非常适合我们的时代。从城市街道到网页，我们被包围在高度密集的信息中，因此电影中出现类似的逻辑，似乎是理所应当的。同样，我们可以将空间蒙太奇作为另一种当代日常生活经验的反映——在计算机上同时使用大量的应用程序。如果说我们现在已经习惯于将注意力从一个程序快速转移到另一个程序，从一套窗口和命令转移到另一套，我们也会认为，诸多视听信息流的同时呈现比单一的传统电影更令人满意。

在《一次航行》中，高密度的镜头重新创建了一个文艺复兴时代的市场，它是新兴资本主义的象征，正是这类市场带来了文艺复兴绘画中的新密度。（举个例子，荷兰静物画起到了商场橱窗的功能，让观赏者叹为观止，并进一步诱导观赏者进行购买。）同样，20世纪90年代互联网的商业化带来了网页的新密度。在90年代末，所有的大公司和互联网门户网站的主页，都已经成为包含几十个小类的条目索引。屏幕上的每个小区域都可能放置利润丰厚的广告或通往另一个网页的链接，在这里空白美学和极简主义美学再无用武之地。因此，商业网站与资本主义社会的视觉文化共享相同的信息密度美学、争奇斗艳的符号和图像，这没什么好奇怪的。

利亚丽娜的空间蒙太奇主要以HTML框架和用户激活这些框架中图像的操作为构成作品基础，布斯塔尼的空间蒙太奇则是更纯粹的电影式和绘画式手段。他将摄影机运动、电影中物体的运动与传统荷兰绘画中的"超级写实主义"（hyperrealism）相结合，将一切都放置在"焦点"之中。在以往的电影中，"景深"是不可避免的，这限制了影像中所包含的信息密度。布斯塔尼的成就在于，他的作品画面上每一个细节都是"对焦"的，同时整体画面也是清晰可辨的。这只有通过数字合成才能实现。通过将可见的现实变为数字，计算机为我们提供了一种全新的观看方式。根据本雅明的观点，20世纪早期的电影使用特写镜头"使对象在空间上和人性化方面都更加'接近'"，"人们可以在很近的距离'抓住'对象"，其结果摧毁了对象的光晕。那么，我们可以说布斯塔尼的数字合成使对象接近观众，而不需要将它们从原有的位置"抓"出来。当然，另一种相反的解释也是成立的：我们可以说，布斯塔尼的数字眼是超人的。他的视觉可以被视为赛博格的目光或者计算机的视觉体系，任何距离的事物在超人眼中都能同样清晰。

本雅明仔细考察了各类具有原型意义的感知空间的现代性，包括工厂、电影院、商场。他认为，在工作场所内外的感知体验是一致的。

> 爱伦·坡（Allan Poe）笔下的路人似乎是漫无目的地将目光投向各个方向，而今天的行人必须这样做，以便及时发现交通信号。因此技术的发展，使得人类的感官系统进入到一种复杂的训练。终于有一天，这些全新而迫切的刺激需求与电影相遇。在电影中，震惊式的感知体验成了一项正式法则。决定了流水线上的生产节奏的东西，成为电影中的观赏节奏的基础。①

对于本雅明来说，在知觉的现代化体制中，不管在工作还是在休闲时，眼睛都要不断地处理各种刺激。眼睛被不断训练，一方面要跟上工厂中工业生产节奏的步伐，另一方面也要在工厂以外的复杂视觉符号领域中导航。可以预料到，计算机时代将遵循同样的逻辑，在工作与家庭环境中，在计算机屏幕内外，向用户呈现出同样结构的感知经验。事实上，正

---

① Walter Benjamin, "On Some Motives in Baudelaire," in *Illuminations*, 175.

如我指出的，我们在工作和休闲活动中使用的是相同的交互界面——网页浏览器就是最明显的一个例子。另一个例子是将飞行模拟器和军事模拟器的交互界面使用在同类的计算机游戏中，后来又使用在飞机和其他工具的实际操控中（可以回忆一下那个流行一时的说法，海湾战争可以看作一场"电子游戏战争"）。但是，本雅明感到遗憾的是工业社会的主体失去了传统时期的感知自由，现在的感知被工厂、现代化城市和电影严格规范。从不同于本雅明角度的另一方面思考，我们可以把工作空间中的信息密度作为一个新的审美挑战，它有待探索而不需谴责。同样，我们应当探讨用户使用计算机体验（这是一种重要的现代生活体验）的各个方面所带来的美学可能，包括图形用户交互界面的动态窗口、多任务处理、搜索引擎、数据库、导航空间等。

电影作为代码

当适用于无线通信、多任务操作系统和信息应用的全新文化形式出现时，它们将会是什么样子？如果它们出现在我们眼前，我们如何辨识出来？未来的电影看起来会像《黑客帝国》中的"数据雨"一样吗？施乐帕克中心那个著名的喷泉会根据互联网实时传输的股票数据，用水流变化反映出股市的走强或趋弱，这种形式是否代表着公共雕塑的未来呢？

我们还不知道这些问题的答案。然而，艺术家和批评家们可以做的，是通过展现（而不是隐藏）新媒体的新属性，来指明新媒体的全新属性。最后一个例子，我将讨论武克·科西克（Vuk Cosic）的美国信息互换标准代码电影（以下简称 ASCII 电影），它有效地呈现了计算机运动影像的一个特点——作为计算机代码的身份。[①]

我们可以将科西克的电影与本书开头援引的 20 世纪 30 年代楚泽的"旧片重制电影"联系起来，而且与 60 年后第一部全数字长片——卢卡

---

① http://www.vuk.org/ascii.

斯的《幽灵的威胁》联系起来。① 楚泽在电影画面上叠加了数字代码。而卢卡斯使用的是相反的逻辑：在他的电影中，数字代码隐藏在画面的"底下"，也就是说，影片中的大多数影像都存放在计算机工作站中。在后期制作过程中，影像成为纯粹的数字化数据。电影画面不再由演员的身体、面孔或风景构成，而由数字构成。因此，这部影片可以称为第一部商业抽象长片——两个小时的影像画面都由数字矩阵构成。但观众并不知道这一切。卢卡斯意在隐藏，而科西克则致力于揭示。他的 ASCII 电影将媒体的新状态"表现"为数字化数据。他将一幅图像经过数字化处理之后得到的 ASCII 代码，显示在银幕上。这样处理之后得到的结果，在诗意上或概念上都是令人满意的。因为我们得到的是一个双重的形象：一个可识别的电影形象和一个抽象的代码。两者是同时可见的。因此，科西克的做法与楚泽的电影中为了代码而抹除图像的做法，以及卢卡斯电影中将代码隐藏起来的做法不同，在科西克的电影中，代码和图像是共存的。

格布哈特·森格米勒（Gebhard Sengmüller）的《黑胶录像》（Vinyl-Video）项目使用陈旧的黑胶磁盘录制电视节目和电影。② 科西克的 ASCII initiative③ 与它类似——ASCII initiative 是一个将媒体内容从一种过时的格式转换到另一种格式的系统程序。这些项目提醒我们，至少从 20 世纪 60 年代开始，媒体的转化已经成为文化的核心内容。电影转化为视频，视频从一种格式转化为另一种格式，视频转化为数字化数据，数字化的数据从一种格式转化为另一种格式（从软盘到 Jaz 驱动器，从 CD 到 DVD，等等），无穷无尽的转化不断进行。艺术家们很早就发现了这种新的文化逻辑：早在 20 世纪 60 年代，罗伊·利希滕斯坦和安迪·沃霍尔就已经以媒体转换为基础来创作艺术作品。在森格米勒和科西克看来，处理现代社会淘汰的内置媒体，唯一的方法就是带着嘲讽的态度使这些死去的媒体复

---

① 我之所以把《幽灵的威胁》，而不是皮克斯公司 1995 年出品的第一部动画长片《玩具总动员》(Toy Story) 作为第一部数字电影，是因为前者以人类演员和真正的场景为基础，使用计算机动画作为补充。换句话说，与《玩具总动员》中引用卡通和计算机动画传统的做法相比，《幽灵的威胁》是一部在计算机上模拟传统真人拍摄的电影。
② http://www.onlineloop.com/pub/VinulVideo.
③ www.vuk.org/ascii/aae.html

活。森格米勒把老式的电视节目转录到黑胶磁盘上；科西克将老电影转化为 ASCII 影像。①

为什么我把 ASCII 图像称为过时的媒体格式？在 20 世纪 80 年代末，可以自动输出栅格数字图像的打印机进入大众市场，因此，将图像转化为 ASCII 代码，再使用点阵打印机将图像打印出来，这一过程变得常见。在 1999 年，我惊讶地发现，我的 UNIX 系统上还能找到相关的程序。这些命令就叫作"字符"（toascii），根据 UNIX 系统中程序指南的说法，它们可以用来"打印文本，用来呈现输入的黑白图像"。

引用早期计算的做法不是科西克所独创的，其他网络艺术家也这样做。Jodi.org 网站是由琼·海姆斯凯克（Joan Heemskerk）和德克·佩斯芒斯（Dirk Paesmans）带领的艺术团队打造的著名网络艺术（net.art）项目，这一项目常使人联想到 DOS 命令，以及 20 世纪 80 年代计算机终端特有的绿色。②在 20 世纪 90 年代后期，俄罗斯网络艺术家阿列克谢·舒利戈尔金使用旧的 386 计算机表演音乐。③但在 ASCII 代码的例子中，代码的使用不仅使人联想到计算机文化史中的一段独特插曲，而且还联系到各类媒体技术和通信技术的早期形式。ASCII 是"American Standard Code for Information Interchange"（美国信息互换标准代码）的首字母缩略词。代码最初应用于电传打印机，到了 20 世纪 60 年代，ASCII 被计算机采用。电传打印机是 20 世纪的电报系统，将打字机键盘输入的内容转化为一系列编码的电脉冲，通过通信线路传输到可以解码脉冲的接收系统中，然后将内容打印到纸张或其他媒体上。电传打印机出现在 20 世纪 20 年代，随后被广泛使用（当时，电传是最常见的系统），直到 20 世纪 80 年代之后逐渐被传真和计算机网络取而代之。④

ASCII 码是让-莫里斯-埃米尔·博多（Jean-Maurice-Emile Baudot）

---

① 见 Bruce Sterling's Dead Media Project http://eff.bilkent.edu.tr/pub/Net_culture/Folklore/Dead_Media_Project/。
② www.jodi.org.
③ www.easylife.org/386dx.
④ "teleprinter," Encyclopædia Britannica Online, http://www.eb.com:180/bol/topic?thes_id=378047.

在1874年发明的早期代码（博多码）基础上进行扩展的产物。在博多码中，字母表中的每个字母都使用五个开关电流信号的组合来表示，这些信号的长度都是相等的。ASCII码扩展了博多码，使用八个元素组合（即八个"比特"或一个"字节"）来表示256个不同的符号。博多码是在摩斯码的基础上改进的，而摩斯码是为了19世纪30年代的电报系统而发明出来的。

因此，ASCII码的历史中浓缩着历史上一系列技术和概念的发展，这些发展带来了现代数字计算机——包括密码系统、实时通信、通信网络技术、编码系统（而且我肯定带来的不仅有这些）。科西克将ASCII码与电影史并置，完成一种所谓的"艺术浓缩"，除了展现出运动影像作为计算机代码的新状态，他也在这些影像中"编码"了许多关于计算机文化和新媒体艺术的重要议题。

本书指出，在计算机时代，电影与其他现存的文化形式实际上已经成为一种代码。这种代码被用来传播所有类型的数据和经验，它的语言既体现在软件程序的交互界面和默认设置中，也体现在硬件之中。然而，虽然新媒体增强了现有的文化形式和语言（包括电影语言），也为重新定义它们打开了大门。现有文化形式和语言的交互界面中的各类元素，告别了它们在过去所连接的那些数据类型。此外，曾经位于背景中，或者处于边缘的文化可能逐渐步入中心地带，例如，动画开始挑战电影，空间蒙太奇开始挑战时间蒙太奇，数据库开始挑战叙述，搜索引擎开始挑战百科全书，而且，更重要的是，文化的在线传播模式开始挑战传统的"离线"传播模式。借用计算机文化的说法，我们可以说新媒体将文化和文化理论转化为一种"开源代码"。从根本上看，文化技术、文化习俗、文化形式和文化概念的开放，是计算机化带来的影响最为深远的文化效应——这是一个重新了解世界和人类的机会，是"持摄影机的人"不曾有过的机会。

索 引

Abstract Expressionist paintings, 抽象表现主义绘画, 306
Acrobat software, Acrobat 软件, 16
Action, 行动
　illusions versus, 幻觉, 164–167
　narrative and, 叙述, 247
　representation versus, 呈现, 17
Active Worlds, Active Worlds, 197, 317
Adobe software, Adobe 软件, 16, 137, 155–156, 另见 Photoshop software
Adorno, Theodor, 西奥多·阿多诺, 37, 125
Advanced Research Projects Agency (ARPA), 美国高级研究计划署 (APRA), 102
Advertising banners, 横幅广告, 42, 123
Aesthetic dimension, 美学维度, 66–67
Aesthetic object, 审美对象, 163–164
After Effects software, After Effects 软件, 137, 156
AI software, AI 软件, 33–34, 183
Akvaario (Aquarium), 《水族馆》, 318–319
AL software, AL 软件, 32, 67–68, 182
Aladdin, 《阿拉丁》, 306
Alberti, Leon Battista, 莱昂·巴蒂斯塔·阿尔伯蒂, 80–81, 95, 105
Algorithms, 算法,
　animation and, 动画, 3, 190–191
　database and, 数据库, 221–225
　object and, 对象, 27
　simulation and, 模拟, 193
　texture-mapping, 纹理映射, 53
Alias/Wavefront software, Alias/Wavefront 软件, 80, 137, 155, 197
Alice in Wonderland, 《爱丽斯漫游奇境》, 112, 290
ALIVE (virtual environment), ALIVE (虚拟环境), 33
Alpers, Svetlana, 斯韦特兰娜·阿尔珀斯, 90–91, 327
Althusser, Louis, 路易·阿尔都塞, 61
American Standard Code for Information Interchange (ASCII), 美国信息互换标准代码 (ASCII), 330–333
Ames Virtual Environment Workstation, 埃姆斯虚拟环境工作站, 165–166
Analytical Engine, 分析机, 20–23, 48
Animation, 动画
　algorithms and, 算法, 3, 190–191
　cinema and, 电影, 298–300
　Graphical User Interface of leading software for, 领先软件的图形用户交互界面, 80
　synthetic realism in, 合成现实主义, 188–195
　3-D, 三维, 3, 138, 184–185
"Anna Karenina Goes to Paradise" (Lialina), 《安娜·卡列尼娜上天堂》(利亚丽娜), 221
Antonioni, Michelangelo, 米开朗琪罗·安东尼奥尼, 291, 303
Apollo 13 (1995), 《阿波罗 13 号》(1995), 303
Apple (company), 苹果（公司）7, 39, 69, 71–72, 74, 311
Arabesque (1975), 《阿拉伯式花纹》(1975), 236
Architecture Machine Group, 建筑机械小组, 259
Architecture, modern, 现代建筑, 264
ARPA, APRA, 102
Ars magna Lucis et umbrae (Kircher), 《光影的伟大艺术》(基歇尔), 106

Art of Describing, The（Alpers）,《描画的艺术》(阿尔珀斯), 90–91
Art and Illusion（Gombrich）,《艺术与幻觉》(贡布里希), 181
Artificial intelligence（AI）software, 人工智能（AI）软件, 33–34, 183
Artificial life（AL）software, 人工生命（AL）软件, 32, 67–68, 182
ASCII films, ASCII 电影, 330–333
Aspen Movie Map,《阿斯彭电影地图》259, 261, 264, 275, 281–282
Assembler, 汇编程序, 117
Assembly line, 装配线, 29–30, 326
Auge, Marc, 马克·奥热, 279–280, 284
Augusta, Ada, 阿达·奥古斯特, 22
Aumont, Jacques, 雅克·奥蒙 81
Aura, 光晕, 170–175
Auto-deconstruction, 自动解构, 208
Automation, 自动化, 32–36, 85

Babbage, Charles, 查尔斯·巴比奇, 20–23, 48
Bad Day on the Midway,《中途岛的糟糕一日》, 210
Bal, Mieke, 米克·巴尔, 227, 246–247
Bandwidth, 带宽, 256, 275
Bann, Stephen, 斯蒂芬·班恩, 181
Banner ads, 横幅广告, 42, 123
Baron Prásil（Baron Munchhausen, 1961）,《吹牛伯爵历险记》(1961), 159–160
Baroque painting, 巴洛克时期的绘画, 324
Barthes, Roland, 罗兰·巴特, 28–29, 103–104, 119, 125, 163, 230
Battleship Potemkin（1925）,《战舰波将金号》(1925), 150–151
Baudelaire, Charles, 夏尔·波德莱尔, 268–273
Baudot, Jean-Maurice-Emile, 让-莫里斯-埃米尔·博多, 332
Baudry, Jean-Louis, 让-路易·博德里, 108–109
Bazin, André, 安德烈·巴赞, 181, 185–187, 189, 198
Becher, Bernd, 贝恩德·贝歇, 233
Becher, Hilla, 希拉·贝歇, 233

Benjamin, Walter, 瓦尔特·本雅明, xx, 107, 171–175, 269, 329
Berger, John, 约翰·伯格, 105
Berlin, 3-D model of, 柏林的三维模型, 87
Bête, La（Zola）,《人面兽心》(左拉), 247
Bettmann Archive, 贝特曼资料库, 130
Bettmann, Otto, 奥托·贝特曼, 130
Big Optics, 大光学, 172–173
"Big Optics"（Virilio, 1992）,《大光学》(维利里奥, 1992), 171
Binary code, 二进制代码, 25
Birds, The（1963）,《群鸟》(1963), 40, 160
"Black Maria"（Edison）, 黑玛丽亚(爱迪生), 23
Blade Runner（1982）,《银翼杀手》(1982), 63–64, 115, 291
Blair, David, 大卫·布莱尔, 39–40, 227
BlindRom V.0.9.（1993）, BlindRom V.0.9.（1993）, 92
Blow-Up（1966）,《放大》(1966) 291
Body of user, screen and, 屏幕与用户的身体, 103–111
Boeing, 波音, 193, 277
Bogart, Humphrey, 亨弗莱·鲍嘉, 194
Boissier, Jean-Louis, 让-路易·布瓦西耶, 320–321
Bolsheviks Returning Home after a Demonstration（Komar and Melamid）,《布尔什维克在游行之后回到家》(科马尔和梅拉米德), 203
Bolter, Jay David, 杰伊·大卫·博尔特, 89
Bordwell, David, 大卫·波德维尔, 187–190, 198, 242
Borge, Jorge Luis, 豪尔赫·路易斯·博尔赫斯, 225
Bosch, Hieronymus, 希罗尼穆斯·博斯, 327
Boss, Hugo, 雨果博斯, 271
Bots, 机器人程序, 33
"Bottom-up" approach, "自下而上"的方法, 11
Boustani, Christian, 克里斯蒂安·布斯塔尼,

328–329
Brakhage, Stan, 斯坦·布拉克黑奇, 306
Branching-type interactivity, 分支式交互, 38, 128
Broadband cinema, 宽带电影, 322–326
Brothers Quay, 奎氏兄弟, 262
Browsers, Web, 网页浏览器, 7, 31, 76, 82, 272, 329
Bruegel, Pieter, 彼得·勃鲁盖尔, 327
Brugge（1995）,《布鲁日》(1995), 328
Bryson, Norman, 诺曼·布赖森, 105
"Burghers of Calais, The"（Rodin）,《加莱义民》(罗丹), 113
Burial at Ornans, A（Courbet）,《奥尔南的葬礼》(库尔贝), 322
BUZZwatch, BUZZwatch, 35

C language, C语言, 117
CAD programs, CAD 程序, 121
Calder, Alexander, 亚历山大·考尔德, 265
Camera controls, virtual, 虚拟摄像机控制, xvi, 84–88
Camera obscura, 暗箱, 104, 106
Cape Cod network, 科德角网络, 101–102
Capital（Marx）,《资本论》(马克思), 58
Carrey, Jim, 金·凯瑞, 310
Cartesian coordinate system, 笛卡尔坐标系统, 45, 254
Catalog（1961）,《目录》(1961), 236, 242
Catherine the Great, 叶卡捷琳娜大帝, 145–146, 154, 167
Cave metaphor of Plato, 柏拉图的洞穴, 108, 131, 283
CD-ROM, CD-ROM, 19, 70, 219–220, 222–223, 311–313, 320
Cervantes, Miguel, 米格尔·塞万提斯, 234
Chirico, Giorgio de, 乔治·德基里科, 265
Chomsky, Noam, 诺姆·乔姆斯基, 41, 79
Chronology, personal, 个人年表, 3–6
Cinegratography, 影图, 309–314
Cinema, 电影
　animation and, 动画, 298–300
　broadband, 宽带, 322–326

as code, 作为代码, 330–333
compositing and, 合成, 145–149
computer and, 计算机, xv, 287–289
cultural interfaces and, language of, 文化交互界面, 语言, 10, 78–88
database and, 数据库, xxiv, 237–243
digital technology and, 数字技术, xxxi
history of, 电影史, 8, 71–73
Hollywood, 好莱坞, 147, 152, 194–195, 242, 300
indexical nature of, 索引性本质, xviii, 293–296
as information space, 作为信息空间, 326–330
language of, 语言, 309–333
avant-garde versus mainstream, 先锋和主流, xxvi
cinegratography, 影图, 309–314
code and, 代码, 330–333
information space and, 信息空间, 326–330
macrocinema and, 巨观电影, 322–326
"primitive" to "classical", "原始"时期向"古典"时期, 107
spatial montage and, 空间蒙太奇, 322–326
temporality and, 时间性, 314–322
term of, 概念, 7
understanding, 认识, xv
linear pursuit and, 线性叙述, 237
loop form, 循环形式, xxxii-xxxiii, 314–322
Mannerist stage of, 风格主义的舞台, xxix
moving image, 运动图像, 293–308
animation-to-cinema and, 从动画到电影, 298–300
archaeology of, 考古学, 296–298
kino-eye to kino-brush and, 从"电影眼"到"电影画笔", 307–308
narrative and, 叙述, 293–296
redefinition of cinema and, 重新定义电影, 300–307
new media and, 新媒体, 50–51, 287
organization of information and, 信息的

组织，72
overview，概述，287–292
postcomputer，后计算机，249
representation and，呈现，289–292
spectatorship，观看行为，186–187
synthetic realism in，合成现实主义，185–188
term of，概念，71
Cinematics，电影式／电影的，83
Cinematograph, term of，电影摄影，概念，24
Cinematographic expertise，电影专业技术，86
Cinématographie camera/projection hybrid，集拍摄和放映于一体的电影机，23
Cineon（Kodak），Cineon（Kodak公司），137
Classical Hollywood Cinema, The，经典好莱坞电影，198
Classical screen，经典屏幕，95–96
Cliffhanger（1993），《绝岭雄风》（1993），138
Closed interactivity，封闭式交互，40，56
Clothing design，服装设计，122
COBOL language，COBOL语言，117
Combination prints，合成印相，153
"Combination Training Device for Student Aviators and Entertainment Apparatus"（Link, 1930），飞行员训练与娱乐设备的结合（林克，1930），276
Command and Conquer，《命令与征服》，33
Communication functions, Jakobson's model of，雅各布森的传播功能模型，206
Communication, representation versus，呈现与通信，17，161–164
Comolli, Jean-Louis，让-路易·科莫利，186–190，198
Complex database，合成数据库，233–236，274
Composer 4.0 software，Composer 4.0软件，155
Composer software（Alias/Wavefront），Composer软件（Alias/Wavefront），137
Compositing，合成

cinema and，电影，145–149
digital，数字，xix，139，144，152–155，305–306
montage and new types of，蒙太奇与新类型，155–160
resistance to，抵制，141–145
process of，过程，136–141
video，视频，149–152
Compression techniques，压缩技术，53–54
Computer，计算机
  animation，动画
  algorithms and，算法，3，190–191
  cinema and，电影，298–300
  Graphical User Interface of leading software for，领先软件的图形用户交互界面，80
  synthetic realism in，合成现实主义，188–195
  3-D，三维，3，138，184–185
  cinema and，电影，xv，287–289
  culture and，文化，9，124
  development of，发展，21–26
  image，影像，45–46
  Macintosh，麦金塔，63
  mouse，鼠标，110
  multimedia，多媒体，311
  programming，编程，xxxiii，317
  software，软件，11
Computer layer of new media，新媒体的计算机层次，46
Computer media language，计算机媒体的语言，7
Computer media revolution，计算机媒体革命，19–20
Computer Space，《计算机空间》，253–259，281
Computer-based image，基于计算机的影像，289–292
Computing-Tabulating-Recording Company，计算-制表-记录公司，24
Conceptual transfer，概念迁移，47
Confession（Rousseau），《忏悔录》（卢梭），320
Content, levels of，内容的分层，37
Continuous data，连续性数据，28

索 引 341

Continuous trajectory，连续性轨迹，285
Control，控制，16–17，88–93
Cooper, James Fenimore，詹姆斯·费尼莫尔·库柏，270–271
Corbis Corporation，Corbis公司，130
Cosic, Vuk，武克·科西克，330–333
Courbet, Gustav，古斯塔夫·克卢齐斯，322
Crary, Jonathan，乔纳森·克拉里，173
Creatures，Creatures游戏，68，182
Cultural interfaces，文化交互界面
 definition of，定义，69–70
 language of，语言，69–93
 cinema，电影，10，78–88
 Human Computer Interface，人机交互界面，10，88–93
 overview，概述，69–73
 printed word，印刷文字，10，73–78
Cultural layer of new media，新媒体的文化层面，46
Culture，文化
 computer and，计算机，9，124
 information，信息，13–14
 online versus off-line，在线与离线，333
 open source and，开源，333
 "real"，"真实"的，232–233
 visual，视觉的，13，56
Culture industry，文化产业，36–37，125
"Cut and paste" operations，"剪切与粘贴"操作，65，130–131，135，301
Cut with the Cake-Knife (1919)，《蛋糕刀剪切画》(1919)，126
Cyber Fighter，网络战斗机，277
Cybernetics（Wiener），《控制论》(维纳)，251
Cyberspace，赛博空间，250–251
Cyberspace（Novak），《赛博空间》(诺瓦克)，250
Dada，达达，56
Daguerre, Louis-Jacques，路易-雅克·达盖尔，20–21，147
Daguerreotype，银版照相术，20–22，106
Dark City, The (1998)，《移魂都市》(1998)，269
Database，数据库
 algorithms and，算法，221–225

 cinema and，电影，xxiv，237–243
 complex，合成，233–236，274
 definition of，定义，218
 logic，逻辑，218–221
 Man with a Movie Camera and，持摄影机的人，xxx
 media，媒体，37
 narrative and，叙述，225–228
 paradigm and，聚合，229–233
 representation driven by，呈现，40
 syntagm and，组合，229–233
Data cowboy（Gibson），数据牛仔（吉布森），250–251
"Data Dandy"（Lovink），"数据花花公子"（罗文客），270–271
"Data Flâneur"（Lovink），"数据漫游者"（罗文客），270
Dataglove（Nintendo），数据手套（任天堂），5
Davies, Char，查尔·戴维斯，261
De Certeau, Michel，米歇尔·德塞都，246，267–268，279–280
"Death of the Author, The"（Barthes），《作者已死》（巴特），125
Deferral of meaning，意义的延宕，290
Deleuze, Gilles，吉尔·德勒兹，255
Density of contemporary information，当代信息密集化的陈列方式，xxxvi
Density of pictoral displays，高密度的"影像陈列"，xxxvi
Dickson, William，威廉·迪克森，51
Diderot，狄德罗，233–234
"Diderot, Brecht, Eisenstein"（Barthes），《狄德罗、布莱希特、爱森斯坦》（巴特），103
Die Spätromische Kunstindustrie（The late-Roman art industry），《罗马晚期的工艺美术》，253
Digital compositing，数字合成，xix，139，144，152–155，305–306
Digital Domain，数字王国公司，303
"Digital Hitchcock"（Mamber），《数字希区柯克》（芒贝），221
"Digital House, The"（Hariri & Hariri, 1988），数字之家（Hariri and Hariri 公

司），145
Digital media players，数字媒体播放器，118
Digital, myth of，数字化的迷思，52–55
Digital painting，数字绘景，305
Digital revolution，数字革命，xxxi
Digitization，数字化，28，49，52
Dioptric arts，屈光艺术，103–104
Discrete data，离散的数据，28
Distance，距离，170–175
DJ，音乐 DJ，134–135，144
Doom，《毁灭战士》，78，84，195，210，244–253，257，272，275，278
Draughtsman's Contract, The（1982），《绘图师的合约》（1982），104，238
Dr. Strangelove（1964），《奇爱博士》（1964），278–279
Dreamweaver software，Dreamweaver 软件，119
Dubuffet, Jean，让·杜布菲，265
Dunes（Miyake），《沙丘》（三宅一生），122
Dungeon Keeper，《地下城守护者》，84，91
Dürer's print，丢勒的版画，105–106
Durkheimian analysis，涂尔干式的理论分析，280–281
Dutch painting，荷兰绘画，327–328
DVD，DVD，54
Dynamation software，Dynamation 软件，197
Dynamic new media artworks，动态新媒体艺术品，67
Dynamic screen，动态屏幕，96–98，115

E-mail programs，电子邮件程序，122
Eco, Umberto，安伯托·艾柯，170
Edison, Thomas，托马斯·爱迪生，23，51，315
Editing，剪辑，xxviii，301，309，另见 Montage Effects
Eisenman, Peter，彼得·艾森曼，121
Eisenstein, Sergei，谢尔盖·爱森斯坦，57–58，143，150–151，156–157
"Elastic reality"，"弹性的现实"，301
Electrification of the Whole Country, The（Klutsis），《全国电气化》（克卢齐斯），126
Electronic art，电子艺术，125–127
Electronic keying，电子抠像，150，152
Elements of Hypermedia Design（Gloor），《超媒体设计元素》（格罗），272
Equilibrium, state of，平衡状态，264
Esperanto, visual，视觉化的世界语，xv，79
Eudora software，Eudora 软件，122
Euralille project，欧洲里尔项目，281
EVE，《EVE》，281–285
Evolution of the Language of Cinema, The（Bazin），《电影语言的演进》（巴赞），185，198
Expanded Cinema（Youngblood），《扩延电影》（扬布拉德），236
Experiential dimension，"经验"维度，66–67
Explorer/navigator，探险家／导航员，268–273
Eyeball hang time，眼球滞留时间，161

Face of Our Time（Sander），《时代的面孔》（桑德尔），233
Falls, The（1980），《崩溃》（1980），238
Film，电影，xxv，301–302；另见 Cinema, *specific titles*
Film architecture，电影架构，265
"Film look"，"电影效果"，151
Film: A Psychological Study, The（Munsterberg），《电影：一次心理学研究》（闵斯特伯格），58
Filters，过滤器／滤镜
　　from object to signal and，从对象到信号，132–135
　　logic of selection and，选择的逻辑，123–129
　　Photoshop and，Photoshop 软件，121，129–131
　　postmodernism and，后现代主义，129–131
Fisher, Scott，斯科特·费舍尔，165–166
Fixed resolution，固定的分辨率，53
Flâneur，漫游者，268–274
"Flatten image" command，"合并图层"命令，139，284，293

索　引　343

Flight simulators，飞行模拟器，276–284
Flora petrinsularis（Boissier），《植物群》（布瓦西耶），320–321
Florensky, Pavel，帕维尔·弗洛伦斯基，255
FMV（full motion video），全动态影像，207
Footprints（user interface agent），Footprints（用户交互界面代理），35
Ford, Henry，亨利·福特，29
Forest, The（Waliczky），《森林》（瓦利茨基），xxix，87–88，261–263，306
Forms，形式
　　database，数据库，218–243
　　algorithm and，算法，221–225
　　cinema, xxiv，电影，237–243
　　complex，合成，233–236，274
　　definition of，定义，218
　　logic，逻辑，218–221
　　Man with a Movie Camera and，《持摄影机的人》，xxx
　　Media，媒体，37
　　narrative and，叙述，225–228
　　paradigm and，聚合，229–233
　　representation driven by，呈现，40
　　syntagm and，组合，229–233
　　navigable space and，可导航空间，244–285
　　Computer Space and，《计算机空间》，253–259
　　Doom and，《毁灭战士》，244–253
　　EVE and，《EVE》，281–285
　　kino-eye and，电影眼，243，273–281
　　Legible City and，《可读的城市》，260–261
　　Myst and，《神秘岛》，244–253
　　navigator/explorer and，导航员/探险家，268–273
　　Place and，《地点》，281–285
　　poetics of，诗学，259–268
　　simulation and，模拟，273–281
　　3-D，三维，214–215
　　overview，概述，213–217
　　types of，类型，310–311
Forrest Gump（1994），《阿甘正传》，159，

301，304–305
FORTRAN language，FORTRAN语言，117
Foucault, Michel，米歇尔·福柯，285，325–326
Fractal structure of new media，新媒体的分形结构，30–31
Framing，框，80–82
Frampton, Hollis，霍利斯·弗兰普顿，133–134
Fresco，壁画，305，322
Freud, Sigmund，西格蒙德·弗罗伊德，59–60
Friedberg, Anne，安妮·弗里德伯格，107–109，273–275，282
"From Work to Text"（Barthes），《从作品到文本》（巴特），163
Full motion video（FMV），全动态影像，207
Futurism，未来主义，56–57

"Galapagos"（Sims），《加拉帕戈斯》（西姆斯），68
Galton, Francis，弗朗西斯·高尔顿，57–59
Game patching，给游戏打补丁，120
Gance, Abel，阿贝尔·冈斯，323
Garden, The（Waliczky），《花园》（瓦利茨基），87–88，264，269
Garriott, Richard，理查德·盖瑞特，248
Gates, Bill，比尔·盖茨，130
Gemeinschaft，礼俗社会，269
Geocities Web site，Geocities Website（软件），123–124
Gesellshaft，法理社会，269
Giacometti, Alberto，阿尔韦托·贾科梅蒂，265
Gibson, William，威廉·吉布森，250–251，262
Gidoni, G. I.，G. I. 吉多尼，283
Giedion, Sigfried，西格弗里德·吉迪翁，217
Giotto，乔托，184，322
Gloor, Peter，彼得·格罗，272
Godard, Jean-Luc，让-雅克·戈达尔，151–152，158，298
Goldberg, Ken，肯·戈德堡，169–170

Golden Eye,《黄金眼》, 324
Gombrich, Ernst, 恩斯特·贡布里希, 125, 181
Goodman, Nelson, 纳尔逊·古德曼, 163
Gore ot Uma（Tobreluts）,《聪明误》（托布尔卢茨）, 160
Graphical User Interface（GUI）图形用户交互界面,
　of animation software, leading, 领先动画软件, 80
　Blade Runner and,《银翼杀手》, 63–64
　"cut and paste" operations and, "剪切与粘贴"操作, 65, 131, 135
　development of, 发展, 88–89, 131, 275
　multiple windows and, 多重窗口, 324–326
　paradigm of 1970s, 20世纪70年代的聚合, 213–214
　Greenaway, Peter, 彼得·格里纳韦, xxiv, 104, 237–239
　Grumman Aerospace Corporation, 格鲁曼航空航天公司, 193
　Grusin, Richard, 理查德·格鲁辛, 89
Gucci, 古奇, 271
GUI, 图形用户交互界面, 另见 See Graphical User Interface

Halasz, Frank, 弗朗克·哈拉斯, 40
Hale's Tours and Scenes of the World（1904）,《黑尔带你游世界》(1904), 249
Halftone process, 半色调处理, 28
Harvey, David, 大卫·哈维, 252
HCI, 人机交互界面, 另见 Human Computer Interface Head-mounted display（HMD）, 110
Heemskerk, Joan, 琼·海姆斯凯克, 332
Herz, J.C., J. C. 赫茨, 245–246
Heuristics of filmmaking, 电影制作的手法, 86
Hierarchy of levels, 不同层级, xxv
"High-level" automation, "高程度"自动化, 32–34
Histoire(s) du cinéma（1989）,《电影史》, 151
Hitchcock, Alfred, 阿尔弗雷德·希区柯克, 40, 160

HMD, 商用头戴式显示器, 110
Hollerith, Herman, 赫尔曼·霍利里思, 24, 42
Hollywood cinema, 好莱坞电影, 147, 152, 194–195, 242, 300
Holzer, Jenny, 珍妮·霍尔泽, 265
Homer, 荷马, 233–234
HotWired RGB Gallery,《热线》的RGB画廊, 75, 77
HTML, HTML语言
　frames within frames and, 框架中的框架, 324
　high-level computer languages and, 高级计算机语言, 117
　Human Computer Interface and, 人机交互界面, 90
　hyperlinking and, 超链接, 76
　modularity and, 模块化, 30–31
　Web page and, 网页, 74–76, 120
Huckleberry Finn（Twain）,《哈克贝利·费恩历险记》（吐温）, 270
Huhtamo, Erkki, 埃尔基·胡赫塔莫, 158
Human Computer Interface（HCI）, 人机交互界面, 另见 Interface
　computer data and, 计算机数据, xxxvi
　concept of, 概念, 72
　cultural layer of new media and, 新媒体的文化层面, 46
　history of, 历史, 72–73
　HTML and, HTML语言, 90
　interactivity and, 交互性, 55, 101
　language of cultural interfaces and, 文化交互界面的语言, 10, 88–93
　modern, 当代, 210
　organization of information and, 信息的结构, 72
　origin of, 起源, 69
　term of, 概念, 72
Hypercard software, Hypercard 程序, 74, 76, 127
Hyperlinking, 超链接
　association and, 联想, 61
　function of, 功能, 41
　HTML and, HTML语言, 76
　hypermedia and, 超媒体, 77

network of, nonhierarchical, 无层级的网络16
structure of, 结构, 41–42
teleporting and, 远程移动, 161, 164–165
Torah and, 律法书, 76
Hypermedia, 超媒体, 38, 40–41, 77, 215, 272, 288

I/O/D collective, I/O/D, 76
IBM, IBM, 24
Icarus myth, 伊卡洛斯的神话故事, 185, 188
Iconic code, 图像符码, 25
Icons of mimesis, 摹仿的图标, 195–198
Ideological montage, 意识形态蒙太奇, 149
Iliad, The (Homer), 《伊利亚特》（荷马）, 233–234
Illusions, 幻觉
    action versus, 行动, 164–167
    interactivity and, 交互性, 205–211
    narrative and, 叙述, 205–211
    overview, 概述, 177–183
    questions regarding, 问题, 178–183
    synthetic image and, 合成影像, 199–204
    Jurassic Park and, 《侏罗纪公园》, 200–204
    Méliès and, 梅里爱, 200–201
    overview, 概述, 199
    socialist realism and, 社会主义现实主义, 201–204
    3-D, 三维, 198
    synthetic realism and, 合成现实主义, 184–198
    animation, 动画, 188–195
    in cinema, 电影, 185–188
    icons of mimesis and, 摹仿的图标, 195–198
    overview, 概述, 184–185
ILM, 工业光魔, 201
Image-instruments, 影像-工具, 167–168, 183
Image-interface, 影像-交互界面, 17, 183
IMMEMORY (Marker), 《IMMEMOR》（马克）, 221
Imprisonment of body, 身体的固定, 80, 105–106
Industrial Light and Magic (ILM), 工业光魔, 201
Industrial Revolution, 工业革命, 29
Information access, 信息获取, 217
Information culture, 信息文化, 13–14
Information Landscape (Silicon Graphics), Information Landscape（硅图）, 250
Information processing tasks, 信息处理任务, 216
Information space, cinema as, 电影作为信息空间, 326–330
Information Visualizer (Xerox PARC), Information Visualizer（施乐帕克）, 250
Informational dimension, 信息维度, 66
Innis, Harold, 哈罗德·英尼斯, 48
"In Search of a Third Reality" (1995 computer art festival), "寻找第三现实"（1995年计算机艺术节）, 5
Interactivity, 交互性
    branching-type, 分支结构, 38, 128
    closed, 封闭的, 40, 56
    Human Computer Interface and, 人机交互界面, 55, 101
    illusions and, 幻觉, 205–211
    menu-based, 基于菜单的, 38, 67
    myth of, 神话, 55–61
    narrative and, 叙述, 228
    open, 开放的, 40, 56
    virtual reality technology and, 虚拟现实技术, 82
Interface, 交互界面, 另见 Graphical User Interface (GUI); Human Computer Interface (HCI)
    cultural interface language, 文化交互界面的语言, 69–93
    cinema, 电影, 10, 78–88
    Human Computer Interface, 人机交互界面, 10, 88–93
    overview, 概述, 69–73
    printed word, 印刷文字, 10, 73–78
    dichotomy, 二分法, 67
    kino-eye, 电影眼, 276

Macintosh，麦金托什，69
overview，概述，63–68
screen and user，屏幕与用户，94–115
 body of user and，用户的身体，103–111
 development of screen，屏幕的发展，95–103
 overview，概述，94–95
 representation versus simulation，呈现与模拟，111–115
3-D and，三维，80–84
VRML，VRML，83
window，窗口，97–98
International Business Machines Corporation（IBM），国际商用机器公司（IBM），24
"International style" of modern visual culture，当代视觉文化的"国际风格"，56
Internet，互联网，另见 World Wide Web
Interpellation，61
Interpretation of Dreams，The（Freud），《梦的解析》（弗洛伊德），59
Introduction to Poetics（Todorov），《诗学》（托多罗夫），12–13
Invisible Shape of Things Past，The（ART+COM），《过往事物的不可见之形》（ART+COM），87，88–89
Ippolito, Jon，乔恩·伊波利托，42–43
Jacquard, J. M.，J. M. 雅卡尔，22
Jacquard loom，雅卡尔提花机，22，42，48
Jakobson, Roman，罗曼·雅各布森，77，206
Jameson, Fredric，弗雷德里克·詹姆森，131，229–230，252
Jay, Martin，马丁·杰伊，105，175
Johnny Mnemonic(1995)，《非常任务》(1995)，216，313，318
Johnson, Paul，保罗·约翰逊，147–148
Johnson-Laird, Philip，菲利普·约翰逊-莱尔德，60
JPEG format，JPEG 格式，54，290
Jurassic Park (1993)，《侏罗纪公园》，138，142，152，200–204
"Just in time" delivery，"及时交付"，36
Juxtaposition of elements，元素的并置，158–159
Kabakov, Ilya，伊利亚·卡巴科夫，266–268
Kaufman, Mikhail，米哈伊尔·考夫曼，240
Kepler's camera obscura，开普勒的暗箱，104，106
Keying，抠像，150，152
Kiefer, Anselm，安塞姆·基弗，265
Kinetoscope，活动电影放映机，23，40，298，313，315
Kino-brush，电影画笔，307–308
Kino cheturekh izmereneii ("The Filmic Fourth Dimension")，《电影的第四维度》，156
Kino-eye，电影眼，xxviii，243，273–281，307–308
Kino-Pravda("Cinema-Truth")，《电影真相》，149
Kleiser-Wolczak Construction Company，莱泽-沃扎克公司，194
Kodak，柯达，137，197
Komar, Vitaly，维塔利·科马尔，203
Koolhaas, Rem，雷姆·库哈斯，115，281
Krauss, Rosalind，罗莎琳德·克劳斯，234–235
Kruger, Barbara，芭芭拉·克鲁格，142
Kuhn, Thomas，托马斯·库恩，285，314
Laboratory experimentation，实验室研究法，15
Lacan, Jacques，雅克·拉康，174–175
Lakoff, George，乔治·莱考夫，60
Language，语言
 C，C 语言，117
 of cinema，电影，309–333
 avant-garde versus mainstream，先锋与主流，xxvi
 cinegratography，影图，309–314
 code and，代码，330–333
 information space and，信息空间，326–330
 macrocinema，巨观电影，322–326
 "primitive" to "classical"，"原始"到"经典"，107
 spatial montage，空间蒙太奇，322–326
 temporality，时间性，314–322
 term of，概念，7
 understanding，理解，xv

索 引 347

COBOL，COBOL语言，117
computer media，计算机媒体，7
　concept of，概念，7，12–13
　of cultural interfaces，文化交互界面，69–93
　cinema，电影，10，78–88
　Human Computer Interface，人机交互界面，10，88–93
　overview，概述，69–73
　printed word，印刷文字，10，73–78
　effects and，效果，xxviii
　FORTRAN，FORTRAN语言，117
　VRML，VRML，250
Languages of Art（1976），《艺术的语言》，163
Lanier, Jaron，杰伦·拉尼尔，57–59
Late Spring（Ozu），《晚春》（小津安二郎），327
Latour, Bruno，布鲁诺·拉图尔，167，169
Laurel, Brenda，布伦达·劳雷尔，165
Lawnmower Man（1992），《割草者》（1992），110–111
LCD displays，液晶显示器，63，134
Lefebvre, Henri，亨利·列斐伏尔，252
Legible City（Shaw），《可读的城市》（邵），226，260–261
Legrady, George，乔治·莱格拉迪，221，263–264
Letizia（user interface agent），Letizia（用户交互界面代理程序），35
Level editors，游戏关卡编辑器，120
LeWitt, Sol，索尔·勒维特，235
Lialina, Olia，奥利亚·利亚丽娜，221，227，324–325，328
Lichtenstein, Roy，罗伊·利希滕斯坦，29
Life of an American Fireman, The（1903），《美国消防员的生活》（1903），148
"Life Spacies"（Sommerer and Mignonneau），《生命物种》（佐梅雷尔和米尼奥诺），67
Lincoln Laboratory，林肯实验室，101–102
Linear perspective/pursuit，线性视角／叙述，85，237
Lingo language，Lingo语言，31，117
Link, E. A., Jr.，E. A. 林克，276

Lisa computer（Apple），丽莎计算机（苹果），71
Lissitzky, El，埃尔·李西茨基，262
Live-action footage，实拍素材，xxxi，137，302，307–308
Live Picture（image-editing program），Live Picture（图像编辑程序），53
Locke, John，约翰·洛克，152
Lockheed，洛克希德公司，277
Logic of new media，新媒体的逻辑，48
Logic of selection，选择的逻辑，123–129，132
Looker（1981），《神秘美人局》（1981），194
Loop form，循环形式，xxxii–xxxiii，314–322
Lossy compression，有损压缩，54
Lovink, Geert，希尔特·罗文客，270–271
"Low-level" automation，"低程度"自动化，32，34
Lucas, George，乔治·卢卡斯，43，138，193，201
Lucasfilm，卢卡斯影业，137，193
Lumière brothers，卢米埃尔兄弟，23
Lunenfeld, Peter，彼得·卢宁费尔德，63
Lüsenbrink, Dirk，德克·卢森布林克，87
Lyotard, Jean-François，让－弗朗索瓦·利奥塔尔，219
MacDraw software，MacDraw软件，126
Machines of the Visible（Comolli），《可见的机器》（科莫利），198
Macintosh computer and interface，麦金塔计算机与交互界面，63，69，72
McLaren, Norman，诺曼·麦克拉伦，306
McLuhan, Marshall，马歇尔·麦克卢汉，48
Macrocinema，巨观电影，322–326
Macromedia Director software，Macromedia Director软件，30–31，117，123
Magnetic tape，磁带，234
Malevich, Kazimir，卡济米尔·马列维奇，262
Mamber, Stephen，斯蒂芬·芒贝，40，221
Man with a Movie Camera，持摄影机的人，xiv–xxxvi，148–149，172，239–242，262，275–276，316，327

348　新媒体的语言

Mannerist stage of cinema，电影中风格主义的舞台，xxix
Mapping new media，绘制新媒体地图
　　method，方法，8–10
　　organization，组织，11–12
Marey, Etienne-Jules，艾蒂安-朱尔·马雷，110
Marey's photographic gun，马雷的摄影枪，51
Mario，《超级玛丽奥》，272
Marker, Chris，克里斯·马克，221
Marx, Karl，卡尔·马克思，58, 65
Marxism，马克思主义，187
Marxist dialectics，马克思主义辩证法，58
Mask, The（1994），《变相怪杰》（1994），310
Matador（paint program），Matador（绘画程序），53
Matrix, concept of，"矩阵"概念，262
Matrix, The（1999），《黑客帝国》（1999），330
Media database，媒体数据库，37
Media Lab（MIT），媒体实验室（麻省理工学院），33
Mediamatic, Mediamatic（杂志），224
Melamid, Alex，亚历克斯·梅拉米德，203
Méliès, Georges，乔治·梅里爱，200–201
"Menagerie"（Fisher），《小小动物园》（费舍尔），226
Menu-based interactivity，基于菜单的交互性，38, 67
Menu，菜单
　　from object to signal and，从对象到信号，132–135
　　logic of selection and，选择的逻辑，123–129
　　Photoshop and，Photoshop软件，129–131
　　postmodernism and，后现代主义，129–131
Metarealism，元现实主义，208
Metropolis（1923），《大都会》（1923），126
Metz, Christian，克里斯蒂安·麦茨，294, 310
Michelson, Annette，安妮特·迈克尔逊，241–242

Microsoft，微软，191，另见 specific software
Microsoft Office software，微软公司软件，30, 182
Microsoft Outlook, Microsoft Outlook，122
Microsoft Word software，Microsoft Word软件，39, 124
Mignonneau, Laurent，劳伦特·米尼奥诺，67
"Mill"（Babbage），"米尔"（巴比奇），21–22
Miller, Robyn，罗宾·米勒，248
Mimesis, icons of，摹仿的图标，195–198
Minimalism，极简主义，235
MIT，麻省理工学院，
　　Architecture Machine Group，建筑机械小组，259
　　Lincoln Laboratory，林肯实验室，101–102
　　Media Lab，媒体实验室，33
　　Radiation Laboratory，辐射实验室，100–101
　　Software Agents Group，软件代理小组，35
Mitchell, William，威廉·米切尔，52–54, 303–304
Miyake, Issey，三宅一生，122
Mobile camera，运动摄影机，79–80
Mobility，运动性，xvi
Mobilized virtual gaze，运动的虚拟凝视，107, 274–275, 282
Möbius House，莫比乌斯之家，317–318
Modernity，现代性，279–280, 284
Modernization，现代化，xxii, 173–174
Modularity，模块化，30–31, 36, 139–141
Mohr, Manfred，曼弗雷德·摩尔，236
Monroe, Marilyn，玛丽莲·梦露，194
Montage compositing and new types of，蒙太奇合成和……的新类型，155–160
　　resistance to，抵抗，141–145
　　ideological，意识形态的，149
　　images and, unrelated，不相关的影像，56
　　indexical nature of cinema and，电影的索引性本质，xviii

ontological，本体的，158–159
realities and，fake，现实，虚假的，xvii
spatial，空间的，xxxiv，158–159，322–326
stylistic，风格的，158–159
temporal，时间的，xvii，xxxiv，148–149
Moody，Rick，瑞克·穆迪，44–45
Morandi，Giorgio，乔治·莫兰迪，327
Motion simulator，运动模拟器，249
Mouse，computer，110
Moving image，运动图像，
　animation-to-cinema and，动画到电影，298–300
　archaeology of，考古学，296–298
　kino-eye to kino-brush and，从"电影眼"到"电影画笔"，307–308
　narrative and，叙述，293–296
　redefinition of cinema and，重新定义电影，300–307
MPEG format，MPEG格式，54，141
MTV，MTV，xxix
Multimedia，多媒体，311
Münsterberg，Hugo，雨果·闵斯特伯格，57
Muschamp，Herbert，赫伯特·马斯卡姆，128–129
Music synthesizers，音乐合成器，126
Music video，音乐视频，310–311
Musser，Charles，查尔斯·马瑟，108，129–130
Mutability，可变性，133–134，307–308
Mutoscope，妙透镜，298
Myst，《神秘岛》，7，70–71，78，127，210，244–253，312–313
Myth: The Fallen Lords，《神秘岛：坠落之神》，84
"Myth of Total Cinema, The"（Bazin），《"完整电影"的神话》（巴赞），181，185

Nadar，Félix Tournachon，费利克斯·图尔纳雄·纳达尔，98，200–201
Nake，Frieder，弗里德尔·纳克，235–236
Na komete（On the Comet，1970），《乘坐彗星》（1970），159
Napoléon（1927），《拿破仑》（1927），148–149，323

Narrative，叙述
　action and，动作，247
　database and，数据库，225–228
　in Greek sense，古希腊意义上的，246
　illusions and，幻觉，205–211
　interactivity and，交互性，228
　live-action，实拍，xxxi，137，302，307–308
　loop as engine of，作为引擎的循环，314–322
　moving image and，运动图像，293–296
NASA Ames Virtual Environment Workstation，美国航空航天局埃姆斯虚拟环境工作站，165–166
Navigable space，可导航空间，
　Computer Space and，《计算机空间》，253–259
　Doom and，《毁灭战士》，244–253
　EVE and，《EVE》，281–285
　kino-eye and，电影眼，243，273–281
　Legible City and，《可读的城市》，260–261
　Myst and，《神秘岛》。244–253
　navigator/explorer and，导航员／探险家，268–273
　Place and，《地点》，281–285
　poetics of，诗学，259–268
　simulators and，模拟器，273–281
　3-D，三维，214–215
Navigation，concept of，导航的概念，272–273
Navigator/explorer，导航员／探险家，268–273
Neale，Steven，史蒂芬·尼尔，321
Negroponte，Nicholas，尼古拉斯·尼葛洛庞帝，259
Netomat browser，Netomat浏览器，31，76
Netscape Navigator，Netscape Navigator，7，272
New media，新媒体
　categories of，分类，19
　chronology and，personal，个人编年史，3–6
　cinema and，电影，50–51，287
　computer-media revolution and，计算机-

媒体革命, 19–20
　　development of, 发展, 21–26
　　emergence of, 出现, 6–7
　　fractal structure of, 分形结构, 30–31
　　layers of, 层次, 46
　　logic of, 逻辑, 48
　　mapping, 绘制地图, 8–11
　　method, 方法, 8–10
　　organization, 组织, 10–11
　　myths of, 神话, 52–61
　　digital, 数字, 52–55
　　interactivity, 交互性, 55–61
　　old media versus, 旧媒体, 49
　　overview, 概论, 19–20
　　principles of, 原则, 27–48
　　automation, 自动化, 32–36
　　modularity, 模块化, 30–31, 36, 139–141
　　numerical representation, 数值化呈现, 27–30
　　transcoding, 跨码性, 45–48
　　variability, 多变性, 36–45, 133–134
　　terms of, 术语, 12–17
　　language, 语言, 12–13
　　object, 对象, 14–15
　　representation, 呈现, 15–17
　　theory of present and, 当下理论, 6–8
　　visual index to, 视觉索引, xiv-xxxvi
　　writings on, 写作, 10
"New Vision" movement (1920s), "新视觉"运动（20世纪20年代）, xvi, 85
Nintendo Dataglove, 任天堂数据手套, 5
Non-places (Auge), 《非地方》（奥热）, 279
Non-transparency of code, 符码的非透明性, 64–65
Nouvel, Jean, 让·努维尔, 281
Novak, Marcos, 马科斯·诺瓦克, 43, 250
Numerical representation, 数值化呈现, 27–30

Object, 对象
　　aesthetic, 美学, 163–164
　　algorithms and, 算法, 27
　　concept of, 概念, 14–15, 27
　　old media and, 旧媒体, 28
　　in Photoshop, 在Photoshop中, 31
　　Russian Constructivists and Productivists and, 建构主义者与生产主义者（俄）, 14
　　scalability and, 可伸缩性, 38–40
　　signal and, 信号, 132–135
Odessa steps, 奥德萨阶梯, 150–151
Odyssey (Homer),《奥德赛》（荷马）, 233–234
Office of Naval Research, 海军研究办公室, 102
"On Computable Numbers" (Turing),《论可计算数》（图灵）, 24
"100 Objects to Represent the World" (Greenaway),《100个代表世界的物品》（格里纳韦）, 238–239
Ontological montage, 本体蒙太奇, 158–159
Open interactivity, 开放的交互性, 40, 56
Open source, 开源, 333
Operations, 操作
　　compositing, 合成, 136–160
　　cinema, 电影, 145–149
　　digital, 数字, 139, 144, 152–155
　　montage and, 蒙太奇, 141–145, 155–160
　　process of, 过程, 136–141
　　video, 视频, 149–152
　　menus, filters, and plug-ins, 菜单、筛选器及插件, 123–135
　　from object to signal and, 从对象到信号, 132–135
　　logic of selection and, 选择的逻辑, 123–129
　　Photoshop and, Photoshop软件, 129–131
　　postmodernism and, 后现代主义, 129–131
　　overview, 概述, 123–135
　　teleaction, 远程行动, 161–175
　　distance and aura, 距离与光晕, 170–175
　　illusion versus action, 幻觉与行动, 164–167
　　image-instruments, 影像-工具, 167–168
　　representation versus communication, 呈现与通讯, 161–164
　　telecommunication, 远程通讯, 161–164, 168–170

索 引　351

Oracle software，甲骨文公司软件，225
Osmose（Davies），Osmose（戴维斯），261，265–266

Paesmans，Dirk，德克·佩斯芒斯，332
Page，页面，74–75，206，另见Web page
"Painter of Modern Life, The"（Baudelaire），《现代生活的画家》（波德莱尔），268–273
Painting，绘画，305–306，324，327–328
Palace of the Institute（Paris），法兰西学院（巴黎），21
Palm Pilot，Palm Pilot，63
Panofsky，Erwin，欧文·帕诺夫斯基，253–254，257–258
Paper architecture，建筑纸模型，264–265
Paradigm，聚合，229–233，314，另见Database
Parrhasius，帕拉修斯，177–178，195
Pencil of Nature（Talbot），《自然之笔》（塔尔博特），233
Periodic updates，定期更新，38
Permanent present，永远的现在时，63
Permutations（1967），《置换》（1967），236
Perspectival window，透视窗口，105
Perspectives as Symbolic Form（Panofsky），《作为象征形式的透视法》（帕诺夫斯基），254
Phantasmagoria（1799），魅影秀（1799），296
Phantom Menace, The（1999），《幽灵的威胁》（1999），331
Phenakistiscope，诡盘，51，304
Photography，摄影，19，28，98，106–107
Photomontage，摄影蒙太奇，125–126
Photorealism，照相现实主义，200
Photoshop software，Photoshop软件
　　automation and，自动，32
　　development of，发展，131
　　filters and，滤镜（筛选器），121，129–131
　　"flatten image" command in，"合并图层"命令中，139
　　menus and，菜单，129–131
　　noise to image and，影像的噪点，132
　　parts of image and，影像的部分，31
　　plug-ins and，插件，129–131
　　still image in，静态图像，140
　　users of，用户，119
　　versions of，版本，39
Pixels，像素，53–54
Place（Shaw），《地点》（邵），281–285
Plato，柏拉图，108，131，233，283
Plug-ins，插件
　　from object to signal and，从对象到信号，132–135
　　logic of selection and，选择的逻辑，123–129
　　media creation software and，媒体创作软件，236
　　Photoshop and，Photoshop软件，129–131
　　postmodernism and，后现代主义，129–131
Poetics of navigation，导航的诗学，259–268
Point of view，视点，84，242
Polygonal modeling，多边形建模，254–255
Pong，《Pong》，255–256
Porter，Edward，爱德华·波特，148
Postcomputer cinema，后计算机电影，249
Postmodern Condition, The（Lyotard），《后现代状况》（利奥塔尔），219
Postmodernism，后现代主义，78，129–131
Potemkin villages，波将金村庄，145–148，167
PowerAnimator software，PowerAnimator软件，80
PowerPoint software，PowerPoint软件，124
Practice of Everyday Life, The（de Certeau），《日常生活的实践》（米歇尔·德塞都），267–268
Prada，普拉达，271
Praxinoscope Theater，观动镜剧场，297
Premiere 4.2 software，Premiere 4.2软件，155–156
Present，theory of，当下理论，6–8
Prince，Richard，理查德·普林斯，142
Principles of Art History（Wölfflin），《艺术史原理》（沃尔夫林），254
Principles of new media automation，新媒体自动化的原理，32–36
　　modularity，模块化，30–31，36，139–

141
  numerical representation，数值化呈现，27–30
  transcoding，跨码性，45–48
  variability，36–45，133–134
Printed word，印刷文字
  history of，历史，71–73
  language of cultural interfaces and，文化交互界面的语言，10，73–78
  organization of information and，信息的组织，72
  term of，概念，71
Printing press，印刷媒体，19
Pro-cinematic devices，"前电影"设备，296
Procedures，过程，31
Production on demand，按需生产，36
Programming, computer，计算机编程，xxxiii，317，另见 specific software
Projector, mechanical，机械投影机，30
Prokhorov, Anatoly，阿纳托利·普罗霍罗夫，207–208
Prostranstvennaya sreda (Florensky)，空间环境（弗洛伦斯基），255
Prouns (Lissitzky)，《普朗》（李西茨基），262
Pudovkin, Vsevolod，普多夫金·弗谢沃洛德，156

Quake，《雷神之锤》，33，143，182，210，215，223，281
Quantified data，量化数据，28
Quattrocento，15世纪文艺复兴初期，172–173
QuickTime format (Apple)，QuickTime 格式（苹果），7，39，123，140–141，157，290，311
QuickTime movies，QuickTime 影片，30，39，70，207，313，316–317

Radar，雷达，98–100，170
Radiation Laboratory (Rad Lab)，辐射实验室（拉德实验室），100–101
Radio，收音机，162
Radok, Emil，埃米尔·拉多克，323–324
Random Access memory (RAM)，随机存取存储器（RAM），77
Razorfish Studios，睿域（公司），213
Readerly text，读者文本，119
"Real" culture，"真正的"文化，232–233
Real time，实时，99
Real-time screen，实时屏幕，99，115
Realism，现实主义，184，186–188，191，另见 Synthetic realism
Reality effect，现实效果，137
RealityEngine (high-performance graphics computer)，RealityEngine（高性能图形计算机），177
RealPlayer，RealPlayer 软件，118
Reasoning，推理过程，60
Reconfigured Eye, The (Mitchell)，《重塑的眼光》（米切尔），52–54
Rectangular framing，矩形框，80–82
"Rehearsal of Memory" (Harwood)，《记忆的彩排》（哈伍德），226
Rejlander, Oscar G.，奥斯卡·G.赖尔兰德，153
Remediation (Bolter and Grusin)，《修改》（博尔特与格鲁辛），89
Renaissance painting，文艺复兴时期的绘画，305，324，328
Rendering，渲染，53，191
Representation action versus，呈现动作，17
  Barthes and，巴特，103
  changes，修改，16–17
  cinema and，电影，289–292
  communication versus，通讯，17，161–164
  computer time-based，基于时间的计算机（呈现），192
  concept of，概念，15–17
  control versus，控制，16–17，88–93
  database-driven，数据库导向的，40
  information versus，信息，17
  numerical，数值的，27–30
  simulation versus，模拟，16–17，111–115
  space of，（呈现的）空间，103
Representational schemes，呈现图式，125
Resolution，分辨率，28，53，204
Return of the Jedi (1983)，《绝地归来》，

194

Reynaud, Emile, 埃米尔·雷诺, 297
Reys (image-rendering system), Reys (图像渲染系统), 191
Rheingold, Howard, 霍华德·莱茵戈尔德, 110
Riegl, Alois, 阿洛伊斯·李格尔, 253–254
Riven,《迷雾岛》, 210, 216
Robertson, Étienne-Gaspar, 艾蒂安-加斯帕尔·罗伯逊, 296
Robinson, Henry Peach, 亨利·皮奇·罗宾逊, 153
Rodin, Auguste, 奥古斯特·罗丹, 113
Role-playing games (RPGs), 角色扮演游戏 (RPGs), 248, 272
Rousseau, Jean-Jacques, 让-雅克·卢梭, 320
Russian Constructivists and Productivists, 建构主义者与生产主义者（俄）, 14
Rybczynski, Zbigniew, 比格涅夫·雷布琴斯基, 150–151, 158–159, 318

SAGE (Semi-Automatic Ground Environment), SAGE (半自动地面环境), 101–102
St. Louis Fair (1904), 在圣路易斯世博会 (1904), 249
Salle, David, 大卫·萨尔, 142
Sampled data, 抽样数据, 28
Sander, August, 奥古斯特·桑德尔, 233
Saussure, Ferdinand de, 费尔迪南·德索绪尔, 230
Sauter, Joachim, 约阿希姆·绍特, 87
Scalability, 可伸缩性, 38–40
Scénario du film "Passion" (1982),《〈受难记〉的剧本》(1982), 151
Schleiner, Anne-Marie, 安妮-玛丽·施莱纳, 120
Schwartz, Mayer, 迈尔·施瓦兹, 40
Scott, Ridley, 雷德利·斯科特, 63
Screen, 屏幕
　　Barthes and, 巴特, 103–104
　　body of user and, 用户的身体, 103–111
　　classical, 经典, 95–96
　　development of, 发展, 95–103
　　dynamic, 动态, 96–98, 115

interactive, 交互, 115
overview, 概述, 94–95
real-time, 实时, 99, 115
representation versus simulation and, 呈现与模拟, 111–115
3-D, 三维, 102–103
virtual reality technology and, 虚拟现实技术, 97–98
window interface and, 窗口交互界面, 97–98
zapping and, 换台, 97
Screen out, 屏蔽, 96
Scripts, 脚本, 31
Scrolling, 上下滚动翻页, 75
Sculpture, 雕塑, 28
Selection, logic of, 选择的逻辑, 123–129, 132
Semiosis, 衍义, 290
Sengmüller, Gebhard, 格布哈特·森格米勒, 331
7th Guest, The,《第七访客》, 83, 312–313
SGI, SGI (硅谷图形公司), 82, 191
Shannon, Claude, 克劳德·香农, 102–103
Sharits, Paul, 保罗·夏里兹, 29
Shaw, Jeffrey, 邵志飞, 226, 260–261, 282–285
Shoah Foundation, 浩劫基金会, 224
SIGGRAPH (Special Interest Group on Computer Graphics of the Association for Computing Machinery), SIGGRAPH (计算机械协会计算机图形特别兴趣小组), 34, 85, 178, 194, 196
Sign, concept of, 信号的概念, 170
Signal, from object to, 从对象到信号, 132–135
Silicon Graphics Inc., 硅谷图形公司, 177
SimAnts,《模拟蚂蚁》, 183
SimCity,《模拟城市》, 183
Sim games, 模拟游戏, 183, 223
Sims, Karl, 卡尔·西姆斯, 67–68
Simulation algorithms and, 模拟算法, 193
　　flight, 飞行器, 276–284
　　modularity and, 模块化, 140
　　motion, 运动, 249

navigable space and，可导航空间，273–281
　　representation versus，呈现，16–17，111–115
　　Sim games and，模拟游戏，183，223
Sine wave，正弦波，126
Sketchpad，Sketchpad（程序），102，276–277
Small Optics，小光学，172–173
Smithson, Robert，罗伯特·史密森，265
Snow, Michael，迈克尔·斯诺，144
Socialist realism，社会主义现实主义，201–204
Softimage|3D（v3.8）software，Softimage|3D（v3.8）软件，123
Software，软件，另见Computer
Software Agents Group，软件代理小组，35
Soja, Edward，爱德华·苏贾，323
Sommerer, Christa，克丽斯塔·佐梅雷尔，67
Sound dimensions，声音维度，157
Space，空间
　　information, cinema as，电影作为信息，326–330
　　as media type，作为媒体类型，251–252
　　navigable Computer Space and，可导航媒体，253–259
　　Doom and，《毁灭战士》，244–253
　　EVE and，《EVE》，281–285
　　kino-eye and，电影眼，243，273–281
　　Legible City，《可读的城市》，260–261
　　Myst and，《神秘岛》，244–253
　　navigator/explorer and，导航员／探险家，268–273
　　Place and，《地点》，281–285
　　poetics of，诗学，259–268
　　simulation and，模拟，273–281
　　3-D，三维，214–215
　　Seamless virtual，无缝的虚拟，xix
　　3-D，三维，80，83–84，103，184
　　VRML and，VRML，257–259
Space Invaders，《太空入侵者》，255
Space-medium tradition，空间-媒介传统，265
Spacewar，《空间大战》，253，262，281–282
Spatial dimensions，空间维度，157–158
Spatial montage，空间蒙太奇，xxxiv，158–159，322–326
Spatialization，空间化，78，257–258
Special effects，特效，xxviii，117，309
Spectatorship, cinematic，电影式观看行为，186–187
Speusippus，斯珀西波斯，233
Sprites（2-D animated objects and characters），Sprite（二维动画物体或人物），139–140，255–256
Staiger, Janet，珍妮特·施泰格，187–190，198
"Stairs, Munich, Projection, The"（Greenaway），《楼梯：慕尼黑放映》（格里纳韦），239
Standardization，标准化，29–30，60
Star Trek II: The Wrath of Khan（1982），《星际迷航2：可汗怒吼》（1982），193–194
Star Wars（Lucas），《星球大战》（卢卡斯），43，249
Star Wars: Episode 1（1999），《星球大战前传1：幽灵的威胁》（1999），138，195，199，201，303
Steps（Rybczynski），《阶梯》（雷布琴斯基），150–151，159
Stickiness，黏性，161
Storage media，存储媒介，234
Street of Crocodiles, The（Brothers Quay），《鳄鱼街》（奎氏兄弟），262
Stylistic montage，风格蒙太奇，158–159
Subroutines，子程序，31
Super Cockpit，超级驾驶舱，111
Super Mario 64，《超级马里奥》，84
Supermodernity，超现代性，279–280，284
Surfing Web，网上冲浪，205–206，271
Surveillance technologies，监视技术，98–102
Sutherland, Ivan，伊万·萨瑟兰，102–103，109–110，276–277
Svilova, Elizaveta，伊丽莎白·斯维洛娃，239–240
Swift, Jonathan，乔纳森·斯威夫特，234
"Sword of Damocles" display，"达摩克利斯

索 引 355

之剑"装置，110
Symbolic form，象征形式，219
Syntagm，组合，229–233，242，另见 Narrative
Synthesizers, video，视频合成器，126
Synthetic imagery，合成图像
　　Jurassic Park and,《侏罗纪公园》，200–204
　　Méliès and，梅里爱，200–201
　　overview，概述，199
　　socialist realism and，社会现实主义，201–204
　　3-D and，三维，198
Synthetic realism animation，合成现实主义动画，188–195
　　in cinema，电影，185–188
　　icons of mimesis and，摹仿的图标，195–198
　　overview，概述，184–185

T. Rowe Price，普信集团，224
T-Vision（ART+COM），T-Vision（ART+COM），250
Tabulating Machine Company，国际商用机器公司，24
Tabulating machines, electric，电子制表机，24，42
Tachyscope，快速视镜，51
Talbot, William Henry Fox，威廉·亨利·福克斯·塔尔博特，233
Tamagotchi，电子宠物，68，318–319
Tango（1982），《探戈》（1982），158–159，318
Tanguy, Yves，伊夫·唐吉，265
Tape, magnetic，磁带，234
Tarkovsky, Andrey，安德烈·塔科夫斯基，295
Tatlin at Home（Hausmann），《家中的塔特林》（豪斯曼）126
Technology, Style, and Mode of Production（Bordwell and Staiger），《技术、风格和生产方式》（波德维尔与施泰格），198
Tekken 2,《铁拳2》，84
Teleaction，远程行动
　　aura and，光晕，170–175
　　distance and，距离，170–175
　　illusion versus action，幻觉与行动，164–167
　　image-instruments，影像-工具，167–168
　　representation versus communication，呈现与通信，161–164
　　telecommunication，远程通信，161–164，168–170
Telecommunication，远程通信，161–164，168–170
Telegarden（Goldberg），《远程花园》（戈德堡），169–170
Teleporting，远程移动，161，164–165
Telepresence，远程在场，164–167，170–171
Teleprinters，远程打印，332
Television，电视，150，162
Tempera painting, medieval，中世纪的泥金装饰手抄本，305
Temporal montage，时间蒙太奇，xvii，xxxiv，148–149
Temporality，时间性，103，314–322
Terminator 2,《终结者2》，152，200，204，310
Tetris，俄罗斯方块，222
Text, concept of，文本的概念，163，另见 Printed word
Texture-mapping algorithms，纹理映射算法，53
Thaumatrope，幻影转盘，296–297
Theory of present，当下理论，6–8
Theremin, Lev，列夫·特雷门，126，132
3-D animation，三维动画，3，138，184–185
　　automation and，自动化，85
　　of Berlin's history，柏林的历史，87
　　camera and，相机，80
　　characters，角色，139–140
　　computer animation，电脑动画，138，184–185，188–195
　　computer graphics，电脑图形，79–80
　　interface and，交互界面，80–84
　　screen，屏幕，102–103
　　software，软件，123
　　space，空间，80，83–84，184

navigable，可导航的，214–215
synthetic imagery and，198
virtual reality technology and，虚拟现实技术，81–84, 206, 257–259, 272
"Tissue of quotations"，"一组引用"，127
Titanic（1997），《泰坦尼克号》（1997），142, 153, 164–165, 195, 201
Titchener, Edward，爱德华·铁钦纳，59–60
Toascii command，字符命令，332
Tobreluts, Olga，奥加·托布尔卢茨，160
Todorov, Tzvetan，茨维坦·托多罗夫，12–13, 264
Tomb Raider，《古墓丽影》，43, 84, 210, 272
Tönnies, Ferdinand，斐迪南·滕尼斯，258
Torah，律法书，76
Touch，触觉，175
Transcoding，跨码性，45–48
Transitional Spaces（Legrady），《过渡空间》（莱格拉迪），263
Tron（1982），《创》（1982），190, 199
True Vine, The（Bann），《真正的葡萄树》（班恩），181
Trumbull, Douglas，道格拉斯·特朗布尔，249
Turing, Alan，艾伦·图灵，24
Twain, Mark，马克·吐温，270–271
2-D graph，二维图表，66
2-D images of characters，角色的二维图像，139–140, 255–256
2001: A Space Odyssey（1968），《2001太空漫游》（1968），249
"...two, three, many Guevaras"（Wagmister），《两个、三个、许多个格瓦拉》（瓦格米斯特），221

UN Studio/Van Berkel & Bos，UN Studio / 范贝克尔与博斯，317–318
Universal Turing Machine，通用图灵机，24
University of Art and Design (Helsinki)，艺术与设计大学（赫尔辛基），318
UNIX operating system，UNIX 操作系统，34, 129, 332
Unreal，《虚幻》，195, 216, 281

Updates, periodic，定期更新，38
URL，URL，76
U.S. Air Force，美国空军，111
U.S. Census Bureau，美国人口统计局，23–24
U.S. Marine Corps，美国海军陆战队，278

Van Der Kaap, Gerald，杰拉尔德·范德卡普，92
Van der Rohe, Mies，密斯·范德罗厄 145
Van Gogh, Vincent，文森特·凡·高，32
Variability，多变性，36–45, 133–134
Variable media，多变的媒体，42–43
Venus by Patricia Field（store），帕特里夏·菲尔德开的维纳斯（商店），214
Versace，范思哲，271
Vertov, Dziga，吉加·维尔托夫，xiv-xxxvi, 148–149, 172, 239–243, 275–276
Viagem, A（The Voyage, 1998），《一次航行》（1998），328
Video，视频
  compositing，合成，149–152
  full motion，全动态，207
  lossy compression and，有损压缩，54
  music，音乐，310–311
  numerical representation and，数值化呈现，28
  synthesizers，合成器，126
"Video: The Aesthetics of Narcissism"（Krauss），《视频：自恋的美学》（克劳斯），234–235
"Video look"，视频效果，151
VinylVideo project，《黑胶录像》项目，331
Virage，Virage 公司，34–35
Virilio, Paul，保罗·维利里奥，171–175, 278–279
VIR Image Engine（Virage），Virage VIR 图像引擎（Virage 公司），34–35
Virtual camera controls，虚拟摄影机控制，xvi, 84–88
Virtual Glider，虚拟滑翔器，277
Virtual mobile gaze，虚拟的运动凝视，107, 274–275, 282
"Virtual museums" genre，"虚拟博物馆"类型，219–220

Virtual pets，虚拟宠物，68，318–319
Virtual reality（VR）technology，虚拟现实（VR）技术
　　Ames Virtual Reality Workstation and，埃姆斯虚拟环境工作站，166
　　body of user and，用户的身体，109–110
　　interactivity and，交互性，82
　　Lanier and，拉尼尔，58
　　rectangular framing and，矩形框，81–82
　　screen and，屏幕，97–98
　　simulation and，模拟，113–114
　　Sutherland and，萨瑟兰，276–277
　　3-D and，三维，81–84，206，257–259，272
Virtual Sets technology，虚拟场景技术，154–155
Vision，视觉，xxiii，175
Visual culture，视觉文化，13，56
Visual dimensions，视觉维度，157
Voyeur，《偷窥》，83
VRML，虚拟现实建模语言
　　browsers，浏览器，82
　　interface，交互界面，83
　　language，语言，250
　　linear perspective and，线性透视，85
　　rectangular framing and，矩形框，81–82
　　selections and，选择，197
　　space and，空间，257–259
　　World Wide Web and，万维网，250
　　worlds of，世界，275，279

Wag the Dog（1997），《摇尾狗》（1997），136，138–139，153
Wagmister，Fabian，法比安·瓦格米斯特，221
Waliczky，Tamás，陶马什·瓦利茨基，xxix，87–88，261–264，269
War and Cinema（Virilio），《战争与电影》（维利里奥），278
WarCraft，《魔兽争霸》，91，182
Warhol，Andy，安迪·沃霍尔，144
Watson，Thomas J.，托马斯·J.沃森，24
Wavelength（Snow），《波长》（斯诺），144
WaxWeb（Blair），《蜡网》（布莱尔），39–40，227

Way, The（Waliczky），《道路》（瓦利茨基），87–88
Web，网，另见World Wide Web、Web page
　　creating，创造，119，124，131
　　data organization and，数据组织，16，222–224
　　elements of，元素，75–76，220–221
　　HTML and，HTML，74–76，120
　　spatialization of moving image and，运动图像的空间化，157
WebSpace Navigator，WebSpace Navigator浏览器，82
Web Stalker，Web Stalker浏览器，76
Weinbren，Grahame，格雷厄姆·魏因布伦，44
What Dreams May Come（1998），《美梦成真》（1998），310
Whitney，John，约翰·惠特尼，236，242
Whorf-Sapir hypothesis，萨丕尔-沃尔夫假说，64
Wiener，Norbert，诺伯特·维纳，251
Wilde，Oscar，奥斯卡·王尔德，270
Window interface，Window交互界面，97–98
Window Shopping（Friedberg），《橱窗购物》（弗里德伯格），273
Windows 98 Media Player，Windows 98 媒体播放器，118
Wing Commander series，《银河飞将》系列，207，210
Wisniewski，Maciej，马切伊·维希涅夫斯基。31，76
Wittgenstein's theory of family resemblance，维特根斯坦的家族相似性理论，40
Wölfflin，Heinrich，海因里希·沃尔夫林，253–254
"Work of Art in the Age of Mechanical Reproduction, The"（Benjamin），《机械复制时代的艺术作品》（本雅明），107，171
Work，concept of，作品（概念），163
World Wide Web，万维网，256，另见Web page bandwidth
　　banner ads on，横幅广告，42，123
　　browsers，浏览器，7，31，76，82，

索　引　357

272，329
data distribution and，数据分发，35，222–224
eyeball hang time and，眼球滞留时间，161
hardcore users and，硬核用户，161
hypertext of，超文本，65，77
modularity and，模块化，31
navigating，导航，272–273
rise of，崛起，225
spatialization and，空间化，257–258
stickiness and，黏性，161
surfing，冲浪，205–206，271
text creation and，文本创造，127
updates and，periodic，更新，定期的，38
VRML and，VRML，250
Wright，Will，威尔·赖特，223

Xerox PARC Alto workstation，施乐帕克中心 Alto 工作站，xxxv，89，275
Xerox PARC fountain，施乐帕克中心的喷泉，330

Xerox Star，施乐之星计算机，71

Yahoo!，雅虎，164
Youngblood, Gene，基恩·扬布拉德，236

Zabriskie Point（1970），《扎布里斯基角》（1970），303
Zapping，换台，97
Zeman, Konrad，康拉德·泽曼，159–160
Zeuxis，宙克西斯，177–178，195
Zola, Emile，埃米尔·左拉，247
Zoopraxiscope，走马镜，51
Zootrope，走马盘，51，296–298，304
Zork，《魔域》，246
Zuse, Konrad，康拉德·楚泽，25，42，330–331

出版后记

列夫·马诺维奇的著作《新媒体的语言》成书于20世纪90年代末期，首次出版于2001年。在一场媒体革命即将拉开大幕之前，该书为关于新媒体的讨论带来了全新的观点。近二十年来，《新媒体的语言》出版了十四种语言的译本，是全球各大高校媒体艺术、视觉文化等相关专业课程必读书单上的常客，新媒体创作者、新媒体理论研究者和技术史研究者们的必读经典。

在此，我们要向中国电影艺术研究中心的李迅老师表示感谢，李迅老师一直大力推荐本书并费心引荐了优秀的译者，对促成本书出版作出了重要的贡献。

本书的脚注部分以超链接的形式援引了大量的新媒体项目。编辑过程中，我们逐一检查了这些链接。大部分超链接指向的项目网页已经不复存在；一些项目所使用的格式早已被淘汰，无法被今日的主流设备读取；甚至有一些项目只在本书中留下了名字，在互联网上已经无迹可寻。然而，流动于不同的平台与格式之间、依赖于脆弱的载体、难以被传统的存档与策展机构收藏，正是新媒体的特征。考虑到这些链接的文献价值与其"失效"所带来的意义，我们仍将其保留。书中所使用的部分术语、科技词汇的含义可能与当下通行的含义有微妙的出入。在编校过程中，我们在翻译准确、文辞通顺、便于今天的读者理解三点之间尽量做到平衡。即便如此，因能力所限可能仍存在不足之处，恳请各位读者批评指正。

"电影学院"编辑部

拍电影网（www.pmovie.com）

后浪出版公司

2020年8月

图书在版编目（CIP）数据

新媒体的语言 / (俄罗斯) 列夫·马诺维奇 (Lev Manovich) 著；车琳译. -- 贵阳：贵州人民出版社, 2020.8

ISBN 978-7-221-15840-6

Ⅰ. ①新… Ⅱ. ①列… ②车… Ⅲ. ①传播媒介—新闻语言—研究 Ⅳ. ①G210

中国版本图书馆CIP数据核字(2019)第292509号

The Language of New Media by Lev Manovich
© 2001 Massachusetts Institute of Technology

All rights reserved. No part of this book may be reproduced in any form by any electronic or mechanical means (including photocopying, recording, or information storage and retrieval) without permission in writing from the publisher

Simplified Chinese translation copyright © 2020 Ginkgo (Beijing) Book Co., Ltd.
Published by arrangement with The MIT Press through Bardon-Chinese Media Agency.
本书中文简体版权归属于银杏树下（北京）图书有限责任公司。

著作权合同登记图字：22-2020-002号

新媒体的语言

著　　者：[俄]列夫·马诺维奇
译　　者：车琳
责任编辑：谢丹华 苏轼
编辑统筹：陈草心
特约编辑：江舟忆
出版发行：贵州出版集团　贵州人民出版社
地　　址：贵阳市观山湖区会展东路SOHO办公区A座
邮　　编：550081
装帧制造：墨白空间·陈威伸
印　　刷：北京盛通印刷股份有限公司
开　　本：655毫米×1000毫米　1/16
印　　张：25　　字数：360千字
版次印次：2020年8月第1版第1次印刷
书　　号：ISBN 978-7-221-15840-6
定　　价：88.00元

后浪出版咨询(北京)有限责任公司常年法律顾问：北京大成律师事务所　周天晖 copyright@hinabook.com
未经许可，不得以任何方式复制或抄袭本书部分或全部内容
版权所有，侵权必究

本书若有质量问题，请与本公司图书销售中心联系调换。电话：010-64010019